Ernst Thiele

Luthers
Sprichwörtersammlung

REPRINT – VERLAG
LEIPZIG

Die zum Teil geminderte Druckqualität ist auf den
Erhaltungszustand der Originalvorlage zurückzuführen

© **REPRINT-VERLAG-LEIPZIG**
Volker Hennig, Goseberg 22–24, 37603 Holzminden
ISBN 3-8262-2001-3

Reprint der Originalausgabe von 1900
nach dem Exemplar der Sächsischen Landesbibliothek-
Staats- und Universitätsbibliothek Dresden
(Signatur: Ling.Germ.rec. 307^{m})

Lektorat: Andreas Bäslack, Leipzig
Einbandgestaltung: Jens Röblitz, Leipzig
Gesamtfertigung: Westermann Druck Zwickau GmbH

Luthers
Sprichwörtersammlung.

Nach seiner Handschrift zum ersten Male herausgegeben
und mit Anmerkungen versehen

von

Ernst Thiele,
Prediger in Magdeburg.

Weimar
Hermann Böhlaus Nachfolger
1900.

Herrn D. Dr. Julius Köstlin

Oberkonsistorialrat und Professor der Theologie in Halle

in dankbarer Verehrung

zugeeignet

Hochverehrter Herr Oberkonsistorialrat!

Neben Ihren anderen großen Verdiensten um die Erfor=
schung von D. M. Luthers Leben und Schriften darf auch das
nicht vergessen werden, daß diejenige Lutherhandschrift, die hier
zum ersten Mal der Öffentlichkeit übergeben wird, hauptsächlich
durch Ihre Mühe der Verborgenheit, in die der Verkauf nach
dem Auslande sie versenkte, wieder entrissen wurde. Sie machten
mir damit eine große Freude, daß Sie mir vergönnten der
ersten Veröffentlichung der Fabelhandschrift Luthers aus der
Vaticana nun auch die seiner Sprichwörtersammlung aus der
Bodleianischen Bibliothek folgen zu lassen.

Mit einiger Ungeduld haben Sie und mancher, der darum
wußte, dem Erscheinen dieses Schriftchens entgegengesehen. Sind
doch zehn Jahre seit Wiederentdeckung der Handschrift vergangen.
Wenn ich nur heute, wo ich es als vom Verleger wohl aus=
gestattetes Buch in Ihre Hand lege, auch bezüglich des Inhalts
das Sprichwort wahr machen könnte: Was lange währt, wird
gut! — Aber die Gründe der Verzögerung sind Ihnen ja be=
kannt. Erstens hat in diesen Jahren die Mitarbeit an der
Weimarer kritischen Gesammtausgabe von Luthers Werken meine
verfügbare Zeit und Kraft wiederholt so in Anspruch genommen,

daß für diese Arbeit oft nur ein liebevolles Erinnern übrig
blieb. Dann aber ist es nicht ohne Ihr Wissen und Wollen
geschehen, daß aus dem einfachen Abdruck der Handschrift ein
ziemlich umfängliches Buch wurde. Ich werde gern daran ge=
denken, wie wir fast regelmäßig, wenn Ihr Amt Sie nach
Magdeburg führte, in traulichem Abendgespräch mit einem oder
dem andern Ihrer Freunde zusammensaßen und uns an den
von Luther gebotenen Proben deutschen Volkshumors ergötzten.
Und immer war es allen eine besondere Freude, wenn einer
neue Beiträge zu seinem Verständnis geben konnte, bis Sie
schließlich erklärten, das so Gewonnene dürfe auch den Lesern
dieser Sprichwörtersammlung nicht vorenthalten werden. Eigene
Neigung kam dieser Aufforderung entgegen. Ich bin in Witten=
berg aufgewachsen, und aus der Volksschule und dem Munde
meiner Pflegemutter war mir manche Wendung geläufig, über
deren Sinn Gelehrte sich vergeblich die Köpfe zerbrechen können.
Die Liebe zu der kräftigen Ausdrucksweise des Volks ist mir
auch bis heute geblieben. Die Beschäftigung mit Luthers
Schriften hatte mir aber doch auch gezeigt, daß ohne besonderes
Studium ein Verständnis der Redensarten vergangener Zeit
und anderer Volksart nicht möglich ist. Als nun der Redactor
der Weimarer Lutherausgabe, Professor Dr. P. Pietsch, den
Gedanken anregte, es möge in diesem Buche eine Grundlage
oder doch ein Anfang geschaffen werden zu einer sprachlichen
und sachlichen Erklärung der im engeren Sinne volkstümlichen
Ausdrücke Luthers, und mir hierzu seine Unterstützung anbot,
ging ich ans Werk. Vor allem bemühte ich mich, aus Luthers
Schriften selbst Belege herbeizuschaffen für die von ihm zu=
sammen getragenen Sprichwörter. Gelang das, so war damit
meist schon die beste Erklärung gegeben. Bedauert habe ich,

daß zuverläffige Terte, wie fie die Weimarer Ausgabe bietet,
namentlich zu Beginn meiner Arbeit mir nur fpärlich vorlagen.
Ich mußte mich in der Regel mit der Erlanger Ausgabe be=
gnügen. Gelegentlich find auch ältere Ausgaben benutzt. Ferner
wurde grundfätzlich und beinahe überall das deutsche Wörterbuch
von Grimm und das deutsche Sprichwörterlexikon Wanders um
Rat gefragt. Sonst war mir besonders bei schwierigen und
feltenen Ausdrücken alles willkommen, was eine Handhabe zum
Verständnis zu bieten schien; natürlich hatte hierbei die Littera=
tur aus der Reformationszeit den Vorzug. Einiges verdanke ich
auch der Mithülfe von Freunden und Bekannten, was ich an
feinem Orte in der Regel bemerkt habe. Und hier muß ich
Herrn Professor Dr. P. Pietfch noch einen besonderen Dank
dafür ausfprechen, daß er unter der Laft feiner anderen Arbeit
immer Zeit erübrigte, um die Korrektur der Anmerkungen von
Anfang bis zu Ende mitzulesen und mich mit feinem Rat reich=
lich zu unterstützen. Verantwortlich freilich bin ich für das
Gebotene um fo mehr, als ich an einigen Stellen glaubte eine
abweichende Auffassung geltend machen zu follen; hie und da
ist auch diese Differenz ausdrücklich hervorgehoben.

Daß ich es für richtig hielt, um das Bild der Handschrift
nicht zu verwirren, fie von den immer mehr anschwellenden
Anmerkungen gesondert zu geben und zum bequemen Gebrauch
ein Wortverzeichnis anzufügen, wird sicher den Beifall aller
Lefer haben.

Von der Unvollkommenheit dieses erften Versuchs auf diesem
Gebiete gebe ich mir felbft ein Zeugnis in den während des
Druckes nötig gewordenen Berichtigungen und Nachträgen.
Sollten freundliche Lefer in der Lage fein zur Beantwortung
der noch immer offen gebliebenen Fragen etwas bieten zu können,

so bitte ich sie, es mir mitzuteilen, damit es vielleicht an ande=
rer Stelle zum Verständnis der Schriften Luthers verwendet
werden kann.

Gern hätte ich den Sprichwörterstoff, den Luther in seiner
handschriftlichen Sammlung bietet, um die reichlich dreitausend
Nummern vermehrt, die ich aus seinen Schriften und Tischreden
ausgezogen habe, aber ich sah bald ein, daß diese Arbeit zu
weit führen würde und auch dann erst reif wird, wenn das
ganze Lutherwort kritisch gesichtet und erschöpfend zusammen=
getragen vorliegt.

Einem Kenner der Reformationszeit gegenüber, wie Sie es
sind, mein hochverehrter Freund, brauchte ich nun kein Wort
zu verlieren über die mancherlei unserer heutigen gebildeten
Umgangs= und Schriftsprache anstößigen Wendungen, die uns
hier begegnen und auch besprochen werden. Auch für den Sprach=
forscher bedarf es keiner weiteren Erörterung. Für den weniger
Kundigen aber begnüge ich mich mit dem bloßen Hinweis
auf die trefflichen Ausführungen Lösche's in der Einleitung
zu seinen Analecta Lutherana et Melanchthoniana (Gotha,
Perthes 1892), und bemerke hier nur, daß diese Sammlung, so
wie sie uns vorliegt, von Luther keinen Falls zur Veröffent=
lichung bestimmt war und trotzdem sich freihält von Zoten=
haftem und allem, was dem weiblichen Geschlecht zu Unehren
gesagt wird, ein Lob, das ähnlichen Sammlungen aus seiner
Zeit selten zuerteilt werden kann.

Möge es Ihnen, dem verehrten Nestor unserer Luther=
forschung, noch lange vergönnt sein, an diesem geringen Zeichen
der Verehrung, das Ihnen gebracht wird, sich zu erfreuen!

Magdeburg, im Oktober 1900.

Ernst Thiele.

Inhaltsübersicht.

Einleitung.

1. Die Handschrift.

Köftlin (M. Luther. Sein Leben und seine Schriften, [2] II 444 und 673) gedenkt einer von Luther angelegten Sammlung von deutschen Sprichwörtern, vererbt in der Familie Lingke, die sich bis auf die Gegenwart in seiner eigenen Handschrift erhalten habe, leider ohne den Weg zum öffentlichen Gebrauch zu finden. Im Jahre 1862 sei sie durch Skutsch, den Inhaber der Schletterschen Buchhandlung in Breslau, zum Kauf ausgeboten und dann an die Buchhandlung von Deighton, Bell und Comp. in Cambridge verkauft worden. Er habe sie vorher selbst eingesehen. Über ihr weiteres Schicksal habe er auf eine im Jahre 1881 an diese Firma gerichtete Anfrage keinen Aufschluß erhalten können, da das bezügliche Geschäftsbuch verbrannt war. Auch Wander in seinem deutschen Sprichwörterlexikon Bd. I S. XXXIX und an anderen Stellen gedenkt dieser Lutherhandschrift und ihrer Schicksale bis zum Verkauf nach England.

Während Köftlin seine Nachforschungen fortsetzte, kam eine Abschrift zu Tage, die eine Dame nach dem Original vor dem Verkauf angefertigt hatte, und zwar befand sie sich 1889 im Besitz eines Chemikers Jacobson, bei dem D. J. K. F. Knaake sie abschrieb. Es stellte sich später heraus, daß sie nur etwa die Hälfte der Urschrift umfaßte und viele Lücken und Fehler aufwies. Nach ihr citiert Wander, wo er „Luthers Mf." als Quelle angiebt.

Im Oktober 1889 erfuhr Köftlin infolge einer durch ihn veranlaßten wiederholten öffentlichen Anfrage des ihm befreundeten

Pastors Dr. Schöll in London, daß die verschollene Handschrift in der Bibliotheca Bodleiana zu Oxford aufbewahrt werde, wohin sie seiner Zeit für 900 Mark verkauft worden war. Vergeblich bemühte sich nun die Commission zur Herausgabe von Luthers Werken, sie für einige Zeit zur Benutzung nach Deutschland zu bekommen; nur eine photographische Nachbildung erhielt die Königliche Bibliothek zu Berlin und zwar eine recht mangelhafte. Diese wurde mir zur Bearbeitung übergeben. Da es nicht möglich war nach ihr einen lückenlosen Text herzustellen, andererseits aber die schon erwähnte Abschrift Jacobsons die Lesbarkeit des Originals an einigen der unklaren Stellen bewies, so reiste mit Unterstützung der preußischen Regierung Prof. Dr. E. Sievers, damals an der Universität Halle, im September 1891 nach Oxford und stellte dort unter Vergleichung der meinigen diejenige Abschrift her, welche mit kleinen, genau bezeichneten Abweichungen dem folgenden Drucke zu Grunde liegt.

Er giebt von dem Original folgende Beschreibung:

„Der Cod. Add. A. 92 der Bodleiana ist 14 cm hoch, 10,5 cm breit, bestehend aus 1 Quaternio, beschrieben mit schwarzer Tinte, und 2 Ternionen, mit dunklerer und hellerer Tinte abwechselnd beschrieben; Seite 35—40 leer, in einem Pappband.*)

Beigelegt sind der Handschrift in einer Kapsel:

1. Eine Abschrift des Anfangs der Sammlung aus dem Anfang des 18. Jahrhunderts, umfassend die Nr. 1—118 'Zu Pfingsten auff dem eys.' — Fehlerhaft.

2. Ein Brief des früheren Besitzers, Magisters Wilh. Becher zu Dresden:

Bescheinigung.

Das Autographon von Dr. Martin Luthers eigener Hand und soviel hier bekannt, zur Zeit noch ungedruckt, auf 34 Seiten Sprich-

---

*) Nach der Photographie ist am Ende der Seite 1 ganz deutlich ein von Luther geschriebenes A, Seite 17 ein C zu erkennen; S. 9 und 29, wo man B und D vermuten könnte, ist die Photographie verschwommen, auch scheinen die betreffenden Blätter unten beschnitten zu sein. Thiele.

wörter enthaltend, sowie ein eigenhändiger Brief Philipp Melanchthons, gingen nach dem am 10. April 1801 zu Torgau erfolgten Tode des Torgauer Superintendenten M. Johann Theodor Lingke, der auch Mehreres über Dr. Luther geschrieben hat, auf dessen Sohn, den zu Dresden am 4. April 1838 im ehelosen Stande, ehrenvoll emeritiert verstorbenen Pastor August Theodor Lingke als Erbe über, wie sie, soviel bekannt, auch auf den Superintendent Lingke von dessen Vater, dem Rent-Kammer-Meister des Collegiatstifts Zeiß zu Zeiß vererbt worden waren, sind von den früheren Besitzern, wie auch von Unterzeichnetem, dem Schwestersohn des Pastors August Theodor Lingke, competenten Autographensammlern, Alterthumsfreunden und (resp.) Sachverständigen vorgezeigt und von einem Jeden derselben ohne den leisesten Zweifel für Autographa der Väter unserer evangelisch-lutherischen Kirche anerkannt worden, sowie denn auch ich sie in dieser festen Überzeugung, daß sie ächt sind, nach dem Tode des mütterlichen Oheims aus dessen Nachlasse dafür auf- und angenommen habe. Solches bescheinige hierdurch mit meines Namens Unterschrift und Beidrückung meines Petschafts.

Dresden am 18ⁿ März 1862

(L. S.)

Magister Wilhelm Becher,
Doctor der Philosophie.

3. Ein Brief des Generalsuperintendenten Dr. A. Hahn in Breslau:

Daß ich meinerseits an der Ächtheit der von dem Herrn Dr. Phil. Becher zu Dresden in seiner Bescheinigung vom 18. März 1862 bezeichneten dem Herrn Buchhändler Skutsch hierselbst käuflich überlassenen, Autographen

1) Sprichwörter Dr. Martin Luthers (erste Zeile: „Art gehet über Kunst" — — letzte Zeile pag. 34 N. 118 „zu Pfingsten auff dem eys)
2) ein Brief Phil. Melanchthons (in Futteral)

nicht zweifle, spreche ich unter zuversichtlicher Berufung auf das Urtheil sachkundiger Gelehrten nach dem Wunsche des Herrn Käufers hierdurch gern aus.

Breslau den 24. März 1862

Dr August Hahn
Generalsuperintendent der Provinz
Schlesien und Professor der Theologie.

[Die falsche Bezeichnung des Schluffes ist nach der unter Nr. 1 aufgeführten Abschrift gemacht].

4. Ein Blatt aus dem antiquarischen Bücher-Verzeichnis 89 von H. Skutsch, Breslau 1865, worin unter Nr. 1412 unsere Handschrift für 300 Thaler zum Kaufe ausgeboten wird. Die vorstehenden beiden Briefe sind daselbst abgedruckt, außerdem wird auf ein Gutachten von Pertz über die Echtheit Bezug genommen.

———————

Der handschriftliche Katalog über die Additional Mss. der Bodleiana bestätigt die Angabe, daß die Sammlung für £ 95 (= 300 Thaler) von Skutsch erkauft worden ist.

Der Brief Melanchthons liegt nicht mehr bei."

———————

2. Entstehung und Zweck der Sammlung Luthers.

Aus dem Wechsel der Tinte und einzelnen Wiederholungen er=sieht man, was ja nach der Natur der Sache zu erwarten ist, daß die Sammlung in Abschnitten entstand, zwischen denen öfter geraume Zeit verfloß. Randbemerkungen, Durchstreichungen und Nachträge mit anderer Tinte zeigen, daß Luther das Geschriebene später ge=legentlich durchlas und zu bessern suchte. In den kurzen Rand=glossen, die bald deutsch, bald lateinisch sind, verräth sich des Schreibers Empfindung oft in sehr naiver Weise.

Leider trägt die Handschrift keine Notiz über ihre Entstehungs=zeit. Das Wasserzeichen in dem Papier ist, soviel eine aus Oxford mir zugesandte Durchzeichnung erkennen läßt, ein Adler. Dieser findet sich so ebenfalls in der Schrift Wider Hans Worst 1541;[*] auch die Papiergröße stimmt bei beiden überein, wenn man in Rechnung zieht, daß bei den Sprichwörtern die Oktavblätter in der Höhe stark beschnitten erscheinen. Dagegen ist ihre doppelte Breite genau gleich der Höhe eines Quartblattes jener Schrift. Aus dieser Übereinstimmung einen Schluß auf Gleichzeitigkeit beider

———————

[*] Vgl. Zeitschr. f. Bücherfreunde 1899/1900 S. 70.

Schriften zu ziehen wage ich aber solange nicht, als genauere Unter=
suchungen über das von Luther gebrauchte Papier noch nicht vor=
liegen. Rechtschreibung und Schriftcharakter sind durch die ganze
Sammlung hindurch einheitlich, von geringen Schwankungen ab=
gesehen, die sich bei Luther immer finden, sobald man es mit einer
Schrift zu thun hat, die ihn längere Zeit hindurch beschäftigte und
nicht in einem Zuge hingeschrieben wurde. Aus der Rechtschreibung
ergiebt sich mit Sicherheit, daß die Niederschrift nicht vor 1521
entstand. Die Art, wie in der Anmerkung zu Nr. 219 der rustici
seditiosi und der mores nobilium gedacht wird, läßt erkennen, daß
die Erfahrungen des Bauernkrieges hinter dem Schreiber liegen.
Die Erwähnung der religiosi und heretici zu Nr. 325 und 478
zeigt etwas von den Ingrimm, mit dem der ältere Luther etwa
nach 1527 seine und seiner Kirche Gegner bekämpfte.

Sonst fehlt bei Luther und seinen Zeitgenossen, so viel ich
sehe, jede Andeutung auch nur von dem Vorhandensein dieser Sprich=
wörtersammlung. Mathesius, der ein lebhaftes Interesse an ähn=
lichen Dingen hat und z. B. das handschriftliche Bruchstück der
Fabelbearbeitung erwähnt, hat sie nicht gekannt, sonst hätte er sie
in der zwölften seiner Predigten von der Historie D. Luthers er=
wähnen müssen. Er schreibt dort (S. 296 f. in der Ausgabe von
Lösche): „Wir wöllen dißmals beschliessen. Gott wird ein mal
einen erwecken, der diß theuren Mannes sprüch, gleichnus, sprich=
wörter, reim, historien, vnd andere zufell vnd guten bericht zusammen=
lese, wie es für die Deutschen ein sehr schön Buch were, wenn zumal
vnser Keyser, Könige, Fürsten vnd Herrn weyse vnnd vernünfftige
sprüche darzu kemen." Vorher hat er einer Sammlung Luthers
gedacht, die zwar mit der vorliegenden in einigen Beziehungen ver=
wandt, aber nicht zu verwechseln ist. S. 295: „Er saget auch gern gute
Deutsche reim vber Tische und auff der Cantzel, wie ich auß seinem
Pselterlein etliche außgeschrieben: Weistu was, so schweig" u. s. w.
Dieses „Pselterlein" ist wahrscheinlich identisch mit dem Handpsalter
Luthers, aus dem Seidemann eine von Kumer abgeschriebene Stelle
mitteilt, die in lateinischer Sprache die Unterschiede der Hauptvölker
Europas behandelt. (Vgl. Lauterbachs Tagebuch S. 146 Anm.) Für

diese Sammlung war jedenfalls auch bestimmt, was Luther in dem Briefe vom 20. März 1535*) von Wenzel Link erbittet. De Wette, Luthers Briefe IV 681: „Ich will deutsch reden, mein gnädiger Herr Wenzel. Wo es auch nicht zu schwer, noch zu viel, oder zu lang, oder zu weit, oder zu hoch, oder zu tief und dergleichen wäre, so bitte ich euch, ihr wollet irgend einen Knaben lassen sammlen alle deutschen Bilder, Reimen, Lieder, Bücher, Meistergesäng, so bey euch dieß Jahr sind gemalet, gedichtet, gemacht, gedruckt durch eure teutsche Poeten und Formschneider oder Drucker; denn ich Ursach habe, warum ich sie gerne hätte. Lateinische Bücher können wir hie selbst machen; an deutschen Büchern zu schreiben lernen wir hie fleißig und hoffe, daß wirs schier so gut wollten machen, wo wirs nicht bereit gethan, daß es niemand gefallen sollte." Luther hielt es bekanntlich sonst für nothwendig den Leuten auf den Mund zu sehen, um gut deutsch zu schreiben. Hier sieht man, daß ihm auch die Litteratur für diesen Zweck nicht belanglos scheint. Unsere Sprichwörterhandschrift scheint vorzugsweise das zu enthalten, was er aus der Leute Mund gesammelt hat. Ausgeschlossen ist aber auch hier keineswegs, daß er Gelesenes mit aufnahm, wo es ihm zusagte. Ohne einen Nachweis liefern zu können möchte ich eine Entlehnung für wahrscheinlich halten z. B. bei Nr. 129—132; 140—143 und solchen Wendungen, die sonst bei ihm sich nicht wiederfinden.

Wie viel Sinn Luther für Sprichwörter hatte, findet sich in Köstlins Luther**) wiederholt nachgewiesen. Fast alle seine schrift= lichen und mündlichen Äußerungen geben Zeugnis dafür. Be= sonders hervargehoben zu werden verdienen in dieser Hinsicht seine Vorlesungen über den Prediger Salomo 1526 und seine Aus= legung des 101. Psalms 1534. Auch berichtet Lauterbachs Tage= buch (hg. v. Seidemann, S. 205 f.) unterm Juli 1543, daß Luther an die Wand neben den Ofen mit Kreide eine ganze Reihe von Sprichwörtern geschrieben hatte. Daß er die Sammlungen anderer mit prüfendem Auge las, bezeugen seine Tischgenossen. So lobt er

---

*) Nicht 1536, vgl. Köstlin, Luther ² II 673 Anm. zu S. 444.
**) ² I 30. 582. 591. 610 f. II, 206. 267. 299. 304. 306. 322. 444. 517. 553.

neben der „Copia" des Erasmus die „Adagia" als seine beiden
einzigen Schriften, die nicht untergehen würden (Vgl. Löſche, Anal.
Luth. Nr. 43). Die Adagia bieten in der mir vorliegenden Baſeler
Ausgabe von 1559 nicht weniger als 4151 Sprichwörter, Redens=
arten und geflügelte Worte der Alten, welche ja Luther auch ſehr
liebte (Vgl. Schmidt, Luthers Bekanntſchaft mit den alten Klaſſikern).
Eine ihrer Zeit ſehr verbreitete und auch heute noch von Forſchern
geſchätzte Sammlung deutſcher Sprichwörter, die Agricola 1529 und
in vermehrter Auflage 1532 herausgab, veranlaßt Luther zu folgender
Äußerung: „Es iſt ein fein Ding umb proverbia germanica undt
ſind ſtarckhe beweiſſung; unndt were fein, ſo ſie einer zuſammen
geleſſen hette. M. Grickel hat nur poſſen unndt fluch zuſammen
geleſſen, domit er ein gelechter macht; man mus die beſten nemen,
die ein anſehen haben. Der Teuffel iſt den Sprichwortten feindt
(Löſche, Anal. Luth. Nr. 31).*) Neben der Abneigung gegen den
Verfaſſer ſpricht in dieſen Worten ſich Luthers Liebe zu den Sprich=
wörtern kräftig aus. Ähnlich verhält es ſich mit ſeiner Kritik der
deutſchen Sprichwörterſammlung Sebaſtian Francks, die unter dem
Namen des Verfaſſers 1541 zuerſt erſchien und eine ſehr große
Verbreitung erlangte. Mathesius berichtet darüber: „Auffn Sebaſtian
Francken, den er auch in ſeinen ſchrifften eine Lateiniſche kunſthummel
nennet, war er ſehr zornig, das er dem Eheſtand vnd Weyblichen
geſchlecht zu vnehren, vil ſchendtlicher ſprichwörter hat drucken
laſſen" (XII. Pred. S. 288). Hält man neben ſolche kritiſche Äuße=
rungen nun das, was Luther in der Vorrede zu ſeinen Fabeln über
die Sammlungen anderer ſagt, und bemerkt man, wie er hier ſo=
gleich Hand anlegt um es beſſer zu machen, ſo kann man den Ge=
danken nicht abweiſen, daß die von Luther angelegte Sprichwörter=
ſammlung auch der Anfang eines Verſuchs iſt, diejenigen Samm=
lungen, die ſeine Unzufriedenheit erregt hatten, durch eine beſſere
zu erſetzen. In jener Vorrede klagt Luther beinahe in denſelben
Wendungen wie hier über Agricola über loſe Buben, die in das ſeine,

---

*) Dieſe Äußerung gehört in die Jahre 1529—1535 (Löſche S. 22).
Luthers eigene Sammlung ſcheint hiernach alſo vor 1529 noch nicht begonnen
worden zu ſein.

nützliche Buch Äsopi schändliche und unzüchtige Bubenstücke gemischt hätten, um damit den Leuten ein Kurzweil und Gelächter zu machen. Er äußert den Wunsch: „Wie itzt in Deudscher sprach etliche möchten die Fabel vnd Sprüche, so bey vns im brauch sind, samlen vnd darnach jemand ordentlich in ein Buch fassen." (Luthers Fabeln, Neudrucke, Halle 1888. S. 1.)

Neben den Fabeln bezeichnet hier Luther auch eine Sammlung „der Sprüche, so bei uns im Brauch sind," für wünschenswert. Sieht man nun, wie er in seiner Bearbeitung statt der üblichen Moral jeder Fabel eine Reihe von Sprichwörtern anhängt, so scheint es, als habe er beides vereinigen wollen. Hierzu war aber eine eigene Sammlung dieser letzteren ihm unentbehrlich. Ich möchte daher am liebsten die Entstehungszeit der Sprichwörterhandschrift gleich hinter die der Fabeln ansetzen, d. h. in das Jahr 1530. Rechtschreibung, Schriftzüge und sonstige Umstände sprechen nicht dagegen. Dafür aber scheinen mir noch folgende Gründe zu sprechen. Die den Fabeln angehängten Sprichwörter sind vielfach auch in unserer Sammlung vorhanden. Auffällig ist in beiden die Heran= ziehung Dr. Mogenhofers; vgl. besonders Fabel 11 mit den drei durchstrichenen Zeilen vor der Redensart Nr. 396. In der Samm= lung der Sprichwörter bemerkt man das Bestreben Gruppen zu bilden, die von einem einheitlichen Gedanken zusammengehalten sind, wie das ja am Schlusse jeder Fabel auch der Fall ist. Ferner sind eine ganze Reihe von Redensarten vorhanden, die an sich un= verständlich, nur darauf zu warten scheinen, daß sie in derselben Weise entwickelt werden wie die Fabeln; z. B. Nr. 12, 44, 53, 55, 79, 80, 98, 122, 133, 136, 202, 304, 369, 370, 373, 374, 478.

Jedenfalls würde der Umstand, daß die Sprichwörtersammlung nur einen Nebenzweck verfolgt und zu selbstständigem Erscheinen nicht bestimmt ist, auch Luthers Zurückhaltung betreffs ihrer und das völlige Schweigen seiner Freunde über sie einigermaßen erklären.

Doch halte ich ein bestimmtes Urteil zurück in der Hoffnung, daß die durch diese Ausgabe ermöglichte weitere Prüfung mehr Licht in das Dunkel bringt.

3. Verwandte Sammlungen aus Luthers Schriften.

Luthers Werke sind so reich an volkstümlichen und eigenartigen Wendungen, daß sie späteren Schriftstellern oft als Fundgrube dienten. So wird man z. B. bei Joh. Fischart, dessen Belesenheit ja bekannt ist, auf Schritt und Tritt an Luther erinnert und sicher hat er einen großen Teil seines Sprichwörterschatzes aus Luther entnommen. Das Volksbuch von Dr. Faust bietet im 65. Kapitel 35 Sprichwörter, die fast ausnahmslos aus Luther nachweisbar sind und bei der Abhängigkeit dieses Buchs von Luthers Schriften auch wirklich ihm entlehnt sein können. Handschriftliche Sammlungen für den Privatgebrauch sind vielfach angelegt worden. Was Lessing sich sammelte findet sich Bd. 11, 686 der Lachmannschen Ausgabe. Von andern mir bekannt gewordenen erwähne ich nur die Sammlung des verstorbenen Prälaten Klaiber, jetzt im Besitze der Königl. Bibliothek in Berlin, die allerdings mehr lexikalischen Inhalts ist. Einiges daraus, was sich mit den Sprichwörtern berührt, hat er s. Z. verarbeitet und in der Zeitschrift für deutsche Philologie Bd. 26 mitgeteilt.

Von gedruckt vorliegenden sind mir folgende bekannt:

Ph. Saltzmann, Singularia Lutheri, Naumburg 1664. Teil II enthält auf 125 Folioseiten „Sonderbare Worte, welche entweder veraltet, oder neu erdichtet, oder sonsten ein feines Nachsinnen verursachen" aus Luthers Schriften zusammengetragen, alphabetisch geordnet und mit Nachweisung der Fundstelle aus der Jenaer, Eislebener Ausgabe und den Tischreden versehen.

Die **Altenburger Ausgabe** von Luthers Werken 1664 bringt im X. Band 968—972 218 deutsche und lateinische Sprichwörter mit den Fundorten.

J. A. Heuseler, Luthers Sprichwörter aus seinen Schriften gesammelt, Leipzig 1824. Er führt 478 fast nur deutsche Sprichwörter im Zusammenhang der Fundstelle vor. Diese bezeichnet er nicht immer genau; benutzt ist meistens die Altenburger Ausgabe.

Wegen der in ihnen enthaltenen Reimsprüche sind folgende Sammlungen neuerer Herausgeber anzuführen:

Karl Gödeke, deutsche Dichter des 16. Jahrh. Bd. 18, Leip=
zig 1883 bietet im 2. Teil Sprüche und Lieder, im 3. Fabeln,
Parabeln und Scherze. Einiges davon rührt nicht von Luther her,
sondern ist durch ihn entweder mündlicher oder litterarischer Über=
lieferung entnommen.

Dasselbe gilt von **G. Schleusener**, Luthers Dichtungen in ge=
bundener Rede, Wittenberg 1892 und **P. Ketscher**, Luthers deutsche
Sprüche in chronologischer Reihenfolge, Altenburg 1896. Des
letzteren Anspruch eine vollständige Ausgabe der Luthersprüche
unter durchaus reinlicher Scheidung des Ächten und Un=
ächten gegeben zu haben, ist nicht berechtigt.

Ph. Dietz, Wörterbuch zu Luthers deutschen Schriften, Leipzig
1870 giebt auch bezüglich der Sprichwörter vorzügliches Material;
leider ist es ein Torso und erwartet seinen Abschluß bezw. seine
Erneuerung von der Vollendung der Weimarer Kritischen Gesammt=
ausgabe von Luthers Schriften.

---

4. Behandlung des Textes.

Bei Wiedergabe der Handschrift habe ich mich der Regeln be=
dient, die für die Weimarer Kritische Gesammtausgabe von Luthers
Werken Band XIV 496 aufgestellt sind: in 〈 〉 stehen gestrichene
Worte oder Buchstaben; *c* in (aus) = corrigiert in (aus); *o* =
oben, über der Zeile stehend; *r* = am Rande; *rh* = am Rande
mit Hinweis auf eine bestimmte Textstelle; *u* = umgestellt, wo=
bei die ursprüngliche Wortfolge unter dem Text mitgeteilt wird.
Ferner habe ich mit *S* die Lesart von Prof. E. Sievers bezeichnet,
wenn ich auf Grund der Photographie glaubte eine andere halten
zu müssen.

In den Anmerkungen gebe ich die Sprichwörter in der hand=
schriftlichen Schreibung jedoch mit Auflösung der Abkürzungen und
Hinzufügung der nötigsten Ergänzungen in [ ].

Verzeichnis der Abkürzungen.

Die Abkürzungen in den Citaten anderer sind hier nicht aufgeführt.

Agricola = Sybenhundert und Fünfftzig Teütscher Sprichwörter . . Iohan. Agricola. 1534.

Borchardt = Die sprichwörtlichen Redensarten im deutschen Volksmund, hg. von W. Borchardt. 4. Aufl. neubearbeitet von Wuftmann.

Burkhardt = Dr. M. Luthers Briefwechsel, hg. v. Burkhardt. Leipzig. 1866.

BW = Bayerisches Wörterbuch, f. u. Schmeller.

Corp. Ref. = Corpus Reformatorum.

DeW = Dr. M. Luthers Briefe, hg. v. De Wette und Seidemann.

Dietz = Wörterbuch zu Dr. M. Luthers deutschen Schriften v. Ph. Dietz, Bd. I Leipzig 1870.

D. Myth. = Deutsche Mythologie von J. Grimm (4. Aufl.) Berlin 1875.

DWb = Deutsches Wörterbuch von J. und W. Grimm.

EA = Erlanger Ausgabe von Luthers Schriften.

Egenolf = Sprichwörter, Schöne, Weise Klugredenn. . . Frankfurt. Bei Chr. Egenolfs Erben 1555.

Gengenbach = Pamphilus Gengenbach, hg. v. Karl Gödeke 1856.

Grimm Rechtsalt. = Deutsche Rechtsaltertümer hg. von J. Grimm. 2. Ausg. Göttingen 1854.

Hdschr. = Handschrift.

Heuseler = Luthers Sprichwörter aus seinen Schriften gesammelt von J. A. Heuseler. Leipzig 1824.

Höfer = Wie das Volk spricht. Sprichwörtliche Redensarten. Von E. Höfer. (7. Aufl.) Stuttgart 1873.

Lexer = Mittelhochdeutsches Wörterbuch, v. W. Lexer.

Lösche = Analecta Lutherana et Melanchthoniana hg. von G. Lösche. Gotha 1892.

Mathefius = Luthers Leben in Predigten, hg. von G. Lösche. Prag 1898.

NB = Thomas Murner, Narrenbeschwörung hg. v. Spanier. Halle, Niemeyer 1894.

Neudr. = Neudrucke deutscher Litteraturwerke des XVI. und XVII. Jahrhunderts. Halle a. S. Niemeyer.

NS = Das Narrenschiff von Seb. Brandt, hg. von Gödeke. Leipzig 1872.

Otto = Die Sprichwörter der Römer, gesammelt und erklärt von Otto. Leipzig 1890.

Philander = Gesichte Philanders von Sittenwald, das ist Straf=Schriften H. Moscherosch von Wilstätt 1677.

Preger = Tischreden Luthers nach d. Aufzeichnungen von J. Schlaginhaufen, hg. von W. Preger, Leipzig 1888.

Rollwagenb. = Jörg Wickram's Rollwagenbüchlein, hg. von H. Kurz, Leipzig 1865.

Reineke Vos = Reineke Vos hg. von Hofmann von Fallersleben. Breslau 1852.

Schiller=Lübben = Mittelniederdeutsches Wörterbuch, von Schiller und Lübben.

Schmeller = Bayerisches Wörterbuch von A. Schmeller. 2. Ausg. v. Frommann. 1872.

Seidemann = Lauterbachs Tagebuch hg. von Seidemann. Dresden 1872.

Simplicius = Chr. von Grimmelshausen Simplicianische Schriften, hg. von H. Kurz. Leipzig 1863.

Sprw. = Sprichwort, Sprichwörter.

SZ = Der Schelmen Zunft von Thomas Murner 1512. In photo=lithogr. Nachbildung, hg. von Scherer. Berlin 1881.

Tappius = Germanicorum Adagiorum cum Latinis et Graecis collatorum, Centuriae septem . . per Eberhardum Tappium Lunensem. Argentorati 1545.

Wa = Deutsches Sprichwörterlexikon hg. von Wander.

Waldis = Esopus von B. Waldis, hg. von J. Tittmann. Leipzig 1882.

Wrampelmeyer = Tagebuch Dr. M. Luthers geführt von Cordatus, hg. von H. Wrampelmeyer. Halle 1885.

ZfdPh = Zeitschrift für deutsche Philologie. Halle a. S.

Zingerle = Die deutschen Sprichwörter im Mittelalter, gesammelt von J. Zingerle. Wien 1864.

Die Handschrift.

1. **A**rt gehet vber kům̄st

2. Da steckts, ſagitta ·ſcʒ pfecte iacta

3. Iſt lange nicht zum bad gewest

4. Gute ſchwymer ersaüffen gern

5.   klymmer fallen gerne

6. Es ſind Wort   :::::::

7. Die gelerten die verkereten   ::::::

8. Es iſt ym yns maül komen   :::::::
    .i. de :::::bꝯ nō fauētibꝯ

9. Wer weis wer des andern
            ſchwager iſt

10. Der weg gehet fur der thur

11. Mancher vbel von weibern redet
    Weis nicht Was ſein mutter thet

12. Leſch mir den reym aüs

13. Berg ab ſeuberlich Berg an
    leret ſichs ſelbs

14. Er iſt ein hund wenn er zagel hett

15. Er furcht ſich fur ſeinen eigen ſtaren

_5_, _10_, _15_ (Zeilenzahlen am linken Rand)

---

2 lies sagitta scilicet perfecte jacta   5 mit blaſſerer Tinte nachgetragen. Es iſt zweifelhaft, ob nicht gute vor klymmer geſtanden hat 6—8 rechts unleſerliche Randſchrift. In der erſten Zeile iſt nach der Photographie etwa zu leſen .. de doctis ...   7 mit blaſſerer Tinte nachgetragen. 9 mit blaſſerer Tinte nachgetragen; lies id est de docilibus [?] non faventibus   13 Mancher redet vbel von weibern _u_   18 am Fuße der Seite (nach der Photographie) A   19 eigen _o_   19/2,1 zwiſchen beiden Zeilen ynn aügen durchſtrichen

- 4 -

16. Der hymel wird auff dich fallen

17. Er Reÿt

18. Auff den esel setzen

Ja frey
lich h'
est bon9
inceptor

19. Ein guter anheber ist aller ehren

20. Zwey sorgen mehr denn eins

21. Uiel hende machen leicht erbeit

22. Zittern hilfft nicht fur den tod

23. Crew erbeiter, beten zwifeltig

24. herrn gnade, April wetter
Frawen gonst

25. Wer was eigens hat greiff drein
wie eine saltzmeste

26. Ein boser ris ynn ein gut tuch

S. 3.] 27. Finster kirchen' liechte hertzen
helle kirchen. tunckel hertzen

28. Ein offenbar lugen ist keiner antwort

29. Wer vber sich hewet dem   werd
fallen die span ynn die augen

30. Es ligt an den wolffen nicht das
die pferde hunde sterben

31. Der hund hat ledder fressen scz
Wenn man eines zu wil

32. Ein sache von eim alten zaun brechen

33. Wem das kleine verschmaht wird das
grosser nicht

34. Spiel wil augen haben

35. Der katzen spiel, ist der meuse tod

---

1 ist unterstrichen   4—7 in der Randschrift ist h' zweifelhaft, kann
vielleicht sz = scilicet sein; h' est bon9 inceptor ist mit blasserer Tinte
nachgetragen; lies hic (hoc?) est bonus inceptor   14 kirchen' der Punkt ist
zweifelhaft   16 Ein offenbar ist unterstrichen   19 Es ligt an den wolffen
nicht ist unterstrichen   21 scz (lies scilicet) ist mit blasserer Tinte geschrieben
27 Der katzen spiel, ist der meuse ist unterstrichen

36. Were mirs am rock, so wolt ichs
wol. abwasschen

S. 4.] 37. Ein man kein Man

38. Einem zu enge   dreyen zu weit
Zweyen gerecht

39. Wenn der strick am hertisten hellt
so bricht er,

40. Ein mal ehre
Zwey mal zu seere
Dritte mal bezale

nā mo   41. Mag sachte, was do hilfft
dieſ cōtenta   .i. modica ne cōtēne   puerſū ē

.i. ne de   42. Es ist besser ichts denn nichts   etſ puerſū
ſpera In   43. Nicht ist ynn die augen gut
magnis   ex quo cōſtat aliqn̄ magna
voluiſſe ſatſ
⟩   44. Mag sachte was ein man zieret   ·res
puerſa cū pediculo

45. Gerat wol   korn   pfeiffe

S. 5.] 46. Wer fleucht den iagt man

47. Wer den anden iagt, wir auch mud⌐

48. Saür macht essen

49. Auff rosen gehen

7 barunter ein Strich   9 Zwey *r* (Ander)   10 barunter ein Strich
11—12 bie Randſchrift linfs ift mit blaſſerer Tinte nachgetragen; barin lieſt S
bas erſte Wort nā, bie Photographie zeigt beutlich nā; lies linfs natura
modicis contenta   12 .i. nach S unbeutlich; in ber Photographie zweifel=
los.   puerſū ē (lies perversum est) ſcheint nach ber Photographie auch
mit anberer Tinte nachgetragen zu ſein   13—16 bie Randſchrift linfs unb
13 rechts ift mit blaſſerer Tinte nachgetragen. Lies linfs idest ne despera
In magnis voluisse satis; rechts etiam perversum   15 ift mit blaſſerer
Tinte bazwiſchen geſchoben. Lies ex quo constat aliquando magna res
17 lies perversa cum pediculo   18 korn *o*; mit blaſſerer Tinte   20 anden
[ſo]   wir [ſo]; vielleicht ift d nur zufällig ſo weit abgerüdt, baß a in auch
wie aus d korrigirt erſcheint   lies mude

— 6 —

50. ⎰Narren sind auch leute aber
⎱nicht wie ander leute
51. Jhenest des berges sind auch leute
52. Curt ist auch bose
53. Ich auch, sprach der hund ſcʒ   5
ad portionē
54. Henge ymer hiñ
55. Hut dich, mein pferd schleht dich
56. Crosse narren, grosse schellen
Ep͠ꝯ Magd.   10

Ja 57. Alber hat gefiddelt
S. 6.] 58. Er ist alber, Batt in hosen
59. Es bornt horn
60. Die beschiede hündlin fressen die
wolff gern   15
61. Der wolff frisset kein zil
62. Der wolff frisset die gezalte schaff auch
63. Alte schult rüstet nicht
64. Dem bier ist recht gegeben
65. Jung gewon alt gethan   20
66. Sorgest fur vngelegte eyer
67. Eine krahe hack der ander kein
auge aus
68. ⎰Der wolt gerne scheissen wenn
⎱er dreck ym bauche het   25
69. ⎰Scheis ynn die bruch vnd henge
⎱sie an den hals
70. Sein dreck stinckt auch
S. 7.] 71. Es wil dreck regen
72. Mein brod ist gebacken   30

1 (Queſt) Narren auch o   5/6 lieſ scilicet ad portionem   10 lieſ
Episcopus Magdeburgensis 14 fressen] die Ligatur se ist mit dem n zuſammen=
gefloſſen oder gezogen 20 Jung gethan alt gewon u 22 hack [ſo] ander [ſo]

Ironie

pulcher

rime

5

73. Wo herrn sind, da sind decklaken
S. P. Und
74. Wers kan dem kompts   puerfa oia
75. Alber fest 2c   a dialo
76. Es ist vieh vnd stal
77. Gros geschrey vnd wenig wolle
78. Zeug macht meister
79. Gleich vnd gleich gesellet sich
gerne ⁊ zum koler

10

80. Gott ehre das hand werg dixit
lictor ad Jüriftam
81. Es regne aus, so wirds schon wetter
82. Wer nyrn ist, der wird nymer sat
83. Die heiligen zeichen gerne

15   S. 8.]   84. Er gebe allen heiligen nicht ein tocht
85. Versenge mir die ruben nicht
86. Er nympt kein blat furs maul
87. Er lesst kein spinweb fur dem maul
88. Es gehet vnter dem hutlin zu

20

89. Es gillt vber redens
90. Reucht meüse
91. Reücht den braten
92. Stinckt yhm schwert ein ohr
.i. contempts ē Et tñ valet

25

93. Du hettest schier ein wolff erlaufft

2/4 die Randschriften rechts und links sind mit blasserer Tinte nach=
getragen links Ironia pulcherrime S   rechts ließ perversa omnia a diabolo
4 feist S   10 Unter dixit ein Strich   12 wetter o   13 sat] at nach S
undeutlich; nach der Photographie zweifellos   23 yhm o; mit blasserer Tinte
24 nach der Photographie anscheinend mit blasserer Tinte; darunter leerer
Raum für etwa eine Zeile. Ließ idest contemptus est Et tamen valet

94. Ich mus han als hette mich ein
    hund gebissen
95. Es schmeckt nach dem fasse
96. Er hat den schnuppen
97. Heilige leute mussen viel leid   5

S. 9.] 98. Ich mag yhr nicht Sie sind $<$ saũr
                                 schwartz

Ex fabula de $\dfrac{\text{vüis piris}}{\text{teſticülis Caſtoris}}$

99. Hie ist muhe vnd erbeit verlorn   10
100. In solchem wasser feht man
            solche fissč
101. Fur dem hamen fisschen
102. In grossem wasser fehet man grosse
    Im kleinen kleine fissche   15
103. Ein loser fisscher
104. Bleib daheymen mit deinen faulen fisschen
105. Stille wasser tieff
106. Was die alten thun, das lernen die iungen
107. An den lappen lern der hund ledder fressen   20
108. Wer gern tantzt mag man leicht pfeiffen
109. Er hat fynn yn der nasen
110. Er hat humel ym arse
111. Er hat gryllen ym kopff

S. 10.] 112. Lange siechen der gewisse tod   25
113. Lang ist nicht ewig
114. Zwisschen zweyen stulen nidd⁊ sitzen

---

1 han] nach S undeutlich; nach der Photographie zweifellos   6/7 Sie

sind $<$ saũr   Ich mag yhr nicht u   12 lies fissche   17 fisschen o
       schwartz

19 die iungen o   20 lern [ſo] fressen] en iſt zuſammengezogen   21 pfeiffen
untergeſchrieben   24 mit blaſſerer Tinte nachgetragen   25 siechen] daß ie
etwas undeutlich, daher wohl ein zweites siechen mit blaſſerer Tinte darüber-
geſchrieben   27 lies nidder

115. An hymel halten

116. Schemel auff die benck stellen

117. Huner den schwantz auff bind

118. Fersen gellt geben

5   119. Hasen pañier

120. Wie der hase bey seinen iungen

121. Uogel singt wie der schnabel ge

122. Nymer mehr
      dixit krehet ein küe wie ein han

10   123. Armut wehe thut

124. Die glock ist gegossen

125. Samle dich glockspeise der teuffel   puer
      wil ein morsel giesen   su

126. Das redlin treiben

15   127. Das spiel wil sich machen

128. Zu pfingsten auff dem eys
      .i. Kalendas ḡcas

S. 11.] 129. Riñcken giessen

130. Blewel schleiffen

20   131. Im Schalcks berge hawen

132. Den boltzen Fiddern

133. Er hat, wie ihener die amseln

134. Den ahl beym schwantz

135. Breÿ ym maul   argentanᴐ ma

25   136. Kalt vnd warm blasen

---

4 geben mit blafferer Tinte   6 Wie der hase bey seinen iungen *rh*;
quergefchrieben   8 Nymer mehr (darunter ein Strich) (krehen die kue wie
ein han)   12/13 die Randfchrift rechts nach der Photographie anfcheinend
mit blafferer Tinte   su] ein — ift über dem ů nicht erkennbar; etwa sa[?]
17 .i. fehr verblaßt   18 am Kopfe der Seite ⟨Blewel $\overset{\text{schleiffen}}{\underset{\text{wenden}}{\diagdown}}$⟩   20 Im *r*;
mit blafferer Tinte   21 Fiddern den boltzen *u*   23 Den ahl beym
schwantz *rh*, rechts quergefchrieben

137. Aus holem topffen reden
138. Sich losen   Er hat sich geloset
139. Sich ausdrehen   entschuldigen
140. Fedderleser   141. oren klauber
142. ohren bleser
143. ohren melcker
144. Hund fur dem lawen schlahen
145. Wers gluck hat furet die braüt heym
146. Wer ehe kompt der melet ehe
147. Wer es reücht, aüs dem es kreücht
S. 12.] 148. Frawen sol man loben es sey war odder gelogen
149. Wer die nasen ynn alle winckel
      steckt, der klemmet sich gerne
150. Guter rat, kam nie zu spat
151. Er bornet sich weis
                    helle
152. Er hat sich verbrant
153. Eben heis, bornet nicht
154. Er hat sich beschissen
155. Er fellt vber den hŭnd
ketzen 156. Kan widder getzen noch eyer legen
157. Wer nicht singen kan der wil ym˙
158. Der esel hebt zu hoch an
159. Hinaüs sinˆgen
160. Hastu eingebrockt, du müsts aussessen
161. Er taug fur alle hŭnde nicht
S. 13.] 162. Rüme dich rüplin dein Vater ist ein kolwürm
163. Wie du wilt vogelin, wiltu nicht essen

---

1 holem [ſo]   3 Sich ausdrehen iſt unterſtrichen   4—6 oren
klauber ohren bleſer ohren melcker iſt unterſtrichen   11 odder gelogen o
21 ketzen mit blaſſer Tinte am Rande; getzen mit blaſſer Tinte über durchſtrichenem ketzken   22 lieſ ymer   27 ein kolwürm o

164. Caus es hat nicht
　　　Ses Zinck gib nicht
　　　Quaterdrey halten vns frey
165. Aus den aügen, aus dem hertzen
166. Stos dich nicht
167. Man keñnet den fogel bey den feddern̄
168. Hünde hiñcken
　　　Frawen wiñcken
　　　Kauff man schweren
　　　da sol sich niemand an keren
169. Wer hellt wenn er hat
　　　Der findet wenn er darff
170. Hüt dich fur kan nicht
171. Hüt dich wenn der blode kun wird
172. Wenn die alten hunde bellen sol
　　　　　　man hinaus sehen
173. Wo die huñde bellen, ists dorff nicht wust
174. Aus lerer tasschen ist bose gellt zelen
175. reuff mich In der hand
176. Wenn man das ferkel beŭt, sol man
　　　　　　den sack zu halten
177. Hut dich fur den katzen
　　　Fornen lecken, hinden kratzen
178. Hut dich fur dem vogel, der den
　　　　　　schnabel auff dem rucken tregt
179. Fewr bey mir holen
180. Hunde seer bellen die beissen nicht
181. Du wirst den wirt dort auch da
　　　　　　[heym finden

2 gib [ſo]　　10 da r; an o; beides mit blaſſer Tinte　　18 gellt
bose u　ist o　　19 In der hand reuff mich u　　22 Hut dich fur den
katzen o　　27 Hunde seer bellen die beissen nicht iſt von 17—28 links
quer an den Rand geſchrieben; unter 26 ein Strich

182. Wer nicht brot essen
mag der wandere

183. Auff nadlen gehen

S. 15.] 184. Es ist ein sack
balck

185. Am ramen vnd gedancken
gespannen tuch anschlegen
gehet viel abe

186. Got gebe faulen henden das falübel

187. Iücket dich die hawt

188. Ein messer behellt das ander ynn der scheiden

189. Die laüs ist ynn grind komen

190. Inn baürn gehort habber stro

191. Wenn man den baürn vnter die
banck steckt, so ragen doch die bein erfur

192. Der man ist an das schwerd gebunð

193. Klein leuten ligt der dreck nahe

194. Du machsts so vneesse

195. Ein arm man sol nicht reich sein

196. Nacht frist, iar frist

197. Ein willig pferd nicht zu seer reiten

198. Wenig mit liebe teilen

S. 16.] 199. Blind man arm man

200. Ist besser teydingen ausser denn
ym stock

201. Das stund wol ym brieffe

202. Das laüt

203. Es gieng yhm bey dem kopf hin

---

7 gespannen tuch ist unterstrichen, um zu bezeichnen, daß es nicht zu
Nr. 186 gehört   11 scheiden o   13 Inn ist unterstrichen   14 (de) man;
(f) man S   15 die bein erfur mit blasser Tinte   23 Frawen [F unsicher]
mit blasser Tinte am Kopfe der Seite   28/11,1 (Wer in die hohe hewet dem
fallen || die spaen in die augen || Ein boser ris ynn ein gut tuch) drei durch=
strichene Zeilen

204. Mütlin küelen

205. Er ist ein Seycher < $\genfrac{}{}{0pt}{}{\text{lüntros}}{\text{hümpler}}$ > Schelm

206. An armen hoffart wisscht der teufel
[den ars

5   207. Ich muste susse singen

208. Ich muste lange harren

209. Ein ander her, ders besser kan

210. Kuckuc rufft sein eigen namen aus

211. Ein locghericht sachen

10 S. 17.]   212. Es wil yhm nicht zawen

213. Unrecht gut Drühet nicht

214. Kompst wie der hagel ynn die stoppel

215. Im Winter hat ein arm man so wol ein
frisschen trünck odder kalten keller als der reiche
15   Myſtice & politice pülchrum

216. Kan nicht drey zelen

217. Kan nicht ein hünd aus dem ofen locken

218. Er beisst des füchses nicht

219. Die saw hat ein pantzer an   Amphibolon
20 us   in mores nobiliũ uel inſultãdo ineptis ut
puer   ruſticis ſeditioſis   Saw sol ym stall vnd
: :   kot sein   rüſticꝯ in agro & ſub lege preſſus.
süa ꝗ : : : dicent : :

220. Thü dich zün leüten so geschicht dir guts

25 221. Wenn ich das nicht kundte were ich ein
schlymmer schüknecht

222. Man kundt yhm das heubt ym Morser nicht treffen
so klug ist er

S. 18.]   223. Gehestu aüff dem heübt?

---

11 〈Bose〉 Unrecht   14 reiche untergeſchrieben   20/22 linkß zum
Theil unleſerliche Randſchrift   21 sol *o* sein *o*   23 〈Es ist der [die?]
ne [2c.?]〉 süa; daß Folgende iſt zum Theil unleſerlich   27 treffen iſt
untergeſchrieben   28 Am Fuße der Seite (nach der Photographie) C

224. Gehstu auff den oren?

225. Er gehet auff eyern̄

226. Wie der krebs gang

227. Wer des feürs darff suchts ynn der asschen

228. Es ist ein guter zünder   5

229. Wer nicht zu reiten hat der mag gehen

230. Dir ist gut gram zu sein, hast nichts

231. Es ist nicht not die schaffe sengen
           die wolle gilt wol gellt

232. Kutzel dich nicht selbs du lachest dich zu tod   10

233. Es ist nicht rat,   Es ist vnrat

234. Man boygets so lange bis es bricht

235. Er hat einen sparren verloren

236. { Alte hunde sind nicht gut bendig zu machen
     { Colla canū veterū nolünt admittere lora   15

237. Schuch drucken   [tropfen

238. Es mus ein mager brate sein da nichts von ab

239. Ein gute griebe auff meinen kol

240. Das kam recht ynn die kuche

S. 19.] 241. Wes die küe ist, der neme sie bey dem schwātz 20

242. Wo taüben siñd, da fliegen tauben zu

243. Wem das wenige verschmaht wird ꝛc

244. Wer eiñen pfennig nicht acht, wird
            keines gulð herr

245. Wer den schaden hat, darff fur spott nich   25

246. War mir liebet, das leydet mir niemād

247. Eiñ freündlich angesicht, deckts alles

248. Freundlich wirtt, das beste gericht

249. Langsam sitzt vbel

250. Frue aus vnd ynn die herberge   30

---

17 da(l) [= darf?]   tropfen [ſo]   20 Seite 19 ist wie Seite 20
bis Nr. 266 mit dunklerer Tinte geschrieben als Seite 18 und 19   sie bey] s c
aus d; b c aus k   25 nich] undeutliches h; vielleicht aus ht verzerrt
26 War [ſo]; r wohl verschrieben für s

251. Hat frissche beine, aber stehen ym maül

252. | Mein synn der beste

253. | Ich thet das beste

254. | Was wol reücht, bin ich

5
255. | Das maül schmieren

256. Die Hende schmieren

S. 20.]
257. Sind wir doch auch mit ym schiff

258. Ich wil dir den teufel braten

259. Wers erharren kunde, Er wurd alles gut

10
260. Wer ym rohr sitzt, schneit die beste pfeiffe

261. Dreck lesscht auch feür, Bescheisst aber
　　　　　　　　　　　　　　　[die brende

262. Auff ein affenschwatz

263. Ich sehe dirs an dein aügen an

15
264. Er hat nie kein wasser betrubt

265. Wie der hünd on flohe vmb s. Joh.

266. Wenn man den baürn flehet, wechst
　　　　　　　　　　　　　yhm der bauch

267. Codten scheissen tragen

20
268. Cieff ein reissen

269. Stuck vmb stuck

270. Eins vmbs ander, sz keins Umbsonst

271. Auff dem brett bezalen

272. Barüber bezalen

25
273. Wasser vber den korb gehen

274. Faüle merckt werden die besten

S. 21.]
275. Kleine $>$ kinder $<$ Kleine $>$ sorge
　　Grosse　　　　　Grosse

276. Leffel aüffheben Schussel zu tretten

30
277. Wer zurnet, wird schwartz $\begin{smallmatrix} \text{facie} \\ \text{faüore} \end{smallmatrix}$

---

1 Hat (sch) 9 Er [so]; r wohl verschrieben für s 19—26 blasse Tinte 22 andre S sz (nach der Photographie) fehlt S 23 bret S 26 Nach S zweifelhaft ob besten oder bosten

278. Das ist hie ein gemein essen
279. Wo hencken recht ist, da ist steupen kirmesse
280. Umbkeren das beste am tântze
281. Ein saŭr, scharff, wind ist das,
282. Hie hatts scharff gewebt   5
283. Es geht yhm saŭr ynn die nasen
284. Der nasen ymer nach
285. Er wil ymer den holtz weg
286. Bleibt nicht auff der bañ

‡‡   287. Ich hab meine kleider alle an   10
S. 22.] 288. Du wilt mich lieb haben
289. Wilt mich geheyen
290. Hast mir ynn ars gesehen, sihe widd'
291. Gegen dem baŭm sol man sich neygen
           dauon man schatten hat   15
292. Auff dem kropchen sitzen lassen
293. Schinpfchen lege dich
294. Schimpff wil sich machen
295. Du Schimpffest wie .N. mit seiner mutter
           sties yhr scheit ynn ars,   20
296. Schertzest wie ein beer
297. Jünge hunde mussen talmen
298. Hat das gemein gebet verloren
299. Ich wil yhm bose briefe nach schreiben
300. Hat das gemeiñ geschrey verloren   25
301. Stehet mit allen schanden
302. Er darff der mühe nicht
S. 23.] 303. Lachen verbeissen
304. Ein lieb sucht das ander. D. lup9 ouile rumpens

---

10 ⟨K⟩ Ich   13 ließ widder   14 man über durchstrichenem mach
17 Schinpfchen [ſo]   18 Schimpff] m auß n und Anſatz zum p corrigiert
29 rumpens o   ließ Dixit lupus ovile rumpens

305. Uiel ist ehrlich
     Wenig ist Gottlich
306. Kopp vnd teyl
307. Schopff vnd Schwantz
308. Inn einen saŭrapffel beissen
309. Bissen vber macht essen
310. Uerbeyssen
311. Gott ist der narren furmŭnde
312. Durch den korb fallen
313. Ein pflocklin dafur stecken
314. Ein riegel dafur zihen, schieben
315. Wischt das maul vnd geht daüon
316. Wie kompt das zu marckt
317. Er kans nicht zu marckt bringen
318. Es ist nicht essens schuld sondern der grossen trŭck
     .i. nō comedit malū morſellū, q̊ties
     cauſam falſaꝫ vera conuinciꝯ
S. 24.] 319. Die allten narren die besten
320. Alder hilfft nicht fur torheit
321. ZEIC (nō labor) macht hew. ſic āni faciūt canū
322. Zeit hat ehre .i. res ſuo tpe geſta laudabilis
323. Das futter sticht dich
324. Es ist yhm zu wol   [.i. fürs caput
325. Wen der .C. schenden wil, henget er den mātel vmb
     ſic religioſos fallit ſpecie pietatꝫ
          hereticos

---

8 ift unterſtrichen   9 fallen] das n mit blaſſerer Tinte   10 von
hier bis zum Schluß mit derſelben blaſſeren Tinte   11 zihen, ſchieben]
das Komma iſt zweifelhaft   15 grossen trŭck untergeſchrieben; c iſt un=
deutlich   16/17 lies idest non comedit malum morsellum, quoties ‖ causam falsam vera convincimus   19 hilfft c aus hllfft   20 canū unter=
geſchrieben; lies sic anni faciunt canum   21 laudabilis untergeſchrieben;
lies idest res suo tempore gesta laudabilis   24 vmb untergeſchrieben
25 lies pietatis

326. War umb schlug der teufel seine mutter
327. Gute meister feylen auch
328. Fellet doch ein ros auff vier fussen

Ver
ba

329. Ein Wort ist an kein keten gebunden
330. Ein Wort ist kein pfeil   patia⁲ 5
331. Er kan verhoren wil weise werð
332. Aus an galgen
333. Aus an hartz nach stützen lauacris vafis
334. Da wil ehre aus werden
335. Dem sack ist der boden aus   10
336. Das geht von hertzen vel Nicht
337. Es añet mir
338. Mein hertz sagt mirs
339. Es ligt myr auff dem hertzen

S. 25.] 340. Er frisset sich drumb   15
341. Sie beissen sich mit einander
342. Ich habs ym synn, hett ichs ym beutel
343. Es gehet mir yns hertz
344. Das schmeckt
345. Das hertz empfellet yhm   20

346. Er hat Ein hertz
            kein

347. Was were dreck wenn er nicht stüncke
348. Er leüget das stinckt
349. Er stincket
350. Das ist das ende vom liede   25
351. Kopff auff setzen
352. Horner auff setzen
353. Katze das beste vihe .i. deiecta oia

---

4 Ein *r*   5 ift unterftrichen; bie Ranbfchrift rechts ließ patiatur
[patientia?]   14 mir S   15 fich über burchftrichenem mich   28 S deiecta
unficher; aū S; nach ber Photographie faft zweifellos oīa; ließ idest deiecta
omnia

354. Spitz zünglin

355. Schwach gespannen

356. Den 〔 ⟨ an die wand / vber die thur ⟩ malen

357.   zu gefatter bitten

358. Was die tauben erlesen hetten

359. Dich wird nach der sonnen frieren

S. 26.] 360. Es ist aus das man speck auff kolen bret

361. Ist nicht not speck auff kolen braten, das fett

362. Wer mit eülen beitzt fehet meüse   [treuff in die

363. Wer nicht kalck hat mauret mit dreck   [assche

364. Fisschen auff treügem lande

365. Aus dem stegreiff sich neeren

366. Wer viel feret müs viel wagen haben

367. Far hin wirfft nicht vmb. in rebelles dicit'

368. Cantz iglicher auff seinen fussen   stosst er
          sich, wirds wol fulen

369. Wechsel ist kein raub d. fur pediculo pofito in
          [locū eqüi furto ablati

370. Cret keiner den andern d.
          Gallus fub eqüo

371. Meuse dreck vnter pfeffer   [die sew

372. Wer sich vnter die trebern menget, den fressen

373. Culex de Camelo

374. Mufca in Curru

375. Kurtz angebunden

376. Kurtz verhawen

377. Das maul damit wasschen

378. Die karten mengen

---

9 treuff [ſo]   13 iſt unterſtrichen   15 lies dicitur   16/17 linkſ
zum Theil unleſerliche Randſchrift   18 und 20 d.] lies = dixit   25 in
über durchſtrichenem de

2*

379. Das spiel verderben
380. Ins spiel komen

S. 27.] 381. Ich sünge dir nicht vom habber sack

382. Kuche vber den zaün, kuche herwidder

$$\text{hellt gute} < \genfrac{}{}{0pt}{}{\text{gefatterschafft}}{\text{nachbarschafft}}$$ 5

383. Triebe nicht eine gans vber den weg
384. Auff einen trunck treten
385. Viel zu lange geschlaffen
386. Es ist so hin 10
387. Hin ist hin
388. Sonn yn den ars scheinen
389. Er ist nase weise
390. Horet das gras wachsen
391. Bescheisst sich ynn der weisheit 15
392. Eine kappe schneiten
393. Im maule mehren lassen

a d 394. Bey der nasen furen

395. Kurtz vnd gut

396. Schinden vnd schaben bis auff $\genfrac{}{}{0pt}{}{\text{die bein}}{\text{auff den grat}}$ 20

S. 28.] 397. Horchst wie ein saw die ynns wasser seicht, pfercht

398. Du soltest nicht ehr rede die küe fiste denn
       denn soltestu sprechen   liebe gros mutter

399. Ja ein dreck auffs maul 25
400. Ja es war ein dreck
401. Ist doch wol ehe so krum holtz zur heyen worð
402. Es krümpt sich bald, was ein hacken werð wil

---

18 ift unterstrichen   19/20 dazwischen in zwei Zeilen durchstrichen
Nr. 395ᵃ Suchen [Sucher S] trunck ‖ Gerne gast   21 darunter in drei Zeilen
durchstrichen Nö[?] hic D Mogenhofer ‖ Lictor ‖ Gott ehre das handwerck;
Mogenhofer] ::::: or S   22 seicht, pfercht o   23 rede [fo]   28 wil
ift untergeschrieben

403. Er ist Deñisch ptinax
404. Er hat ein zehe haut
405. Er lesst die finger gern ankleben
406. Er ist mit der sylbern buchsen geschossen
407. Er neme gellt vnd liesse holtz auff yhm hawen
408. Er durfft ein land verraten
409. Wer bey den wolffen sein wil, mus mit yhn heülen
410. Gelt ist sein herr
411. Pfennig sol mein herr nicht sein ynn : : :
412. Das ist sein hertz
413. Man muste dirs furkewen
414. Man muste dirs einstreichen
S. 29.] 415. Wirdt sich fur leide bescheissen
416. Ein schwerer vogel
417. Ochsen am berge stehen
418. Grosser vogel mus ein gros nest haben
419. Las die sporen vertrieffen
420. Ein Dreck Scheis kethe
421. Feur ym arse
422. Speck ym nacken
423. Du bist der rechten klugelin, zeümest das
[pferd ym arse
424. Kansts an der wigen sehen wenn sich das
kind beschissen hat
425. Du bist so klug als polter wolt den ars wisschen
vnd brach den daumen zwey
426. Es zawet dir wie das pissen widder den wind
427. Schreibst, wie der weg gen Rom gehet

---

1 lies pertinax   7 yhn [ſo]   9 ynn dena[?]   17 verteuffen] e
und eu unsicher S; vertrieffen ist nach der Photographie zweifellos   18 Vor
eck ein Fleck; lies Dreck   21 Nach der Photographie wahrscheinlicher rechter
28/22, 1 dazwischen durchstrichen Nr. 428 Klinget wie ein fortz ym bade

429. Es will hund oss malen   molere qð canis
   edit

430. Klinget als wenn man dreck mit peytzschen
   hewet

431. Gewis wie ein fortz ynn der reussen

Ⴝ. 30.] 432. Feucht wie ein Bade — — ym b s t f

433. Weis nicht wo er daheym ist

434. Wie ein katze vmb den brey

435. Das kurtze mit yhm spielen

436. Der peltz ist wol verkeufft

437. Er schleht yhn ynn den nacken

438. Er hat yhn hinder den ohren

439. Hat ein scheitt ym rucken

440. Ein weiser man thut kein kleine torheit

441. Es ligt an eym guten ausleger

442. Torheit macht erbeit

443. Torlich wort bringen torlich werck

444. Geduld behellt vnschuld qᴌ tuta eſt
   confcīā nō lẹſiſſe Iūx illud Meli₉
   ē iniuriā ferre q̃ inferre
   Patientia fine confcīā

445. Trewme sind lugen Wer yns bette scheisst
   das ist die warheit

446. Er hats am griff wie ein fiddeler

Ⴝ. 31.] 447. Ein henne scharret mehr weg denn 4
   hanen erzu scharren

448. Alte kühe / zigen lecken gerne saltz

---

1 oss] das o undeutlich; vielleicht a S   lies molere quod canis edit
6 b s t f] lies den im Alphabet vorhergehenden Buchstaben   18—21 lies
quia tuta est || conscientiam non laesisse Iuxta illud Melius || est
iniuriam ferre quam inferre || Patientia sine conscientia   19 Iux̄]
3diх̄ unsicher; vielleicht Ex̄? S; nach der Photographie zweifellos.

449. Ritter on muhe
    Kalbfleisch on geel bruhe
450. Nymer ynn einem stall stehen
451. Was die kinder sehen das wollen sie han
452. Besser die iungen weinen denn die alten
453. Am besten der beste kauff
454. Heis fur dem kopff
455. Hat ein heisse stirn
456. Er ist vnter den hünern gesessen
457. Ey ist kluger denn die henne
458. Gut ding wil weil haben
459. Uerraten vnd verkaufft
460. Wens ende gut ist, so ists alles gut
461. Mancher geneüsst seiner mutter
    vnd nicht seines Uaters

S. 32.] 462. Was sol narren das gellt Sie legens
    ynn die kacheln vnd verbornens
463. Zween harte stein malen nicht
464. Im sacke keuffen
465. Im sacke verkeuffen
466. Er weis wie eym schalck vmbs hertz ist
467. Wenn das kindlin sein willen hat so weinets
468. Nicht vnter die banck stecken   [nicht
469. Kein blat fur das maul nemen
470. Kein spinnweb fur dem maul wachsen
471. Er kan seiner ohren nicht erharren
472. Hart gegen hart   [werffen
473. Schweren stein kan man nicht weit
474. Zween hunde beissen einen
475. Er hat sich ynn der weisheit beschissen

476. Ein bube auffm ros   .i. tyräng
Ein bubin auffm schlos
Ein laus ym grind
Sind drey stoltze ding

S. 33.] 477. Leffel auffheben schussel zübrechen   5
Hoc ē wer ein ding nicht bessern kan
der las das bose stehen

478.   Ubel erger machen Exm̄ Heretici
mutant mala Eccē maioribg malis
Sepe malū puū ferre nolūg & maig   10
prouocamg Sīc Vitare charibdim
Et ille cū cürrü

479. Senffte wort harte straffe

480. Kunst gehet nach brod

481. Strecken nach der decke   15

482. Rewkauff Liebkauff qᵈ̃ lĩckauff

483. Bistu da zu rissen

484.   reit dich
485. Der teuffel
        ist dir ynn haren

486. Collerstū   ·   20
Satan laruā induit sīc hoīes
deg abſcondit faciem

S. 34.] 487. Er hat das liebe brot semmel geheissen

488. Was nicht dein ist, das las ligen

489. Was dich nicht bornet das lessche   25
                    [nicht

1/2 b Ein bubin auffm schlos .i. tyräng ⎰
        a Ein bube auffm ros   ⎱ u   8 Exū S   8—12 lies
Exemplum Heretici ‖ mutant mala Ecclesie maioribus malis ‖ Sepe malum
parvum ferre nolumus et maius ‖ provocamus Sicut Vitare charibdim ‖ Et
ille cum curru   11 (ille) Vitare   charibdim] i und m find zu einem
wagerechten Strich verzogen   16 Rewkauff Liebkauff ift unterſtrichen
21/22 lies Sātan larvam induit sicut homines ‖ deus abscondit faciem

Anmerkungen.

1. Art gehet vber kunst.

Wa V 825 Art 44. Vgl. 43 Art gehet für alle gewonheit. I 148 Art 1—10 Art lässt nicht von Art und Varianten dieser Form des Sprw. — Tappius Nr. 5 Naturam expellas furca tamen usque recurrit (Horaz, ep. I, 10, 24). Die Natur gehet fur die lehre. Art lesst von art nit, die katz lesst jrs mausens nit. Ähnlich Egenolf S. 11ᵃ; 80ᵇ; 265ᵇ und Agricola 131. — Uhland, Volkslieder Nr. 50 v. 5

art der läst von arte nit
unkraut will ausz dem garten nit.

In der handschriftlichen Form kann ich das Sprw. sonst und selbst bei Luther nicht nachweisen; auch er hat in der Regel Art lässt nicht von Art. Einmal spielt er auch an auf den üblichen Zusatz Die Katze lässt das Mausen nicht, nämlich EA 39, 283 denn wenn es zum Treffen und zur Not kommt, so findet sich doch die Art, dasz sie nichts tügen. Und lässt die Katze das Licht fallen und läuft der Maus nach. Agricola Nr. 131 erzählt ausführlich die Ge= schichte, welche Luther hier im Sinne hat. Marcolf habe mit Salo= mon gestritten und gegen diesen behauptet, daß Art und natürliche ein= gepflanzte Neigung mehr sei als Gewohnheit und Dressur. Salomon hatte eine Katze, die gewöhnt worden war, ihm das Licht zu halten. Da brachte Marcolphus etliche meuse zu wegen vnd kam des abents zu Salomon vnd liesz erstlich eine mausz lauffen, vnd als bald die katz der mausz gewar ward, tapt sie ein wenig mit der pfaten vnd liesz doch das liecht nicht fallen. Da aber die ander vnd dritte maus

fürüber lieffen, liesz sie das liecht fallen vnd lieff den meüsen nach.
Darausz hernach Marcolphus beweysete, Art gieng für alle gewon=
heit. Dietz 1, 118 weist das Sprw. nur einmal nach in Luthers
Vorrede zu der Schrift: Von Priesterehe (1528) Aiij: es wil doch
art von art nicht lassen. — Außerdem vgl. EA 41, 56 denn sie
müssen singen, wie ihnen der Schnabel gewachsen ist [Nr. 121];
Art lässt von Art nicht.   47, 127 Denn Art lässt von Art nicht,
so wird Niemand auch die Natur ändern.   46, 84 (Gloße zu
Psalm 58, 4 von Mutterleib) Das ist, Art ist nicht gut und lässt
von Art nicht. — Hierher gehört auch die Stelle aus der lat. Vorrede zu Luthers Schriften: Quam verum est proverbium 'Diffi-
cile est consueta relinquere'. Et 'consuetudo est altera natura'
[Cic. de fin. 5, 25, 74].

2. Da steckts.

Wa IV 788 stecken 5 ohne andere Nachweise als aus Luthers
Mpt. Daß Luther sich des ursprünglichen Sinnes der Ra noch
sehr genau bewußt war, beweist folgende Stelle ebenso deutlich als
der hier gemachte Zusatz sagitta, scilicet perfecte iacta. EA
30, 190 f. Es gemahnet mich doch des Geists eben, als wenn
ein toller Mensch ein Armbrust hätte und mit grossem Geschrei
und Wesen die Winden nähme und die Armbrust spannet, dräuet
mit trefflichen Worten, den eisern Nagel im Blatt zu spalten, und
vor grosser Eile und Jech keinen Pfeil drauf legt und also los=
drücket, und wenn er die Sehnen klappen höret, das Armbrust
herumbwürfe und spräche: Da steckts, der Nagel ist entzwei, und
wo die Andern lachten und sagten, es wäre kein Pfeil da gewest,
er sie scholte, dasz sie es nicht fur Pfeil wollten ansehen. 39, 320
Da steckts nu, der Zweck [d. i. der Nagel im Mittelpunkt der
Scheibe] ist getroffen. — Anspielungen: De W 4, 383 Sie werden
doch den Zweck nicht spalten, ist auch nicht noth, sondern genug,

dasz man nahe hinzu scheusst. EA 39, 275 Doch in solchem
Fall, weil der mittel Kern nicht wohl zu treffen ist, so ist das
zum nähesten zum Zweck geschossen. 281 wenn er [Fabian
von Feilitz] eine Sache hörete; rieth er hinzu und traf den Zweck,
da sonst wohl etwa ein Doctor hätte sollen tausend Blätter umb=
suchen und dennoch vielleicht das Blatt kaum treffen. 338 Darumb
hat David hiemit gleichwohl gar nahe geschossen, und das fur=
nehmest Laster und Ubel zu Hofe fast getroffen. 41, 51 denn da
steckt das Ziel: der herr hilft mir. 44, 175 Er ist nahe zum Kern
gangen oder zum Zwecken geschossen. — 30, 106; 38, 57 Da
steckts. 31, 204 Hie liegts, steckts, haftets. 32, 123 das ists, da
liegts, da steckts. 37, 3 denn da steckts, da liegts, da bleibts.
47, 252 Was ich sonst in meinem Leibe thue, das fühle ich und
sehe ich, und kann sagen, da liegts, da stickts. 49, 182 da
stehets, da steckts. 52, 313 da stickts.

Im Sinne von EA 25, 66 u. 166 Da liegt der Knoten, das
ist die Hauptschwierigkeit vgl. 50, 420 Wahr ists, ein jeder Christ
soll darüber kämpfen und kriegen, dasz er der Oberste und Für=
nehmste sei in Christus und der Apostel Amt, aber da steckts,
dasz man recht deute und verstehe, was Christus und der Apostel
Amt sei. — Sinnverwandte Ausdrücke: 24, 101 hat den rechten Blut=
schwären troffen. 27, 292 hie liegt aber der Has. 28, 186 hie
ist nu der grösste Knote. 30, 201 aufwarten auf den rechten
Knoten der sie drückt. 31, 20 sind noch nicht die rechten Knoten.
52, 338 Aber da liegts. — Vgl. aus Cic. de off. 3, 33, 117 hic
haeret aqua.

---

3. Ist lange nicht zum bad gewest.

DWb 2, 1069. — Wa V 890 Bad 61. — Eine Erklärung
giebt Agricola Nr. 177 Du hörest übel, ich mus dich ein mal zum
bade füren. Also straffen die herren jhre diener, wann sie vnfleissig
seind zü hören was jn befolhen wird. Zum bade füren heisset

straffen vnd züchtigen, Dann gleich wie das bade hinweg nimpt
den kodt vnd schweysz, also nimpt die straff hinweg den vn=
uerstand vnd vnfleis. — Tappius Nr. 85 Boeotica auris. Du hörst
übel, ich musz dich ein mal zum bader furen. 184 Purgatis
auribus. Er hat dünne ohren.

In diesem Sinne kommt das Wort Bad, baden, waschen bei
Luther öfter vor, wenngleich sich keine der obigen vollkommen ent=
sprechende Ra nachweisen ließ. Einige der Stellen giebt Dietz I 200
(EA 30, 169) Wohlan ich verstehe sein wohl, dasz ein Ort den
andern erkläret; so bin ich auch neulich im Bade gewesen und
hab die Ohren gewaschen, dasz ich wohl höre. Zwo Predigt
(1535): lasz sie heisz genug aufgiessen, wer weisz wer noch in
diesem Bade schwitzen wird. Verlegung des Alkoran (1542): was
ist das für eine Seligkeit, da man ewiglich alle Stunde ohn Auf=
hören schwitzen, schwensten und stinken musz wie in einem
Bade. — Außerdem De W II 70 Das Bad in der Höll wohl be=
reiten. IV 663 ich werde dies Bad müssen ausgiessen. 674 Er
wollt euch gern in ein Bad bringen. 677 So sollt E. G. Bad
und Lauge kriegen. V 368 Die Kinder können wohl unrein sein,
aber das Bad musz rein und fein bleiben. 417 Das Bad wird
ausgehen über sie. 505 Lehrgeld nehmen und sie ungewaschen
lehren. — EA 21, 305 Den romischen Bann mit Siegel und
Briefen zum kalten Bade führen. 31, 209 ob sie wiederkämen, ich
weiter sie zwagen und baden müge. 282 Schlauraffenland und
Jüngelbad. 36, 341 Das Bad ausgiessen. 38, 198 Da findet der
Teufel das Bad bereit. 44, 39 Die Jugend weisz davon nichts zu
sagen, aber wir Alten wissens, die wir in dem Bade haben ge=
badet und ziemlich wohl geschwitzt. 44, 305 Das Bad möchte
über sie ausgegossen werden. 325 d. h. den Pelz wohl gewaschen.
40, 105 den Menschen .. in ein Bad führen, da er liegt, wie in
einem glühenden Ofen, dasz ihm das Herz zerschmelzen möchte.
48, 202 Sie haben das Bad und den Schweisz nicht ausgestanden,

darinnen ich und andere im Papsttum gesteckt sind. 42, 132 Uns die wir in dem Bade nicht gewesen sind, bewegen solche Wort nicht. 46, 80 Derhalben sollet ihr jungen Gesellen, so in diesem Schweiszbad noch nicht gewesen und gar in einer seligen Zeit geboren, ja wohl diesen Unterschied Mosi und Christi lernen. 306 Siehe nu lieber Moses, du hast uns ausgeführet und in das Schweiszbad gebracht. 64, 178 (Gloſſe zu Sirach 22, 15 Schweiß) Gut Gesellen und Freunde führen manchen in ein Bad. 65, 209 Wer diesem Buben und Buche folget, dem gesegne der Teufel das Bad im Abgrund der Höllen.

---

4. Gute schwymer ersauffen gern.
5. [Gute] klymmer fallen gerne.

Wa IV 479 Schwimmer 10 Gute Schwimmer ertrinken gern. Dazu wird angemerkt: Agricola 205 . . Luthers Tiſchr. (Leipzig 1577) 397ᵃ. . . In Luthers Manuscript (S. 2) lautet dies Sprich= wort „Gute ſchwymm [!] erſauffen gern". — Wa hat a. a. O. viel ähnliche Sprw.; desgl. II 1394 Klimmer 1 ff. Beide nebeneinander wie bei Luther bringt er IV 479 Schwimmer 4 Die besten Schwim= mer ertrinken und die besten Klimmer brechen oft den Hals. 12 Tiefe Schwimmer, hohe Klimmer sterben auf den Betten nimmer. II 1394 Klimmer 3.

Beide Sprichwörter weist Dietz I 598 bei Luther nach in Aus= legung der Ep. und Ev. von der heil. drei Könige Feſt bis auf Oſtern (1525) n iij (EA² 11, 117): Wer lust hat zur fahr, der wird drüber vmbkomen, denn darnach man ringet, darnach es gelinget: gute schwymmer ertrincken gerne vnd gute steyger fallen gerne.

---

6. Es sind Wort.

Wa V 409 Wort 248. Vgl. 906 Es sind leere Worte. 908 Es
sind Wörter und keine Schwerter. — Agricola 43 Es ist dir ynn
worten, wie manchem ym synne. 44 Grosse wort vnnd nichts da=
hinden. 45 Es ist nichts, allein das er die wort nicht lassen
kan. — Egenolf 243ᵇ Milt mit worten. Wort vnnd werck seind
zwey ding. Mit dem mund ist mancher mild, mit leihen, schencken,
geben vnd zusagen, aber mit der that fehlt es weit. — Höfer
Nr. 1836 Es sein Worte, sprach der Teufel, kam er über ein
Messbuch. Nr. 1837 Verba sunt! sagt' der Teufel, warf den
Psalter die Stiege hinein.

Bei Luther in der Regel mit einem kleinen erklärenden Zusatz
wie EA 38, 133 Gute Wort, wenig dahinter. 39, 355. 52, 165
u. 283. 64, 111 Gute Wort, nichts dahinter. 15, 459 Wörtlein
sinds, damit man die Leute umführet. Weim. Ausg. XX, 120, 20
Sed sunt mera verba et manent verba, ad quae nihil sequitur.
De W I 102 Verba sunt, verba manebunt. Auch 2. Pet. 2, 18
sie reden stolze Worte, da nichts hinter ist.

Anspielungen mit deutlicher Hervorhebung des Sinnes z. B. De W
IV 53 Es heisset per multas tribulationes etc. Das sind nu nicht
mehr Wort, sondern ist ins Werk kommen. Preger 87 Maxima
quidem verba loquitur [Erasmus], sed revera sunt frigidissima,
in mordendo habet spiritum et sunt verba. EA 49, 347 die
sich des Glaubens rühmen mit trefflichen Worten und grossem
Schein und doch nichts dahinter sein würde. 25, 28 fur welchen
Worten die unsern sollten erschrecken. Aber weil nicht dabei
geredt ward 'ob Gott will' blieben es Wort und vergingen mit
dem Hall; da der aus war, da furcht sich auch niemand. —
Dagegen 47, 391 Da ist denn das Wort nicht blosser Schall.

7. Die gelerten die verkereten.

Das Sprw. drückt die volkstümliche Verachtung der unbehülf=
lichen und dünkelhaften Stubengelehrsamkeit aus. Zahlreiche Nach=
weise giebt Wa I 1534 Gelehrter 21 auch aus fremden Sprachen. —
Egenolf 97ª; er bemerkt 350ª: Künstler seind die ersten im
narrenschiff. Vgl. NS 1: Von unnutzen buchern.

> Den vordanz hat man mir gelan,
> dan ich on nutz vil bücher han,
> die ich nit lis und nit verstan.

V. 22 Wer vil studirt würt ein fantast.

Murner NB 5 Gelerte narren schinden beginnt:

> Gott geb, gott griesz, ich sags fürwar,
> Nüt schedlichers dann ein gelerter narr.

Simplicius (hg. v. Kurz) IV 356, 19 je gelehrter, je verkehrter.

Die Umkehrung Wa I 1533 Gelehrter 4 Der gelehrte, der
werthe. 10 Die Gelehrten, die Geehrten.

Bei Luther von Dietz II 63 nur einmal nachgewiesen, aber ziem=
lich häufig. Z. B. De W II 98 doch mag ichs wohl leiden, der
Wahrheit zu gut, dasz dem Sprichwort genug geschehe, das da
nit ferne vom Evangelium lautet: Die Gelehrten, die Verkehrten
(Vgl. Mat. 11, 25; Röm. 1, 22; 1. Kor. 3, 18). EA 39, 289 denn
was hilft grosse, hohe Weisheit? .. Es sind doch eitel Feil=
gedanken und vergebliche Meinung, ja auch wohl schädliche und
verderbliche. Darum ists sehr wohl geredt: Die Gelehrten, die
Verkehrten. Item ein weiser Mann thut keine kleine Thorheit
[Nr. 440]. Und zeugen alle Historien, auch die Heiden, dasz die
Weisen und gut meinende Leute haben Land und Leute verderbet.
40, 15 (= Weim. Ausg. I 696, 22) Und eben wie man spricht
'die gelerten die verkerten'. Das ist warlich war, ye hochgelerter,
ye tieffer schüler; ye tieffer schüler; ye hochgeleerter. 45, 274

(= Weim. Ausg. VII 591, 5) Daher kumpts, das man mit rechter warheit sagt: 'Die gelerten die vorkeretenn'. Andere Stellen EA 64, 127. ²17, 79 u. 397.

Vgl. auch das Wortspiel 24, 184 Die grossen Flachgelehrten von Paris.

_____

8. Es ist yn yns maul komen.

DWb 6, 1790 Maul f) die Worte werden ins Maul gegeben; man redet, wie es einem ins Maul kommt. — Wa III 521 Maul 520 liest: Es ist ym ins maul kom. Vgl. III 1570 reden 422 Er redt, was ym in das maul kumbt. — Bei Luther in der Regel ins Maul fallen. Z. B. in den 2 Stellen bei Dietz I 628 fallen A 1 b (EA 27, 121) was nur ynsz maul fellet, das musz erausz. (27, 295) Was soltistu guttis schreiben, wenn du szo unvleyssig, unbedechtig ausser speyest, was dyr ynsz maull fellet und hewbist dich all= tzeyt ynn dein eygen backen? — Außerdem 25, 42 Wie die Narren, was ihn ins Maul fället, speien sie flugs heraus. 30, 20 Ah wehe und aber wehe allen unsern Lehrern und Buchschreibern, die also sicher daher fahren und speien eraus alles, was ihn ins Maul fället, und sehen nicht zuvor einen Gedanken auch zehenmal an, ob er auch recht sei fur Gott. 30, 171 Münzer war ein dumm= kühner Geist; aber dieser ist ja so dummkühne, speiet eraus, was ihm ins Maul fället, denkt nicht einmal, was er doch sage. 64, 124 Ein trunken Richter speiet ein Urteil heraus, wie es ihm ins Maul fället. — Vgl. mit persönlichem Subjekt Hesek. 36, 3 [Ihr] seid den Leuten ins Maul kommen und ein bös Geschrei worden. Was in der Handschrift das untergeschriebene idest de docili[?]bus non faventibus heißen soll, kann ich nicht verstehen. Die Photographie ist sehr undeutlich. Wenn faventibus richtig ist, könnte man an das Horazische favete linguis denken, so daß vielleicht Luther habe erklären wollen, das Sprw. gelte von denjenigen, die nicht schwei= gen können.

_____

9. Wer weis, wer des andern schwager ist.

Bei Tappius 230 = Egenolf 58ᵃ vollständiger: Wer weysz, wer des andern vatter oder schwager ist, da ein kirch vol leut ist. — Eine Erklärung giebt Agricola 346 Man kann sich zu weyt nicht befreünden. Nun ist in allen stenden keyn freüntschaft die weitter geet denn Schwagerschaft, denn es kumpt wol, dasz einer mit einer schwester vil Schweger macht, er musz aber den reymen nicht auszwischen: Wer hüren vnnd buben nicht in seinem geschlecht hatt ꝛc. [vgl. Nr. 12]. — Wa IV 411 Schwager 26 liest Wer weis, wer des andern swager ist. Vgl. 12 u. 13 Es will kein Schwager wissen, wer (dasz ein ander) sein Schwager ist. 15 Man kann viel Schwäger mit Einer Schwester machen. I 337, Beste (das) 12 Das Beste ist, dasz Niemand weisz, wer sein Schwager ist.

Bei Luther ließ sich die Ra sonst nicht nachweisen.

---

10. Der weg gehet fur der thur [hin, über].

Wa IV 1845 Weg 78. — Dem Sinne nach entsprechend bei Agricola 372 Du feelest der thüre. Das ist, du erlangest es nicht vnnd kumpst auch nicht darzu. Du must fürüber gehen. . . . der thür feelen heysst, keyn glück zu ettwas haben. Die thür aber treffen vnd zur rechten thür eingehen, glück vnnd heyl haben.— Egenolf 294ᵃ Der thür verfehlen. Einn fehlschusz thün. Du stichst darneben. Du gehest nicht recht, fehlest des wegs. . . Er zäumpt das pferd beim hindern auff.

Bei Luther EA 25, 373 Ich halt furwahr, ihrer Klugheit nach müsste kein Mann eine Jungfrau nehmen oder künnte nach ihrem Tod nicht Priester bei ihnen werden. Denn wer kann ihm Bürge werden oder gut dafur sein, dass er gewisz eine Jungfrau kriege? Der Weg gehet fur der Thür uber (wie man spricht). ²17,326

Willt du nicht also vergebens, ohne Verdienst leiden, so magstu es lassen und Christum also verleugnen. Der Weg gehet vor der Thür hin; allein das musstu wissen, wenn du nicht leiden willt, dasz du auch nicht Christus Hofgesind wirst sein. — Ähnlich 49, 315 f. Viel gethan und geärbeitet, und doch Nichts uberall aus= gerichtet; viel gebetet, gesucht und geklopft, und doch Nichts er= langet, noch gefunden oder geschaffet. Denn sie feihlen der rechten Thür. Vgl. auch NS Vorrede 133:

> Meint iemant, das ich in nit rür
> der gang zum wisen für die tür.

---

11. Mancher vbel von weibern redet, Weis nicht, Was sein mutter thet.

Agricola 159 erzählt zu dem Sprw. Wer do redet, was yhn gelustet, der musz offt horen, das er nicht gern horet, eine Anekbote (auch in Pauli, Schimpf und Ernst), die den Sinn von Luthers Sprw. zu treffen scheint. Kaiser Augustus habe Einen, der ihm nach aller Masse und Geberde des Leibes ähnlich gewesen, gefragt, ob seine Mutter etwa oft zu Hofe gewesen sei. Der habe aber geantwortet und gesagt, seine Mutter habe er zu Hofe nie gesehen, wohl aber wäre sein Vater oft da gewesen.

Luther war, wie Mathesius, Historien (Predigt XII) S. 288 be= richtet, auf Sebastian Franck sehr zornig, daß er dem Ehestand und weiblichen Geschlecht zu Unehren viel schändliche Sprichwörter habe drucken lassen. Er äußerte sich darüber: Wer von Frawen, Jung= frawen, Obrigkeyt vnd Priesterschafft vbel vnd garstig redet, der ist nicht ehren werd. — In solchem Sinne wird auch das obige Sprw. bei Luther gebraucht: EA 23, 134 Darumb lobe ich dieses Sprich= wort wider solches Teufelsgeschäft [das Verläumben], da man spricht: man soll Frauen loben, es sei wahr oder gelogen, sie be=

dürfens wohl. Und abermal: mancher von Frauen ubel redt, der
doch nicht weisz, was sein Mutter thät. Denn unter dem Frauen=
volk sind unser aller Mütter, Schwester, Weiber, Töchter, Muhmen
und Freundin auch begriffen, welcher Ehre unser Ehre und ihre
Schande unser Schande ist. — Vgl. auch 32, 20 Wer Weiber schän=
det, den wird Gott schänden, oder wie man sagt, nicht wohl gehen.

Wa III 1557 Reden 90 liest Mancher redet vbel von weibern,
weis nicht, was sein mutter that. V 36 Weib 802 Mancher von
Weibern übel red't, und weisz nicht, was seine Mutter thät.
I 1129 Frau 509 weist Wa das Sprw. bei Petri, Henisch, Luther
und Körte nach. — Eine Umformung augenscheinlich neueren
Datums 157 Ein jeder spricht schlecht von den Frauen, aber
man kann auch gute drunter schauen.

---

12. Lesch mir den reym aus.

Die Erklärung giebt Heyne DWb 8, 667. 'In Nürnberg stand
ein Reim, der den Leser aufforderte, ihn auszuwischen, wenn er
unter seinem Geschlecht keine Huren und Buben habe. Dieser Reim
von Nürnberg war in sprichwörtlichen Wendungen weit bekannt:
also sagt man wie uf ein zeit Kaiser Maximilianus gen Nurnberg
kommen, do hab er dem reimen, darvon er darvor gehert, nach=
gefragt, und als er darzu gefurt und den gelesen, hab er gelechelt
und gesprochen: nun, nun, der reim soll von mir nit uszthon
werden. Zimmersche Chronik 3, 484, 14.'

Diese Erklärung wird von Klaiber wiederholt ZfdPh. XXVI
37 und dazu werden 2 Nachweise aus Luther gegeben. EA 32, 17
Was kann der Kaiser, König und alle Welt dazu, dasz zuweilen
aus einem löblichen Geschlechte ein ungerathen Kind und ein ver=
lorner Sohn kompt. Es bleibt das Sprichwort wahr: lösche den
Reim Kaiser Friedrichs aus. Und wie itzt gesagt, ist das ge=
meine Wort nicht von Gänsen oder vergebens erdacht: Verlorn Sohn,

ungerathen Kind. Es ist der Unfall einer, dasz aus frommen Eltern Hurn und Buben kommen. — Luther schreibt hier also dem Kaiser Friedrich zu, was sonst von Maximilian erzählt wurde. Ohne bestimmten Namen anzuführen spricht Luther von dem kaiserlichen Reim De W V 35 So ist noch kein Stamm so gut, es trägt zu= weilen einer ein ungerathen Kind. Und müssen den kaiserlichen [De Wette liest: kryftelichen!] Reim unvertilget lassen ꝛc. — Auf den Wortlaut des Reimes spielt Luther an EA 34, 263 Darumb wollen wir auch redlich bekennen, dasz sie beide [Juda und Thamar] grob genarret haben, wiewohl es ihnen Gott geschenkt hat, dazu dasz man sehe, wie Christus kommen sei umb der Sunder willen ihnen zu helfen und sich gar nicht schämet, dasz er Hurn und Buben in seinem Geschlecht hat und den Reim nicht auslöschen will, so müssen wir ihn auch wohl stehen lassen. Wittenb. Ausg. Tom. lat. V 2ᵇ (1554) Ipse enim in sua genealogia non contemnit illum versum Germanicum: Wer nicht Hurn und Buben in seinem geschlecht hat ꝛc. EA 15, 320 .. Er= fahrung, dasz viel Buben in Kappen=Platten gefunden werden, wenn es aber Geist wäre, so müsste kein Bube darunter sein. 426 Denn wir sind alle aus dem Teige gebacken da Huren und Buben aus sind. — Eine Anspielung auf die Ra finde ich EA ²18, 291 Er [Jesus] hat keine Sünde gethan und nie kein falsch Wort geredt und führet den Reim mit allen Ehren also, dasz er des Stucks im Vater Unser nicht bedurft hat: Vergieb uns unsere Schuld. 33, 201 Wer sich fur einen Menschen hält, mag den Reimen wohl lassen stehen [das Dichten u. Trachten u. f. w.]. 15, 319 .. was vom Fleisch geboren ist, das ist Fleisch. Da stehet nun unser Reim, den wir alle führen. Ganz verall= gemeinert ist die Ra EA 40, 109 Darumb wer da will bleiben für der Welt Schrecken und Dräuen, .. der mag sich an diesen Vers halten und den itzigen Feinden des Evangelii Trotz bieten, dasz sie sich dran versuchen, ob sie die ersten seien, die ihn aus=

löschen werden. ² 18, 370 [die Papisten] waren so sicher und
stolz, dasz ich schier Sorg hatte, unser Herr Gott würde drüber
zum Lügner werden, der so stark verheissen hat, er wolle allein
der Heiland sein und so hoch vermahnet und gesagt Psalm 146
(V. 3), man solle sich nicht verlassen auf Fürsten, denn sie können
doch nicht helfen. Weil sie so die Köpf zusammen steckten, rath=
schlugen und beschlossen, wie sie uns wollten angreifen, als
hätten sie es schon gewisz und trotzen mit Schrecken und Dräuen,
als wollten sie diesen Reim rein auslöschen. Altenb. Ausg.
V 1188; 1192; 1198 (Just. Jonas' Überf. von Pred. Sal.) der
tilge (lösche) Salomo diesen Reimen aus und verwerfe dieses
Buch. 1232 Kein König, Richter noch Gewaltiger hat noch Gott
diesen Titel ausgelöschet, da er sich nennet .. einen höch=
sten Richter.

Wa bringt dieses Sprw. in Folge seiner fehlerhaften Abschrift
an ganz falscher Stelle III 1634 Reihen 11 Lesch mir den reyen
aus. Doch vgl. III 1635 Reim 1 Es stehet der Reyme zu Nürn=
berg noch ohn ausgeleschet, dann sich keiner noch zur Zeit dran
wagen dörffen (Dietrich 370). — Den Reim setzt als bekannt vor=
aus Agricola 346 er musz aber den reymen nicht auszwischen:
Wer huren vnd buben nicht in seinem geschlecht hat ꝛc. Voll=
ständig bringt ihn Wa I 496 Bube 70 Wer nicht buben vnd huren
in seinem geschlecht hat, der lösch ausz, was da geschriben staht
(Henisch 544).

---

13. Berg ab seuberlich,
Berg an leret sichs selbs.

Wa V 960 Bergab 6 liest: lernts sichs selbs. — Vgl. I 317
Bergab 1 Bergab leite mich, bergauf schone mich, in der Ebene
brauche mich, sagt das fleissige Pferd. Bergauf 3 Bergauf sachte;
bergab achte; geradeaus trachte. 4 Bergauf treib' mich nicht, berg=

ab jag' mich nicht, auf der Ebene schon' mich nicht und im Stall vergisz mich nicht, sagt das Pferd zu seinem Herrn.

Dem Sinne nach verwandt EA 64, 108 Eile brach den Hals. Langsam gehet man auch ferne. Eile wird müde, und lässt balde ab. Mit Musse und Anhalten bringt mans zu Ende. Festina lente (Sueton, Leben des Augustus, Kap. 25). — Die Ra scheint sonst bei Luther nicht gebraucht zu sein.

----

14. Er ist ein hund, wenn er zagel hett.

Wa II 889 Hund 1582 liest Zaggel hat. — Vgl. II 891 Hund 1631 = Agricola 403 Es ist eyn hundt, wann er nur eyn schwantz hett. . . . Darumb nennet man eynen eygennützigen, der niemand guts günnet, denn yhm selbs, beisst vmb sich, bescheisst vnd betreügt yederman vnnd lest yhm niemandt zulieb sein, vnnd niemandt geneüsst sein, eynen hund, also dasz er ein rechter hund sey, allein er hatt keyn schwantz, dabey man yhn kennen möcht, vnd ist nichts an yhm, denn dasz er eyns menschen gestalt hat, sonst wo er eynem menschen nit ehnlich were vnd hette eynen schwantz, so were es rechtschaffen eyn hund. Ähnlich Wa II 826 Hund 168 Der Hund bleibt ein Hund, wenn man ihm auch den Schwanz abhaut. 1532 Ein Hund, aber ohne Schwanz.

Bei Luther vgl. EA 30, 164 Also wenn man von einem kargen Mann spricht: Er ist ein Hund; hie heisst Hund den kargen Filz, und ist aus dem alten Wort ein neu Wort geworden. Weim. Ausg. XII 594, 18 Davon kumbt es auch, das man ein kargen ein hundt haisst, das ist ein hündtischer man.

----

15. Er furcht sich fur seinen eigen staren [ynn augen, ym auge].

Wa I 1279 fürchten 74 fand das letzte Wort staren unleserlich und vermuthete dafür schatten, was ganz ausgeschlossen ist. Zwar die von Wa ebenda 26 angeführte Ra Mancher förcht sich vor seinem Schatten, vnnd hat ein Löwenmaul vnd ein Hasen Hertz (Lehmann 226, 12) ist Luther auch nicht fremd in der Fassung: EA 40, 224 machst dich selbst dir zum Götzen und betest dein Herz an und furchst dich fur dir selbst, wie man sagt: der furcht sich fur seinem Schemen. Altenb. Ausg. V 1238 (Just. Jonas' Übersetzung d. Pred. Salomo) Ein solcher aber fürcht sich für seinem eigen Schatten und in allen Büschen fürcht er liege ein Wolf. — Hier aber handelt es sich um eine andere Ra, die mir bisher nur gelungen ist bei Luther und zwar in folgenden Stellen nachzuweisen: Weim. Ausg. VII 407, 22 ff. (= EA 24, 118) Auszgenummen der Bapst und sein kirche, die furchten sich billich fur yhren eygen staren ym auge, wye geschrieben stet: 'die unchristlichen szunder furchten sich, und niemant iagt sie'. Weim. Ausg. VIII 170, 25 ff. (= EA 27, 359) unnd geschicht dyr eben (wie man sagt), das du dich furchtist fur deynem eygen augennstern, denn wo du fest glewbist, der wolff sey hynder dem offen, ob er schon nit da ist, szo ist er doch dyr da, der du nit anderst thust und ferist, alsz sey er da. Sihe solch schewchter und spugnis ist allis, was der Bapst ynn der wellt macht, und betreugt nur Christlich gewissen mit seynen nichtigen effischen gepotten. EA 26, 183 (= [2]26, 205) Nicht dasz sie es fur Wahrheit halten, sie wissens sehr wohl anderst, sondern gern wollten, dasz unter die Leute käme und alle Welt fur Wahr= heit hielte, damit die Kaiser und Könige böse Gewissen kriegten, dasz sie ihre Königreiche wider Gott und Recht besässen .., obs einmal gerathen wollt, dasz die Könige sich fur dem gemaleten Teufel oder ihrem eigen Star oder für des Papsts Forz fürch= ten wollten und den Papst bitten, dasz er wollt ihr Reich an=

nehmen. EA 38, 128 Will er Gott nicht fürchten, wohlan so
für chte er sich fur seinem eigenen Staren im Auge.

Der Sinn ist klar und entspricht Agricola 129 (= Egenolf 81ᵇ)
Der fürchtet sich vor yhm selbs. Es kompt forcht mehr von ynnen
herausz, denn von aussen hynein. Denn wie eyner sich selbs weysz
inn seinem hertzen, also furchtet er sich auch oder ist gutter dinge.
Salomon sagt [Spr. 28, 1]: Der vngerecht fleucht, wenn yhn auch
gleich niemand iagt . . .

Für die Frage nach dem Ursprung und eigentlichen Sinn der
Ra kommt in Betracht, 1. daß Luther Augenstern gleichbedeutend
setzt mit staren ym auge, 2. daß in allen bezüglichen Stellen
eigen vor staren und Augenstern steht und hier in der Handschrift
gefliffentlich noch von ihm hineincorrigirt worden ist. Daraus geht
hervor, daß der lächerlichen und unbegründeten Furcht vor dem
eigenen Augenstern die für begründet erachtete Furcht vor dem
fremden gegenübergestellt werden soll. — Nach Grimm, deutsche
Mythologie 864. 903. 920 erkannte man Hexen und Zauberer,
die durch den bösen Blick Schaden zufügen können, daran, daß das
in der Pupille sich abspiegelnde Bild des Beschauers, das Männlein,
Kindlein, Mägdlein, wie man es nannte, bei ihnen verkehrt stand.
Nach einer von Grimm angeführten Stelle des Plinius hatten sie
das Bild eines Pferdes in dem einen Auge. Im Auge des nordischen
Helden sah man eine Schlange, vor der der Feind zitterte. — Der
Henker verband seinen Opfern die Augen, weil er durch sie behext
leicht einen verhängnisvollen Fehlhieb hätte thun können. Das
Auge ist Verräther des boshaften Herzens. Uhland, Volksl. Nr. 297

B v. 13 ick se it an juwen ogen wol
          gi sint ein düvelinne.

C v. 4 die jüngste tochter die wil ich nid,
          sie treit der teufel in ire,
          ich gses an ir brun augen an
          wie er in ire tût brinnen.

Besonders gefährlich ist nach der Sage der Blick des Basilisken. Will man ihn töten, so umstellt man ihn mit Spiegeln, dann muß er sich selbst sehen und stirbt an seinem eigenen Blick. Vgl. Kurz, Anm. zu Simpl. III 433, 12. — Das Alterthum fabelte von dem schrecklichen Blick der Gorgo, der in Stein verwandelte. — Viele Sprw. schildern die Macht des Auges z. B. Wa I 171 Auge 51 Das Auge ist ein Gewehr. 146 Kein böses Auge sollte das schöne Kind ansehen. 252 Wer böse Augen ansieht, dem hängen sie ihre Krankheit an. 384 Es ist ein böses Auge darübergegangen. V 849 Auge 527 Haar ick Ogen as mîn Broder Slang, stêk ick dörch Isen un dörch Stang wird den Blindschleichen vom Volk in den Mund gelegt. 653 Einen mit den Augen vergiften. 695 Ich weiss nicht, was für ein böss aug darzu kommen ist (Henisch 661, 10). — Sein eigenes Auge aber kann Niemand sehen nach dem Sprw. I 176 Auge 197 u. V 849 Auge 538 Kein Auge sieht sich selbst. — Auf diese volksthümliche Furcht vor dem bösen Blick nimmt Luther Bezug bei der Erklärung von Gal. 3, 1. Weim. Ausg. II 505, 25 (= EA Op. ex. 26, 25) Est autem fascinare aspectu malefico ledere, ut Virgilius [Ecl. III 103]: Nescio quis teneros oculus mihi fascinat hagnos. Hoc utrum verum sit nec ne, deus viderit, inquit Hieronymus ... Ego credo hunc esse morbum infantulorum, quem mulierculae nostrae vulgo die elbe seu das hertzgespan vocant ... Creditum est enim, ab invidis illis et maleficis vetulis, si cui formosulum infantulum matri invideant, talia fieri.

Hieraus geht hervor, daß Furcht vor dem bösen Blick sehr verbreitet war und begründet schien; Furcht vor den eigenen Augen ist hingegen lächerlich, denn man kann sich ja selbst nicht in die Augen sehen.

Das Innerste des Auges, die Pupille, die Sehe, der Augenstern, erschien aber, wie Grimm zeigt, als der eigentliche Sitz der bösen Macht, daher denn auch von Luther nach dem Sprw. unbegründete

Furcht als eine solche vor dem eigenen Augenstern, dem Star in dem Auge oder den eigenen Staren in den Augen bezeichnet wird.

Eine besondere sprachliche Beachtung verlangt die Ra deshalb, weil hier meines Wissens sowohl das Wort Augenstern als Star in den Augen zum ersten Mal im Neuhochdeutschen belegt wird. Vgl. dazu die Ausführungen von Prof. Pietsch in der Anmerkung zu Weim. Ausg. VII 407, 23. Er sagt dort, daß der Star dasselbe Wort sei, das heute zur Bezeichnung der Augenkrankheit allgemein üblich ist. Dieses Substantiv sei erst in jüngerer Sprachentwicklung aus dem altüberlieferten starblint gebildet und scheine zuerst bei Luther Tobias 6, 10; 11, 14 belegt. Daneben habe es eine auf starn= blint zurückgehende Form der Starn gegeben und dazu sei dann Stern lautliche Nebenform oder Umdeutung. Star als Nebenform des Wortes Stern, die in niederl. und engl. star auftrete, sei in Luthers Munde undenkbar.

Die Frage nach dem Ursprung und der Bedeutung des star in starblind ist eine vielumstrittene. Abgesehen von den deutschen Wörterbüchern, in denen sie behandelt wird, verweise ich auf die ein= gehende Untersuchung von Zacher in den Klinischen Monatsblättern für Augenheilkunde XII. Jahrg. (1874) S. 277 ff.; Magnus, Ge= schichte des grauen Staares, Leipzig 1876 S. 99 f.; O. Becker, im Handbuch der gesammten Augenheilkunde, Leipzig 1877, Bd. V 203.

Zacher äußert im Gegensatz zu Grimm und den meisten neuern Sprachforschern seine Bedenken gegen die Ableitung vom Verbum starren und sucht für die Ableitung von Staar (dem Vogel) verschiedene Gründe geltend zu machen, die letzte Entscheidung den Medicinern überlassend. Diese gehen aber auseinander: von den beiden hier genannten bezeichnet Becker als Hauptsymptom der Krankheit den starren Blick und hält damit die Herleitung von starren für selbstverständlich, während Magnus unter Berufung auf andere Autoritäten seines Faches bestreitet, daß Starrheit des Auges ein besonderes Kennzeichen der Staarkrankheit sei und —

von Zacher darin etwas abweichend — den weißlich=grauen Tüpfeln
des Staargefieders eine gewiffe Ähnlichkeit mit der grauen Pupillar=
färbung des kranken Auges zuerkennt.

Aus den Anfichten der Mediciner die Entscheidung zu gewinnen,
ift hiernach gewagt. Für mich muß ich auch darauf verzichten,
sprachlich eine solche zu treffen, will aber Pietsch gegenüber die
Schwierigkeiten, welche mir der einfachen Annahme seiner Erklärung
gegenüberzustehen scheinen, hervorheben und diese selbst ergänzen.

1. Als Neutrum begegnet das Subst. Star schon um die
Mitte des 15. Jhs. in der Bedeutung der Augenkrankheit. Vgl.
Schiller=Lübben, Mittelnioberd. Wörterbuch IV 365 Wultu dat star
steken, so nym eynen griffel van suluere, de schal vore scharp
wesen. so lose dat star in der oghen bi der netzen ersten. —
Unde ok is se (de bathonie, eine Heilpflanze) ghud vor dat star.
Aus dem Vocabular Engelhus 1445 staer vel blint, obtalmia. —
Als Masculinum scheint das Wort dagegen zuerst bei Luther be=
legbar zu sein.

2. Daß Luther neben der gewöhnlichen Form Stern in gewiffen
Verbindungen und Zusammensetzungen ein mundartliches Star(n)
brauchte, wird, wie mir brieflich auch Prof. Pietsch einräumte,
durch folgende Stellen wahrscheinlich: EA 28, 420f. so haben wir
doch je die rechte lautere Lehre des Euangelii als einen hellen
Lichtstar, mitten unter diesem verkehreten und unschlachtigen Ge=
schlecht der Finsternis. 64, 265 Darumb wollen wir das liebe
Licht erhalten unter dem argen, verkehrten Geschlecht wie die Lampen
und Lichtstar. 43, 325 Das weisz ich, nicht nach meinem Licht oder
Starn, dasz es mich gut oder böse dünkt. Außer den beiden erften
Stellen aus Luther gibt DWb 6, 892 noch 2 weitere Belege: aus
Seb. Francks 'Guldin arch' (1538) leuchten die frommen als ein
liechtstar in der finsternus; in Ab. Petris Gloffar zu Luthers
Neuem Testament (1532) wird auch liechtstar aufgeführt und
durch leuchtern, lutzern erklärt. Wie mir Prof. Pietsch mit=

theilt, stand liechtstar in den Ausgaben des N. Testaments bis
zum Jahre 1527 Phil. 2, 15, wo Luther später liechter setzte.
Schließlich ist DWb auch noch angeführt luchtesterne lucibulum,
Diefenb. Gl. 337ᶜ. — Nach der Ansicht des Prof. Pietsch (und
anderer Germanisten) ist es zwar mindestens zweifelhaft, ob in liecht=
star eine Zusammensetzung aus liecht und stern vorliegt, immer=
hin scheinen ihm aber die angeführten Stellen zu beweisen, daß
man das Wort zu Luthers Zeit und in seiner Gegend als eine
solche auffaßte, und daß solche Auffassung möglich war, weil die
Wittenberger Volkssprache schon damals wie heute starn hören ließ.
Licht oder Starn (EA 43, 325) würde dies ganz sicher beweisen,
wenn die Stelle einer unmittelbaren Lutherschrift entstammte; da
sie aber einer von Anderen besorgten Ausgabe Lutherscher Predigten
angehört, bleibt die Möglichkeit bestehen, daß Licht oder Starn
aus Lichtstarn entstellt ist.

3. Darf man somit eine mundartliche Form star(n) für stern
für Wittenberg annehmen, so steht nichts im Wege den eigen
staren ynn augen, wie es ja auch Luther selbst thut, für den
eigenen Augenstern zu nehmen, um so mehr, als nur so der
Sinn der Ra verständlich wird. Ich wenigstens kann nicht ein=
sehen, wie hier Star als Augenkrankheit verstanden werden könnte.

Solange übrigens die Ra nicht anderweit nachgewiesen ist,
darf man wohl annehmen, daß sie auf Wittenberg und seine Um=
gegend beschränkt war.

Die weitere Frage nach dem Ursprunge des Gebrauchs von
Stern für Augapfel oder Pupille, wofür Zacher a. a. O. auf
Claudians stella segnis (Phoen. 37) verweist, und wofür man auch
den alten dichterischen Gebrauch heranziehen müßte, ist hier nicht
zu erörtern; sie hängt aber mit den obigen Erörterungen möglicher=
weise zusammen.

16. Der hymel wird auff dich fallen.

Wa II 655 Himmel 211. Vgl. 214; 229; 231; 235; 242;
251. 52 Der Himmel wird nicht einfallen. 124—144 Ra mit
dem Vorderfatz: Wenn der Himmel einfällt ... Im Rollwagenb.
LXVII und sonst öfter in der Verbindung [so heftig und läfterlich]
schweren, es möcht der himmel herabfallen. Agricola 436 (= Egenolf
202ᵇ) Ich hett mich ehe des hymelfals versehen.

Bei Luther ironisch von Angst des bösen Gewissens und thörichter
Furcht EA 33, 171 sie sagten [zu Noah]: Du bist ein grosser, alter
Narr, hast Sorge, der Himmel falle auf dich. 27, 297 Ihr
Geistlichen seid gewohnet, dasz man eur Dingk nur lobe, ehre
und Geld dafur gebe, und wa man euch nur ein wenig trifft, habt
ihr Sorg der Himmel fall auf euch. — Vgl. 24, 96 Ich hätt
auch ehe gläubt, dass der Himmel fiele, ehe solche ding sollten
vom Papst ausgehen. 31, 404 Ja, mich wundert, wie solche
kluge Heiligen unter dem Himmel auf Erden mügen bleiben. Wie
wenn die Erden sunke und der Himmel einfiele? Weim.
Ausg. I 392, 23 der hymell wirt noch heute fallen und wirt
keyn alter topff morgen ganz seyn. EA 36, 24 es hätt ein An-
sehn, als wollt Himmel und Erden in einen Hauf fallen, also,
dasz sie meinten .. dasz sie alle auf dasselb Mal sollten untergehen. — Sinnverwandt ist EA 32, 57 f. Wohlan stehets lange,
so gehets vielleicht auch lange; mich dünkt als eine Gans, die
Überschwelle wolle sich senken.

17. Er Reyt.

Sinnverwandt mit der folgenden Ra. — Schmeller, BW II
179 reiten 5 = in Zorn gerathen oder sein (holl. rijden. vgl. hchd.
reiten = brünftig sein; niederd. im Ried sein = betrunken sein). —
DWb 8, 777 reiten 4 = coire, befpringen; führt fonst ein Beifpiel

übertragener Bedeutung nicht an. — Agricola 449 Wer all zu gäch ist zu vnzeiten, derselbig soll eitel esel reitten. Die leychtlich zurnen, die reytten auch, aber nit fern. — Egenolf 67ᵃ Er ist bald im harnisch . . Der leicht seudt vnnd zu bewegen ist in zorn . . Er ist gar ausz der nusz. Er reitet. Ausz dem sattel gehebt. — Wa III 1651 Reiten 57 nach Franck II 74ᵃ Er reit einn bösen esel. Vielleicht ist verwandt 62 Er reitet ein tolles Pferd.

War bei Luther nicht nachzuweisen. — Für die übertragene Bedeutung vgl. EA 28,162 hübsche Hengst und feine Freulin reiten.

18. Auff den esel setzen.

DWb 3,1146 = erzürnen; weist die Ra bei Luther Tischr. 246ᵃ nach: mit guten Worten fein betrogen und recht auf den Esel gesetzt. — Man pflegte widerspenstige Untergebene zum Schimpf auf den Esel zu setzen, eine Strafe, die noch spät in Schulen und bei Soldaten gebraucht wurde. — Schmeller, BW I 159 nach dem Vocabular 1618: Auffm Essl sitzen = iram in promptu gerere. Auffn Essl setzen = erzörnen. — Simplic. I 145,12 Den dollen Fähnrich, welcher mein ärgster Feind war, zoge ich gleich herüber und setzte ihn auf den Esel. IV 160,13 Doch weil Mercurius vor den schlauesten Vocativum unter allen Göttern gehalten wird, wollte er ihn nicht gleich gar in die Schind=Grub werffen oder auff den Esel setzen, sondern damit er ihn in Laun behielte . . fragte er ihn. — Wa I 874 Esel 515 liest: Auff den esel sitzen. Die Ra Auf den Esel setzen finde ich bei Wa nicht.

19. Ein guter anheber ist aller ehren [werth].

Mit der Randbemerkung Ja freylich hoc est bonus inceptor scheint Luther einen selbstgemachten Einwand wiederlegen zu wollen, wie er etwa aus folgenden Stellen sich ergeben würde: Weim.

Ausg. XX 135, 1 Es leyt nicht am anheben, sed am hin ausfuren. Multo melius est attigisse finem quam principium. EA 39, 304 Darumb ists nicht gnug wohl anheben und recht thun, sondern gehört dazu beständig bleiben und sich davon nicht reissen noch reizen lassen. — Man würde dann guter und bonus betonen müssen.

Das Sprw. fehlt Wa; doch vgl. V 764 Anfänger 5 Ein guter Anfänger ist alles rühmens werth. 7 Es ist vmb einen guten anfenger vnd vmb ein guten deuter zu thun.

Bei Luther nachgewiesen von Dietz I 86 = EA 42, 188 es ligt (spricht man) an eym guten anheber vnd ein guter anheber ist aller ehren werd. — Sinnverwandt ist EA 50, 112 f. Es ist aber das Schwerste und (wie man spricht) der grösste Berg, ehe man über die Schwellen tritt, und die ersten Wort 'Vater Unser' über das Herz bringt.

Aus dem Anfang suchte der Aberglaube auf den Ausgang zu schließen. Vgl. hierzu Grimm, D. Myth. 937. Nachtr. 323 über den Angang.

---

20. Zwey sorgen mehr denn eins.

Wa V 668 Zwei 86; außerdem ebenda viele verwandte. — Vgl. Tappius 591 Zween vermögen mehr dann eyner. Egenolf 362ᵇ Zween wissen mehr dann einer. Vil hend heben vil. Vier augen sehen mehr dann zwey.

Bei Luther finde ich nur das Sinnverwandte: EA 15, 282 Die Welt siehets wohl dafür an, als sei es zu schwer und unerträglich, aber es ist nicht; denn es hat einer einen guten Compan, der ihm hilft tragen, wie man spricht: Mit einem guten Compan ist gut singen. Ihr zween können leichtlich eine Last tragen, obgleich er eine nicht wohl trägt.

---

21. Viel hende machen leicht erbeit.

Wa II 309 Hand 369 liest: Viel hande machen leicht arbeit.
Vgl. 363—380 und V 1402 Hand 967. — Verwandte Ra auch
DWb 4², 342. — Tappius 456 Multę manus onus levius red-
dunt. Uil hende machen ein leichte bürde.
Scheint in Luthers Schriften zu fehlen.

---

22. Zittern hilfft nicht fur den tod.

Wa V 595 Zittern 7. Vgl. 1 Zittern hilft nicht für den
galgen, 2 vors Fieber, 6 gegen den Frost, 8 vor hencken. —
Der Tod ist unerbittlich und unwiderstehlich. In jenen Zeiten,
wo die Pest Städte und Dörfer entvölkerte, entstanden die Toten=
tänze, bildliche Darstellungen dieser Wahrheit in Kirchen, Gottes=
äckern, Büchern, und Gedichte wie Die X Alter (P. Gengenbach, hg.
von Goedeke. S. 456). — Philander (4 Gesicht) S. 189 läßt den Tod
sagen: da hast du ein Mandatum sine clausula cum Executoriali-
bus arctioribus et arctissimis und wird dir unverborgen sein, dasz
meine Befehl ohn einige Ein= und Wider=red .. müssen vollzogen
werden. (6 Gesicht) S. 450 Wer dem Todt entfliehen will, dessen
Mühe ist umbsonst. Er thut vergebene Arbeit. Er schäret einen
Esel. Er beropfft eine Sackpfeiff. u. s. w. Es soll aber die Todes=
gewißheit den Menschen nicht in steter Todesfurcht erhalten.

In diesem Sinne EA 29, 249 Gleich als wenn ich einen wollt
bereden, der ein blosz Schwert uber mich zuckt, dasz er gläuben
sollt, es wäre ein Strohhalm, auf dasz er mich schlüge. Es hilft
aber nicht zittern fur dem Tod. — Vgl. 21, 197 Darumb
mag auch kein Leiden oder Gedräng oder Tod überwunden werden
mit Ungeduld, Flucht und Trost suchen, sondern allein darmit, so
man fest still stehet und beharret, ja dem Unglück und Tod frisch
entgegengehet. Dann wahr ist das Sprichwort: wer sich fürcht
vor der Höll, der fährt hinein. Also, wer sich fürcht vor dem Tod,

den verschlindet der Cod ewigklich. 50, 125 Schalksliebe, wie ein
Dieb, so sich fürm Galgen fürcht, den Richter und Henker liebet
und gehet solchem wie das Sprichwort sagt: Wer sich fur der
Höllen fürchtet der musz hinein. 51, 133 Die Heiden haben
weislich gesagt: Qui mortem metuit, quod vivit perdit idipsum.
Der ist ein Narr, wer sich fur dem Cod furchtet, denn damit verleurt er sein eigen Leben. — Vgl. Curt. 4, 14, 25 Effugit mortem,
quisquis contempserit, timidissimum quemque consequitur (Otto,
Spr. d. R., S. 229).

---

23. Crew erbeiter beten zwifeltig.

Über dieses Wort handelt Luther ausführlich in der Schrift:
Eine einfeltige Weise zu beten 1535. EA 23, 215 Und wiewohl etliche Werk furfallen können, die so gut oder besser denn
das Gebet sind, sonderlich wenn sie die Not fordert; also gehet
ein Spruch unter St. Hieronymi Namen: alle Werk der Gläubigen
ist Gebet; und ein Sprichwort: wer treulich erbeitet, der
betet zwiefältig; welches musz aus diesem Grunde geredt sein,
dasz ein gläubiger Mensch in seiner Erbeit Gott furchtet und ehrt
und an sein Gebot denkt .. solche Gedanken und Glaube machen
ohn Zweifel aus seinem Werk ein Gebet und Lobopfer dazu.
Wiederumb . . . wer untreulich erbeitet, der fluchet zwiefältig.
Wa V 802 Arbeiter 57 liest Crew arbeiter beten zwifaltig.

---

24. Herrn gnade April wetter
Frawen gonst ꝛc.

Wa II 582 Herrengnabe 6. Außerdem giebt er unter Herren-
gunst nicht weniger als 33 ähnliche Sprw. Vgl. auch I 113 April
12; I 115 Aprilwetter; I 1141 Frauengunft und Frauenliebe.
Einige der Varianten dieses Spruches mögen hier Platz finden.

4*

Agricola 281 (= Egenolf 168ᵃ) Weiber gemuet, herren gunst, Aprilen wetter vnd federspiel verkeren sich offt, wer es mercken wil.

Egenolf 93ᵃ Herrn gunst, frawen lieb vnd Rosenbletter ver= keren sich wie Aprillen wetter; 238ᵃ setzt er noch hinzu: Würffel, glück vnnd federspil verkeren sich, wers mercken wil.

In der (1.) hochdeutschen Ausgabe von Reinecke Fuchs (Frank= furt a. M. 1535) in einer Randgloffe Bl. B^b heißt es:

> Herrn gunst, Aprillen wetter
> Frawenlieb vnd Rosenbletter,
> würffel, karten, Fedderspil
> verkert sich oft, wers glauben will.

Zingerle 66 führt aus Mone, Anz. VII 507 eine lat. Über= setzung an:

> Ridenti domino nec coelo crede sereno,
> Ex facili causa dominus mutatur et aura.

Aus Diutisca I 324: Herren hult enerbet niht.

Tappius 411 hat ein ähnliches Sprw. Grae rock reysz nit, herrn huld erbt nit. Vgl. unten EA 39, 308.

Vom Aprilwetter redet Luther EA 35, 353 Es ist umb dies zeitliche Leben eines Christen gethan gleichwie umb das April= wetter; denn im April das Wetter nicht stetig ist und nicht für und für die Sonne scheinet, sondern itzt ist der Himmel hell und klar; balde so regnets, schneiets, schlosset und hagelts wieder drauf; flugs vergehet solchs trübe und nasz Wetter wieder und kömmet drauf ein Sonnenschein.

Den ihm sehr geläufigen Reim führt Luther doch niemals voll= ständig aus. Dietz I 111 giebt drei Nachweise. Hauspoft. Jena 1559 Bl. 476ᵇ herrn gunst und aprillenwetter verkeren sich bald. EA 38, 397f. Wenn gleich Menschen gonst allenthalben im Lande beständig wäre (wilchs doch auch nicht ist, denn heute Freund, morgen Feind, und wie man insonderheit von Fürsten sagt:

Fürstengnad, Aprilwetter), so ist doch ihr Leben keine Stunde
gewisz. . . . Denn morgen sollt sichs Wetter wohl umbkehren,
dasz er mich verfolgete, (wie denn auch geschah, dasz David zuerst der liebste Diener Sauls war, darnach der allerfeindseligste
und musste auch erfahren, dasz Fürstenhulde Aprilwetter
wäre.) — 39, 308 [Hofediener] werfen denn mit Dreck und Kot
auf den Herrn, speien ihn an: Pfu dich, wer soll solchem Herrn
dienen, an dem alle Treu und Dienst verloren ist? Machen dann
Sprichwort und Reimen, die sie an die Wände schreiben: Lieber
Kittel reisz nicht, Herren dienst erbet nicht ꝛc. Item: Aprilwetter ꝛc. Weim. Ausg. 19, 301, 3 Hodie habet benignum prin-
cipem. Proverbium 'Fürstengnad aprillen wetter'. EA
36, 271 Es ist ein wahres Wort, das man pfleget zu sagen:
Fürstengnade ist wie Aprilenwetter, das währet nicht
lange.

---

25. Wer was eigens hat, greiff drein wie [in] eine saltzmeste.

DWb 8, 1719 giebt keine Nachweise. Wa I 772 Eigenes 6
liest eygens unb ein.

Dem Sinne dieser von mir sonst nicht nachweisbaren Ra dürfte
etwa entsprechen Wa I 771 Eigen 12 Wer ein Eigen kauft, thut
damit, was er will (Eigen = erworbener Grundbesitz im Gegensatz zum
Erbgut). An diese Ra erinnert EA 40, 277 wollt ihr geben, so gebt
redlich, greift drein, als wollt ihrs ausstreuen; gleich wie die arme
Witwe thät mit ihren zwei Hellern; die streuets frei gar aus.
Aber die Reichen greifen nicht so drein, sondern zauseten und
lauseten sich mit dem, was sie ubrig hatten. Es soll heissen:
Strawe aus, greif drein, ein fröhlichen Geber liebt Gott. 45, 22
greift hinein bis über die Ellenbogen und theilet aus.

---

26. Ein boser ris ynn ein gut tuch.

Wa III 1694 Riß 9 lieſt in.

Bei Luther vgl. etwa EA 25, 233 Er [Auguſtinus] thut auch einen weidlichen Risz darein [in die Römiſche Lehre von den Ceremonien].

---

27. Finster kirchen, liechte hertzen; helle kirchen, tunckel hertzen.

Das Sprw. in veränderter Form kommt vor Löſche, Anal. Luth. Nr. 140. Proverbium. Itz hatt man gutte buecher unndt böse ſchueler; vorzeiten böſſe bucher unndt gutte ſchueler; guldene Priſter, hueltzerne kellich, finstere hertzen unndt lichte kirchen.

Man darf zweifeln, ob hier Luthers Ausſpruch richtig über= liefert iſt, denn offenbar wollte er die alte Zeit loben, die beſſere Menſchen beſaß als die neue mit allen ihren Kulturfortſchritten. Dem entſpricht auch die von Löſche in der Anm. angeführte Stelle aus Flacius, Catal. test. verit. ed. Francof. 1672, 4⁰, p. 824, nr. 394. ... illud Bavaricum quod Aventinus scribit esse valde vetustum, olim habuisse Christianos obscura templa, sed lucida corda, nunc contra habere lucida templa, sed obscura corda.

Dem Sinne entſpricht Agricola 734 Im anfang der Chriſtlichen Kirchen ſeind wenig Stiffte, Cloſter vnd Clauſen geweſen vnd vil Chriſten. Yetz ſeind vil Kirchen, Cloſter, Stiffte vnd Clauſen, ja alle winckel voll, vnd ſeind wenig Chriſten. An die obige Äußerung Luthers klingt an Egenolf S. 315ᵃ unter der Überſchrift Mit halbem koſten hält mann auch hausz: Vorzeiten waren finster kirchen, aber liechte hertzen, hültzin kelch, aber guldin pfaffen.

Wander gibt unſer Sprw. II 1339 Kirche 61 nach der Hbſchr., in der Anm. dazu aus Aventin, CCCVIᵃ Das gemein Sprichwort ist: Die alten haben finstere Kirchen und lichte Hertzen gehabt, jetzt haben wir schön, grosz Licht, gemahlte Kirchen, aber finstere Hertzen. — 62 gleicht der Stelle aus Egenolf und schließt mit einer echt Wanderschen Anmerkung: „D. h. in finsteren Gebäuden der öffentlichen Gottesverehrung; aber eine finstere Kirche (Religions=gemeinschaft mit ihrem Glaubenssystem) dürfte sich wohl kaum viel lichter Herzen zu erfreuen haben". Vgl. auch ebenda 65 Goldene Kirchen, hölzerne Herzen; 68 Grosse Kirchen kleine Heiligen; II 609 Herz 183 Finstere Herzen, leere Kirchen.

---

28. Ein offenbar lugen ist keiner antwort werd.

Wa III 255 Lüge 56 liest kein. Egenolf 340ᵃ hat dazu als Parallele Kein antwort, ist auch ein antwort. — Bei Luther EA 30, 224 Denn wie man spricht: Ein öffentliche Lügen ist keiner Antwort werth; also ist auch der als ein öffentlicher Ketzer zu meiden, der einen öffentlichen Artikel des Glaubens leuget. 30, 376 Wohlan, lasz lügen und trügen, man sagt im Sprichwort: Offenbärliche Lügen ist keiner Antwort werth. 63, 316 Bei den Deutschen ist ein Sprichwort: Eine offenbarliche Lügen ist keiner Antwort werth. Weil denn das unverschämt Maul und Herz des Witzels wider sein eigen Gewissen so gar offenbarlich in seinem Lästerbüchlein lügt, dasz auch seine Papisten selbst wohl greifen müssen, wenn sie gleich blind wären, habe ich den leichtfertigen Buben nicht werth geachtet auf seine Lugen zu antworten, denn solcher Bücher habe ich viele mit Schweigen verantwortet und als ein Gänspfeifen lassen vor= über rauschen.

---

29. Wer vber sich hewet, dem fallen die span ynn die augen.

Wa II 388 hauen 11 bringt viele Nachweise dieses alten und auch bei andern Völkern bekannten Sprw. Belege aus der älteren deutschen Litteratur siehe bei Zingerle 64, z. B. RS 19, 76:

... herren hant gar lange hend.
wer uber sich vil houen wil,
dem fallen spän in die ougen vil;
und wer sin mund in himel setzt,
der würt oft mit sim schad geletzt.

Das Sprw. warnt vor Angriffen gegen Höherstehende und Mächtigere. So bei Luther, z. B. Dietz I 153 Augen 6 ‖u. I 628 fallen A 1b (= EA 27, 212) Hawe mir nit zu seher uber dich; die span werden dir mit hauffen ynn die augen fallen. Sonst EA 22, 257 Hie stehet das Recht und spricht, dasz niemand solle wider seinen Oberherrn fechten noch streiten, denn der Oeberkeit ist man Gehorsam, Ehre und Furcht schüldig. Denn wer uber sich häuet, dem fallen die Span in die Augen und wie Salomo spricht [Spr. Sal. 26, 27]: Wer Steine in die Hohe wirft, dem fallen sie auf den Kopf.

Vgl. auch EA 48, 174 Ihr Prediger, Leviten und Priester, euer Titel heisst, ihr wisset nichts von Gott und seinen Sachen. Das ist nicht zu leiden, es ist zu hoch gehauen, dasz die Späen einem in die Augen fallen: Meister wollen sein, im Ampt sitzen, Andere führen und sollen dennoch nichts wissen. 24, 300 Nun sie aber geschlagen werden und der Stein auf ihren Kopf fällt, den sie gen Himmel wurfen, soll Niemand von Recht sagen, sondern alleine von Barmherzigkeit.

30. Es ligt an den wolffen nicht, das die pferde, hunde sterben.

Wa V 361 Wolf 249 „Es liegt an den wolffen nicht, das die Pferde ...... — Luther's Ms., S. 3". Die beiden Schlußworte seien im Manuscript unleserlich; sie sähen aus wie vonde sterben. Ihm sei aber kein Sprichwort begegnet, aus dem sich der Schluß ergänzen ließe. Doch vgl. 250. Es ligt nicht am Wolf, dasz das Schaf hustet. Eine Anzahl ähnlicher Sprw. reden aber vom Hunde, nicht vom Wolfe, z. B. V 1453 Hund 1800 Die Hunde sind nicht schuld am Sterben der Pferde. II 819 Hund 32 An den Hunden liegts nicht, wenn die Pferde sterben. 91 Dat kummt bî de Hün êr Wünsken mit to pasz, dat de Kalwer starwen. 214 u. 590 Der Hund ist nicht schuld, dasz die Schafe und Kälber sterben. 568 u. 1031 Es hängt nicht vom Hunde ab, dasz der Schinder das Pferd bekommt. 604 Es liegt nicht allerwegen an den Hunden, dasz die Hasen (Pferde) sterben. Anm. Christen sollen sich des trösten, dasz es nicht an dem Hund liegt, dasz die Pferde sterben (Fischer, Psalter 55, 3). Es ligt nicht an Hunden, dasz die Pferd sterben, sonst müsten sie jhres geitzes halben alle auff ein mal dran (Theatrum diabolorum 557ª). Lat. Imputari mihi non debet, quod per me non stat quo minus fiat (Seybold 233).

Alle diese Sprw. enthalten ironische Entschuldigungen boshafter Menschen wegen Missethaten, die sie zwar im besonderen Falle nicht begangen haben, die ihnen aber wohl zuzutrauen waren.

Das Sprw. fehlt, wie es scheint, in Luthers Schriften. Vgl. aber EA 51, 483 Der Wolf kann wohl leiden, dasz die Schaf gute Weide haben, er hat sie deste lieber, dasz sie feist sind: aber das kann er nicht leiden, dasz die Hund feindlich bellen.

31. Der hund hat ledder fressen; scilicet wenn man einem zu wil.

DWb 4², 1914 Der Hund ist launischer Behandlung ausgesetzt; daher die Ra. Einem zuwollen = einem zu Leibe, an den Kragen wollen. Wa II 884 Hund 1483. Vgl. V 1455 Hund 1852 Wenn man schlagen will den Hund, so fehlt es nie an einem Grund. Tappius 351 Occasione duntaxat opus est improbitati. Wann man den hund slagen will, so hat er ledder gessen. — Zingerle 73 f. und S. 197 giebt aus der älteren Litteratur reichliche Be- lege, z. B.:

Der hunt hât leder gezzen.

Sô man dienstes wil vergezzen (Freibank 138, 17. Carm. bur. CCIV 15).

Als man den hunt henken wil, sô hât er leder gezzen (Diutiska I 324).

Swen man den hunt wil henken,
man spricht, er sî ein ledervrâz (Frauenzucht 308).

Ein ansprach prechen sie vom zawn
der fromm musz leder gessen han
so lang bis er kumpt aus dem rat (Morßheim 497).

Dazu vgl. NB 15, 1 Ein sachen ab dem zun brechen.

Wer das nit gloubt, der sols erfahren
Das alzyt dry machen ein zům narren,
Als man dem armen hündlin that,
Do er das leder fressen hat.
Als man den hund fing nyden an
Můst er das leder fressen han.

NB 31 Der hundt der das leder frasz behandelt die Ra ausführlich.

Luther findet in dem Sprw. die Lehre der Fabel 2 (Neudr. 76 S. 16): Der wellt lauff ist: Wer frum sein wil, der musz leiden,

solt man ein sache vom alten Zaun brechen. Denn Gewalt gehet
fur Recht. Wenn man dem Hunde zu wil, so hat er das
ledder gefressen. Wenn der Wolff wil, so ist das lamb
vnrecht. In demselben Sinne findet sich das Sprw. von Luther
angewendet auf Arnstädter Bürger, deren Bittschrift für ihren ver=
triebenen Pfarrer, obwohl nach Luthers Urteil bemütig, von der
Obrigkeit für aufrührerisch gehalten wird. De W. V 623. — Vgl.
Nr. 32 und 107 und Publil. Syr. 336 Male facere qui vult, num=
quam non causam invenit (Otto S. 206).

32. Ein sache von eim alten zaun brechen.

Wa III 1802 Sache 353 lieft ein. — Ist mit der vorigen Ra
verwandt und kommt mit ihr gemeinsam vor z. B. bei Murner NB 15
und bei Luther in der 2. Fabel. Sonst bei Luther EA² 18, 342 [Die
Welt] kann nichts anders denn fromme Leute ... verfolgen, schän=
den und lästern, da sie kein Ursach hat und etwas erdenken musz,
das sie können tadeln, sollt sie es auch von einem alten
Zaun brechen. 30, 24 (= Dietz I 342 brechen II 15) Da martern
sie etwa ein Wort ohngefähr geschrieben und klauben eine Klage
eraus über ihr Leiden, wie man eine Sache von eim Zaun
bricht. 27, 290 Ey es musz auf den Munch gelogen und ge=
scholten sein, sollt ichs gleich von einem alten Zaun brechen.
Ähnlich ist De W IV 669 Lasset euch meine Weise gefallen (wie
ihr sie wisset); denn ich bin doch sogar hart und grob, grosz,
grau, grün, überladen, übermengt, überfallen mit Sachen, dasz ich
musz zur Rettung des armen cadaveris zuweilen solch ein Lust=
freudlein von einem Zaun brechen. — Verwandt ist auch EA
27, 235 Dasz du aber etlicher Väter Sprüch mit den Haaren zeugist
[nicht zeigist] auf deine Träume ...

33. Wem das kleine verschmaht, wird das grosser nicht.

Wa II 1390 Kleines 35 liest Wer das kleine verschmeht, dem wird das grosse nicht. — Es ist für Luthers Denkart bezeichnend, daß er nicht nur dieses Sprw., sondern eine ganze Reihe gleichen Inhalts mit Kreide an seine Zimmerwand neben dem Ofen ge= schrieben hatte. Vgl. Seidemann S. 205 f. (Juli 1543) Wer ym geringsten trew ist, der ist auch im grossen trew. Wer ym ge= ringsten vntrew ist, der ist auch im grossen vngerecht. Vrsach ist: An den lappen lernen die hundt leder fressen. Also auch wer ym geringsten vleissig ist, der ist auch ym grossen vleissig. — Wer den Pfennig nit achtet, der wirdt keines gulden herr. — Wer eine stundt verseumet, der verseumet auch wol einen tag. — Wer das geringe verschmehet, dem wirt das grosse nit. — Wer den khopff verschmehet, dem wirt das hun nit. — Jesus Syrach: Wer ein geringes nit zw radt helt, der verterbet immer fort. — Prouer. 18. Wer lasz ist in seinem thun, der ist ein bru= der des, der sich selber verderbet. — Sera Parsimonia in fundo [Otto S. 149] Sparen ist zw lang gehart, wenn nichts mehr da ist. — Parsimonia magnum vectigal [Otto S. 266] der Spar= pfennig ist reicher, dan der Zinspfennig. — Wer die Buchstaben gering achtet, der wirt nimer mehr etwas grosz lernen. — Wer sich mit 100 fl nit neren wil, der neret sich mit tausent auch nit. — Fronte capillata post est occasio calva [Otto S. 249]. — Mit besonderer Vorliebe führt Luther die Fabel vom Hunde an, welcher mit einem Stücke Fleisch im Maule über ein Wasser geht (z. B. EA 27, 186; De W V 437 f. u. 515. Weim. Ausg. XX 72, 30 u. 117, 24), deren Lehre (Neudrucke 76, S. 17) ebenfalls unser Sprw. enthält: Man sol sich benugen lassen an dem, das Gott gibt. Wem das wenige verschmahet, dem wird das grosser nicht. Wer zu viel haben wil, der behelt zuletzt nichts. Mancher verleuret das gewisse vber dem Ungewissen. De W IV 382 wird uns gehen nach dem Spruch Salomon [Spr. 30, 33]: Wer zu hart schneuzet, der zwingt Blut heraus, und wem das geringe ver= schmahet, dem wird das grösser nicht.

Dazu vgl. Weim. Ausg. VII 566, 28 (= EA 45, 242) Drumb sein sie werd, das yhn das viele und grosz nit wird, weil yhn das kleyne und wenige vorschmahet. EA 48, 344 f. Es gehet sonst in der Welt also zu, dasz wer das Kleine nicht mag und verachtets, dem wird das Grosse auch nicht.

Verwandte Ra z. B. Weim. Ausg. XX 160, 11 'Quoniam canis vivus melior est leone mortuo'. . . Hoc nos sic dicimus: Melius est in manibus passer quam sub dubio grus. Item Germanice: Man sol das kindt nicht mit dem bad ausgiessen. EA 31, 325 wie Sanct Augustinus spricht: Tene certum, dimitte incertum; spiel du des Gewissen, und lasz das Ungewisse fahren.

Über den sprichwörtlichen Gebrauch der äsopischen Fabel vom Hunde bei den Alten vgl. Otto S. 81.

34. Spiel wil augen haben.

Wa IV 699 Spiel 138. — Vgl. Agricola 119 Spiel wil auff= sehen haben. Wir brauchens auch zu allen hendelen, dasz, der sich eines handels vnterstehn wil, eben zusehe, wie er yhn treyb, dasz er nicht schaden davon neme. Egenolf 354ᵇ Es heysst: Warts spiels, es gilt auffsehens. Ubersehen ist auch verspilt. Das glück vnnd recht ist der wachenden.

Bei Luther finde ich nur die sinnverwandte Ra Weim. Ausg. XX 47, 9 = 28 (= Heuseler 270) Oculos habere in capite Hebraismus est, quem nos Germanice et vulgo sic exprimimus: Wer auff dem schach wil spielen, der sol die augen nicht inn beutel stecken, quo significamus, eum non modo oportere eius ludi esse gnarum, sed etiam vigilem et diligentem

lusorem. EA 26, 312 Habt das Spiel in guter Acht, und steckt
die Augen nicht in den Beutel, damit nicht solche Prediger
bei euch sein noch zu euch kommen; der Teufel ist ein Schalk.
30, 150 ihr lieben Rathsherrn zu Basel, Straszburg und alle die,
so ihr solche Sakramentsrotten bei euch habt, mügt euch solche
ihre Rede wohl warnen lassen, dasz ihr die Augen nicht in
den Beutel steckt, sondern des Spiels wohl Acht habt.

Vgl. EA 26, 16 Wer Augen hat, stecke sie nicht in
den Beutel; wer Ohren hat, schicke sie nicht über Feld. 47, 185 f.
Aber wir mogen klug sein und die Schanze [= chance] nicht
versehen.

_____

35. Der katzen spiel ist der meuse tod.

Der Sinn ist zu ersehen aus der einzigen Belegstelle, die ich
für das Sprw. bei Luther finden konnte. De W IV 592 (= Heuseler
346) Aber das sey Scherzens eine Masze. Wir wissen fast wohl,
dasz des Teufels Scherz uns Christen einen Ernst gilt, wie man
spricht: Der Katzen Spiel ist der Mäuse Tod.

Diese Stelle gibt auch Wa II 1170 Katze 53 Der katzen schertz
(Spiel) ist der meusz todt. Diese Form entspricht der Fassung
Egenolfs 344ᵃ, welcher keine Erklärung hinzufügt.

_____

36. Were mirs am rock,
so wollt ichs wol abwasschen.

Wa III 1704 Rock 89. — Verbreiteter aber scheint folgende Form
gewesen zu sein II 445 Haut 190 (= IV 788 stecken 19) Es ist
[steckt] jm in der haut; were es inn kleydern so möchte mans
herab waschen. — Tappius 124. — Eine ausführliche Erklärung
findet man bei Agricola 171 (= Egenolf 86ᵇ) Wenn ich den rock
schütte, so fellet es alles abe. Disz wort ist ein zeugnis der

vnschulde. Bose thaten, vnehrliche handlung vnd sunde kommen
ausz dem hertzen herausz vnd bleiben ynn der haut, ynn fleisch
vnnd blut stecken, man kan yhr auch nicht los werden, dieweil
man schuldig daran ist ... was am rock hanget, das fellet ab,
wenn man den rock schuttelt. Was aber eyngewurtzelt vnd ym
hertzen odder ynn der haut ist, das lesst sich nicht so leichtlich
abwaschen odder abschutteln.

Luther ſcheint das Sprw. im Sinne zu haben EA² 20, I 429
Ich soll dir das schenken, das nicht mein ist? Wenns doch
meinen Finger anträf oder ginge den Leib an, do wollten wir
uns balde finden lassen. Aber es gilt nicht meinen Rock
auch nicht meinen Leib, sondern dasz wir in Gottes Sachen sollen
nachlassen. 36, 127 Und diese Seuche hänget uns nicht an
wie ein rother Rock, dasz wirs kunnten ausschlagen oder weck-
legen, sondern wir habens aus dem Mutterleibe gebracht.

---

37. Ein man kein Man.

Wa III 392 Mann 701; er merkt an: „Das Zeugniß Eines
Mannes ist zur Führung eines gerichtlichen Beweises unzureichend.
Lat. Audiatur et altera pars. Dictum unius, dictum nullius."
Egenolf 61ᵇ Ein man kein man. Unus vir nullus vir. Eines
mans red ist ein halbe red. Mann sol die part verhören bed.
Das findt mann in vnnd an den Rathheusern gemalt vnnd ge-
schrieben: Audiatur altera pars. Ein man kan nit vil erheben
noch auszrichten. Ein man kans nit alles sehen. — Vgl. NB 92, 21

 So doch zu straszburg geschrieben stat
 mit guldin buchstaben in dem rat
 Audiatur altera pars.

Tappius 267 Unus vir, nullus vir. Sensus est: nihil
egregium praestari posse ab uno homine omni auxilio desti-
tuto. — Reinefe Vos 3460 Audi alteram partem.

Bei Luther finde ich das Sprw. und zwar im rein juristischen Sinne angewendet nur EA 31, 326 Denn Gott hat geboten in weltlichen Sachen, da man zwischen Menschen handelt, dasz auf eines Mannes Mund nichts soll geurtheilt werden, wie wir denn auch sagen auf Deutsch: Ein Mann, kein Mann. — Häufiger sind die verwandten Wendungen. EA 32, 25 Audiatur et altera pars. 29 Darum soll man dem Kardinal als Einem Part nichts gläuben, wie Gottes Urtheil da stehet: Nemo moriatur uno ꝛc. Eins Manns Rede ist keine Rede. 30 Unius testimonium nullum. 33, 239 Solchem zu wehren hat Gott dies Exempel lassen schreiben, dasz man sich fürsehe, Niemand verurtheile, sondern zuvor das ander Theil auch höre. 36, 182 wie man im Sprichwort sagt: Eines Manns Rede, eine halbe Rede. . . Darumb stehet im Alten Testament fein geschrieben: Man soll eines Manns Wort allein nicht hören. 50, 352 Die Natur und aller Völker Recht giebt, dasz man das ander Part auch höre, wie man saget: Audiatur altera pars. Und Moses lehret: Nemo morietur uno adversus se dicente testimonium. Num. 35 (V. 30). — 21, 83 Alle Sache bestehe auf zweier oder dreier Zeugen Munde. 26, 267 Zwei Zeugen soll man glauben.

---

38. Einem zu enge, dreyen zu weit, Zweyen gerecht.

Wa I 783 Einer 28. Vgl. I 693 Drei 62 f. u. I 819 enge 5 f. Bei Luther: Lösche 306 Illius [Erphordiae] tribunitia potestas est pestilentissima et accidit secundum proverbium: Einem zu eng, zweien gerecht, dreien zu weit. Man soll einen bauren nicht insz regiment lassen. Per tria movetur terra, quartum sustinere non potest: Wenn der baur herr wirt; wenn der Narr voll wirt; wen die Magdt fraue wirt unndt die fraue herr (Spr. 30, 21 f.). Der Sinn scheint zu sein, daß in einem Stadtregiment wie zu Erfurt es nicht gut ist, wenn Einer es allein in der Hand hat, so wenig als wenn zu viele drin sitzen.

Egenolf 298ª gibt dem Sprw. eine Deutung auf das Be= wahren von Geheimnissen Das dritt haupt tregt schwer. Wenn ein ding bisz ann dritten man kompt, so bleibts selten verschwigen. Das eim zu eng, ist dreien zu weit vnd allein zweyen gerecht; das ist, was uber zwey hertz kompt, das kompt ausz. Vgl. Wander II 614 Herz 327 Wer in das zweyt Hertz kompt, kompt auch ins dritte. 167 Einem hertzen zu enge, zweyen gerecht, dreyen zu weit; wird von rechter Freundschaft gesagt.

Vgl. Zingerle 102 Minne sol sîn under zwein (Marner).

---

39. Wenn der strick am hertisten hellt, so bricht er.

Wa IV 911 Strick 39 vermuthet vornsten statt des ihm un= leserlichen hertisten. — Agricola 236 Wenn man die sennen am armbrust zu hart spannet, so reysset sie gern.

Das Sprw., das dem alten Ne quid nimis entspricht, erfährt viele Abänderungen, deren sich einige auch bei Luther nachweisen lassen. EA 42, 12 (= Dietz I 341 brechen I 1) Denn es sei Gottes Werk und Art also, dasz er helfe, wenn es Noth thu und komme mitten in der rechten Zeit .. wie man spricht, wenn der Strick am härtesten hält so bricht er. 42, 98 .. auch mitten in der Noth, wenn der Strick am härtisten hält, dasz das Zittern und Zagen am grössten ist, als denn denkst du an Barm= herzigkeit, dasz du helfest. 41, 383 f. Eben da ich am tiefsten im Tod war, da kamest du mit deiner Macht und Wunderwerk und führetest mein Leben aus dem Tod und Verderben. Also wenn der Strick am härtesten hält so bricht er. De W

III 492 rogavi ut fortis esset ferendis daemonum et hominum nequitiis. **Wenn der Strick am härtsten hält, so bricht er gern.**

EA 39, 249 f. **Denn es ist zu hoch kommen, wir machens zuviel, dasz der Sack zerreissen und der Strick brechen musz.** De W III 495 **Zuviel zerreisst den Sack.** EA 35, 40 **Denn wenn die Saite aufs höchste gespannet ist, so zerspringet sie gerne, und wenn das Wetter am härtesten und kältesten ist, so bricht es.** 35, 46 **An dieser Erlösung hat er nicht gezweifelt, sondern gehofft, dieweil im Sprichwort gesagt wird: Wenn die Saite aufs Höheste gespannet wird, so zerspringet sie gerne.** 35, 268 f. **Es musz zuvor alles zu Trümmern gehen, und die Ochsen am Berge stehen und die Saiten aufs höchste gezogen sein, dasz sie itzt zerspringen will, das Wasser musz uber Berge und Thal gehen, ehe denn sie von den Ägyptern erlöset werden.**

40. Ein mal ehre,
Zwey mal zu seere,
Dritte mal bezale.

Wa V 1213 Ehre 367. War bei Luther sonst nicht und bei andern nicht in dieser Form nachzuweisen. Dem Sinne nach ist es wohl mit Nr. 38 u. 39 verwandt. Vgl. Agricola 341 (= Egenolf 184 b) **Eyn mal gehet hyn, kum aber zum andern mal nicht wider. Disz ist eyn warnung, denn allzuuil zerreisset den sack. Masz ist zu allen dingen gut.** Egenolf 11 b. **Wann der gast am liebsten ist, soll er wandern ... Wann der schimpff am besten ist, soll mann auffhören. Das alt klappert, das new klingelt. Dreitägiger gast, ist ein last.** 320 b **Zuuil ist vngesundt. Einmal geht hin. Zwey mal ist der todt.** Tappius 211 Venia primum experienti ... **Es ist sein erst, man musz es jm verzeihen. Eyn mal gehet hin.**

Das Sprw. geht vielleicht auf den Gast, der nach alter Sitte
(vgl. Grimm, Rechtsalt. S. 400) nicht über drei Tage die Gast=
freundschaft in Anspruch nehmen durfte. Dazu vgl. das angel=
sächsische Rechtssprichwort Wa I 1355 Gast 164 Zweinächtiger Gast,
dritte Nacht [leib]eigener Hausdiener. Ein ähnliches wird bei Luther
nachgewiesen Heuseler 426 Post tres saepe dies piscis vilescit et
hospes. Hierzu vgl. Otto S. 168 hospes und S. 281 Piscis
nequam nisi recens. — Es ist auch eine Beziehung möglich zu
Sirach 23, 21 Das andere mal sündigen, das ist zu viel, das
dritte mal bringt die Strafe mit sich.

41. Mag sachte was do hilfft.

Wa III 1806 Sacht 5 mit der Bemerkung: „Mir unverständlich".
Den Sinn hat Luther aber erklärt: idest modica ne contemne (=
man soll das Geringe nicht verachten). Der andere Zusatz, per=
versum est (= das ist verkehrt), bezieht sich wohl auf eine von
Luther nicht gebilligte Anwendung dieses Wortes, die in der am
linken Rande zugefügten Bemerkung angedeutet scheint natura modicis
contenta (= die Natur ist mit Geringem zufrieden). Was hiermit
gesagt sein soll, geht aus Agricola 362 hervor: Es mag leicht das
da hilfft. Hoc verbum, quia obscenum est, religio est mihi Germanice dicere, nam sonat de muliere admittente puerum plus
minus sex annorum. Wir brauchen es zum spott, als wenn
man sagt, es hab etwas geholffen vnnd sey doch gering gewesen:
Ey es mag leicht das da hilffet. On spott wirdt es auch
also gebraucht: Der ynn wassers nötten ist, dem mag leycht etwas
helffen. Denn wo er ein strohalm ergreifft, so ist yhm geholffen,
ich geschweig ein holtz oder etwas der gleichen. Item, wer lust
zu einem ding hat, dem mag man leicht helffen, das er darzu
kommet. Hierzu vgl. Wa III 13 Leicht 7—14. DWb 8, 1608

sachte 6 im Sinne von facile: dat mag sachte = das kann leicht geschehen. DWb 6, 2457 (es) mag leicht, erg. ʻgeschehen' oder ʻsein'; hochd. und niederd.

---

42. Es ist besser ichts denn nichts.

Wa II 957 Ichts (f. Etwas) 6; vgl. 1 und I 331 Besser 220. Sonst führt Wa das Sprw. immer mit Zusätzen an ähnlich wie Egenolf 341ᵃ Es ist besser einäugig denn gar blindt. Es ist besser etwas dann nichts sprach der Wolff, da ver= schland er einn schnacken. Oder Höfer 1798 Es ist besser ichts denn nichts, sagt' der Wolf, schnappet nach einem Schaf und kriegte eine Mücke (Neander).

Aus Luther kann ich zu diesem dem Sinne nach mit dem vorigen und den beiden folgenden verwandten Sprw. keinen Beleg bringen. Er scheint auch hier wenigstens gegen die unbeschränkte Anwendung Bedenken gehabt zu haben, denn er fügt hinzu etiam perversum. Auf der linken Seite steht eine Anmerkung Luthers, die sich zugleich auf die beiden folgenden Worte zu beziehen scheint Idest, ne despera. In magnis voluisse satis.

Zu dieser letzten Sentenz aus Propertius 2, 10, 6 (Otto S. 362) giebt Schmidt, Luthers Bekanntschaft mit den alten Klassikern S. 36 einen Nachweis aus Tischr. IV 561. Seide= mann 192.

Sinnverwandt ist EA 44. 56: Es ist besser rothe Augen denn ledige Gruben.

---

43. Nicht ist ynn die augen gut.

Wa III 1016 Nichts 29; er vermuthet, daß das erste Wort Nichts heißen solle; es sehe aber aus wie Nacht. Indessen steht unzweifelhaft Nicht (= Nichts) da. Vgl. 37 Nichts ist gut für die

Augen, nur nicht für den Magen (oder: aber bös für Beutel, Maul und Magen). Wa bemerkt dazu: „In Pommern: Dröge Nicht (Dähnert, 328ᵇ). Nichts ist gut für die Augen, dem Mund wills aber nit taugen (Chaos 646). Der Sinn des Sprw. beruht auf einem Wortspiel. Das kleinste Stäubchen verursacht den Augen schon Unbequemlichkeit; sie ertragen nichts Frembes. Der Magen dagegen forbert Speise und Trank; er will aufnehmen, die Augen nicht. In dem ersten Theil des Sprw. wird burch Nichts ein Arzneimittel gemeint, nihilum album, beutsch: Weißes Augennichts. Es ist ein Zinkkalk und wird als austrocknenbes Mittel angewandt. Da es nun Fälle geben kann, wo solche Mittel erforderlich sind, so kann man von biesem Nichts sagen, daß es gut für die Augen ist. In seiner andern Bedeutung ists aber besto übler für den Magen." — DWb 7, 727 Nichts u. 1, 809 Augennicht: Das ist ein weißer, metallischer Ruß, der sich über Öfen ansetzt, in welchen Kupfer, Messing oder Glockenspeise geschmelzt wird und gut für die Augen sein soll. — Das Sprw. enthält ein Wortspiel mit Nichts (nihil). — H. Schraber, Aus b. Wundergarten der beut= schen Sprache (1896) Nr. 26 macht den Sprichwörtersammlern und schließlich auch dem DWb den Vorwurf, daß sie nichts zur Erklärung des wunderlichen Spruches oder Namens brächten. Mit welchem Recht, möge man aus dem Angeführten ersehen. Seiner eingehenden Untersuchung entnehme ich, daß oxybiertes Zink, ba es sich als ein ganz leichtes weißes, flockiges, in der Luft umherfliegendes Pulver barstellt, von den Alchymisten Nix alba genannt worden sei. Eine hieraus bereitete Zinksalbe sei als Augensalbe benutzt worden. Nix albà sei als weisses Nichts (munbartlich Nix) übersetzt und schließlich von den Apothekern wieder in das lateinische Nihilum album verwandelt worden. Das Zinkoxyd sei innerlich genommen giftig und Erbrechen erregend. Schmeller I 1720 hat: der Nichts, onychitis, Galmeyflug, hchb. Nicht. Diese Erklärung weist Schra= ber ab.

In Wittenberg habe ich die Ra oft als scherzhafte Entgegnung gehört, wenn man auf die Frage: Was hast du bekommen? Was hast du gegessen? die Antwort erhielt: Nichts. In Luthers Schriften finde ich sie nur in dem 2. Commentar z. Galaterbriefe, nach Vor=lesungen Luthers lat. hg. von Rörer zu Cap. 5, 9: Minutissima festuca in oculo offendit oculum. Hinc Germani dicunt de reme=diis oculorum: Nichts ist in die augen gut (Tom. lat. Viteb. V 410ᵃ). — Zu diesem Sprw. aber in seiner Doppelsinnigkeit scheint ein anderes altes, von Luther wiederholt gebrauchtes Sprw. Ver=anlassung gegeben zu haben: Non patitur lusum fama, fides, oculus (Tom. lat. Viteb. V 410ᵇ). Vgl. EA 38, 155 Denn in der ganzen Welt nichts Zarteres ist als das Gewissen, wie im Sprich=wort gesagt wird: Zucht, Ehre, Glaube und Auge kein Scherzen leidet. — Auch bei Emser (Neudr. 32, 16): Dann es eyn alt sprichwort ist, das der glaub vnnd das oug keyn schimpff oder schertz erleiden möge. — Simplic. III 340, 31 so ist das alte Sprichwort mehr als genugsam wahr, dasz der Glaub, das Aug und die Jungfrauschafft den geringsten Schertz ohne Schaden nicht vertragen könne. — Hierher gehören auch Sprw., die allein auf das Auge gehen. Schmeller I 50 Auge: ez ist nichts so klain, ez tuo in den augen wê. Wa I 174 Auge 150 Kranke Augen darf man nur mit dem Elnbogen reiben. — Eine boshafte Verdrehung des Sprw. scheint zu sein Simplic. II 72, 27: Den Schneidern thut nichts Gestohlenes im Aug wehe. Über den Zusatz Ex quo constat ꝛc. vgl. Nr. 44.

---

44. Mag sachte was ein man zieret.

Luthers hierunter gemachter Zusatz perversa cum pediculo (= verkehrt ist die Geschichte mit der Laus), wird verständlich aus EA 32, 29f. (= Wa V 1549 Leicht 29) (gegen Kardinal Albrecht in dem Schönitzschen Handel) Sie bezeugen damit wider sich selbs,

dasz sie ein verlorne, unrechte Sache haben, weil sie solche faule,
zurissen und stinkende Lumpen fürbringen sich zu schmücken,
daran beide Teufel und Menschen billig ihren Hintern wischen.
Doch mag leicht, was einen Mann schmückt, wie jener
sagt, und setzet eine Laus auf den Ärmel: also ist der
Gänseprediger auch keins bessern Schmucks wert, denn dasz er
sich mit solchen lausigten Lumpen und stinkenden Haddeln an
den Tag gebe. Man muß auf Luthers heftige Erregung beim Ab=
fassen dieser Schrift schließen, wenn er hier sich über seine eigene
Mißbilligung des Sprw. hinwegsetzt. Hierzu vgl. bei Agricola 370
(= Wa III 614 Mensch 521) Es mag leycht das ein menschen
zieret, ein rotz auff einem ermel ... Wenn nun eyn weib oder
etwas widerferet oder was newes aufbringet, vnd wir spotten sein,
sagen wir, es mag leycht das ein menschen zieret, ia eyn rotz vff
einem ermel. Unflat schmuckt nicht. Vgl. hierzu EA 48, 222
sie sind Junker Unflath und Rotz aufm Aermel, ja der Dreck
sind sie.

Der Nachweis des obigen Sprw. aus Luthers Mf. fehlt Wa.

Was Luthers Zusatz Ex quo constat aliquando magna res
(= Woraus manchmal eine große Sache besteht) hier oder bei dem
vorhergehenden Sprw. besagen wolle, ist mir nicht ganz klar. Will
er sagen: Das Nicht ist ein kleines Ding und besteht doch daraus
ein Großes, die Sehkraft des Auges. Oder: Der Schmuck eines
Mannes oder Weibes ist ein kleines Ding und hängt doch ein
Großes davon ab, nämlich ihr Ansehen bei den Leuten. Sonst
freilich heißt es bei Luther De W VI 280 Wenn der Mann wohl
stehet, so stehet das Kleid auch wohl.

45. Gerat wol korn pfeiffe.

Korn ist von Luther mit anderer Tinte übergeschrieben, und es ist zweifelhaft, ob es mit Pfeife ein zusammengesetztes Wort geben soll, etwa im Sinn von Halmpfeife, die aus einem Stroh= halm [Kornhalm] gemacht wird (DWb 4², 242). Indessen ist es auch wohl möglich jedes für sich zu verstehen. Man hat es dann mit einem Kornsegen und einem Bastlösereim zu thun. Zu ersterem habe ich allerdings direkte Belege nicht gefunden. Doch darf man aus ähnlichen schließen, daß es auch solchen gab. Vgl. dazu Grimm D. Mythol. Kap. XXXVIII u. Nachtr. S. 371. Ebendort finden sich auch Bastlösereime, welche die Kinder sprechen oder singen, wenn sie einen Weidenzweig auf dem Knie mit dem Messerstiel taktmäßig klopfen, damit der Bast zur Pfeife sich unverletzt ablöse. Solche Reime sind: Gerath wohl pfeifenholz, ich pfeif dir ja wol darzu oder du wirst zum bolz (Garg. 213ᵃ). Will das holz nit zun pfeifen geraten, ich pfeif im dan wol, so will ich singen, so gerats zum bolz (ebendas.). Ähnliche bei Wa I 562 Gerathen 20 ff. II 758 Holz 261.

Bei Luther finde ich sonst keine Belege.

---

46. Wer fleucht, den jagt man.

Wa I 1072 Fliehen 24 ff. — Vgl. Egenolf 48ᵃ Wer da ligt, über den laufft jederman. 224ᵃ Flüchtig man, schuldig man. . . Der fleucht, gibt sich schuldig.

Bei Luther EA 31, 24 Weil sie denn mit mir wollen spielen des Sprichworts Wer da fleucht, den jagt man, und deuten meine Demut eine Flucht, so müsste ich wiederumb mit Christo auferstehen. 45, 49 f. Das ist nun die Ursache, dasz es unser Herr

Gott nachlässt und verhänget, das was do fleucht, dem jagt man nach. Vgl. 36, 7 Welcher nun fleucht, der wird in die Höll gejagt und ist des Teufels Wildpret. 36, 20 Da flohen sie selber, wie sie der Teufel jagte.

---

47. Wer den andern iagt, wird auch mude.

Wa II 979 Jagen 39 ff. und I 77 Andere 18.´ — Bei Luther: Lösche 394 (= Wrampelmeier 1685) Mein kunst ist, das ich stehe in statu; davon handlen wir, gielts treffens; ich lauff ihnen nicht nach; welcher den andern jaget, wirdt mude.

---

48. Saur macht essen.

Vgl. Wa IV 25 Saueres 3 Das sauere macht mich essen, sagte der Wolff, frasz einen Esel aus einem Nesselbusch. IV 24 Sauer 8 Sauer macht Appetit oder 9 Sauer macht lustig.

Vgl. bei Luther EA 35, 221 Denn es schmeckt wohl, wenn ein wenig Essig dabei ist. De W II 442 f. Darumb hat Gott auch uns diesen süssen, lieblichen Schatz ein wenig gewürzt und mit Essig und Myrrhen scharfschmackig gemacht, dasz wir sein nit über= drüssig würden. Denn sauer machet essen, spricht man, also macht auch Ungemach auf Erden, dasz unser Herz deste fröhlicher, frischer und immer dürstiger wird nach diesem Schatz. Vgl. IV 406 Seyd getrost, lieben Freunde, es musz saur vorher gehen, ehe das Lachen kommt. Dulcia non meminit, qui non gustavit amara (vgl. Otto S. 217). EA 46, 157 Denn es gehet der Christen= heit sonst in der Welt, wie es ihrem Häupt Christo gangen ist, dasz sie sich viel leiden müssen, und ihnen viel Saures zu essen giebt.

In ähnlichem Sinne braucht Luther EA 51, 382 und 52, 67 Die schmeckens am besten, die in Todesnöthen liegen, oder die

das bös Gewissen druckt: da ist Hunger ein guter Koch,
wie man spricht, der macht, dasz die Speis wohl schmecket.
34, 199 u. 48, 202 Angst lehrt recht beten. Der Hunger ist
ein guter Koch, der Durst ein guter Kellner.

49. Auff rosen gehen.

Wa III 1729 Rose 115; er erinnert an den Gebrauch der
Rosen bei den üppigen Gelagen der Alten. Richtiger würde es
sein daran zu erinnern, daß Rose für Blume schlechthin stehen kann
(ZfdP XXIV 281 u. 427), daß sie jedenfalls unter ihnen die bevor=
zugteste ist. Wenn der Fuß über Blumen wandelt beim Hochzeits=
gang oder über blumige Wiesen im Frühling, pflegt der Mensch
glücklich zu sein.

Luther liebt diese und die verwandte Na im Rosengarten sein
sehr. Sein Wappenspruch war bekanntlich (vgl. Ketscher, M. Lu=
thers deutsche Sprüche Nr. 3 u. Schleusner, D. M. Luthers
Dichtungen Nr. 42)

Des Christen Herz auf Rosen geht,
Wenns mitten unterm Kreuze steht.

Dieser Spruch darf nach Schleusner Luther selbst zugeschrieben wer=
den, weil er noch bei seinen Lebzeiten wiederholt mit Hinweis auf
seine Echtheit ins Lateinische und Griechische übersetzt worden ist.
Am 8. Juli 1530 erklärt Luther in einem Briefe (De W IV 79) dem
Lazarus Spengler ausführlich sein Petschaft, welches ihm nach einem
Briefe des Jonas vom 29. [?] Juni 1530 (Corp. Ref. II 156) Prinz
Johann Friedrich in Stein schneiden und zu einem Petschaft in
Gold fassen ließ. Es ist aber hiermit nicht erwiesen, daß, wie
Ketscher annimmt, dieser Wappenspruch aus dem Jahre 1530
stamme. Das Wappen hat Luther jedenfalls schon im Jahre 1528
im Petschaft geführt. Ein Abdruck davon befindet sich auf einem

angesiegelten Blättchen der Handschrift des (großen) Bekenntnisses vom Abendmahl, die jetzt im Museum zu Magdeburg liegt. Vgl. Theolog. Stud. u. Krit. 1882 S. 147. Über das älteste Vorkommen dieses Wappens macht mir Prof. Pietsch folgende Mittheilung: „Die wohl älteste Ausgabe des andern Teils des alten Testaments [o. Jahresangabe, 1524 vor April erschienen] hat am Schlusse zwei Schilde. Der linke (vom Beschauer) enthält das Lamm mit der Siegesfahne, aus dessen Brust das Blut in einen Kelch strömt, der rechte die Rose mit Herz und Kreuz in der Mitte, über dem rechten: M L Unter dem Ganzen: Dis zeichen sey zeuge, das solche bucher durch meine hand gangen sind, deñ des falschē druckēs vnd bucher verderbens, vleyssigen sich ytzt viel Gedruckt zu Vuittemberg. Hier ist zweifellos die Rose mit Herz und Kreuz als persönliches Wahrzeichen Luthers, also als Wappen gebraucht". — Die Ra braucht Luther bei der Beziehung auf sich selbst zum Theil ironisch EA 30, 11 f. Ja, dasz sie nichts vergessen, preisen sie sich selbs, wie grosse Märtyrer sie sind und viel leiden müssen, auch vom Luther. Der Luther aber leide gar nichts, habe auch den Geist verloren und gehet auf eitel Rosen. 30, 148 Noch leiden wir nichts, sondern gehen auf eitel Rosen und sind Schelter und Beisser. 36, 177 Das kömmt die Regenten nicht leicht noch süsse an; sie sitzen nicht auf einem sammeten Pfühle oder Kissen; sie gehen nicht auf Rosen, sondern müssen manchen Schweisz darüber lassen. 43, 22 Auch itzt künnt ich wohl Exempel anzeigen von grossen Leuten .. ob sie gleich auch auswendig wohl gelebt und fürstlich in Seiden und Gold sich gekleidet und anzusehen gewest, als die auf eitel Rosen gingen, aber täglich unter eitel giftigen Schlangen müssen sein. IV. Predigt zu Eisleben gethan XLVI Wenn jr auch auff fewrigen Kohlen gienget, So sols euch düncken als gienget jr auff Rosen (Jen. Ausg. VIII 308ª). Die Stelle Weim. Ausg. XX 126, 31 vult vivere in gaudiis sine cruce giebt die Übersetzung

des J. Jonas: will immer in Ruhe und Wohlleben sein und auf
Rosen gehen ohne Kreuz.

Vgl. auch EA ² 17, 328 ander Leute haben auch ihr Unglück
und Kreuz, wiewohl sie eine Zeitlang im Rosengarten sitzen
und sich des Glücks und Guts nach allem ihren Willen brauchen.
² 19, 100 Wie es denn in dem Papstthum ergangen, da sind
sie im Rosengarten, das ist in aller Ruge und Fülle gesessen.
51, 270 f. dasz wir müssen sagen (wie S. Bernhard von sich sagt):
Ich meint, ich sässe im Rosengarten und weisz nicht, dasz
ich mitten unter Mördern sitze. — EA 35, 318 lässt sich dünken,
der Ehestand sei nur ein Rosengarten. 50, 152 ihr Plagen,
Martern und Angst, das soll euer Freud und Lust und Rosengarten sein. Altenb. Ausg. V 1248 (Übers. der Anm. zu Preb.
Sal. von J. Jonas) fühlet er noch keine böse Welt, da sein
lauter Rosengarten, Freude und Lust.

50. Narren sind auch leute, aber nicht wie ander leute.

Wa III 912 Narr 806. Vgl. 804 Narren seyn auch lewt,
aber nicht so klug als ander lewt. III 49 Leute 3 Alberne Lüe
sind ock Lüe. „Beansprucht billige Rücksicht gegen Menschen mit
beschränkten Geisteskräften." 503 Einfältige Leute sind auch Leute.
839 u. 840 Kleine Leute sind auch Leute, — aber nicht so grosz;
am Regen und Anwachsen hats gefehlt.

Fehlt sonst bei Luther. Dem Sinne nach gehört wohl hierher
bei Luther EA 25, 87 Aber Narren sind Narren, und können nichts
denn narren (Vgl. Sprüche 27, 22). Weim. Ausg. XV 296, 21
(= EA 22, 204) Thu wie ander Leute, so narrestu nicht. 36, 246
Thue wie die Andern, so irrest du, oder narrest du nicht. 36, 23
Adam aber Noah, Enoch, Abraham, Isaac, Jacob ꝛc. waren nicht

solche Götzen und Maulaffen, sondern lebten wie ander Leut, assen und tranken wie ander Leut, trugen Kleider an wie ander Leut. 44, 60 Wer do thut als ander Leute, der irret nicht, sagt man im Sprichwort.

---

51. Jhenest des berges sind auch leute.

Wa V 958 Berg 50 liest Ihenese. Vgl. 44 Auch hinter den Bergen wohnen Leut, gewandt im Reden und gescheidt. I 314 Berg 42—45; 50; 68. Tappius 21 stellt das Sprw. zusammen mit Quaevis terra patria. Eins bidermans erb ligt in allen landen. In andern landen ist auch gůt wohnen. Hiernach wäre es denen zum Troste geredet, welche der Heimat fern sein müssen, In der Regel aber wendet es sich gegen kurzsichtige, spießbürgerliche Überschätzung des eigenen Könnens und Wissens.

So bei Luther EA 22, 274 Den selbigen [kriegsluftigen Fürsten] wehret nu Gott damit, dasz andere auch Fäuste haben, und jensit des Berges auch Leute sind; und behält also ein Schwert das ander in der Scheiden [vgl. Nr. 188]. Weim. Ausg. VI 138, 35 (= EA 27, 81) Es verdrusset mich, das solche leuth wollen widder bemischen yrthumb schreiben und dencken nit, das jhenest des berges auch leuth sein. EA 31, 24 Man weisz fast wohl, dasz ihr die Welt nicht so rohe fressen werdet als ihrs gedenkt. Es sind jenseit des Bergs auch Leute; so ist Christus auch noch König und Herr auf Erden, ob er sich gleich schwach stellet. 31, 258 Und ob sie [die Feinde] es mit der That nicht vermügen [die Lutherischen zu morden]; (denn sie besorgen das Sprichwort: Cunrad ist auch böse [vgl. Nr. 52]; und: Jensit des Berges sind auch Leute), so feihelets doch am guten Willen nicht. 36, 331 da ist keine Demuth .., sondern allein auf sein Macht und Gewalt pochet und trotzet er; gleich als wären jenseit des

Wassers und jenseit des Berges nicht auch viel Leute und
viele Fäuste. 41,163 Man spricht: Es ward nie Keiner so böse, es
kam noch ein Böser über ihn. Und abermal: Kurt ist auch böse
[Nr. 52] und: Jensit des Berges sind auch Leute.

Ganz ähnlich ist Weim. Ausg. I 378, 23 Und befinde nu aller
erst, das war sey, das etlich hochgelehrten von uns Wittenbergischen
Theologen schimpflich reden, also wolten wir new ding furnhemen,
gleych alsz weren nit vorhyn und anderwo auch leut
geweszen. VII 625, 30 (= EA 27, 227) das ich nit anders
kan dencken, es sey yhm [Emser] widerfaren, was ich lengist be=
sorgt habe, der untreglich hasz hab yhn rasend und unsynnig
gemacht, das er keyn witz noch synn mehr hatt, kan nit dencken,
das noch leut auff erden seynn.

---

52. Curt ist auch böse.

Wa II 1498 Konrad 1 Kunrad ist auch bösz (Henisch 620, 18
und Petri II 428).

Wie aus den unter Nr. 51 angeführten Stellen EA 31, 258
und 41, 163 hervorgeht, braucht Luther die Ra im Sinne einer
Drohung. Das auch deutet an, daß in der Regel Kurt oder
Kunrad für harmlos zu halten sei. Das stimmt zu Sprichwörtern
wie Wa II 1724 Kunz 10 und 12 Kunz ohne Sorgen. 11 Den
Kunzen mit einem spielen, aus Simplic. II 6 = hänseln. II 1498
Konrad 4 Nein, das thut Konrad nicht. Der Name entspricht selten
der That, wie schon Agricola 87 bemerkt Conradt begreyffet kün=
heyt vnd weisen radt, welche ywey gar selten, ia nymmer bey
einander sind. Vor Luthers Zeit war der Name Konrad, Kunz,
Kurt so gebräuchlich geworden, daß man damit den gemeinen Mann
schlechthin bezeichnen konnte. So nannten sich die Aufständischen
in den Bauernkriegen der arme Conrad. Bei Luther heißt es

EA 35, 102 Es ist nicht Kunz Schuster; ober er redet EA 23, 141 von solchen groben Kunzen. Wa III 410 Mann 1093 Es steht gut, wenn ein armer Mann Konrad heisst (d. h. Kühnheit und Rath besitzt), deutet ebenfalls auf häufige Anwendung des Namens bei armen Leuten hin. Vielleicht stammt aus den Zeiten der Bauernaufstände die Drohung, daß Kunz, der arme, geplagte Bauer, dem man glaubte alles bieten zu können, auch einmal böse werden könnte.

Grimm, deutsche Mythologie S. 761 theilt in der Anmerkung eine hessische Volkssage mit, welche die Entstehung der Ra für Hessen und benachbarte Gebiete auch auf eine andere Weise erklären könnte. „Kurt, ein Pächter zu Hachborn, wich auch nach seinem Tode nicht von dem Gehöfte und mischte sich als guter Geist in die Feld= arbeiten. In der Scheune half er dem Knecht die Garben vom Gerüste werfen; wenn der Knecht eine geworfen hatte, warf Kurt die andere. Als einmal ein fremder Knecht hinaufgestiegen war, half er jedoch nicht und auf den Ruf 'Kurt wirf' ergriff er den Knecht und warf ihn die Tenne herab, daß er seine Beine brach."

---

53. Ich auch, sprach der hund.

Scilicet ad portionem, nämlich zum Bissen fügt Luther erklärend hinzu. Er braucht das Sprw. Weim. Ausg. VIII 695 (= EA ² 24, 173) in einer Glosse zu folgender Stelle der Bulla cena domini c. II Szo folgen wir dem alten und gewonlichem brauch und vorbannen und vormaledeyen von wegen des almech= tigen gottis des vaters und des szonsz und des heyligen geystes unnd ausz gewalt der heyligen Apostel Petri und Pauli und auch unser, indem er zu den letzten Worten anmerkt: Und ich, sprach der hund, ob gottis gewalt zu schwach were ym abentfressen. Der Papst wird hier dem Hunde verglichen, der bei Vertheilung des Fressens zu kurz zu kommen glaubt, wenn er sich nicht mit kräftigem Bellen hervordrängt.

Bei Wander und auch sonst konnte ich die Ra nicht finden. Ähnliche bei Höfer 1415 Und ich, sagt der Narr. 1501 Nu kum ik, segt de Peijatz. 1685 Da bin ich, sagt Schuch.

---

54. Henge ymer hin.

Für diese einer Verwünschung ähnliche Ra fehlt mir jeder weitere Nachweis. Man vergleiche etwa unten Nr. 332 und Tappius 311 Mitte in aquam . . hoc est aufer e medio. Dicitur in hominem exitio dignum. Id Germani vulgo sic efferunt: Henck weg, ehe das holtz vergehet (= Agricola 317. Wa II 348 hängen 3). Oder entspricht es vielleicht dem Sprw. der Alten Suspende te, du kannst dich aufhängen (Otto, 337)?

Bei Luther findet sich anklingend EA 48, 193 fahre immer hin; wohlan wir sind gewarnt worden. 51, 130 Wilt du nicht glauben, so fahre immer hin und erfahre es.

---

55. Hut dich, mein pferd schlebt dich.

Wa II 949 Hüten 65. Anm. Aber ich achte mich solches Heiligen nicht mehr, denn Treue und Glauben möchte zu einem Schelmen werden. Darum heisst es: Hüte dich mein Pferd schlägt dich (H. von Schweinichen I 77). III 1319 Pferd 918 Mein Pferd schlägt dich, hüte dich. Eine Erklärung gibt Tappius 565 Procul a pedibus equinis . . Under dem perde henn. Item: Ausz den füssen. Rursus: Hoede dy, dat perdt sleyt achter vyth. Hac uoce monere consueuerunt, ut quisque sibi caueret in certaminibus equestribus . . Das pferdt schlecht, gehe jm nit zunahe. Item: Man musz sich für jm hüten, als für eynem schlagenden pferdt.

Der obigen Ra ganz ähnlich, vielleicht ihr nachgebildet ist der Spruch, den Hieronymus Emser neben sein Wappen, einen springen= den Bock, auf den Titel einer Streitschrift gegen Luther setzte: **Hut Dich der bock stoszt dich** (Weim. Ausg. VII 260). In der Er= widerungsschrift Luthers steht unter dem Titel: **Lieber Bock stosz mich nit** (Weim. Ausg. VII 621, 5).

---

56. Grosse narren, grosse schellen.

Der Zusatz Luthers Episcopus Magdeburgensis zeigt, daß er bei dem Sprw. an Kardinal Albrecht, Erzbischof von Magdeburg und Mainz gedacht hat. Seiner gedenkt Luther mit einer ver= wandten Wendung Weim. Ausg. XX 180, 13 Tale est regnum, ubi tales principes et Rex. Sic Moguntinensis episco- patus, Ratisponensis, Sic fiet nostris civibus, obaerati penitus sunt. Das Sprw. selbst findet sich De W V 328 **Lasz fahren was nicht bleiben will.** Cur nos illorum causa maceremur aut solliciti simus, qui nolunt sibi consuli? Qualis est princeps, talis est eius sacerdos. **Grosse Narren müssen grosse Schellen haben.** Conveniunt mores et ingenia, ut hactenus saepe sum expertus.

Wa V 1585 Mann 2009 Je grösser der Mann, je grösser die Schelle erklärt das Sprw. aus der Sitte, Hofnarren mit Schellen zu schmücken, wobei man den Grundsatz befolgte 'Je größer, je besser'. — Das Behängen mit Schellen bedeutet Jemanden zum Narren erklären. Vgl. Reineke Vos 2991

> nochtan wan ik en wil bedoren,
> wil ik eme anhengen klocken mit oren.

Große Narren ist zweideutig: Narren vornehmer Leute oder vornehme Leute, welche närrisch sind. Im letzteren Falle sollten die Schellen oder Glocken ihnen angehängt werden, und zwar recht

große. Vgl. Nr. 440. Ohne Quellenangabe erzählt Wander zu
diesem Sprw. einen trefflichen Witz III 903 Narr 573 **Grosse Narren
müssen grosse Schellen haben**, sagte Ph. Melanchthon, als man
von einer berühmten Stadt sprach, in der es grosse und herrliche
Glocken gebe. — Ist damit vielleicht Mainz oder Magdeburg ge=
meint gewesen?

_____

57. Alber hat gefiddelt.

Für diese Ra habe ich keinen Beleg finden können. Sie muß
wohl eine ganz lokale Veranlassung gehabt haben, an welche Luther
dachte, als er Ja dazu an den Rand schrieb, und auf Leute von
albernem Betragen gehen wie die Schildbürger, denen ein Alberner
aufgespielt, b. h. seinen Rath gegeben hat. In der Form erinnert
mich an die obige eine von mir in Wittenberg gehörte Ra:
„Matthies hat angespannt“. Es ist ein Wortspiel, um zu sagen:
Ich bin (er ist) matt. Alber ist ja auch ein aus Luthers Zeit be=
kannter Eigenname, mit dem ein Wortspiel ähnlicher Art nahe lag.

_____

58. Er ist alber, Batt in hosen.

Zur Erklärung vgl. Egenolf 19ᵃ Du darffest keiner brillen,
du sihest wol durch die finger. . . Brauchs, so du wilt sagen:
Es stell sich einer ein ding nit wissen noch sehen, das er doch
sihet vnd weysz. Wir sagen: Er lauret, Er schläfft wie ein hasz.
Er schwert darfür vnnd gehet erst daruon. Auff die art sagen
wir auch: Er acht keins glantz, trinckt wol ausz eim hafen. Er
ist einfeltig, badet inn hosen. — Wa I 220 Baden 13 Er
badet wol — in Hosen. III 912 Narr 806 Narren sind auch leute,
aber nicht wie ander Leut. Anm. „Die Russen unterscheiden zwischen
beiden so: Kluge Leute baden nackt, Narren in Kleidern.“ Ähn=
lich V 890 Baden 19 Wer baden will, musz die Kleider ablegen.

Anm. „Die Russen sagen: Nacktheit gilt bei den Badenden als kein Verstosz wider den Anstand." V 890 Bab 63 Wenn sie ins Bad gingen, sie könnten Hosen und Schuh anbehalten (Walbis IV 90).

Vielleicht enthält EU 31, 404 eine Anspielung Aber die Papisten sind dennoch auch närrisch, dasz sie Hosen an= ziehen. Wie wenn sie sich vollsoffen und thäten drein?

---

59. Es bornt horn.

Nachweise fehlen mir gänzlich. Man denkt an den Gestank, den brennendes (bornen mittelb. Form für brennen, vgl. unten Nr. 151. 153. 489) Horn verursacht, etwa beim Auflegen der glühen= den Eisen auf den Pferdehuf. In der Erklärung des Sprichworts Der Teuffel lasst stets einen gestanck hinder yhm scheint Agricola 382 ähnliches im Sinne zu haben: Man nennet ein bösen geruch ein stincken[d] Gummi, Teuffelsdreck, zum zeichen, als sey des teuffels auszfart vnd abscheyden nit gut.

Den Gestank, den der Teufel hinter sich läßt, erwähnt Luther öfter, z. B. EU 30, 171; 42, 135; 49, 13.

---

60. Die beschiede hündlin fressen die wolff gerne.

Wa II 904 Hund 5 liest Die beissenden Hündlein strafft der Wolff gern. Vgl. 8 Gescheide hündlein tragen die wolff auch ghen holtz. 9 Gescheide hündlein werden gemeiniglich von wölffen gefressen (Mathesius, Postilla I, LIIª). — Mathesius scheint das Sprw. geliebt zu haben, vgl. bei ihm auch VII. Predigt, S. 152. Der alte Sperling in der bekannten Fabel ermahnt seinen Sohn: doch sihe dich vmb vnd auff, die Wölffe fressen auch offt= mals die gescheyden hündlein. S. 154 Die Kinder diser Welt sind ja in jrer art klüger vnnd verschmitzter, denn die kinder

6*

des liechtes. Doch frisst der Wolff offt auch die gescheiden
húndlein, vnd Gott ergreifft die verschmitzten in jrer schalckheyt,
vnd alle listige Fúchs kommen endlich beim Kúrschner in der
beisse zusammen.

Die angeführten Stellen zeigen, daß beschiede im Sinne von
einsichtig, verständig, gescheit zu nehmen ist, nicht in dem andern
Sinne von zugewiesen, zugetheilt (vgl. Dietz I 265 Bescheiden).

In Luthers Schriften finde ich das Sprw. nicht. — Vgl. Nr. 62.

---

61. Der wolff frisset kein zil.

Wa V 353 Wolf 74. Vgl. IV 1066 Teufel 185 Der Teufel
holt keinen Zahltag. Das Sprw. richtet sich gegen säumige
Schuldner; Ziel ist der Zahltag. So NS 25

> Wer vil zů borg ufnemen wil,
> dem essent wölf doch nit sin zil,
> der esel schlecht in underwil.

> Von zuo borg uf nemen
> V. 1 Der ist me dan ein ander narr,
> wer stäts ufnimt uf borg und harr
> und in im nit betrachten wil,
> das man spricht: wölf essen kein zil.

Egenolf erklärt es zweimal: 105ᵇ Citius usura quam Heracli-
tus currit, und 338ᵃ Es neme mancher den pfaffen zur kirchen
auff borge, auff gůt glück, der hoffnung, es werde ein mal ein
güldiner schnee fallen, da werd mann gold vnd gelt mit schauflen
zu samen scheuflen. Die weil schleicht das zil herzů, ehe der
gülden regen kompt, vnnd kompt still der donnerknal: Redde quod
debes, Zal was du schuldig bist. Wider die haben die Alten
disz Sprichwort braucht: Esell es frisst kein wolff kein zil. Du

darffest nicht dencken, ehe dise zeit kompt, so habens die wölffe gefressen. Die zeit frisst wol wolff, leut vnnd alles, aber niemand die zeit.

Belege aus Luthers Schriften fehlen mir.

---

62. Der wolff frisset die gezalte schaff auch.

Vgl. Wa IV 55 Schaf 45 De getellten Schape fret de Wulf ak. Anm. „Die am sorgfältigsten aufgehobenen und am genauesten gezählten Sachen werden oft auch gestohlen." 62 Die gezählten Schafe werden auch gestohlen. V 352 Wolf 68 Der Wolf frisst auch die gezeichneten Schafe. 75 Der Wolf frisst wohl gezählte Schafe, aber keine versprochenen. Tappius 72 Non curat numerum lupus [Otto S. 199]. Recte dicetur in hominem impudenter furacem. Extat hodieque vulgo iactatum adagium, Der wolff isst auch wol ein gezalt schaaff. Egenolf 24ᵇ Der wolff frisst auch von gezelten schaffen. . . Es hilft nichts für dieb. Mann kan vor keinem dieb auf heben.

Scheint in Luthers Schriften zu fehlen.

---

63. Alte schuld rüstet nicht.

Wa IV 364 Schuld 4 liest: Alte Schuld rostet nicht. Dazu giebt er Nachweise aus andern Sprichwörtersammlungen und merkt darunter an: „Dies Sprichwort befindet sich auf S. 6 von Luthers Ms., aber dunkel." Da über die Lesung kein Zweifel ist, ebensowenig über den Sinn des bekannten und gebräuchlichen Wortes, ist mir diese Anmerkung unverständlich.

Bei Luther finde ich das Sprw. nur in der von Aurifaber nach Rörers Nachschriften herausgegebenen 'Auslegung etlicher Kapitel des 5. Buchs Mose' EA 36, 175 Alte Schuld rost [= roftet] nicht; und bei Heuseler 434 (nach Altenb. Ausg. IX 1164, in einer Übersetzung von Luthers Vorlef. über das I. Buch Mose durch Joh. Gudenus) Alte Schuld rostet nicht.

Das rüstet der Handschrift soll wohl hier so wenig als in andern Stellen derselben, in denen ü steht, Umlautsbezeichnung enthalten und ist daher rustet zu lesen. Vgl. EA 40, 284 asz einen rustigen Hering dafür. Nach EA 36, 175 scheint Luthern im Sprw. statt des niederd. rustet auch die hochd. Form rostet geläufig gewesen zu sein. Diese wird bereits im Mhd. nachgewiesen von Zingerle S. 134

> Ein alt sprichwort gibt:
> alt schult lit und rostet niht (Krone 18 836).

> Hector liez an im werden schin,
> Daz schulde lit und rostet niht (Troj. Krieg 36 588).

Daneben giebt es auch eine andere Form, Zingerle S. 134

> Do wart diu warheit wol schin
> des sprichwortes, daz da gibt,
> daz schulde ligen und vulen niht (Tristan 138, 22).

Wa IV 365 Schuld 13 (neben einem Nachweis aus Schaffhausen: De Schulde lieget und fuled nid) führt an: Die schulde magen niht rozen, so wir schie [sie?] niht büezen (Servatius, Haupt 3532). — Das neben rostet vorkommende vulen (faulen) zeigt ebenso wie das Citat Wanders, wenn es genau ist, daß es ursprünglich im Sinne von roezet, rozet (= fault) gemeint gewesen sei.

---

64. Dem bier ist recht gegeben.

Wa V 994 Bier 136. Vgl. I 377 Bier 66 u. 72 Dem Biere sind die Hefen gegeben worden mit der Anmerkung: „Wird gesagt, wenn eine Sache gut eingeleitet oder ein Anmaßender, Unverschämter gehörig abgeführt wird."

Bei Luther wird die Ra von Dietz I 302 Bier einmal nach=
gewiesen (= EA 25, 32) O, dem bier ist recht gegeben, dar=
umb giehrt vnd scheumet es so wol (wie Judas sagt) alle Schande
und Laster heraus. — EA 31, 242 [Herzog Georg] zwingt dazu
die Leute mit einem Eide dahin, dasz sie solche Lästerer sollen
helfen schützen, die Lehre, so wieder solche Aufrührer und Lästerer
streit, verfolgen. Dem Bier ist recht gegeben, wäre Schade,
dasz ers besser haben sollt, weil ers so haben will.

---

65. Jung gewon, alt gethan.

Wa II 1054 Jung 24 liest Jung gethan, alt gewan und führt
außer Luthers Ms. auch Gutzkow III 3, 874 als Belegstelle an.
Vgl. aber 25 und 26 Jung gewohnt, alt gethan. — Tappius 323
Jung gewehnet, vnd alt gethan. Zingerle 54 (Gewohnt) giebt aus
dem Mittelhochdeutschen mehrere sinnverwandte Sprichwörter.

Bei Luther EA 64, 107 und 109 Jung gewohnt, alt gethan.
Hierdurch wird auch die Wortstellung im Text, die durch das Um=
setzungszeichen nicht ganz korrekt gegeben ist, gerechtfertigt. Als
sinnverwandt vgl. Nr. 107; 236 und EA 39, 361 Man spricht:
den Baum soll man beugen, weil er jung ist. Wird er alt, so
will er ungebogen sein oder bricht.

---

66. Sorgest fur vngelegte eyer.

Vgl. Wa I 756 Ei 125; IV 640 sorgen 37 Kümmere dich
(sorge) nicht um ungelegte Eier. — Dazu die Erklärung: Ungelegte
Eier bedürfen keines besonderen Schutzes, da sie gut aufgehoben sind.
Zu 327 Sich um ungelegte Eier bekümmern giebt er die zweifellos
treffendere Erklärung: Sich Sorge machen über Dinge, die kaum
erst in einer entfernten Möglichkeit da sind und in ungewisser,

zweifelhafter Ferne liegen. Diese Deutung wird bestätigt durch die Sprichwörter 12 Auff vngelegte eyer ist vngewisz hoffen. 163 Ungelegte Eyer sind vngewisse Hünlein (Küchlein).

Die Ra scheint in Luthers Schriften nicht vorzukommen.

---

67. Eine krahe hack[t] der ander[n] kein auge aus.

Wa II 1564 Krähe 47 mit einer Anmerkung aus Naumann, Naturgeschichte der Vögel II 59: es deute das Sprichwort auf die Geselligkeit dieser Vögel. — Egenolf 25ª Es beisst kein Krawe der andern die Augen ausz. 311ª Es beisst selten ein kráhe der andern die augen ausz. Doch geschichts auch, dasz ein Jud den andern vnnd ein pfaff oder weib das ander treugt, dann spricht man, Lach Gott im himel.

Bei Luther EA ² 20, I 107 sonst treibet ein Teufel den andern nicht aus, wie denn auch eine Krえ der andern nicht ein Auge aushacket. 36, 132 Aber die solches strafen sollten, sind hierinnen selbs sträflich, darumb kratzet kein Krah der andern ein Aug aus. 48, 118 es hälts ein Schalk mit dem andern; da kratzt ein Kräu der andern kein Aug aus. So müssts auch ein kalter Winter sein, dasz ein Wolf den andern fresse.

---

68. Der wolt gerne scheissen, wenn er dreck ym bauche het.

Die Ra fehlt Wa. Vgl. etwa III 512 Maul 270 Das Maul hat er immer voll, aber nichts im Bauch. I 305 beißen 32 Er wollt schon beissen, es fehlen ihm nur die Zähne.

Luther braucht die Ra von Leuten, deren Bosheit oder Hoch= mut größer ist als ihre Macht; dabei unterdrückt er aber das un= anständige Wort. De W V 529 Summa, es ist teuflische Bitterkeit,

et ut Cicero dicit, malevolentia ipsa etc. Wollte gerne . . .
und hat nichts im Bauche. VI 373 Scheispfaff, der da gerne wollt
gut thun und hat doch nichts im Bauche. EA 30, 23 Wenn ich
dieselbigen [die Schriften der Gegner] lese, machen sie mich stark
und Freuden voll, weil ich sehe, dasz der Teufel mit solchem
Ernst wider Gottes Wort tobet, und Gott ihm doch nicht mehr
zulässt denn eitel lahme, schale, faule Zoten geifern, dasz ich
musz sprechen: Du wolltest gerne, kannst aber nicht.
39, 344 [Armer Leute Hoffahrt] ob sie wohl fast drücket, so kann
sie doch nichts machen, denn sie hat nichts im Bauche.

---

69. Scheis ynn die bruch
vnd henge sie an den hals.

Diese Ra fehlt Wa ebenfalls. Ähnliche giebt er II 325 Hand 813
u. 814 In die Hand scheissen und daran schmecken (und's Gesicht
damit waschen) als Antwort auf die Frage: was soll ich anfangen?

Luther braucht die Ra nicht selten zur höhnischen Abfertigung
verächtlicher und widerwärtiger Personen, auch des Teufels in ver=
schiedenen Wendungen, wobei er aber in ernsteren Reden und in
den Schriften den anstößigen Ausdruck umschreibt. In den Tisch=
reden ist er rücksichtsloser, z. B. Tischr. (Aurifaber, 1566) 292ª
Wenn man aber nu den Teufel kennet, so kan man leichtlich zu
jm sagen: Leck mich im A. Oder schmeisz ins Hembde und
hengs an Hals ꝛc. Preger Nr. 323 (= Wrampelmeier Nr. 124)
Deinde quando non cessat me vexare obtrudens mihi peccata
mea, respondeo: Lieber teufl, ich habs register gehert, aber ich
hab noch mehr sund gethan, die stehen nicht in deim register,
schreibs auch an, ich hab in die hosen unnd bruch ge=
schissenn, hengs an hals unnd wisch maul dran. EA 25, 24
Ich spreche doch, wenn sie aufs höhest zürnen: Lieben Herrn,
zürnet ihr, so gehet von der Wand, thut in euer Badekleid

und hängets an den Hals. 26,4 Aber meinet, was ihr wollt, so thut in die Bruch und hänget sie an den Hals und machet davon euch ein Gallreten und fresset, ihr groben Esel und Säue. 26,127 Und wenn sie zornig sind, mügen sie in die Bruch thun und an Hals henken; das wäre ein Chesemapfel und Pacem für solche zarte Heiligen. 30,68 Wollen drein thun und den Hintern dran wischen. 31,154 Wollen sie nicht dispensieren und erläuben, dasz sie es lassen, der leidige Teufel bitte sie drumb an meiner Statt; er thu in seine Dispensation und hänge sie an den Hals. 49,146 Will er [der Teufel] nicht aufhören zu zörnen und schrecken (spreche ich) so gehe er von der Wand oder thue in sein Niederwad und hänge es an den Hals. Annot. in aliquot cap. Matth. (11,17) So sprechen wir: Liebe Welt, thu ins niderkleid vnd henge es an den hals. Du wilt nicht hernach, so bleib dahinden. Umb deinen willen wil ich sie nicht bleiben (Tom. lat. Viteb. V 28 b).

70. Sein dreck stinckt auch.

Fehlt Wa. — Der Sinn dieser Ra berührt sich eng mit dem von Nr. 252—254 und wendet sich gegen Selbstüberhebung. Philander, 7. Gesicht, Vorrede zur Hoffschule, S. 515 giebt ironisch den Rath Du musst dafür halten, dein Dreck stincke nun mehr als zuvor und dasz du auch ein Herr seiest. Bei Luther vgl. EA 44,180 Dieser Dreck stinkt noch, dasz Manche haben viel mehr guter Werke than, denn sonst ein gemeiner Christ thue. 26,61 Er [Heinz von Wolfenbüttel] stinket wie ein Teufels dreck in Deutschland geschmissen: wollt er vielleicht gern, dasz er nicht alleine fur andern so scheusslich stünke, sondern auch andere löbliche Fürsten bestänkern, ob man seines Stanks damit ein wenig vergessen möcht, oder doch nicht sein Stank allein alle Nasen füllen müsste.

71. Es wil dreck regen.

Die Ra fehlt Wa. — DWb 2, 1359 erklärt Dreckregen als solchen, der die Wege kothig macht.

Luther braucht die Ra als Ankündigung göttlicher Strafgerichte z. B. EA 48, 325 Wenn wir den Papst warnen und sagen: Hütet euch, es wird Dreck regnen, so ists ihnen lächerlich und spöttisch. Im Jahre 1541 schreibt Luther seiner Frau (De W V 400): Verkäufe und bestelle, was du kannst und komme heim. Denn als michs ansiehet, so wills Dreck regen, und unsere Sünde will Gott heimsuchen durch seines Zornes Ruthen; 1543 schreibt er an Amsdorf, nachdem er über die Sündhaftigkeit seiner Zeit geklagt hat (De W V 584): Es will Dreck regen; dies ille redemptionis urget adventum suum. Amen. — Sinnverwandt ist EA ² 17, 418 Ja, es wäre nicht Wunder, dasz Gott beide, Thür und Fenster, in der Hellen aufthät und liesse unter uns eitel Teufel schneien und schlacken, oder liesse vom Himmel regen Schwefel und höllisch Feuer und versenkt uns allesampt in Abgrund der Höllen wie Sodom und Gomorrha. —

In übertragener Bedeutung braucht Luther schneien und regnen sonst öfter, z. B. Burkhardt 331 Narren regnen lassen. EA 31, 49 Es schneiet Schüler. 31, 190 Wenns eitel Heiligen Exempel schneiete und regnete. 38, 334 Es regnet Laub und Gras.

---

72. Mein brod ist gebacken.

Wa I 476 Brot 198 liest: Brot. — Ebenda 395 erklärt Wa die Ra Sein Brot ist gebacken: „Er hat zu leben, besitzt Vermögen, es wird ihm nichts fehlen. Franz. Il a du pain cuit." Dagegen 397 Sein Brot ist ihm gebacken: „Sein Urtheil ist gefällt. Franz. Il est déjà condamné." — In diesem Sinne sagen wir gewöhnlich

(Wa 400): Sein letztes Brot ist ihm gebacken. Vgl. dazu auch
die Erklärung DWb 1, 1066 und 2, 400: es ist um dich geschehen.

Da mir Belege aus Luther fehlen, ist die Deutung hier un=
sicher. — Für die Möglichkeit die Ra auf das letzte Brot und
auf das Sterben zu beziehen verweise ich auf das Volkslied 'Das
hungernde Kind' (Uhland Nr. 119).

<blockquote>
Das Kind klagt: Mutter, mutter es hungert mich,
gib mir brot, sonst sterb ich.

Die Mutter tröstet: Warte nur, mein liebes Kind,
morgen wollen wir backen.

Der Schluß ist: Als es nun gebacken war,
lag das kind auf der totenbar.
</blockquote>

Vielleicht hängt hiermit auch eine andere von Luther häufig,
z. B. EA 31, 156 gebrauchte Ra zusammen: Ja verlasse dich drauf
und backe nicht. Ihr Sinn ist: Wer darauf warten will, bis
andere für ihn backen, der muß verhungern. Sorge jeder für sich.

---

73. Wo herrn sind, da sind decklaken.

Wa II 577 Herr 950 liest: Wo Herrn sind, da seind Decklaken.
Als Erklärung fügt er aus Henisch, 668, 61 hinzu: d. i. herrlich=
keit an tapeten, klaidern vnd andern schmuck gezieret. — Egenolf
19ᵇ erklärt das Sprw.: Das ist ein bestetigung des Regiments
vnd der herrschafft, die Gott auff erden wil geehret haben; ja er
segnet sie mit herrligkeyt vnd macht, dasz jn das brangen wol
ansteht. Die herrligkeyt an Tapeten, Kleydern vnnd anderm
schmuck gezimet vnnd gehöret jn.

In diesem Sinne findet sich bei Luther EA 31, 270 Wohlan,
es heisst: Herren wollen Vorteil haben und sollens auch haben.
Das Sprw. selbst kann ich bei ihm sonst nicht nachweisen.

Der Ursprung des Sprw. ist vielleicht in einem alten Rechts=
gebrauch zu suchen. Nach Grimm, Rechtsalterthümer 255 hat die
Herrschaft oder ihr Bote, wenn sie zur Besißnahme oder zum Ge=
richthalten ins Land einreiten, unter andern zu fordern: ein Bett
mit brechenden oder krachenden Leilachen und bei ihrer Mahlzeit
einen Tisch weißgedeckt oder ein schön Tuch darauf. Die Decklaken
waren also eine Auszeichnung für die Herren. — Betreffs einer
ironischen Anwendung des Sprichworts, auf welche Luthers Rand=
glossen zu deuten scheinen, vgl. die folgende Nr.

---

74. Wers kan dem kompts.

Wa II 1496 können 116 f. — Agricola 373 erklärt das Sprw.
Deutsche sprach ist voller spots, vnd seynd schier die meisten
wörter dahin gerichtet, als denn disz auch ist. Es ist, wie man
sagt, dises sprichwort ausz der that erwachssen. Einem schneyder,
der sein handtwerck nit wol kündt hat, ist in einem gantzen iare
keyn arbeyt geben worden; allein vff den Osterabend ward yhm
eyn parhosen zuflicken bracht, da sagt er: Wers kan dem kompts.
Wem nun eyn glück auffstehet on alles gefer, des er sich nit ver=
sehen hat, der sagt von yhm selbs, sonderlich wenn sichs andere
verwundern: Ey lasst es euch nicht seltzam seyn. Wer es kan,
dem kompt es. — Ähnliche Scherze giebt Höfer 39. 819. 1408.
1650 ff. —

Aus Luthers Schriften kann ich keine Nachweise geben.

---

75. Alber fest 2c.

Fehlt Wa. Doch vgl. I 42 Albern 1 Albern und fest ist
besser als schön und kraus. Dazu merkt Wa an: „Lob der Kind=
lichkeit und kindlichen Einfalt“. — Diese Erklärung giebt jedoch nicht
ganz den Sinn des Sprw. bei Luther wieder. —

Luther lobt die Tugenden der Türken und fährt fort EA 31, 113 Was hilft denn solch schön Ding, so es ausser und wider Christum ist? Da magst du wohl sagen das Sprichwort: Es ist schön böse, aber bei uns ist alber feste. Denn es ist besser in Christo mässig Wein trinken und fröhlich sein, denn ausser Christo solch trefflich saur Ding furgeben. — Eine Anspielung enthält EA 38, 195 (= Wa IV 318 Schönböse) Es ist nicht schön böse, wie man sagt im Sprichwort.

Für das Verständnis des Sprw. dient Wa IV 315 Schön 21 Je schöner, je ärger. 30 Schön hat der Teufel lieb. — Der Sinn wäre demnach etwa so zu fassen: Es ist besser albern und fest, d. h. einfältig und gesund zu sein, als schön (vor den Leuten) und böse (im Herzen).

Die Lesart fest scheint mir durch Wa I 42 Albern 1 und EA 31, 113 gegen feist, wie Sievers liest und was nach der Hdschr. auch möglich wäre, gesichert. Der Sinn wird indessen da= durch nicht geändert, da sowohl fest als feist in der Bedeutung gesund, stark, kräftig vorkommen.

76. Es ist vieh vnd stal.

Wa IV 1629 Vieh 5 Das Vieh ist wie der Stall. 9 Es ist eben das vich als der stal. 10 Es ist eben Vieh als Stall, sagte der Teufel, und jagte seiner Mutter Schnaken und Mücken in den Hintern (Höfer). 11 Es ist eben Vieh wie Stall, Gurr wie Gaul, Mann wie Rosz, Deckel wie Hafen, Maul wie Salat. Vgl. III 91 Leute 1100. IV 768 Stall 20. 21. Egenolf 103ᵃ Es ist vihe als stall. Dignum patella cooperculum.

Bei Luther EA 26, 38 (= Dietz I 680 Fliege; Höfer 1835) Wöllen sie weiter hören wer sie sind, so mögen sie ihren Heinzen weiter lassen von der Sachen schreiben, weil sie keinen bessern wissen; denn er ist ein trefflicher Mann, in der heiligen Schrift fertig, behende und läuftig, wie eine Kuhe auf dem Nussbaum oder eine Sau auf der Harfen, der solche grosse Sachen wohl führen kann, wie ihr denken könnt. Ja wenn es Lügens und Lästerns und Fluchens sollt gelten! Sind auch zwar nicht werth, dasz sie einen bessern haben sollten. Es ist Viehe und Stall, sprach der Teufel und treib seiner Mutter eine Fliegen in den Hindern.

Das Sprichwort ist nur ein Beispiel für viele andere, welche das Volk in endloser Reihe weiter gebildet hat, und die in treffen= den Vergleichungen sagen wollen: der Mensch taugt eben so viel oder so wenig als seine Gesellschaft, seine Sachen, seine Thaten und umgekehrt. Egenolf 103ᵃ ff. bietet eine gute Zusammenstellung solcher Worte, wie sie auch Luther entweder selbst gebildet hat oder dem Volksmunde entnahm.

Einige Beispiele dafür sind:

EA ² 20, I 62 Wie die Person ist, so ist auch die Anfechtung.

24, 19 so wird das Topfen sein wie die Suppen.

24, 298 Zu solchen Schülern gehört solche Ruthe.

25, 23 Wie die Verlegung, so ist der Ausschusz auch.

26, 250 O recht, sprach der Teufel, wie das Gebet ist, so ist auch der Weihrauch.

28, 385 Speise wie der Magen, et labris sua lactuca. Vgl. Otto, S. 182: Als ein Esel Disteln asz, sagte Jemand Similem habent labra lactucam. Darüber hat nach Hieron. ep. 7. 5 Crassus das einzige Mal in seinem Leben gelacht.

29, 12 Solch Gras musz solch Kalb essen.

30, 138 Wie der Baum ist, so trägt er Früchte.

30, 234 Herr und Knecht sind ein Kuche.

31, 133 solchen Heiligen gehört solcher Himmel.

31, 302 Zu solchem Buch gehört solcher Meister.

39, 297 Zu solchem Wild gehöret solcher Weidmann.

39, 318 Der Teufel musz solche heiligen haben.

39, 319 Wie der Regent ist, spricht Sirach, so sind auch seine Amptleute.

39, 319 Wie der Rat ist, so sind auch die Bürger.

Weim. Ausg. XX 114, 2 Qualis est persona, talis est perizoma. Darnach der Mensch ist, darnach hat er ein bruch an. Ein itzlicher hat fur sich, da mit er zu schaffen hat.

132, 15 kupfern gelt, kupfern seelmes.

180, 13 Tale est regnum, ubi tales principes et Rex.

De W I 321 Ein solch Brief soll ein solch Siegel haben.

IV 592 Wie die Beichte ist, so ist auch die Absolutio.

Wie das Gebete so ist auch das Räuchwerk, sprach der Teufel selbs, da ein Pfaff im Bette Complet betet, und sich bethöret.

V 328 Qualis est princeps, talis sacerdos.

Brief an Caspar Müller, vom 18. 3. 1535: Und was solten solche sewe anders essen, denn solche muscaten? Fresst lieben sewe. Fresst, Es ist eine speise fur euch. Zu solchen gesten gehoret solcher kuchen meister.

Vgl. auch Nr. 56. 79. 100. 190. 219. 418.

---

77. Gros geschrey vnd wenig wolle.

Wa I 1601 Geschrei 35. Vgl. bei Zingerle S. 179

Geschreies vil und lützel wolle gap ein sû (Colm. 14, 26).

Uil geschrey, wenig Woll, sprach der Teuffel, beschor er ein saw (Raf. p. 71).

Ähnliche, zum Theil derb witzige, Ra finden sich bei Wander a. a. O., Höfer 1817 u. 1984, Egenolf 108ᵇ, 334ᵃ, 359ᵇ. Tappius 439 bringt sie als Parallele zu Aureos polliceri montes; Schone wort vnd nichts dahinden. Philander (1. Gesicht) S. 10 Je mehr wort, je minder Werck; je mehr geschrey je minder Woll;

je mehr Geschwätz, je minder Herz; je mehr schein, je minder
Goldt. Vgl. die scherzhafte Anspielung (3. Gesicht) S. 141 Da sie
doch alle drey viertel Jahr ihr Kind ohne fehl in der wiege fanden:
Und das Geschrey ohne Wolle hören musten.
Bei Luther Weim. Ausg. XX 133, 10 gros geschrei, wenig
wol. Putatur tantum virium, quantum est flammarum. Wrampel=
meier 980 Allegoria. Uiel gescher [= Geschrei, Lärm; vgl.
DWb 4², 3855], wenig woll.

Die Ra erinnert an das Horazische, Ep. I 18, 15

Alter rixatus de lana saepe caprina (Otto S. 73).

Diesen Vers deutet Luther DeW III 483 Zank um ein nich=
tiges Ding, gerade als ob zwey zankten über ein Geisfell, obs
Wolle oder Haare sei.

Sinnverwandt ist EA ² 18, 310 Es heisst aber, hüt dich fur
grossem Geschrei. Wenn das Fasz zu sehr tonet und klinget, so
wird nicht viel drinnen sein. Cedige Fässer klingen wohl,
aber sie tränken und geben nichts.

78. Zeug macht meister.

Wa V 567 Zeug 27. — Vgl. 13 Guter Zeug, guter Meister.
III 583 Meister 113 Wie der Meister so das Zeug. — Zeug =
Handwerkzeug. — Der Sinn des Sprw. wird auch durch die
Ausnahmen von der Regel bestätigt und erklärt, z. B. durch den
Ausspruch Senecas, De beneficiis IV 21 Artifex est etiam, cui
ad exercendam artem instrumenta non suppetunt (Büchmann,
Geflügelte Worte, 17. Aufl. S. 99).

In Luthers Schriften finde ich nur eine Anspielung auf das
Sprw. in der Ausleg. von Pred. Sal. 10, 10; Weim. Ausg. XX
174, 24 Ergo artifex sit oportet, qui ferrum vetusta rubigine
consumptum sic exacuat, ut utcunque uti possit.

79. Gleich vnd gleich gesellet sich gerne, [sprach der Teufel] zum koler.

Wa I 1714 Gleich 68; er führt den in der Handschrift an=
gedeuteten Zusatz aber nicht hier an, sondern 71. An letzterer
Stelle beruft er sich auf Heuseler 314, bei diesem fehlt jedoch der
Zusatz. Soviel ich sehe, ist er von Luther nie angewendet worden.
Das Sprw. findet sich bei ihm EA 63, 316 f. ich gönne ihnen
wohl, dasz unsere falschen Brüder und giftigen Kröten zu ihnen
sich schlagen, denn in solche Kirchen gehören solche Heiligen.
Gleich und gleich gesellet sich gerne. 31, 134 (= Dietz
II 132) Denn gleichwie seine Schlüssel eine erdichte Menschen=
glosse ist, so auch die Kirche, die er damit bindet. Gleich und
gleich gesellet sich gern. 45, 334 Kömmt dann irgends ein
Rottengeist mit einer neuen Lehre, die kein Licht, sondern Menschen=
lehre und Finsternis ist. Denn gleich und gleich gesellet
sich gerne. Altenb. Ausg. (Ausleg. d. 1. B. Mos. Kap. 11 überf.
von B. Faber) 9, 271ᵇ Denn wo man einerley Sprache hat, ists
erstlich ein starcke Hülffe und Forderung darzu, dasz sich die
Leute zusammenhalten und in Einigkeit bey einander leben, und
zeucht sich hieher auch das Sprichwort, darinnen man sagt, Gleich
und gleich gesellet sich gerne. Denn ein Deutscher redet
und gehet gerne umb mit einem, der seiner Land=Art und
Sprache ist.

Mit dem Zusatz findet sich die Ra schon bei Seb. Franck und
Egenolf 58ᵃ und 98ᵇ; wiederholt auch im Simplicius (z. B. III
12, 6 u. 122, 17). Kurtz führt als Belege dazu an: ein Holsteini=
sches Sprw. Gleich sucht sich, findet sich, seed de Düvel un kam
tom Kohlenbrenner; und aus Shakespeare: Like will to like, as
the Devil said to collier. Dr. J. Meier in Halle macht mich auch
aufmerksam auf Chr. Spangenberg, Wider die böse Sieben ins
Teuffels Karnöffelspiel (1562/63 Frankfurt) L 2ᵃ: Gleich vnd gleich

gesellet sich gern, sprach der Teufel, vnd fand sich zum Köler,
weil er denselben schwartz vnd reucherig im wald befand vnd
auf Kunst über alle Künste, hg. von R. Köhler (1864), S. XXXII
und Anm. zu S. 25, 13. Dazu vgl. Höfer⁷ Nr. 1797 ff.

Nach der Volksvorstellung ist der Teufel schwarz, vgl. Grimm,
D. Mythologie 829. 851. Deutsche Sagen 79. Kinder= und Haus=
märchen Nr. 100 Des Teufels russiger Bruder. DWb 9, 2304.
Simplicius III 134, 17. Diese Vorstellung finden wir auch bei
Luther, z. B. Weim. Ausg. XII 654, 21 Videbimus den pharisäer,
ein graulichen, schwartzen teuffel 2c. 655, 37 coram deo ut
schwarze teuffel. EA 46, 156 ich meinte, es wäre ein schöner
Engel und ware doch ein kohlschwarzer Teufel. Tischr.
(Aurifaber) 293ᵃ: Der Teufel kan sich in einen schönen weissen
Engel verkeren, da er doch ein rechter schwarzer Teufel ist.

Eine Anspielung auf das Sprw. steckt anscheinend auch in einem
Verschen mir unbekannter Herkunft und Beziehung EA 23, 117
indesz wöllen wir ja so frei bleiben als jene sind und singen:

> mir ist wie dir
> mein adelichs A.
> Lasz immer traben
> Du findest noch wohl deinesgleichen 2c.

Das Sprw. ist sehr alt und findet sich z. B. Odyssee 17, 218;
Plato, Symp. 195ᵇ; Cicero, Cato M. 3, 7 pares cum paribus facil-
lime congregantur (Büchmann, Gefl. Worte, S. 256).

---

80. Gott ehre das handwerg, dixit lictor ad Iuristam.

Luther hat dieses Wort noch einmal hinter Nr. 396 gebracht,
es dann aber durchstrichen. Die Gedankenverbindung mit dem vor=
hergehenden Sprw. lag ihm also hier wie dort augenscheinlich nahe.

Die Anekdote, welche dem Worte zu Grunde liegt, erzählt Luther Fabel 11 (Neudr. 76 S. 13) und spielt darauf an Tischreden (hg. v. Förstemann und Bindseil) IV 512. — Lictor ist der ge= bräuchliche Ausdruck für Schinder und Abdecker, ein Beruf, der vom Verkehr mit ehrlichen Leuten ausschloß. Iurista, der silberne Jurist der Tischreden, ist der in der Fabel und hinter Nr. 396 ge= nannte Dr. Johann Mogenhofer; vermutlich derselbe, der im Album der Wittenberger Universität (hg. v. Förstemann) p. 25 utriusque Iuris doctor, praepositus et in iure pontificio ordinarius Vittem- bergensis und im Copiar 69 des Kgl. Staatsarchivs zu Magde= burg fol. 222ᵇ im Jahre 1493 als Kanzler des Domkapitels zu Magdeburg erwähnt wird und als Vorgänger Hennings von Göde in der Propstei zu Wittenberg 1510 starb. — In Fabel 11 hat Luther die Anekdote von Mogenhofer an Stelle der Fabel vom Esel und Eber gesetzt (Romulus, hg. Österley I 11, S. 44), in welcher der Esel den Eber mit Salve frater! begrüßt. Luthers Moral: **Grobe, vnvernunfftige leute soll man verachten vnd yhn nicht antworten** entspricht der bei Romulus: Monet hec fabula insipien- tibus parci debere, stultos autem defendere, qui insultare audent melioribus. In den Tischreden IV 512 aber ist von der Räuberei und Plackerei die Rede, dadurch die Leute ausgesogen und die Advocaten gemästet werden. Wir bemerken also in diesen beiden Stellen sowohl, wie in der hbschr. Sammlung die Möglichkeit doppelter Beziehung der Anekdote. Einerseits giebt sie eine scherz= haft-ironische Erläuterung des Sprw. 'Gleich und gleich gesellt sich gerne'; andrerseits enthält sie einen Hinweis darauf, daß Schinden und Schaben ein Handwerk sei, auf das Juristen sich eben so gut verstehen als die Abdecker.

Wa II 18 Gott 368 läßt den lateinischen Zusatz weg, bringt ihn aber deutsch 369 ... **sprach der Schinder zum Richter.** Vgl. auch IV 187 **Schinden 3 Schinden ist ein altes Handwerk.** IV 188 **Schinder 8. 10 Schinder und Schaber sind Vettern.**

81. Es regne aus, so wirds schon wetter.

Wa V 866 Ausregnen. — Dieses Sprw. kann in doppeltem Sinne gebraucht werden. Entweder mahnt es zum geduldigen Aus= harren wie z. B. Wa III 1592 Regnen 8 Es hat noch nie so lange geregnet, es hat endlich einmal wieder aufgehört. Uhland, Volksl. 198 V. 5

> Wenns gleich lang regenwetter ist,
> so scheint darnach die sunne.

Oder es ist ein Spott auf die Kalendermacher und Wetterpropheten, wie Wa III 1598 Regnen 133 Wenn's regnet, so wird's nasz, und ähnliche. Vgl. auch Fischart, Aller Praktik Großmutter und die Anmerkungen dazu von K. Göbeke, P. Gengenbach S. 627.

Das Sprw. selbst kann ich bei Luther nicht nachweisen, doch giebt es mehrere Stellen, in denen er Betrübte mit dem Wechsel des Wetters tröstet und zur Geduld mahnt, z. B. De W IV 397 Ists doch noch nicht aller Tage Abend, so sind noch zwölf Stunde des Tages, es kann ja nicht immer wolkig seyn und Regen. So müssen wir ja auch etwas leiden und Geduld lernen. III 277 Die Pfarre zum N. liesz ich noch ein Weil so stehen, bis das Wetter anders würde. Wie kann man anders thun? Die Leute müssen ein Weil Geduld tragen. EA 15, 98 Zuletzt führet ers auch aus und lässt es wieder schön Wetter werden, dasz wir das Feld behalten.

Umgekehrt kann das Wetter sich auch vom Guten zum Bösen wenden und dient als Warnung für die Glücklichen. 35, 353 wie man im Sprichwort sagt: Auf einen Sonnenschein folget gemeiniglich gerne ein Platzregen. 40, 259 wie auch ein deutsch Sprichwort ist, wenn ein Unglück kömpt, dasz man spricht: es ist ein grosz Wetter fürhanden. Und wenn das Unglück vergangen ist, spricht man: Das Wetter ist hinüber. 49, 10 Summa, weil Fried ist, so denket sie nicht weiter, ob sichs ein=

mal möcht wenden, wie sie sich wollt dagegen stellen; sondern nimpts also an, als künnts nimmer anders werden. Wiederumb, wenn sich das Wetter wendet, und beginnet Krankheit nach gesundem Leib, Krieg, Unglück nach dem Friede, Hunger aus der Fülle zu werden, so ist kein Ende des Trauerns . . ..

Die Wetterpropheten verspottet Luther Annot. in aliquot cap. Matth. 'Cap. XVI'. Wittenb. Ausg. Tom. lat. V 59[b]. Sic enim nostrae linguae proverbium habet: Abent rot, morgen schon. Et iterum:

> Morgen röt leuget nicht,
> Dicke Magd treuget nicht.
> Ists nicht regen, so ists wind,
> Ist die Magd nicht fet, so ists ein Kind. —

Wenn ich auch die Ra in diesem Sinne in Luthers Schriften direkt nicht nachweisen konnte, so scheint doch die Gedankenverbindung mit Nr. 82 darauf hinzudeuten, daß sie hier als Verspottung trivialer Weisheit aufgefaßt werden kann.

---

82. Wer hyrn ist, der wird nymer sat.

Fehlt Wa und ist mir auch sonst bei Luther nicht begegnet. Das Sprichwort scheint der Fabel vom Esel zu entstammen, der verschiedenen Brüdern zu abwechselndem Gebrauch vererbt wurde und kein Futter bekam, weil jeder glaubte, der andere werde ihn schon gefüttert haben. Nachgewiesen wird die Fabel durch Gödeke bei Boner 89; Pauli 375; Kirchhof 7, 125; Bernardino 25; Luthers Tischreden 16 zu NS 18 Von dienst zweier herren, wo es am Schluß heißt:

> Der esel starb und wart nie satt,
> der all tag nue herren hatt.

---

83. Die heiligen zeichen gerne.

Vgl. Wa II 467 Heiliger 93 Mit den Heiligen ist nicht gut scherzen, sie zeichnen gerne. — Sinn und Anwendung des Sprw. zeigt Egenolf 180ᵇ Du glaubest nicht ehe, die heyligen zeychnen dann. Mann halt nur auff die marter heiligen, als Sanct Veltin, Sanct Cürin, Sanct Anthonius ꝛc. da einer brennet, der ander schendt vnd plagt, sonst opffern jnen die bauren nichts. Sie geben vil mehr auff Sanct Anthonius feur, dann auff Sanct Josephs hosen oder S. Annen kamp. Wenn wir jemand etwas verbieten, dasz er lassen soll vnd er lasst es nicht, sonder faret fort, sagen wir: Du glaubest nicht, bisz ich mit der faust zugreiff vnd straffe dich darumb. Das ist, die heiligen zeychen denn, du soltest dich an meine wort keren, aber du glaubest nicht, ich musz zeychen, ich musz zuschlagen. — Zeichen, zeichnen heißt Zeichen oder Wunder thun, bei Luther z. B. EA 38, 170 Du zeichnest also, dasz sich alle Welt musz fürchten.

Das Sprw. findet sich EA 42, 71 Es schreiben auch die Historien, dasz gemeiniglich aller Frevel, an heiligen Dingen ge=than, sei flugs und bald gerochen. Daher das Sprichwort kommt: Es ist mit den Heiligen nicht gut scherzen, sie zeichnen gerne. Item: Du gläubest den Heiligen nicht, sie zeichnen denn. 42, 72 Also hab ich gesagt, dasz dies Sprichwort daher komme: die Heiligen zeichen gerne.

Man sagt auch Wa V 1420 Heiliger 192 Es thun nicht alle Heiligen Wunder. Darauf spielt Luther an EA 38, 147 Andere Heiligen können sich nicht der Läuse erwehren in der Kappen, ich geschweige denn, dasz sie Wunderwerk thun sollen.

84. Er gebe allen heiligen nicht ein tocht.

Wa II 470 Heilige 156 liest gibt. — Den Heiligen muß man Tochte oder Lichte opfern, denn es heißt Wa V 1420 Heilige 189 Die Heiligen, wenn sie umb ihr wachss kommen, reden nicht, rechen sich aber. Es muß also einer sehr geizig sein, wenn er ihnen nicht opfert. Vgl. Egenolf 105ᵇ Er ist seins weins so milt, als sanct Leonhart seines eisens, der gibts keinem, mann stel jms dann... Er neme es Gott vom Altar. Er gebe Gott vnd all sein heiligen nit einn heller. Philander (6. Ges.) S. 474 Und sahe unfern die Heuchel= und maul=Christen, welche, wan sie betten, in der Kirchen sind, oder mit Gottes wort umbgehen, sich heilig stellen, unterdessen mit den Gedancken im Gerstenfeld herumbfahren: dem Heiligen ein Kertz verheissen, doch nicht ein tächtlin geben. (7. Gesicht) S. 656 redet der Consequenz=Teufel: Ich gebe allen heiligen nicht ein Döchtel, darum sind mir die Catholische zu wider.

Bei Luther kann ich sonst diese Ra nicht nachweisen.

---

85. Versenge mir die ruben nicht.

Wa III 1750 Rüben 70; er giebt 47 folgende Erklärung der Ra Einem die Rüben anzünden (versengen, verbrennen): „Als Spott über wirkungslose oder lächerliche Drohungen" mit folgenden Beispielen: Desz musz ich lachen, dasz ihr mir die Rüben verbrennen wollt (Köhler 42, 15). Ist Wolfenbüttel hart bedrengt? Haben sie schier die rüben umher versengt? (Schade I 58, 142). Er wird mir die Rüben nicht verbrennen, denn ich habe sie in das Wasser geseet (Fischer, Psalter 116, 2). — Ähn= liche Ra bei Egenolf 26ᵃ Was geht das graff Ego an? . . . Brauchs so du wilt ein ding über ein hausz werffen, als gang es

dich nit an: Gott geb was der pfaff sage. Wir sagen auch: Unser
weiszheit fragt nit darnach. Erschreckt mir die hüner nit. Ver=
brennt mir nur keinen weiher.

Diesem Sinne entsprechen folgende Stellen bei Luther EA
15, 79 Als sollte er sagen: Lieber Tod und Hölle, ihr seid
wohl eine kleine Zeit da, aber nicht lange . . zornig seid ihr,
aber Lieber, beisst mich nicht, versenget uns die Rüben nicht;
ich fühle euch wohl, aber ich fürchte mich nicht vor euch, denn
ihr könnet nicht mehr und müsset dazu bald an den galgen und
zu nichte werden. 29, 233 Karlstadt soll unser Nein mit hellem
Spruch aus dem Text strafen und sein Ja bestätigen . . Wenn
er uns den Text legt, soll er gewonnen haben. Wir bitten aber,
dasz er uns gnädig sei und versenge uns die Rüben nicht.
36, 361 Es waren alle Berge voll Engel, die auf des Helisäi
Seiten stunden, die Feinde von der Stadt abzutreiben, damit dem
Profeten Helisäo kein Leid widerführe und sie ihm (nach gemeinem
Sprichwort) die Rüben unversenget liessen.

86. Er nympt kein blat furs maul.
469. Kein blat fur das maul nemen.

DWb 6, 1789 (vgl. 2, 74) erklärt, die Ra sei nach der Erzählung
1. Mof. 3 frei herausgebildet, enthalte also eine Anspielung auf die
Feigenblätter, mit denen Adam und Eva ihre Blöße bedeckten.
Andere Erklärungen führt Wander an I 395 Blatt 35 (vgl. V 1009),
worin ebenfalls auf die Feigenblätter oder auf die Ra der Alten
sub rosa dicere und larvate (mit einer Maske bedeckt) perorare
Bezug genommen wird. Borchardt[4] Nr. 157 erinnert daran, daß
wer leise sprechen will, wohl ein zufällig vorhandenes Papierblatt
vor den Mund hält. — Der Sinn der Ra ist derselbe wie in Nr. 87

und 470: ohne Scheu und (im tadelnden Sinne) ohne Scham reden. Die Erklärung würde ich nicht so weit herholen als es in dem Angeführten geschieht. Nichts ist leichter als das Blatt, nichts ist dünner als das Spinnwebe. Diese Vergleiche sind von den ältesten Zeiten her sprichwörtlich gewesen (vgl. Otto S. 130 folium und S. 34 aranea) und sind es noch. Kein Blatt oder kein Spinn= webe vor den Mund nehmen heißt demnach: der Rede auch nicht den leichtesten oder geringsten Zwang anthun.

Die Ra wird durch Dietz I 312 Blatt 6 dreimal bei Luther nachgewiesen: aber Dauid feret heraus vnd nimpt kein blat fur das maul, machts grob vnd vnuernunftig gnug, vnd wil nichts verbeissen (Der 101. Pfalm. 1534 = EA 39, 360); so nimpt Christus kein blad fur den mund (Hauspost., Wittemb. 1545, Festtheil 76ᵃ); ich meine s. Paulus hat alhie kein blat fur den mund genomen (Eisl. 1, 57ᵇ). Außerdem vgl. EA 43, 9 so soll er [der Prediger] auch frei reden und Niemand scheuen, ob er gleich mancherlei Leute und Köpfe siehet, und kein Blatt furs Maul nehmen. — Nimmt bei dem Wechsel von Maul und Mund Luther Rücksicht auf die Würde der behandelten Personen?

Eine Anspielung auf das Feigenblatt finde ich bei Luther EA 39, 317 Sie wissen, dasz ihre Lügen sind wider Gottes Wort, .. und ist hie kein Bletlin der Unwissenheit, das sie decken möcht, wie jene. Man sieht, daß der Gebrauch dieses Bildes von dem in der obigen Ra sehr verschieden ist.

---

87. Er lesst kein spinweb fur dem maul.
470. Kein spinnweb fur dem maul wachsen [lassen].

Wa IV 723 Spinnwebe 7 (vgl. 4 u. 11) fand maul in Nr. 87 unleserlich und vermuthete dafür Mund. Er belegt die Ra mit Walbis II 57, 13

Wollt ich keins schweigens mich anmaszen,
fürm Maul kein spinnweb wachsen lassen.

Vgl. auch Wa III 520 Maul 482 u. 644.

Bei Luther vgl. EA 42, 238 Summa, sie wissen ihr Ding zu treiben und sind nicht faul; sie schlahen ihre Flügel nimmer nieder und lassen kein Spinnweb fur ihrem Maul wachsen, dasz sie ihr Ding weit und breit ausbringen.

---

88. Es gehet vnter dem hutlin zu.

Wa II 953 Hütlein 4. Vgl. 7 Unter dem hütlein stechen. 8 Unter dem hütlin spilen. — Ich bin behender als ein Mann, der unterm Hute gaukeln kann (Suchenwirt). — DWb 4 ², 1991 erklärt die Ra: Gaukler bedienten sich eines Huts, mit Hilfe dessen sie ihre Kunststücke aufführten. Vgl. hierzu auch Grimm, D. Mytho= logie 867.

In diesem Sinne braucht offenbar Murner die Ra NB 55

Under dem hietlin spilen.
Wiltu mit herren hon zü schaffen,
Sich für dich! lasz dyn vmbher gaffen!
Sy kynnent vnder dem hütlin spilen,
Nüt bezalen vnd vil zilen.

Das Bild zeigt den Narren am Tisch mit dem Gaukelhut, den die eine Hand aufhebt. —

Vgl. auch NB 67, 17

Und kynnents mit eim hütlin decken
Das nit die wücher zen erblecken. —

Grimm, Rechtsaltert. 151 weist auf die Bedeutung des Hutes bei Auflassen und Übernahme von Gütern hin und vermuthet, daß das Greifen, auch Dupfen inn Hut (= sich zusammen verschwören) früher eine ausgedehntere Geltung gehabt habe. Die in den Hut mit einander griffen hätten sich zusammen verschworen; er verweist auf Frisch I 479[b] unter dem Hütlein spielen = conspirare inter se.

Oft erinnert der Gebrauch der Ra auch an das unsichtbar machende Wünschelhütlein, unter dem man an einen fernen Ort verschwinden kann. Grimm, D. Mythologie 725. Der Sinn ist immer: heimlich, verborgen, mit List handeln. — Vgl. P. Gengenbach S. 67 V. 511

> Wann sie ein klain wil mögen schwigen
> Dsach heimlich vnderm hütli triben.

Zugabe zu P. Gengenbach S. 405 V. 81; die gemeinen Frauen klagen über die Klosterfrauen:

> Wann sy aderlassen vnd baden
> Chünd sy junckherr Clementen laden
> Der hat mit jn ain haimlichs mütlin
> Was sy dann spilen vnderm hütlin
> Das kan nyemandt auszspehen gor
> Bisz das mans in der wieg wirt gwar.

S. 407 V. 175

> Der schuldig clagt übern Richter

> Wañ jn der arm vorm recht sol nützen
> Und er jm wol hülff treülich hinüber
> So stürtz er jm ain hütlin darüber.

Bei Luther steht die Ra nur einmal in der Form, die die Hdschr. bietet, Weim. Ausg. V 341, 1 Ex his occultis germanice e proverbio dicitur Es geht vnter dem hudlin zu. Sonst vgl. EA 26, 87 auf dasz mir ein solch Spiel unter dem Hütlin gespielet würde. 26, 299 Hie sollte man ihm sagen, was Brot und Wein sei im Sacrament und ihn nicht so im Sacke verkäufen, denn es gilt hie nicht so unter dem Hütlin spielen und im

Finstern mausen. 26, 304 Wir haben nicht mum, mum gesagt noch unter dem Hütlin gespielet, sondern da stehen unser helle, dürre, freie Werk ohn alles Dunkeln und Mausen. 21, 88 Denn es ist eine heimliche, meuchlinge Schalkeit und, wie man spricht, unter dem Hütlin gespielet, dasz mans nicht merken soll. 31, 36 Die Päpste .. brauchten des Türkischen Krieges zum Hütlin, darunter sie spieleten. 31, 327 Hie aber sind keine Zeugen, sondern eine einzelne Person, welche im Dunkeln munkelt und unter dem Hütlin spielt und spricht darnach, sie habe es so und so gemacht. 44, 138 O wie hat man allhier unter dem Gesetze als unter einem Hütlein gespielet. — Eine Anspielung giebt EA 45, 32 Das alles geschieht unter dem Schein und Hütlin des göttlichen Namens.

89. Es gillt vber redens.

Fehlt Wa. Vgl. etwa III 187 liegen 18 und IV 1397 über=reden 2 Es liegt viel am Überreden. — Bei Emser, Flugschr. a. b. Reformationszeit IX S. 205 Ey nayna, du falscher sophist, es gilt nit vberredens vnnd lässt sich nit arguirn a diuisis ad coniuncta. — Bei Luther nur in einer Anspielung EA 38, 175 Die Leut konnen so viel Überredens, dasz sie einen gar irr machen.

90. Reucht meüse.

DWb 6, 1818 erklärt die Ra: Ausflüchte oder Finten durch=schauen; Unrat merken, wittern. — Wa III 1681 Riechen 78; III 546 Maus 300; 314; 316; 325; 340. — Entstanden ist die Ra wohl aus dem Gebahren der Katzen oder Hunde, wenn sie die noch verborgene Maus durch den Geruch wahrnehmen.

Bei Luther nur DeW VI 235 = EA 65, 100 er reuchet Mäuse und schmeckt den Braten wohl. — Das Wort riechen oder schmecken braucht Luther für Verborgenes merken, z. B. EA 39, 350 Wie ich nu solcher Wort Verstand von ferne rieche, den Schmack und Griff werden andere fühlen. 46, 86 Das heisst ja gerochen, wo es nit geschmackt ist, dasz ein Gott sei. 48, 144 Wohlan, ein Christ reucht bald von ferne, wo Gottes Wort ist, oder wo Menschenlehre ist. 64, 365 Der gute Fürst roch, dasz die Pfaffen böse Sachen hätten. Vgl. Nr. 91.

---

91. Reücht den braten.

Wa III 1681 Riechen 77. Vgl. II 825 Hunb 146 Der hangd [= Hunb] richt de Broten (siebenb.=sächsisch). IV 260 schmecken 80 Er schmeckt den Braten. Die Ra erklärt DWb 2, 309 „Weil ein Bratengeruch aus der Küche durch das ganze Haus bringt, so heißt den Braten riechen, schmecken, merken: einen Anschlag merken".

Nachweise aus Luther giebt Dietz I 337 Brate: der teuffel roch den braten wol, wo die sprachen erfür kemen, würde seyn reich eyn fach gewynnen, das er nicht kunde leicht wider zustopffen (An die rhadherren etc. 1524. Biiijᵇ); er mus freilich keinen schnuppen haben [Nr. 96], der solchen braten riechen kan (Exempel einen rechten christl. bischoff zu weihen. 1542. Eiiijᵇ); das höret der bapst gern, das ich sage, er solle sein was er wil, das er aber das euangelium seiner pflicht nach solle frey vnd rein lassen gehen, dazu auch fördern, das höret er nicht gerne, denn er reuchet meuse [Nr. 90] vnd schmeckt den braten wol, sorget, er künde damit nicht bapst bleiben (Jen. 6, 355ᵇ). Außer=dem vgl. EA 21, 81 Ei Lieber, reuchst du den Braten? trauest du nicht fur geordneten Personen zu stehen und verantworten, so

halte auch dein Maul. 22, 53 Der Teufel hat sich lange Zeit fur
diesen Jahren gefurcht und den Braten von ferne gerochen.
51, 383 Wenn es [das Herz] sein Jammer fühlt, da ist es be=
gierig darnach und reucht den Braten fern, und kann nit satt
werden. De W II 542 Was ist das fur ein Gast, der sich vor
zweyen oder dreyen fürchtet und ein gefährliche Gemeinde nicht
leiden kann? Ich will dirs sagen: Er reucht den Braten; er
[Th. Münzer] ist einmal oder zwei vor mir zu Wittenberg in
meinem Kloster auf die Nasen geschlagen, drumb grauet ihm vor
der Suppen. Vgl. auch unter Nr. 96 EA 26, 94; 26, 236.

---

92. Stinckt, yhm schwert ein ohr.

Luther erklärt selbst idest contemptus est et tamen valet,
d. h. er ist verachtet und befindet sich trotzdem wohl.
Nachweise fehlen mir sonst für die Ra gänzlich. Otto S. 47 meint,
daß die lat. Ra ferre oleum in auricula (Mart. 5, 77) sich viel=
leicht auf einen mit reichlichen Ohrausscheidungen Gesegneten be=
ziehe. In diesem Falle könnte man an einen Zusammenhang mit
der obigen denken.

---

93. Du hettest schier ein wolff erlauffen.

Wa V 378 Wolf 594. Dazu vgl. Zugabe zu P. Gengenbach
(von K. Gödeke), Klag etlicher Stände S. 404, 30, wo die Ehefrau
über ihren trunkenen, liederlichen Mann klagt:

> Dann teüch er wider haim zum hausz
> Und schlach sy, wann sy etwas sagt,
> Und maint, er hab ain wolff eriagt.
> Er sprech auch, gee von mir hindan,
> Das ist die clag von jrem man.

Sonstige Nachweise fehlen mir. Es scheint nach der angeführten Stelle, als brauche man die Ra im Spott von Jemand, der da glaubt, er habe eine große Heldenthat verrichtet. In ähnlichem Sinne ist gebraucht RB 79, 65

> Ouch teilent sy das gantze landt,
> Ee das sy das gewunnen handt,
> Und hondt die beren hüt verkoufft,
> Ee das ir einer in erloufft.

Simplicius II 142, 23 Er schnauffte wie ein Bär, oder als wenn er einen Hasen erloffen hätte.

---

94. Ich mus han, als hette mich ein hund gebissen.

Wa IV 1188 Thun 546 liest: Ich mues thun usw. Doch vgl. II 242 Haben 299 Er musz es haben, als hätt' ihn ein Hund gebissen (Eiselein 328). II 888 Hund 1574 Er hat's, als hätt' ihn ein Hund gebissen (Campe II 801[b]). Anm. „Er muß es un=geahndet hingehen lassen". Dieselbe Deutung giebt nach Abelung DWb 4 [2], 1916 mit Nachweis aus Scrivers Seelenschatz 2, 90: musz ihre Schmach hinnehmen, als hätte mich ein Hund gebissen.

Bei Luther wird die Ra einmal nachgewiesen Dietz II 197 haben 6 [Was soll ich thun? Wie kann ich der Sachen rathen?] Ich mus haben, als hette mich ein hund gebissen (Das diese wort. 1527. siiij[a] = EA 30, 148). Dazu vgl. De W I 316 Denn da ich Herr Cäsar Pflug als fürstlichen Verweser anrief, hat er mit den Doctoribus nach Ende der Disputation . . . sich be=rathschlagt und mir das zur Antwort gegeben: D. Eck spricht, was er gesagt habe, wolle er beweisen. Also musst ich den Schlappen haben, als hätte mich ein Hund gebissen.

Die Ra weist Otto S. 70 nach: Ennius bei Gell. 6, 9, 2 Meum non est, ac si me canis memorderit mit der Anm.

„scheint einen sprichwörtlichen Vergleich zu enthalten (der Hund beißt den, der sich an fremdem Gute vergreift)". Für die oben gegebenen deutschen Nachweise giebt diese Erklärung keinen rechten Sinn. Vielleicht liegt der Ra ein uralter Rechtsbrauch zu Grunde, der Römern und Deutschen gemeinsam ist. Nämlich nach Grimm, Rechtsalt. S. 669 fand derjenige, der von einem fremden Hunde gebissen wurde, dafür vor Gericht keine wirkliche Entschädigung. Wenn ein altes Recht auch vorschrieb, daß man den Hund am Schwanze aufhängen und so mit Weizen beschütten sollte, daß man nichts von dem Hunde sehen könne, und Hund und Weizen gehöre danach dem Beschädigten, so bemerkt doch Grimm dazu: „Ein lebendiger Hund würde sich nicht so beschütten lassen, und die An= nahme, daß man ihn vorher getötet, dann beschüttet und sammt dem Getreide dem Beschädigten zugetheilt habe, ist völlig unwahr= scheinlich, weil für den Biß des Hundes diese Strafe viel zu hoch wäre". Die zuerkannte Buße war also illusorisch und der Ge= bissene mochte entweder sehen, wie er mit dem Hunde selbst fertig wurde oder, wie es meistens geschah, den Schaden ungeahndet auf sich nehmen. Vgl. auch Waldis III 33 Fabel von dem Mann, den ein Hund gebissen.

---

95. Es schmeckt nach dem fasse.

Vgl. Wa IV 258 schmecken 18 (u. 86) Es schmeckt alles nach seinem Fasz. Egenolf 239[b] erklärt diese Ra: Es kompt alles in sein art, vnd schmeckt nach seinem Ursprung. DWb 3, 1360 führt an Scriver, Seelensch. 2, 737: alle andere lehren schmecken nach dem vasz.

Bei Luther vgl. Seidemann, Lauterbachs Tagebuch, S. 201 Wen man will freyen, soll man nicht fragen nach dem vatter, son= dern nach der Jungfraw mutter gerucht. Ratio: Den das Bier reicht [= reucht?] gemeingklich nach dem vasz.

---

96. Er hat den schnuppen.

Wa IV 308 Schnupfen 10, vgl. 1. 2. 5. 12. und III 1680
Riechen 20. 79. 90. Wer den Schnupfen hat, kann schlecht riechen,
hören, hat einen benommenen Kopf; daher die Bedeutung der Ra
er ist schwer von Begriffen, er ist verrückt oder er will
etwas nicht verstehen. Die Alten sagten in diesem Sinne
(Otto S. 27) Naviget Anticyram. „Der Ort war berühmt durch
den dort wachsenden Helleborus [Nieswurz], der gegen Wahnsinn
gebraucht wurde." Und (S. 124) Elleborum hisce hominibus opus
est. Man denke auch an die Fabel vom Löwen, der Esel und
Wolf fragt, wie es in seiner Höhle röche. Der Esel sagt die Wahrheit, der Wolf offenbare Unwahrheit, und beide werden zerrissen.
Der Fuchs zieht sich aus der Verlegenheit, indem er sagt: Ich
habe den Schnupfen, so daß ich gar nichts rieche.

Luther braucht die Ra auch in der Verbindung und gleichbedeutend mit Nieswurzel nehmen und das Gehirn reinigen.
Vgl. EA 22, 84 Man würde gewiszlich Nieseworz den Gebietern
zu Dank schenken, dasz sie das Hirn fegten und den Schnuppen
büsseten. 25, 90 Ich wills auch nicht wissen, sondern will auf
dies mal den Schnuppen haben und den Bacchanten nicht
riechen. 26, 42 Aber da habt ihr und euer Gott, der Teufel,
nicht den Schnuppen. 26, 94 Er musz freilich keinen Schnuppen haben, der solchen Braten riechen kann [Nr. 91]. 26, 117f.
Solchs roch der Papst mit seiner höllischen Grundsuppe sehr wohl
und hatte den Schnuppen nicht, aber er nahm Niesewurzel
und macht ihm den Schnuppen. 26, 236 Auch müsste Gott selbs
sampt allen Engeln mit Gewalt den Schnuppen haben, und
solchen Braten nicht riechen, . . da hatte er zuvor Nieseworzel
genommen und das Hirn gereinigt und liesz sich gröblich merken,
der Schnuppe wäre ihm vergangen und verstunde wohl, was
Defensionbund hiesse. 51, 121 zu einem Arzt weisen, der ihm

das Hirn fege. 51, 385 heisse ihn Brillen aufsetzen dasz er
sehen kunnte und Nieswurz nehmen, damit er das Gehirn
fege. 64, 162 (zu Amos 5, 21) euer Reuchopfer gefällt mir
nicht; ich hab die Schnuppen. De W V 35 mein Schreiben
wird wenig Neues bringen, ohn dasz ich ihm gedenke die Nasen
aufzuspunden, die er so fest zugespundet hat, und nicht
riechen will wie er stinkt [Nr. 349], auf dasz ers riechen
müsse. Weim. Ausg. I 393, 9 (= EA 27, 25) Sag ich, ich darff
keyner niessen wortz, hab auch nit szo grosse schnuppen, das ich nit riche. VII 680, 29 (= EA 27, 298) tobet und
rasset, das er freylich keyner niesse wurtzell darff, sondern nott were, das man yhn zu Sant Cyriacus mit keten furet.

---

97. Heilige leute mussen viel leiden.

Wa III 77 Leute 731. Ähnlich 778 u. 779 Je heiliger Leut,
je grösser Anfechtung, je grösser Fahr vom Teufel. Das Sprichwort war schon den Alten bekannt, vgl. Otto S. 57 Multae in-
sidiae sunt bonis.

Bei Luther findet sich das Sprw. in etwas veränderter Form
z. B. Fabel 2 (Neudr. 76 S. 7) frum leut mussen leiden. (S. 16)
Der wellt lauff ist, Wer frum sein wil, der mus leiden, solt man
ein sache vom alten Zaun brechen. EA 40, 266 Sprichwort: Die
Heiligen mussen viel Anfechtung haben. Vgl. Pf. 34, 20 Der
Gerechte musz viel leiden.

8*

98. Ich mag yhr nicht. Sie sind saur schwartz.

Wa IV 426 Schwarz 85 ließt Sie sind schwartz ich mag sie
nicht. Zur Erklärung der Ra hat Luther selbst hinzugefügt Ex
fabula de uvis, piris, testiculis Castoris. In der bekannten
Fabel (Romulus v. Österley IV 1 S. 79) sagt der Fuchs zur Traube,
die ihm zu hoch hing: Nolo te acerbam et immaturam. Nach
DWb 8, 1861 setzt Waldis 3, 73 statt der Traube Birnen ein:

> Er sprach: fürwar, ich jr nit wil,
> sein noch nit reiff, ja hart und sawr.

Doch ist schon den Alten die Liebhaberei des Fuchses für Birnen
sprichwörtlich gewesen. Vgl. Otto S. 379 Tam facile vinces
quam pirum volpes comest. Vgl. ferner Wa IV 1284 Traube 2.
8. 21. I 381 Birne 6. 7. 53. III 690 Mögen 2. IV 24 sauer 5.

Bei Luther finde ich die Ra nur EA 28, 380 Wie bitter ist
ihnen das Stückle? Wie gern wollen sie es beissen. Aber keiner
ist über König Heinzen Klugheit, der hat sich öffentlich bedinget;
er wolle mir diesen Grund unberührt lassen. Ich weisz ihm aber
kein Dank. Ich mag ihr nicht (sprach der Fuchs), sie sind
schwarz. — Schwarze Trauben scheinen = unansehnliche,
faule sein zu sollen. Vgl. Wa IV 1285 Traube 34 (35) Schwarze
Trauben geben so guten Wein (sind so süsz) als die weissen.
Doch kann ich die Wendung 'sie sind schwarz' sonst nirgends
belegen. Wenn nicht die eben angeführte Stelle aus Luther auf
Trauben (Birnen?) wiese, würde man sie auf Testicula Castoris,
Bibergeilen, beziehen. Dieser in der früheren Arzneikunst hoch-
geschätzte Stoff mußte von bräunlicher Farbe sein, schwarzer galt
für gefälscht und minderwerthig. Von entsprechenden Fabeln kenne
ich aber nur eine aus der Fabelsammlung, die Braune in der Vorrede zu Neudr. 104 S. XXX erwähnt: 'Fabularum quae hoc libro

continentur interpretes . . .', die mir von Dr. Jahr aus einer
Ausgabe der K. Bibl. zu Berlin, Argentinae 1525, Bl. 75ª und
91ᵇ mitgetheilt wurde. Sie trägt die Überschrift De Castore und
erzählt, der Biber reiße sich, wenn er verfolgt werde und nicht ent=
rinnen könne, um sich zu retten, die Geilen ab und werfe sie den
Jägern hin, wohl wissend, daß man nur um ihretwillen ihm nach=
stelle. Dieselbe Fabel bei Waldis III 34 Von dem Biber. — Sollte
Luther an eine ähnliche Fabel gedacht haben, so müßte freilich
zum Schluß der Jäger die Verfolgung als aussichtslos aufgegeben
und sich damit getröstet haben: Ich mag die Bibergeilen nicht, denn
es waren schwarze, minderwerthige.

99. Hie ist muhe vnd erbeit verlorn.

Wa III 751 Mühe 63 liest Hier. Vgl. 58—61. Vgl. auch
NB 85, 60; 93, 124: Chrisam, touff ist als verloren. Otto S. 253
Oleum et operam perdidi.

Bei Luther De W V 299 Es ist mit dem Reichstage zu
Hagenow ein Dreck, ist Muhe und Arbeit verloren und Un=
kost vergeblich. EA 15, 449 so wird er verloren haben alle
seine Kost, alle seine Mühe und Zuversicht. 25, 232 Da wäre
Mühe und Arbeit verloren und ubel ärger gemacht [Nr. 478].
40, 244f. Man findet viel die darumb studiren, dasz sie grosse
Doctores werden und an der Fürsten Höfe kommen wollen und
grosz und geacht sein, wilchs denn unter zehen kaum einem
gerät; so ist denn die Mühe und Arbeit verloren, die er
und der Schulmeister mit ihm gehabt hat. 46, 198 sie sehen,
dasz ihre getreue Sorge, Mühe und Arbeit umbsonst ist.
51, 35 Denn sie mussen halten, das nicht zuhalten ist und dazu
umbsonst halten und alle solche saure Mühe verlieren. Ver=
wandte Ra sind: EA 40, 102 und sind zwar bereit der Schuster
viel gewesen, so sichs unterstanden, aber auch umbsonst geärbeitet

und beide, **Draht und Stich verloren.** 45,136 wie wir denn
von bosen Buben sagen: **Es ist Cauf und Chresem an ihnen
verloren.** 65, 206 **Schade um Zeit und Mühe.**

---

100. In solchem wasser fehf man solche fissche.

Wa IV 1808 Waffer 200 lieſt **In schlechtem wasser fischt
man schlechte Fische.** Doch vgl. 204 In solichem wasser fahet
man solch fisch (Franck I 81ᵇ). 547 **Wie die Wasser, danach seind
auch die fisch, und viele ähnliche.** Zingerle giebt eine lat. Über=
ſetzung S. 33 In tali tales capiuntur flumine pisces (Mone,
Anz. VIII 505).

Bei Luther kann ich das Sprw. ſonſt in der obigen Form
nicht nachweiſen; doch vgl. Nr. 102.

---

101. Fur dem hamen fisschen.

Wander bezeichnet II 290 Hamen 5 **Mit güldin Hamen fischen**
als aus Luthers Mſ. herrührend; gemeint iſt 6. Die Ra iſt bei
Luther häufig und heißt nach Dietz I 671 (vgl. DWb 3, 1683) ver=
kehrtes, ungereimtes unternehmen. Er giebt folgende drei Nachweiſe:
**Darumb acht ichs, es sey vor dem garn gefisscht, so man umb
verteidigung willen des euangelj sich wider die oberkeit legt** (Jen.
(1568) 6, 3ᵇ = DeW III 562); **dasz s. f. g. nicht zu sehr eile
und solche gottliche Mittel nicht verjeuche [verjeche?] und zurstreue,
wie man pflegt fur dem Hamen zu fischen** (DeW III 335); **da
mögen wir wol zusehen, sonst fischen wir fur dem Hamen** (Tiſchr.
228ᵃ). — Andere Stellen ſind EA 48, 178f. **Ja, sagen sie, was
gehet uns das Stündlin an? wir wollens dennoch thun und fur
dem Hamen fischen. Ja, so wirst du auch nicht Fische, son=
dern Kröten fahen. Das heisst durch den Zeiger hindurch gerumpelt.**

64,307 Wer aber mehr auf das Ungewisse denn auf das Gewisse, mehr auf das Andere denn auf dies Häuptstücke sehen will, der fischet fur dem Hamen. De W III 321 = V 250 O behüt Gott für dem Gräuel: das hiesse freylich recht für dem Hamen fischen und Gewalt für Recht gebraucht. IV 219 f. Summa, wir wollen beten und hoffen, bis vollend ganz gut werde und nicht fur den Hamen fischen, noch bey Huy sprechen, ehe wir recht gründlich eins werden. V 54 Denn sollten wir ohn Not so eilen und Gott fur dem Hamen fischen, möchten wir umbsonst arbeiten. VI 113 uti non necesse sit ante hamum piscari. Dazu vgl. NB 90 Vor dem berren [= kleines Fangnetz] vischen.

> Wer vogel wil im lufft erwischen
> Und all zyt vor dem berren vischen,
> Der sol mirs nit für übel han,
> Ob er offt kein ergreyffen kan.

Schmeller, BW I 261 Wer vor dem pern fischen wil, der mag sein arbeit verliesen. In demselben Sinne Wa II 290 Hamen 3 Achter den Hamen fisken. I 1040 Fischen 6 Es ist bös fischen hinterm Netz. Egenolf 295ᵃ erklärt die Ra: Wann sich einer will schön machen, ehe er beklagt wirdt. . . Ju schreien, eh mann übern graben kompt.

---

102. In grossem wasser fehet man grosse, Im kleinen kleine fissche.

Wa IV 1807 Wasser 192; vgl. I 1032 Fisch 113 und viele ähnliche. Zingerle 33 Ich han das dicke wol vernomen,

> daz uz den grozen wazzern sint
> die grôzen vische komen (Reinm. Zw. 20, 4).

> In grossen wassern michel visch
> vaecht man mit garen strecken (Wolkenstein VI 193).

Egenolf 21ᵇ erklärt Bei Königen, Keysern vnd grossen herrn ver=
dient mann land vnd leut, ehr vnd gůt, dasz auch ausz leuten
geringes stands Fürsten vnd herrn werden jrer geschicklicheit vnd
der grossen fürderung halben; das seind die grossen fisch.   In
kleinen wassern aber fahet mann gůte fisch; darbei ist auch gůt
sein, mit weniger fahr vnd geringer můhe; noch ausführlicher,
vnd in ähnlichem Sinne 287ᵃ.

 Bei Luther schließt Fabel 13 (Neudr. 76 S. 15): In grossem
wasser fehet man grosse fissche Aber ynn kleinem wasser fehet
man gute fissche. Wer reich ist hat viel neyder, sorge, fahr.

 Vgl. auch Weim. Ausg. XVl 25, 6 (EA 35, 44) Ein welt=
mensch hette das [was Moses that, da er das Hofleben opferte,
um sein Volk zu retten] nicht gethan, sondern gesagt: Es soll sich
einer eben so mehr zum Heubte als (mit züchten zu reden) zum
Hindern oder rucken halten. Oder gesprochen: In grossen Wassern,
da sehet man grosse Fische.

---

103. Ein loser fisscher.

Wa I 1042 Fischer 32. — Der Ausdruck ist ein Schimpfwort
für einen plumpen, groben, ungeschickten Menschen. So bei Rollen=
hagen, Froschmeuseler (hg. v. K. Gödeke) III 9, 206 (Bd. II S. 160)
Der Wolf klagt über die Mißhandlung durch den Ochsen und Esel:

  Da kam ich erst zum bösen schwager.
  Der plumper, tölpscher, l o s e r f i s ch e r,
  der grobianscher stiegelwischer
  in dem blinden lerman unfug
  zu mir mit der kratzbürst einschlug. . .

Wiederholt kommt der Ausdruck lose visscher in einem Liede
vor, das Uhland, Volksl. Nr. 283 B, nach einem Antwerp. Lieder=
buche mittheilt. Vgl. auch das Altmärker und Rendsburger Sprich=

wort Wa I 1042 Fischer 18 u. 20 Fischer sind Plümp'r, un wenn se nicks krêg'n (nix fank), sünd arm Stümpr (arme Stinkers).

Luther braucht den Ausdruck von den Aposteln EA ² 19, 376 Da gewinnet dieser loser Fischer, Petrus, dem Kaiser und dem Teufel die Stadt ab, dasz sie an Christum gläuben. 48, 348 Meinst du, dasz unser Herr Gott das Reich werde umbstossen und euch losen Fischer herfürziehen? . . Du Narr (sagen sie) meinst du, dasz dies alles müsse zu scheitern gehen, und dies ist von geringen Personen, von losen Fischern angefangen, und denen sollte man gläuben? — Dazu vgl. 50, 49 [die Apostel waren] nicht hohe, gewaltige, gelehrte oder sonst treffliche Leute, sondern arme, geringe, unbekannte, verachte Fischer und solche Leute, so Jedermann für Bettler und Landlaufer hält. 50, 241 arme, alberne Fischer.

---

104. Bleib daheymen mit deinen faulen fisschen.

Wa I 1037 Fisch 235 liest daheym. Faule Fische sind im Sprw. sehr häufig für Lügen, Flausen, Flunkerei, Betrügereien. Vgl. DWb 3, 1680 wer mit renken und faulen Fischen umbgehet, der musz doch mit der Zeit zu schande werden (Mathesius 21ᵇ). Egenolf 19ᵃ Es seind faul fisch. Es ist Lorôl. Lam zotten reissen. Grosz poppen sagen. Von grossen streychen sagen u. f. w.

Den Ausdruck faule Fische habe ich sonst bei Luther nicht gefunden, häufiger die Wendung daheim bleiben, mit und ohne entsprechenden Zusatz, z. B. Dietz I 387 ich wolt du bliebst daheymen mit deynen trewmen vnd eygen fundle (Weim. Ausg. VII 642, 9); bleib daheimen mit dieser ausrede (EA 23, 285). Außerdem Weim. Ausg. VII 629, 13 Emser het wol daheymen blieben mit solchem seynem blinden griffen. VII 626, 25 Gott . . heyssit mich mit meynen kriechen . . nur da heym bleybenn.

EA 29, 282 Mein lieber D. Karlstadt, da ihr diesen Artikel nicht wolltet oder kunntet anfechten denn also, warum bliebt ihr doch nicht daheimen? 36, 281 Gott .. würde auch dieser Zeit Prediger und Seelsorger wohl heissen daheim bleiben.

---

105. Stille wasser [sind] tief.

Wa IV 1814 Waffer 321; vgl. 311 ff. Walbis, II 36, 17 in der Fabel Von einem Bauren sagt:

> Sichrer ists, sich zu begeben
> In rauschend wasser, die feindtlich leben,
> Denn in den stillen, tiefen pfulen.
> Da man nit baldt den grundt kan fulen.

Bei Luther EA 31, 24 so ist Christus auch noch König und Herr auf Erden, ob er sich gleich schwach stellet. Aber hüt dich fur ihm, denn es heisst warlich: Hüt dich fur kann nicht [vgl. Nr. 170], und: Stille Wasser sind tief, die rauschende Wasser sind nicht grausam.

Dem Sinne nach gehört hierher Mathefius VII. Predigt (S. 141): Item, da man eines erwehnet, der sich sehr heuchlisch vnd glimpf= lich stellet, gedacht er [Luther] disz schönen Sprichworts, so ausz dem mehrlein von der alten Mausz vnd jren Töchterlein gesponnen ist, welche ein rauschenden Han vnd schleichende Katze sahen, vnnd sich vber dem leysetritt hart verwunderten, Hüt dich, sagt die Muttermausz, furn schleichern, die rauscher thun dir lang nichts.

---

106. Was die alten thun, das lernen die jungen.

Wa V 742 die Alten 126. — Vgl. Zingerle 12

> Man mac in dar zuo bringen,
> daz er singe den selben klanc,
> den ouch sin alter vater sanc (Wolf in der Schule).

SZ Vorrede aijª: Von eltren lernen das die kind.

> Ich hab des sprichworts dick gelacht,
> Das keyn kreg eyn dullen [Dohle] macht.

NB 5, 185

> Der alt krebs lernt syn kind den strich,
> Das sy noch hüt gondt hinter sich.

Egenolf 142ᵇ Wie die alten sungen, so zwitzern die jungen.

Ein der obigen Form genau entsprechendes Sprw. kann ich nicht nachweisen. Ähnliche Sentenzen aus Luther giebt Heuseler 165 Ein Thor zeugt den andern; 170 Wo die Wurzel nicht gut ist, da kann weder Stamm noch gute Frucht folgen; 429 [mit Bezug auf Laban] patrem sequitur proles.

---

107. An den lappen lern der hund ledder fressen.

Wa II 1791 Lappen 1 liest die hund. — Das Sprw. ist sehr alt. Vgl. Otto S. 71 Ut canis a corio numquam absterrebitur uncto (Horat. sat. 2, 5, 83). DWb 4 ², 1917 fone deme limble so beginnit ter hunt leder ezzen (Müllenhoff u. Schreber 41, 13). Tappius 275 Periculosum est canem intestina gustasse. An den leplin oder riemen leren die hund leder essen.

Luther hatte dieses Wort mit andern an seine Stubenwand neben den Ofen geschrieben (vgl. Nr. 33). Er liebt auch sonst es anzuwenden, z. B. Dietz I 708 fressen 6: also besorge ich mich hie auch, der hund mochte an den lepplin lernen ledder fressen (EA 23, 94). — EA 25, 113 Welcher Hund die Läpplein frisst, der

frisst gewisslich auch das Leder, wenn er dazu kommen könnte.
31, 258 [Von Herzog Georg und den Seinen] wie gerne sie das
Leder fressen wollten (wenn sie konnten), zeigen sie öffentlich
damit an, dasz sie die Läpplein so gierig verschlingen.
De W V 553 [Von einem neuerungssüchtigen Pfarrer] Lässt man
ihm das Läpplin, so wird er fortan lernen das Ledder
fressen; da musz man zusehen. Seidemann, Lauterbachs Tgb.
21 Ob man auch die Conventuales vmbstiesse, tunc regales et
principales conventus, die fursten closter, mox simul evanescunt
per turbas populi. Den wen man den hund an lappen
lest keuenn, frist er baldt das Fleisch auch.

---

108. Wer gern tantzt, mag man leicht pfeiffen.

Wa IV 1030 tanzen 52. Egenolf 191ᵇ erklärt die Ra Wer
lust zu einem ding hat, den hat mann leichtlich zu uberreden.
So auch bei Luther EA 30, 57f. (= Heuseler 47 u. 154) Und
weil ihr so gerne an diesem Reigen tanzt, dunkt euch der Himmel
hänge voll Geigen; und wie man spricht: Wer gerne tanzt,
dem mag man leichtlich pfeifen. Anspielungen finden sich
EA 22, 259 Man darf dem Pöfel nicht viel pfeifen, er tollet sonst
gerne. Weim. Ausg. VI 287, 29 (EA 27, 89) wolt villeicht auch gerne
tantzen, wer yhm ein pfeiffen keuffte. 28, 266 Da kann ich sie dann
nit weiter zwingen, sunder musz meine Pfeifen wieder in die Taschen
stecken. 29, 242f. Dasz er [Carlstadt] nu viel spöttischer und höhni=
scher Wort daher lästert, wie man müge Christum ins Brod und
Wein bringen, ob er müsse uns aufpfeifen, wenn wir wöllen u. s. w.
De W IV 558 Und wie jener Ehemann thät, wenn seine Ehefrau an=
fing zu nagen und beissen, nahm er die Pfeifen unter dem Gürtel
herfür und pfiff getrost, da ward sie zuletzt so müde, dasz sie ihn
zufrieden liesse. IV 678 EKFG lasse die Füsse zum Tanze wohl

jucken, ich will der Pfeifer sein. V 505 Wohlan, lustet sie zu
pfeifen, so lustet mich zu tanzen und will mit der Braut zu Mainz
(so ich lebe) noch einen Reigen umher springen, der soll gut sein
zur Letzt.

109. Er hat fynn yn der nasen.

Weitere Nachweise fehlen; doch soll nach einer brieflichen Mit=
theilung die Ra in Stralsund bekannt sein im Sinne von: Er ist
nicht recht richtig im Kopfe. — Schiller=Lübben V 258 weist
vinne, vinnicheit nach in der Bedeutung von garstiges Wesen,
Zorn. Im Sinne des Sprw. würde ich auch verstehen das Citat
DWb 3, 1665

mancher, wenn er trinken sitzt,
so überkömpt er manche finn
und wird gar klug in seinem Sinn (Ringw. I. wahrh. 73).

Auch scheint mir Finne in dieser Ra nicht in der Bedeutung Ge=
sichtsblatter, Geschwür zu Grunde zu liegen, sondern als
Finnewurm beim Schwein. Vgl. Nr. 110 und 111.

110. Er hat humel ym arse.

Vgl. Wa II 817 Hummel 14 Sie hat Hummeln im Gesässe =
ist unruhig, hat kein Sitzfleisch. DWb 4 ², 1904 weist diese Ra
nach Fischart, Garg. 137ᵇ. — Ähnlich Simplicius IV 63, 16 sie
ruckte mit dem Arsz hin und wieder, als wenn sie Wespen drin
gehabt. Sonst sagt man auch Wa II 817 Hummel 11 Er hat
hummeln hinder ohren. 13 He hefft vyle hummelen im koppe. Je=
doch kommt diese Ra nicht (wie Wa angiebt) in Luthers Ms., 9 vor.

Anspielungen auf die zuletzt aus Wa angeführte Ra kann
man finden EA 22, 268 Die Hummeln lasz ich schnurren und fur=
uber fahren. 30, 82 [es] sausen dem Zwingel solche Hummeln
um den Kopf. 39, 309 Die allerlosesten Hummeln, das faulfressig

Ungeziefer, die scharren, sausen, sumsen. Vielleicht geht auf die obige Ra auch Dietz I 117 der scheispoet Lemchen, der auch ein solche arshummel gewest ist, wofür Dietz eine andere Erklärung hat.

III. Er hat gryllen ym kopff.

Wa II 137 Grillen 15 mit Citat aus Froschm. F. III^b Wie man sagt, derselb hab Grillen, dem es nicht geht nach seinem Willen. — Vgl. II 1526 Kopf 630 Er hat den Kopf voll Grillen.

Luther hat die Ra mit blasserer Tinte am Ende der Seite nachgetragen, vermuthlich doch, weil er nicht nur Ähnlichkeit der Form, sondern auch des Sinnes mit den voranstehenden Ra fand. Gebraucht hat er, soviel ich sehe, sie sonst nicht. Das Wort Grille weist Dietz II 168 nur im eigentl. Sinne bei ihm nach.

Die Ra ist sehr verbreitet und in vielen Verbindungen von Wa nachgewiesen. Schiller=Lübben, II 146 weist Grille einmal nach = Haß, Zorn. So wird es auch gebraucht Uhland, Volksl. Nr. 249, v. 2, wo vom Bauer spottweise gesagt wird:

Zu fechten het er willen,
zu tanzen het er lust,
im hirn da het er grillen;
er stiesz ain in sein brust. . .

In dieser Bedeutung würde die Ra passend an Nr. 109 sich anschließen; doch ist Grillen später meist harmloser gebraucht wor=den für seltsame und verdrießliche Einfälle, Sorgen, die im Kopfe Unruhe machen wie die Grillen auf dem Felde. So SZ 9, 28 Mich juckten sere der schelmen grillen. Simplicius II 311,1 Also dasz der Patient den Namen trüge . . eines Narren, der den Kopf so voller Würm, Mucken, Grillen, Dauben und anderer tausendfältiger Phantasey und Thorheit stecken hätte, dasz man ihn einer wohlgebackten Herings=Tonn vergleichen möchte. III 13, 15 so vermehreten sich meine Grillen und Dauben, die der Fürwitz in meinem Hirn aushecke. Philander (2. Gesicht)

S. 97 weil dir jene thorheit besser ingeflogen, als dieser [der Scholastiker] subtilisationes, gespitzte Grillen oder Grillenspitzen. (7. Gesicht) S. 546 Dann als auff ein zeit der Löw (als König und Herr der andern Thiere) Grillen im Kopff hatte, derowegen Ursach suchete, wie er seinen Zorn auszlassen möchte, bat er zu Gast den Esel, den Wolff und Fuchsen.

112. Lange siechen der gewisse tod.

Vgl. Wa IV 556 Siechen 2 Lang sichen ist gewisser tod (Hofmann 37, 146). Siechthum 2 Langes Siechthum bringt den stärksten Mann um.

Bei Luther sonst nicht nachzuweisen. Vgl. das verwandte Sprw. bei Heuseler 78 Es ist besser kurz gesund, denn lange ungesund leben.

113. Lang ist nicht ewig.

Wa II 1785 lange 8 liest nich. Egenolf 214ᵇ All ding ein weil. Lang ist nit ewig. Lang geborgt, nit geschenckt. Was heut wirt [= entsteht] musz morgen dran. —

Bei Luther De W IV 594 Das ist Freuden, Trosts, Trotzes genug, bis mein Scheblimini kome; es gehe indesz darüber, wie Gott will, es sei Spott oder Tod. Lang ist nicht ewig. Ohn Zweifel, ewig wird auch nicht kurz sein. EA 38, 97 Er stellet sich wohl, als sähe er uns nicht, aber es wird nicht gar also hinausgehen. Lang ist nicht ewig. Der Elende bleibt wohl, aber nicht ewig, so soll auch sein Hoffen nicht vmbsonst sein. — Sinnverwandt EA 15, 144 Was zeitlich ist, lässet sich wohl zählen von Stund zu Stund, was du aber zählen kannst, ist nicht ewig. 45, 324 = 49, 23 Wie lang leben wir, wenn wir lang hie sind? Es währet einen Tanz zur Hochmesse, darnach wirds anders werden.

114. Zwisschen zweyen stulen nidder sitzen.

Wa IV 940 Stuhl 69 liest niddsitzen. Sz viij zwischten styelen nider sitzen als Kapitelüberschrift mit Bild.

Bei Luther nicht selten, z. B. EA ² 17, 241 [das ist der Triumph des Osterfestes] dasz der Teufel zwischen zweien Stühlen niedersitzt und musz wieder geben, was er je ge=fressen hat. 25, 228 Denn sollten wir also von unser Arbeit gehen . ., möchten wir unser schwache Heiligkeit verlassen und doch ihre hohe starke Heiligkeit nicht erlangen und also zwischen zweien Stühlen niedersetzen. 27, 317f. Sie solln auch noch wiedergeben .. den Namen Clerus, und Laien, ja weniger denn Laien bleiben, dasz sie zwischen zween Stuhlen sitzen, gleichwie sie wider geistlich noch weltlich sind. 29, 259 Also, dasz wer D. Carlstadts Meinung folgt, der musz zwischen zweien Stühlen nieder sitzen und zwischen Himmel und Erden schweben und ganz nichts vom Sacrament halten. 40, 247 .. Das er hat, kann er nicht brauchen und das er nicht hat, kann ihm nicht werden. Also sitzt er zwischen zweien Stühlen nieder, dasz er Keins krieget. So geschieht ihm wie dem Hunde dort im Äsopo, der ein Stück Fleisch ge=stohlen hatte und lief durch ein Wasser u. s. w. 44, 371 [Ein Heide] wenn er nun in unser Christentum tritt und solches sieht, so ärgert er sich dran und spricht: wenn ich sollt bleiben zwischen Geizhälsen, Wucherern, Hurern und Vollsäufern, so wäre ich wohl dort im Heidentumb geblieben und sitzt dann zwischen zweien Stuhlen nieder. Verwandt sind die Ra De W II 344 u. IV 503, EA 29, 316; 64, 80 (den Baum) auf beiden Achseln tragen; und De W IV 228. EA 39, 167. 35, 389. 45, 79 u. 124 Auf der Schuckel sitzen. EA 31, 427 die Juden sitzen immer auf der Schuckel und Worfschaufel. 41, 245 Zwischen Thür und Angel stecken.

115. An hymel halten.

Wa II 654 Himmel 185; vgl. 32 Der Himmel ist hoch, man kann sich nicht dran halten. DWb 4², 1336 wer mac sich an den himel haben [= halten] (Ring 5ª, 13)? Mit dieser Ra ent= schuldigt man eine laxe Moral, z. B. Waldis, verl. Sohn 486

Mannich gudt geselle dorch de lande ferth:
Wann ohm de suke bosteydt szo bolde,
Kan he sick nicht amm hemmel holdenn.

Claus Groth, Quickborn, Volksausg. S. 39, 3 „Hol di an Tun" weer sin Wort, „de Himmel is doch nich to recken [erreichen]!" So auch bei Luther EA 51, 30 dasz man den Ehestand will verachten und davon reizen zur Keuschheit, dasz er voll Jammers und Unlust ist, das hilft und gilt nicht und ist närrricht und bös= lich gethan. Denn damit liegt immer die Not im Wege und spricht: Es kann nicht sein, es will nicht sein, man kann sich an den Himmel nicht halten.

---

116. Schemel auff die benck stellen.

Wa IV 139 Schemel 7 liest: der Bank. Vgl. IV 937 Stuhl 13 Man musz nicht Stühle auf die Bänke setzen, mit der falschen Erklärung: „Für die, welche auf die Bank gehören". 16 Wann die Stule auff die Benke steigen, so wirdts nicht gut. Tappius 443 Die stul vff die benck setzen. Quadrabit in eos, qui praeter meritum evehuntur ad summos honores. NB 27 Mit ent= sprechendem Bild Stiel vff die benck setzen

Jetz sag ich üch von gutten schwencken,
Wie die stiel stond vff den bencken
Und jung lüt yetz regieren lat,
Das kein alter kompt in rat.

Thiele, Luthers Sprichwörtersammlung. 9

Uhland, Volkslieder Nr. 349 (Murner klagt Luther an, daß er alles verkehrt habe)

V. 7 Wir sein all pfaffen worden,
baid waiber und die man,
wie wol wir hont kain orden,
kain weihe gnomen an;
die stiel ston auf den benken
der wagen vor dem rosz,
der glaub wil gar versenken
der grund ist bodenlos.

† Hans von Schweinichen (hg. v. Wolzogen) sagt S. 193 Wenn es an Leuten gebricht, so müssen, wie das Sprüchwort sagt, Stühle auf die Bänke gesetzt werden.
Bei Luther vgl. EA 44, 328 f. Ein Vater musz ja über den Sohn sitzen, ein Burgermeister über den Burger, ein alter Mann über einen jungern. Wenn die Stuhel auf dem Tisch stehen, so wirds nicht fein sein. 45, 411 So musz auch in der Welt der Unterscheid der Personen bleiben, auf dasz sich die unter Stände wider die obern Stände nicht erheben und die Stühle nicht auf die Bänke steigen, auch die Kinder den Eltern nicht über die Köpfe wachsen.
Ein ähnliches Sprw. hatten auch die Alten, vgl. Otto S. 148 Fulmenta lectum scandunt = quod subesse debet, praeesse vult.

---

117. Huner den schwantz auff binden.

Wa II 807 Huhn 237 Du wilt den hüneren den schwantz auffbinden; vgl. 129 Man darff den Hünern den Schwantz nicht auffbinden, denn sie richten jhn selbst wol auff. V 1473 Junge (Knabe) 97 Jong, binn' de Höhner 'n Schwanz up, dat se beter J'r leg'n köänen. — NB 41 (Vgl. 5, 120)

Den hienern die schwentz vff binden.

Wann man schon kein narren findt
der den hu̓nern die schwentz vffbindt,
So ist es in doch all natürlich
das sy den schwantz thůnd übersich.

Dietz I 123 führt aus Luther an: Darumb dencken sie vollend
leuse jnn den peltz zu setzen vnd den hünern den schwantz auff zu
binden (Ein brief an die zu Frankfort. 1533 Ejᵇ = EA 26, 312).
Häufiger finde ich bei Luther die verwandte Ra EA 22, 335 Solcher
Scherz, als wenn man Jemands zur Schalkheit Läuse in Pelz oder
Fliegen in die Stuben setzt. 24, 336 Wanzken und Läuse in
ihren Pelz setzen. De W V 621 Man darf nicht Läuse in
den Pelz setzen, noch den Kindern erläuben oder sie lehren
ungehorsam sein, sie thun es ohnedas mehr, denn es Gott und
uns lieb ist. Vgl. auch EA 45, 235 Wasser in den Brunn tragen.

---

118. Fersen gellt geben.

Wa I 984 Fersengeld 2. Anm. „Nach dem alemannischen
Recht mußte der, welcher seine Mitkämpfer in Gefahr verließ und
dadurch in Lebensgefahr brachte, 160 Solidus als Strafe bezahlen,
weil er dem Feinde die Fersen gezeigt hatte". Tappius 144 Volam
pedis ostendis. — Hist. von Dr. Faust (Neudr. 7) S. 26 D. Faustus
gab Fersengelt die Stiegen hinab. SZ 7, 23
    Do der wirt wolt haben gelt
    Do draff ichs loch weyt vbers feldt
    Mit meynen ferssen bzalt ich das
    Was an der kerben zeichnet was.

Im Anschluß hieran erklärt DWb 3, 1544 die schon mhd. Ra:
„Davon laufen, sich auf die Beine machen, statt zu zahlen". 3, 1546
wird hingewiesen auf „versnepenninge" die nach Ssp. die Wenden
zahlen mußten, wenn sie ihre Weiber verließen. Paul DWb S. 139

9*

erklärt: Es liegt dabei noch der ältere allgemeinere Sinn von Geld zu Grunde, und Ferfengeld ift eigentlich „Vergeltung (der Streiche des Gegners) mit den Ferfen".

Nachweife aus Luther giebt Dietz I 657: **da fleisch, tod vnd teufel fliehen vnd fersengeld geben müssen** (De W III 388); **die Teutschen haben die Behemen etlich mal mit fersengelt geschlagen** (Tischr. 377 b). — Vgl. Nr. 119, befonders „Ferfenritter".

119. Hasen panier.

DWb 4 ², 539 f. erklärt das Wort nach Frisch: „der Schwanz, den der Hafe beim Fliehen in die Höhe reckt". Wa II 381 Hafen= panier 5 **Er ergreift das Hasenpanier;** vgl. II 367 Hafe 10 (118. 178) **Dem Hasen musz man nicht das Fähnlein anvertrauen.**

Bei Luther vgl. EA 26, 49 **nach der Schlacht, darin Heinz das Hasenpanier ergriffen und mit den Fersen hinter sich gehauen hatte.** De W II 79 **Wenn sie aber sollten auf den Plan treten, und solchs beweisen, so erwischen sie das Hasen= panier und halten sich zu der Meuse Wagenburg.** II 87 **Denn das ist die Ursache, dasz sie so fest am Hasenpanier halten.** V 273 **Der grosse Fersenritter [Kohlhase] ergriff das Hasen= panier gar bald.** Abgeleitet ift EA 39, 127 die Bezeichnung Hasenmänner von diefer oder der fgb. Nr.

120. Wie der hase bey seinen iungen.

Wa II 378 Hafe 259; vgl. I 399 bleiben 35 **Er bleibt dabei wie der Hase beim Hunde.** IV 795 ftehen 47. 48 **Er stehet wie ein Hase bei den Pauken** (Herberger, Herzp. I 374). V 433 Wort 850 = Tappius 255 (Aliud stans, aliud sedens) **Er bleibt bei seinen worten wie eyn hase bei seinen jungen.** Weitere Nachweife bietet DWb 4 ², 527. — Egenolf 60 b giebt zu diefer Ra als Parallele **Er stehet auff seinen worten, wie ein beltz auff den ermeln.**

Dieser Vergleich ist bei Luther nicht selten, z. B. EA 24, 209. 27, 81. 27, 340. Doch die obige Ra scheint in seinen Schriften zu fehlen. J. Jonas übersetzt die Stelle Weim. Ausg. XX 130, 27 abiciunt animos et fugiunt ex acie: (Wenn es wohl gehet, so halten sie fest; wenn es sich etwas wendet) so zagen und fliehen sie und halten wie der Hase bei seinen Jungen.

---

121. Vogel singt, wie der schnabel ge[wachsen ist].

Wa IV 1663 Vogel 404 liest sing. DWb 9, 1143 führt u. a. aus H. Sachs, Fastnachtspiele 2, 36, 318 an:

Ein ider fogel sing all frist
wie im sein schnabel gewachsen ist.

Emser (Flugschr. zur Refg. IX 213) sagt über Luther: Aber wie soll er anderst singen, dann im der schnabel gewachsen ist. Bei Luther vgl. Heuseler 164 Der Vogel singt nicht anders denn ihm der schnabel gewachsen ist. EA 41, 56 Denn sie müssen singen, wie ihnen der schnabel gewachsen ist. Art lässt von Art nicht. Vgl. Nr. 1.

---

122. Nymer mehr,
dixit, krehet ein küe wie ein han.

Wa II 1569 krähen 2 liest krähet ein kur und erklärt in der Anm. Kur = Truthahn. Luther schreibt aber deutlich kue, auch in dem Durchstrichenen. Wanders Lesart ist übrigens auch deshalb unmöglich, weil nach seiner eigenen Angabe der Truthan erst 1530 nach Europa gebracht wurde.

Weitere Belege habe ich nicht gefunden. Die Ra enthält wohl eine starke Verneinung ähnlich wie Nr. 128.

---

123. Armut wehe thut.

Vgl. Wa I 143 Armut 146. — Egenolf 217ᵃ Armût wee thût. Der arme gehört allenthalben hinder die thür. Armût all thür zûthût. Der arm heysst, das Gott erbarm. Armût thût selten gůt. Armût kein scham hat . . . vgl. 314ᵇ u. 339ᵇ. — Zingerle S. 14

> Swem daz armut wanet bi
> der wirt seldin sorgen fri.
> di lute sprechen noch ein.wort,
> daz han wir dicke wol gehort:
> we dir armute
> du hast vil lutzel gute
> und noch minner eren (Marienleg. 247).

Bei Luther einmal nachgewiesen von Dietz I 116. Vgl. Weim. Ausg. XIX 372, 26

> Gut macht mut,
> Mut macht hohmut,
> Hohmut macht armut,
> Armut aber weh thut,
> wehthun sucht widder gut.

Kürzer EA 35, 317; 43, 240; 64, 103

> Gut macht Muth
> Armuth wehe thut.

Verwandt ist EA 36, 295 Über das so gibts auch die Er=fahrung, dasz

> Gut macht Muth,
> Muth macht Übermuth,
> Übermuth thut nimmer gut.

Das heisst gute Tage nicht können ertragen.

36, 311 Denn Gut macht Muth, und dieser Muth macht ein Ab=gott. De W III 549; EA 38, 408; Weim. Ausg. IX 250, 30;

XX 138, 30 Gut macht Mut. Vgl. Sirach 41, 26 Geld und Gut
machet Mut. 3, 30 Hochmuth thut nimmer gut und kann nichts
denn Arges daraus erwachsen. Otto S. 352 Ubi uber ibi tuber.

Hierher gehört auch De W V 65; EA 35, 249; 64, 105 wie
wir Deutschen im Sprichwort sagen: Guter Muth ist halber Leib.

124. Die glock ist gegossen.

Wa I 1728 Glocke 91. Vgl. V 1355 Glocke 134 ff. — Gengen=
bach (Von drien Christen) S. 218, 2 Do wasz die glock gegossen.
Do brachten die münch vnd pfaffen zu wegen durch die bycht was
sy wollten. Rollwagenb. (hg. v. Kurz) XL S. 65 Der gut brüder
Veit meinet, die glock were schon geformbt. XLIV S. 75 Der gut
schlücker meinet, die glock wer jetzund schon halb gegossen. Öfter
im Simplicius z. B. II 94, 5 Also ward die Glock gegossen; III
100, 10 nach langem Diskurs wurde die Glock gegossen und be=
schlossen, dasz Springinsfelt den Schatz suchen sollte; 254, 23
Als nun diese Glock dergestalt gegossen, eilten wir in ihr Vater=
land. Der Sinn ist: die Sache ist abgemacht, der Plan
geschmiedet.

Vgl. Dietz II 124 ich wolt on zweiuel nicht, das du mir
glocken gössest (Poft. 1528. 13ᵇ); II 138 (vgl. EA 31, 231)
Soll ich die Speise alle zusammen schmelzen, so will ich ihm
eine Glocken giessen, dasz ers hören soll, es sei keine
schlechte Cymbel noch Schelle. Außerdem vgl. EA 26, 138 Dieser
Bonifacius erlangt beim Kaisermörder Phocas, dasz er sollte sein
Papst oder der Oberst uber alle Bischoffe in der ganzen Welt.
Da ward die Glocke gegossen und der römische Greuel nahm
solchs mit Freuden an. 64, 289 Wenn ich auch meine Augen
dahin wenden soll, so ists mit mir aus; die Glock ist schon
gegossen und das Urtheil gefället.

125. Samle dich glockspeise, der teuffel wil ein morsel giesen.

Für diese Ra fehlt mir jeder weitere Nachweis. Das perversum am Rande der Hdschr. scheint ein Zeichen von Luthers Mißbilligung zu sein. Die Ra, wenn sie nicht einen obscönen Sinn hat, bedeutet vielleicht, daß aus etwas Gutem, wie Glockenspeise ist, der Teufel etwas Böses, ein Mordinstrument macht. Nach DWb 6, 2593 ist seit dem 15. Jhdt. Mörser, Mörsel Name eines Geschützes von der Form eines Mörsers.

---

126. Das redlin treiben.

DWb 8, 52 erklärt Rädlein: 1. kleines Rad an einem Fuhr=, Trieb=, Uhrwerke, 2. Glücksrad, 3. Kreisförmige Bewegung, Tanz.

Luther braucht diese Redensart

1. a) in dem allgemeinen Sinne die treibende Kraft bei einem Werke sein z. B. EA 22, 53 Es ist ohn mein Bedenken und Rathschlagen so ferne gekommen, es soll auch ohn meinen Rath wohl hinausgehen und die Pforten der Höllen sollens nit hindern. Ein ander Mann ists, der das Rädle treibt; den sehen die Papisten nit und gebens uns schuld; sie sollens aber gar schier innen werden. — Es ist die Rede von der reformatorischen Bewegung. —

b) in dem besonderen Sinne böse Dinge betreiben z. B. EA 22, 325 von der Pestansteckung: Und will wohl gläuben, dasz der Teufel solches thu und helfe also das Rädlein treiben, dasz es also gehe und geschehe. 31, 259 Ich habe oft gesagt, da ich zu Wormbs und bisher gesehen habe, wie die Bischöfe mit Herzog Georgen und er mit ihnen das Rädlin trieben. DeW II 167 Die jetzt also toben und verstockt sind, haben es dazumal also verschuldiget, da sie das Rädlein trieben und die Würfel in der Hand hatten.

2. Im Sinne von schmeicheln EA 64, 348

> Wer sich nimpt an
> Unds Rädlein kann
> hübsch auf der Bahn
> Lan umhergahn
> Und schmeicheln schon,
> Find jedermann
> Ein Fehl und Wahn,
> Ist jetzt im Korb der rechte Mann.

3. In der verwandten Form das Rädlein umkehren = den Spieß umdrehen, z. B. DeW II 57 sie horen uns und wir mussen ihn beichten; sollt man das Rädlein umbkehren, wie billig wäre, dasz sie uns auch mussten beichten. EA 50, 190 Auf dasz er aber bei Ehren bleibe .. musz er uns wieder heraus= helfen und das Rädlin umbkehren, dasz die Welt musz Un= recht haben. wir aber zur höchsten Ehre und Seligkeit kommen. Vgl. auch EA² 18, 29 Christus hiesz seine Jünger wegtrollen und mussten aus Jerusalem fliehen. Darnach ging das Räd= lein umb.

Die zu Grunde liegende Vorstellung zu den Stellen unter 1a und b ist die vom Drehen eines Treibrades in einer Maschine oder an einem Wagen. EA 64, 348 erinnert an das Treiben des Rades auf dem Spielplatz der Kinder oder an Räblein = Tanz. Die Stellen unter 3 lassen an das sich drehende Glücksrad denken, eine Vorstellung, die auch den Alten geläufig war (vgl. Otto S. 142).

Auf die Vorstellung vom Treibrade mit dem Nebenbegriff heimlichen, boshaften Betreibens führten auch die beiden Stellen

NB 20, 29 Jr trybt das redlin vmb so seltzen
das der gloub schier gat vff stelzen.

71, 7 Und weiszt uf allem ranck ein list
vnd kan das redlin vmbher wenden.

Ähnlich SZ 9, 26. Hier spricht der Schelm von Knecht, als er nach vielen Schandthaten seinen Dienst freiwillig verläßt

Noch kort ichs redly selber vmb.

An Tanz kann man denken Uhland, Volksl. Nr. 249, B. 5

kumt an alsan,
wer fechten kan,
lats redlin gan!
e er sich dan lat zetzen
facht er ein jamer an.

Verwandte Wendungen bei Luther sind Wrampelmeier 983 calcographia, summum et postremum donum dei, per quod er die sache treibt. Preger 191 Unser lieber Herrgott hat das spill so trieben. EA 23, 327 und öfter: Das Widerspiel treiben. EA 24, 125 Das Wort melken und treiben. — Wa III 1458 Rädlein 5 erklärt die Ra als ein Wortspiel von Rad und Rede, wahrscheinlich in den Spinnstuben entstanden, wo beim Erzählen sich die Rädlein am muntersten bewegen. Das Spinnrad ist aber erst 1530 erfunden.

---

127. Das spiel wil sich machen.

Wa IV 702 Spiel 207. Wa bringt 276 Ra mit Spiel. Luther hat in seiner Sammlung nur fünf; viel zahlreicher sind sie in seinen Schriften. Spiel steht bei ihm für Sache, Geschäft, Angelegenheit, und der Ausdruck, der in den mannigfachsten Farben schillert, ist bei ihm ebenso beliebt als z. B. im Reineke Vos. — Außer einigen Nachweisen zur obigen Ra gebe ich eine kleine Blumenlese von verwandten aus Luther.

Vgl. Uhland, Volksl. (186) v. 5

ir püchsen wurden krachen
das spil wil sich machen.

De W I 208 Darum, so das erst Mittel nit fur sich geht, wird sich das Spiel machen, dasz der Papst Text wird machen und ich ihn glossiren. EA 35, 43 Nu gehet die Erlösung an und will sich das Spiel machen.

Andere Wendungen.

1. Spiel, näher bezeichnet

EA 36, 23; 39, 286 Affenspiel.

Sehr häufig ist Gaukelspiel, Widerspiel.

De W V 125 wollt kein gut Spiel daraus werden. EA 39, 342 Das wäre ein böse Spiel, da eitel Schellen und nimmermehr kein Herz gewählet würde. 29, 362 hat gewonnen Spiel. 15, 200 Ein neu Spiel.

2. Mit Verben.

a) Als Subject. EA 49, 161 Das Spiel erhebt sich über ihn. 49, 131 so würde sich das Spiel heben. 39, 179 da wendt sich das Spiel gar um; vgl. 51, 147. 50, 16. EA 31, 91 Das Spiel wird sich wenden. 39, 226 Das Spiel kehrt sich um; vgl. 15, 461. Wrampelmeier 839 Da hub sich das spiel an; vgl. EA 23, 264. 50, 153 u. 146 Das Spiel ist schon gewonnen. De W I 237 Das Spiel sollt ein Ende haben.

b) Als Objekt.

Preger 18 Das spil anfangen; vgl. 176 Es ist dis spill in einem namen angefangen, der heisst Jesus Christus. EA 15, 200 Ein neu Spiel anfangen. 35, 281 Ein Spiel anrichten, davon ihr singen und sagen sollt. De W II 113, 119, 165, 167 ein Spiel anfahen. EA 23, 109 das Spiel wagen. 44, 103 Spiel in die Hand bringen. 23, 260 Das Spiel treiben. De W II 113 Das Spiel dahin führen. II 166 Spiel zurecht bringen. EA 27, 220 Spiel aushalten. 34, 62 Also treibt es Gott mit den Seinen und kartet das Spiel so seltsam, dasz es scheint, als sollte nur das

Widerspiel geschehen. 15, 424 Die Liebe kehret das Spiel um. 30, 377 Das Spiel umbgekehrt haben. 50, 197; 29, 362 gewonnen Spiel haben.

c) Im Genetiv.

De W I 519 Des Spiels warten, wo es hinfällt. EA 49, 47 u. 236 so gehet er des Spiels abe. 23, 262; 50, 208 u. De W II 565 Des Spiels ein Ende machen.

d) Im Dativ.

EA 45, 10; 49, 334 Dem Spiel ein Ende machen.

3. Mit Präpositionen.

EA 39, 306 da ist denn unsers eigen Fleischs Schwachheit und der alte Adam auch mit im Spiel. De W II 483 Mein Name ist mit im Spiel. EA 30, 18 Wie mans anfähet, so ist er [der Teufel] Meister und Junker im Spiel. 50, 289 In dem Spiel wollen der Beste sein. 51, 13; 31, 64 mit im Spiel sein (wollen). EA 48, 244 so kömmt etwa ein Nicodemus oder Chusai ins Spiel, der wendets. 48, 126 greift ins Spiel hinein.

Dazu vgl. einige Wendungen mit Widerspiel.

EA 23, 327 Das Widerspiel treiben. De W I 328 — halten. I 506 — singen. EA 50, 72 Ihnen das Widerspiel geben.

Ferner vgl. Nr. 34; 35; 379; 380 und 435.

----

128. Zu pfingsten auff dem eys.

Luther fügt erklärend hinzu das altklassische Sprw. [ad] Kalendas graecas. Vgl. Otto, S. 65: „um zu sagen, daß Leute nie bezahlen würden, hatte Kaiser Augustus das Lieblingswort ad calendas graecas soluturos." Wa III 1324 Pfingsten 28; vgl. 29. NB 84, 19 Der bzalt zu pfingsten uff dem ysz. Uhland, Volksl. (Lügenlieder) 240 A (vgl. 240 B, V. 9)

B. 2 it frat ein pogge ein gloiend schart
to pingsten up dem ise.

Ebenso im Dietmarsischen Lügenmärchen, Grimm, Kinder-
und Hausmärchen Nr. 159 ein Frosch sasz und frasz eine Pflug-
schar zu Pfingsten auf dem Eis. Tappius 569 Ad Graecas
calendas... Cho Pinxten vp dem yse. Item: Cho nummermysse.
Viele verwandte Ra giebt Egenolf 313ᵃ zu Nimmer, Nunquam.
Wann die hennen für sich scharren. Zů Pfingsten auff dem eisz.
Zů Weihenacht in der ernd. Zů S. Martin, wann die störck
kommen. Wann ein Maulesel jungen hat. Wann die Sonn still
steht. Wann der reich herbst Platonis kompt. Wann es gulden
regnet. Wann S. Claus widerkompt.

Luther hat EA 25, 174 ad Calendas Graecas. Sonst vgl.
an verwandten Ra z. B. EA 25, 156 wenn der Teufel gen Himmel
fährt. 25, 182 funtzehn Meile nach St. Christoffels Tag, gerade
fünf Jahr nach dem jüngsten Tag. 25, 205 vier Wochen unter
der Höllen. 27, 235 Wenn der Esel Hörner gewinnt und der
Bock ein Schaf wird. 30, 110 Wenn will ers beweisen? Wenn
der Kukuk ein Nachtigall wird. 30, 187 Aufs Teufels Himmel-
fahrtstag. 39, 15 Wann es muglich ist, dasz man einen Esel
lesen lehr.

129. Rincken giessen.

Vgl. Wa III 1691 Rinken 3. 5. 6. — Bei Luther nur im
eigentlichen Sinne 2. Mof. 25, 12 vgl. Dietz II 124 vnd geus vier
gulden rincken. In sprichw. Verbindung gebraucht er rinken
EA 31, 16 Ich würde ihm die Sporen anders gerinkt und ihn gelernt haben, wie er sollt nach fremden Briefen grobeln und darauf
trotzen. 48, 264 Die Sünden lösen einem die Sporenrinken auf.

Egenolf 35ᵃ erklärt Rincken giessen: Rincken seind krumm,
vnnd mann bleibt offt drinnen behangen. Also giessen Rincken,

die mit aller buberey vmbgehen, andere leuth damit zubetriegen, vmb jres genisz willen.

> Liegens, triegens, schalckhaffter list,
> Der fleisz ich mich zu aller frist.
> Und meyn dasselb grosz zugeniessen
> Dan ich kan sehr wohl Rincken giessen.]

Bei Agricola 35ª, der DWb 8, 1017 als Quelle für diese Er=klärung citiert wird, konnte ich sie nicht finden; es scheint hier eine Verwechselung mit Egenolf vorzuliegen. Eingehend beschäftigt sich mit der Ra Zarncke zu NS (hg. von Zarncke) 19, 68

> Wer wol redt, der redt dick zu vil
> vnd musz auch schiessen zu dem zil,
> werfen den schlegel verr vnd wit
> vnd rincken giessen zu widerstrit.

Zarncke bringt andere direkte Nachweise nicht; er giebt nur verwandte Ra wie NB 16, 6

> Sy kynnendt sich so dückisch weren
> Den sy vil rinckens ranckens wissen
> Und wöllendt sitzen vff ein kissen.

Und Groß. Luth. Narr E² u. G²

> Sie sagen dir kein göttlich wort
> Sie rincklen es dan uff siben mort. —

Dazu vgl. auch NB 83. Dem sindt die heiligen fuglich tür

> Der den tüfel nympt zu stür,
> So sich syn sach nit rincklet zamen,
> Das er sy schickt ins tüfels namen.

Uhland, Volkslieder Nr. 349 v. 12

> Ich kan michs nit beklagen
> ja über gotes wort,
> allain dasz sies vertragen
> und rinklen auf ain mort.

P. Gengenbach (K. Gödeke) S. 295 V. 103

Renckens vnd klenckens, wie sie wölln. —

Rinklen heißt nach DWb 8, 1018 etwas durch allerlei Ränke zuwege bringen; es scheint gleichbedeutend mit renken zu sein. Die Ra beruht nach DWb 8, 1017 auf ähnlicher Anschauung wie nb. rinkefilen und Ränke schmieden, welche letztere Ra übrigens DWb a. a. O. erst bei Wieland nachweist. Sie verdankt ihren Ursprung einem Wortspiel von Ring und Rank (Ränke). Letzteres Wort nach Kluge, Etym. Wb S. 263 aus mhd. ranc(k), „schnelle Wendung, Bewegung" abzuleiten, entspricht angelf. wrenc „Krümmung, List, Ränke". S. 272 Rinken = „Schnalle, Spange".

Dazu vgl. auch NB 67, 10 **Es ist ein glösslin, ein nüwer ranck.** NB 71, 6 **Weisst vff allem ranck ein list.** Gengen=bach S. 295, 94 **Die welt ist listig jetzt mit rencke.** Egenolf 94ᵃ **Schlecht ist bald geschliffen. Die warheyt darff nit vil rencks,** wobei der Gegensatz von Rank, Krümmung zu schlecht, gerade deutlich hervortritt. Auf das Verbum gießen (schmie=ben) ist schwerlich besonderes Gewicht zu legen; es ist nur der sprw. concrete Ausdruck für den allgemeineren (Ringe, Ränke) machen. Zarncke weist a. a. O. Glocken gießen in ähnlicher Be=deutung nach. Man darf aber auch daran erinnern, daß die Schmiede abergläubische Bräuche haben, die zur Wahl dieses Aus=drucks mit beigetragen haben können. So erwähnt z. B. Rosegger, Hoch vom Dachstein, S. 148 daß die Sensenschmiede noch einen leeren Schlag auf den Amboß machen, wenn die Sense schon weg=gezogen ist, um damit die Kette fester zu schmieden, mit welcher der höllische Drache gefesselt ist. Und Simplicius IV 194 erzählt von den Schmieden, daß sie am Karfreitag ihre Krampf=Ringe ganz nackend aus einer Galgenkette schmiedeten.

130. Blewel schleiffen.

Der Bleuel ist nach Schmeller, BWb I 321 ein breites Holz, womit man die Wäsche ausklopft. Daher die Ra Wa III 1360 Pleuel und IV 1795 Waschbläuel 2 **Den Pleuel (Waschbläuel) herumgehen lassen.** Ihre Bedeutung ist nach J. Mathesius, Syrach (den Wa anführt) I 122 b „plaudern, waschen, tölpeln, schenden, lestern, disputiren, rühmen immer ins blinde Feld hinein"; I 35 b „Waschhafftig, schnäppisch und klafferisch sein".

Dem entspricht bei Luther Weim. Ausg. VI 140, 8 (= EA 27, 82) **Also tut mein tzeddeler, der von mir mit vilen seiner gleichenn begeret, ich szolle klar, richtige, deutliche worth schreiben, des ich mich auch geflissen, und in vill tzu klar gewesen, aber sie haben die freiheit, was ch blewel tzu schleiffen und mit meuchlen die vorgifft honigk tzu machen.** EA 39, 312 **Die Uber= treter oder falschen Heiligen können sich meisterlich zu den Herrn und Fürsten eindringen, dasz sie auch einen auserwählten David verfuhren möchten, wissen den Bläuel gar fein zu wenden und zu schleifen.** Letztere Wendung stand auch in der hdschr. Samm= lung am Kopfe der betreffenden Seite nachgetragen, aber Luther hat sie wieder durchgestrichen, wodurch die Annahme, daß ihm beide Ra gleichbedeutend waren, gesichert wird. Sie beruhen in ähnlicher Weise wie Nr. 129 und 131 auf einem Wortspiel und zwar mit dem Worte waschen oder bläuen. Bläuen weist Dietz I 316 im Sinne von obtundere, repetere wiederholt in Luthers Schriften nach. Ebenso begegnet häufig bei Luther der Ausdruck waschen für leere, betrügliche Worte machen, z. B. Preger 87 wo von Erasmus gesagt wird: **Er khan wol waschenn, sed illa verba seind gemacht, nicht gewachsen.**

In die Ra spielt aber auch mit hinein der Ausdruck schleifen und wenden, der auch allein sprw. gebraucht wird, z. B. Reineke Vos 4207 **Slypenunwenden is notarius.** NB 16, 37 **Federkluber,**

schlyffer, wender. P. Gengenbach, Novella S. 284, V. 842 ir
können schlyffen vnd wenden. NS (hg. v. Zarncke) S. XXXVIII
Jhr Künden schlyffen, dartzu wenden. Andere Beispiele bietet
DWb 9, 597. Wa IV 234 Schleifen 3. 14. 16. Zur letzten Stelle
fügt Wander eine Erklärung Agricolas, II 84 D. i. liegen, triegen
vnd verschlahen, das es leicht abgeht vnd nit saur wirt, denn
schleiffen vnd wenden wil für sich ain yetliches ainen aignen
menschen han. Agricola scheint hiermit an die Arbeit am Schleif=
steine zu denken. DWb 9, 596 hält es trotz dieser Erklärung für
nicht ganz sicher, ob man es in dieser schon in älterer Sprache vor=
kommenden Ra mit dem starken Verbum schleifen „ungewöhnlich ge=
wandt sein" unter Hervorhebung der schneidenden Schärfe zu thun
habe, und will es freier gefaßt wissen, wie SZ 22 Glatte Wörter
schleifen: „alles glatt und glänzend machen", daß es betrüglich wirkt.
So lange eine starke Verbalform nicht nachgewiesen ist, würde ich
hier schleifen = labi „gleiten lassen" sinnentsprechender halten.
Man denkt an das Schleifen (Hinundherziehen) und Wenden eines
Gedankens, bis der Sinn verwirrt und der Einfältige hetrogen wird,
wie auch der Bläuel beim Wäscheklopfen hin und her gezogen und
gewendet wird. In etwas anderem Sinne, vielleicht vom Tanz
wäre die Stelle aus Luther zu verstehen, welche DWb 9, 596 (nach
Jen. Ausg. III 33) angeführt wird: wie kann er [der Teufel] sich da
drehen, schleifen, lenken und wenden auf alle Seiten.
    Vilmars hess. Idiotikon S. 42 führt (nach Ferrarius) an:
um der edlen zeit willen, die ein solch schleiffen blawel sein
leben lang unnutz zubrengt. Von einem unnützen Schwätzer oder
Wäscher ist der Ausdruck Schleifenblauel nach dem obigen leicht zu
verstehen und ich stimme hierin mit Klaiber in ZfdPh 26, 39 (am
Schluß) überein. Dagegen scheint mir die Erklärung Chrismanns
von einem „der den Bleialt (Mantel) gar fein zu wenden und
zu schleifen wisse" (ebenda 27, 57) nicht genügend belegt.

131. Im Schalcks berge hawen.

Wa IV 87 Schalksberg „Am schalcksberge (auch: in den Schalksberg) hawen. D. h. ein Schalk sein (vgl. Grimm, Myth., 645; W. Wackernagel in Germania, V 313)." Die Ra weist DWb 8, 2083 bei Hans Sachs 10 mal und aus Seb. Wildts Komödien (1566) 1 mal nach. Hier wird hauen = eilen, laufen erklärt und die Fügung mit dem Dativ als unberechtigt abgewiesen. Von den 11 angeführten Stellen haben aber 4 im (in dem), 3 in, 4 in den, wodurch diese Erklärung zweifelhaft wird. Auf die richtige Deutung führt BWb II 411 „Schalksberg ist eine Weinlage bei Würzburg" und D. Myth. 567, wo angemerkt wird: „in Franken wächst Schalks= berger Wein. Henricus dictus de Scalkesbergh. Spilker 2, 148 (a. 1268)." Es giebt also einen wirklichen Schalksberg und der Nürnberger H. Sachs scheint daraus in ähnlicher Weise die Ra ge= prägt oder doch litterarisch verwerthet zu haben, wie man sonst wortspielend sagt: Sie sind vom Stamme Nym. Er ist von Anhalt. Er ist von Langensalza und nicht von Eilenburg. Eine ver= wandte Ra aus Seb. Franck giebt Wa IV 87 Schalkshausen: Du musst von schalkshaussen sein. Für ihren localen Charakter spricht ihr beinahe ausschließliches Vorkommen bei Sachs; Luther, der sie sonst nicht braucht, könnte sie wie der Augsburger Wildt aus ihm entlehnt haben. — Für die Form der Ra und Wahl des Verbums scheint mitbestimmend gewesen zu sein: im Bergwerk, im Steinbruch, im Weinberg hauen = arbeiten (vgl. DWb 4 ², 576). Vgl. auch Wa I 317 Bergwerk 9 Ins Bergwerk gucken = betrügen.

Wenn BWb II 411; DWb I 183; D. Mythologie 567; Gödeke, in der Anm. zu NS 28 den Schalksberg mit dem Affenberg, Narren= berg, Gauchsberg, Venusberg zusammenstellen, so wird man dort ähnliche Erklärungen suchen müssen wie hier, wo eine wirklich vorhandene Örtlichkeit zu einem Wortspiel mit der Ra den Schalk bergen Veranlassung gegeben hat. Wanders Deutung ist

insofern richtig, als derjenige ein Schalk, d. h. Betrüger, ist, der
ihn zu bergen sucht.

Die Ra ben Schalk bergen und verwandte lassen sich aus
Luther reichlich nachweisen, z. B. EA 21, 86 wollen noch dazu
fromm sein, können uns aufs feinste schmucken und den Schalk
bergen, suchen und dichten so behende Fündlein und schwinde
Griffe als aus den Rechten gezogen. 46, 221 Denn da kann man
den Schalk meisterlich bergen, gute Worte geben und andere
im Herzen haben. 51, 299 ob er gleich den Schalk ein Zeitlang
aus Zwang und Furcht bergen kann. 65, 126 unter diesem
Schein und Deckel den Schalk bergen und kein rechte Meinung
haben. Tischr. (Aurifaber) 293ᵇ Da ein Besessener das Sacrament
des Altars, des wahren Leibes Christi hatte genommen, sprach er,
Es kan wol ein Schalck unter der Treppen sitzen und einen
fromen Man lassen furuber gehn. EA 43, 335 wie der Teufel
auch ein Sprichwort gemacht und seiner Heiligen selbst spottet als
ein Schalk, der seine Buberei nicht bergen kann, dasz man
sagt, die Hölle sei gepflastert mit lauter Platten. 43, 103 u. 139
den Schalk decken. 46, 260 u. 271 Eine Kappe deckt manchen Schalk, sie macht aber keinen frumm. 44, 210 u. 49, 282
einen Schalksdeckel machen; vgl. hierzu auch 45, 45; 48, 248;
49, 347 Schanddeckel. 48, 117f. Trotz, dasz sie dem Papst
ein Wort sagen, das er nicht gerne hört, nämlich dasz er ein
Schalk sei: sie schmücken und decken noch ihr Schalkheit.
39, 295 [die Hofjunker und Amptleute] können dazu ihre Scheel=
augen und Schalksgesicht fein eine Zeitlang bergen. 32, 48
Der Kardinal zu Mänz nimpt viel Tuchs zum Rock, aber er nehme
wie viel er will, so raget doch ein Schalk unten und oben
aus. 24, 127 Nu gucket der Schalk erfur. 48, 89 den
Schalk gucken lassen. 23, 283 dem Schalk die Larven
abziehen. 43, 271 greif in deinen eigen Bosen, willst du den
Schalk suchen.

132. Den boltzen fiddern.

Wa I 429 Bolzen 16 erklärt: „Jemand zu seinem Vorhaben behülflich sein, ihm Mittel und Wege dazu an die Hand geben." Vgl. 4 Der die boltzen fiedert vnd der sie abscheust, sind beid in gleicher schuld. 5 (1) Einer macht die boltzen, der ander ver=scheust sie. 13 Alles zu Bolzen drehn = Alles übel auslegen. IV 1032 Bolzen 12. 24. DWb 2, 235.

SZ 7, 12 Den ich des frummen adels byn
Der fil verheisst an eyn kerb holtz
Zů letst dir fidret eynen boltz
Und schneid dirs an eyn kerbholtz an. . .

Im eigentlichen Sinne bei Mathesius (VII. Predigt) S. 147 Chur=fürst Friderich zu Sachsen hatte sein Drehezeug vnd schifftet vnd fidert Bôltze, die offtmals ander leut verschossen.

Bei Luther nur Anspielungen EA 32, 41 Mendacem oportet memorem esse. Wer lügen will, der solls nicht so krumm drehen, damit ers auch fiddern könnte. 51, 89 Drehet und fiedert Gottes Wort mit Glossen.

Der Sinn der Ra ist also eigentlich der: einen Satz oder Gedanken so zurecht drehen und mit (betrüglichen) Worten ausstatten, daß man damit den Nächsten treffen und überwältigen kann, wie mit einem wohlgedreheten und mit Federn bestechten Bolzen.

---

133. Er hat, wie ihener die amseln.

Fehlt Wa. Die Ra erklärt Luther EA 39, 302 Also im Haus=halten, wenn Knechte und Mägde thun, was sie gut dünkt, lassen aber anstehen, was man sie heisst, wöllen dennoch wohl gethan haben. Dieselben zieren ein Haus fein und ist ganz ein nützlich holdselig Gesinde. Ja, wie der Knecht mit den dreien Amseln,

davon man sagt, wie sein Herr ihn aussendet, die verlorene Kuhe
zu suchen, und er so lange aussen bleib, dasz sein Herr ihm
nachläuft zu sehen, wo er bleibt. Als er fast nahe zu ihm kompt,
fragt er den Knecht: Hast du die Kuhe funden? Nein, sprach
der Knecht, sondern ich habe ein Besseres funden. Was hast du
denn funden? Der Knecht sprach: Drei Amseln. Wo hast du
sie denn? Der Knecht sprach: Eine sehe ich, die ander höre ich,
die dritte jage ich. — Ist das nicht ein kluger fleissiger Knecht?
Sollt ein Hausherr mit solchem Gesinde nicht reich werden?

Vgl. Grimm, Kinder= und Hausmärchen, Nr. 162 Der kluge
Knecht. — Als Quelle wird Bd. III die angeführte Stelle an=
gegeben und die Vermutung ausgesprochen, daß Luther das Märchen
aus mündlicher Überlieferung kannte.

134. Den ahl beym schwantz.

Vgl. Wa I 1 Aal 6 Der hat den Aal nicht ganz, der ihn
hat beim Schwanz. 15. 16 Wer einen Aal nimmt beim Schwanz
und eine Frau beim Wort, der bringt wenig fort. 21. 27. 31.
V 436 Wort 940 Man kann ihn beim Worte halten wie einen
Aal. I 1665 Gewiß 18 Es ist so gewisz, als hetten wir den Aal
beim schwantz. — Tappius 44. — Zimmersche Chronik III 422, 31 ff.
Eine ähnliche Ra kannte das Alterthum Plaut. Pseud. 747 Anguilla
est: elabitur (Otto S. 25).

Dietz I 1 Aal giebt 4 Stellen: es ist nur vmb eynen buchstaben
zu thun, das man das d yns b vnd das b yns d verwandele, so
wird aus dem wort leyd das wort leyb vnd widderumb; so
hastu es wie den al bey dem schwantz (= EA 29, 246).
es ist der teuffel, der also geuckelt vnd würfel spielet mit der
schrifft vnd sie drehet wie er wil, das, wo man jn angreifet, soll
man den ael bey dem schwantz gefasset haben (EA
49, 121). er [der Cardinal Cajetan] dachte, er hette mich in der

klappen, so hat er den ahl bey dem schwantze (EA 64,364).
Aber ich besorge, ich werde zuletzt den ahl bey dem schwantze
nicht halten, so ringet und dringet er sich aus zudrehen (Burkh.
Luthers Briefe S. 293). Außerdem vgl. EA 65, 184 Ja wohl, da
hab ich den Aal beim Schwanz. 39, 327 Trauen, hie sollt
ich mich wohl selbs in die Backen gehauen haben, dazu gefangen
und geschlagen sein mit meinen eigen Worten, sonderlich wo die
scharfen Antilogisten über das Buch kämen, die mich wie den
Aal beim Schwanz hätten.

---

135. Brey ym maul.

Brei im Maule haben, ein Breimaul sein heißt undeutlich
reden wegen eines Sprachfehlers, aus Angst, Dummheit oder in
der betrüglichen Absicht seine Gedanken nicht preiszugeben. Vgl.
DWb 2, 354 u. 355; 6, 1790. Wa I 456 Brei 3. 60. III 507
Maul 124. III 1572 reden 469. II 610 Herz 233. Auch Egenolf
95ª Du blasest sehr, aber du beheltest das mehl im maul.
Und Mathesius (VIII. Predigt) S. 168 Friedrich der Weise sagt zu
Erasmus: wasch mir den beltz vnd mach mirn nicht nasz. Ich
lobe noch die von Wittenberg, die behalten doch kein mehl
im maul, sondern sagen frey vnd redlich herausz, was jre
meinung sey. Philander (1. Gesicht) S. 11 Nimmermehr aber
kans was redliches sein, wo man so gar hinder dem Berg haltet,
wenn man Brey im Mund hat vnd dem Kind nicht will den
rechten Namen geben. — Dem Sinne nach entspricht bei den Alten
neque mu facere audent (vgl. Otto S. 230).

Auch Luther verbindet öfter die Ra Brei im Maul haben vnd
mummeln, mum mum sagen. Vgl. Dietz I 343 Brei: wie geht der
geyst [Zwingli] hie auff eyern, wie hat er brey ym maul vnd
mummelt als ein halb todter, verzagter Mensch (EA 29, 280).

hie gilts nicht den brey im maul weltzen vnd mum mum
sagen, sondern den brey ausspeien vnd das mummen lassen
(EA 26, 299). — Außerdem EA 25, 71 Das dritte Stück ist vom
freien Willen; da mummeln sie von als hätten sie heissen Brei
im Maule, ohn dasz sie ihr Gift dennoch müssen heraus speien.
24, 277 Und derjenige, so euer Artikel gestellet hat, ist kein frumm,
redlich Mann. Denn er hat viel Capitel aus der Schrift an den
Rand gezeichnet, als da die Artikel sollten gegründet sein, und
behält doch den Brei im Maule und lässt die Sprüche aussen,
damit er seiner Bosheit und euerem Fürnehmen einen Schein
mache. Weim. Ausg. VII 276, 12 (= EA 27, 212) Du bekennest
der stend laster unnd untugent unnd heltist dennoch den brey
ym maul unnd wilt dennoch frum und seynd der untugent ge=
rumet sein. EA 41, 100 Ausputzen, frei erfur streichen, Niemand
scheuen, als die Brei im Maul haben.

Verwandte Stellen Weim. Ausg. VI 235, 16 mummeln mit
dem mund. EA 29, 177f. der heilige Geist kann fein helle,
ordenlich und deutlich reden; der Satan mummelt und kauet
die Wort im Maul und wirft das hundertst ins tausend, dasz
Mühe kost, ehe man vernehme, was er meinet. 25, 72 darumb
müssen wir solch ihr Urteil messen nach ihrem Herzen und nicht
nach ihrem Breimaul. Ihr Herz aber ist uns feind, darumb
wird freilich ihr Breimaul unser Lehre meinen. 27, 135 sie
haben den trunken Deutschen damit geprediget, die nit merken
sollen, wie sie der heisse Brei im Maul brennet. DeW VI 311
man mus zuweilen einem tollen hunde den fus aus dem wege
rucken und dem teuffel zwo kertzen anstecken oder dem Cerbero
(wie die Poeten sagen) einen Brey yns Maul werffen.

Was der Zusatz argentanus ma [= magister?] soll, weiß
ich nicht. Findet sich darin vielleicht eine Beziehung auf das
'Breimaul' den Cardinallegaten Campegius EA 25, 52 u. 71f.?

136. Kalt vnd warm blasen.

So wird von Doppelzüngigen gesagt (DWb 6, 1791). Wa II 1119 Kalt 34; vgl. 2, 13, 15, 18, 33. I 393 Blasen 30. III 511 Maul 243.

Den Ursprung der Ra führt Agricola Nr. 156 auf die Fabel vom Satyr und Holzhauer zurück. Hierzu vgl. Braune, die Fabeln des Erasmus Alberus. (Neudrucke Nr. 104—107) S. L. De Satyro et Viatore ... Aviani fabula Erasmo quoque interprete. Der Satyr, welcher bemerkt, daß sein Gastfreund in die Hände bläst, um sie zu erwärmen und in die Speise, um sie abzukühlen, ver=läßt diesen mit den Worten: eodem ex ore pariter et calidum et frigidum efflas?

RS 18, 17 Wer tůn wil, das eim ieden gfalt
der můsz han otem warm und kalt.

Bei Luther wird die Ra einmal nachgewiesen Dietz I 311 das heisst auff deudsch kalt vnd warm aus einem maul blasen (EA 25, 22). Außerdem vgl. EA 26, 297 Das heisst warm und kalt aus einem Maul blasen, wenn ich sage: der Glaube macht gerecht und ist doch ohn Werk nichts. 27, 247 [Gegen Emser] Kannstu aus einem Maul kalt und warm blasen? Ist nu die Schrift zugleich ein finster Nebel und hellis Licht in deinem Kopf? 30, 410 Aber in der uberchristlichen Kirchen ists recht, dasz man zweizüngig sei, kalt und warm aus einem Maul blase, Nein und Ja ein Ding sei, Lügen und Wahrheit übereinkommen. 43, 231 .. zweien ungleichen Herren zugleich dienen; wie wohl es die Welt meisterlich kann und heisst auf deutsch, den Baum auf beiden Achseln tragen und kalt und warm aus einem Mund blasen. 48, 397 wollen also den Baum auf beiden Achseln tragen und zugleich warm und kalt aus einem Maul blasen.

137. Aus holem topffen reden.

Wa IV 1274 Topf 170; vgl. II 253 Hafen 72. 74. 86. I 933 Faß 104. — Im eigentlichen Sinne bedeutet die Ra mit hohler, verstellter Stimme sprechen, z. B. Simplicius I 253, 7 Aber Springinsfeld kollerte wie aus einem holen Hafen heraus und sagte ... II 270, 20 Ich hatte aber kaum drey Wort gleich als aus einer holen Klufft aus meinem Munde prellen lassen, da liesse alles von mir. Philander (7. Gef.) S. 583 wann sie reden, ein gethön machen, als ob sie ausz einem holen Hafen brummeten. In übertragenem Sinne = vergeblich, in den Wind reden. Simpl. IV 180, 16f. Und dieser mein Hausz = Wirth hat auch disz= fallsz ausz keinem lären Hafen geredet.

So auch NB 73 Usz einem holen hafen reden.
V. 5 Es brucht vernunfft und witzigs sinnen
Usz holen häfen reden kinnen.
Der hat usz holem hafen geredt,
Der vil me verheissen hett,
Dann leisten möchten all syn fründt.

SZ 10 hat unter derselben Überschrift eine ähnliche Erklärung.

Bei Luther findet sich diese Ra sonst wohl nur in einer An= spielung EA 28, 166 Gläub sicherlich, St. Peter redet hie [2. Pet. 2, 18] aus keinem Topfe.

---

138. Sich losen. Er hat sich geloset.

Wa III 236 Losen 3.

Die einzige Stelle bei Luther, die hierher zu gehören scheint, ist, soviel ich sehe, Preger 138 Last Davidem ein grosz exempel sein divinae misericordiae, der hatt ein lauen zerrissen, erwurgt ein teufl do er Goliath erschlug, unnd hett gottes zeugnis, und

felt darnach uber zwenn zopf. Pfu dich mall an! wird darzu ein
morder und hoffertig, ich mein er hatt sich wol gelost. Er
ist schier der grossest gewesen. Joannes baptista, der ist der
heiligst, quia habet testimonium Christi, darnach Moses, darnach
ist David, Helias. Ich mein, Moses Aaron und seine schwester
haben sie [= sich] auch wol gelost. Preger erklärt losen „sich
leichtfertig, als Schalk zeigen".

Vgl. hierzu DWb 6, 1190 losen 4: losen bedeutet mhd. arg=
listig sein, auch schmeichlerisch sein, Bedeutungen, die sich an
mhd. los, das spätere lose ansetzen, im Nhd. aber erstorben sind. —
Es würde sich also in dieser Ra bei Luther noch eine Spur des
alten Gebrauchs gerettet haben.

---

139. Sich aus drehen, entschuldigen.

Vgl. Wa II 845 Hund 633 Furchtsame Hund schlagen den
Schwantz vnter die Bein vnd drehen sich aus. Agricola Nr. 453
Es gefiel mir nicht. Also pflegt man zu antwortten, wenn yemant
von eynem ort bald widerkumpt vnd wirt gefragt: Wie kumpstu
so bald wider? Ey, es gefiel mir nit, darumb dreet ich mich
bald wider ausz. — Häufig ist der Ausdruck im Simplicius im
Sinne von 'sich aus dem Staube machen', z. B. III 20,5; 331, 19.

Bei Luther nachgewiesen Dietz I 163: vnd hat sich [der pabst]
also selbs ausgedrehet aus der kirchen (EA 25, 224). auch ists
nit gnug, das du woltest dich ausdrehen mit wortten vnd sagen,
ob das bapstum wol vnter dem teuffel etwan ist, szo sein doch
vnter yhm frum christen altzeit blieben (EA 27, 128). Darumb
mustu dich nicht so ausdrehen vnd sagen, die gantze welt thut
also (EA 23, 285). Aber das gilt nicht, das sie also wolten den
text des abendmals vngewis machen vnd sich als die Diebe heim-

lich ausdrehen (EA 30, 162). — Außerdem vgl. EA 32, 342
Aber doch wollen sie sich dahin ausdrehen, dasz der Prophet
habe in seinem Alter ein jung Maidlin genommen... 31, 256
werden sich mit keiner Entschüldigung herauswickeln. Burk=
hardt Br. S. 293 Aber ich besorge, ich werde zuletzt den ahl
bey dem schwantze nicht halten, so ringet und dringet er sich
auszudrehen. Wrampelmeier 673 Das heisst auf hoffisch:
schrawen gedreet, Germanice ausdreen. Vgl. auch De W V 640
hat sich mit aller Schalkheit durch die Lande gedrehet.

Diese Stellen zeigen, daß in der Handschrift entschuldigen
von Luther erklärend hinzugefügt ist. Doch liegt in einigen der
angeführten Belege auch der ursprüngliche Sinn sich heraus=
winden, entschlüpfen (vgl. DWb I 845) vor.

140. Fedderleser.

DWb 3, 1404 Federlesen: „Der um Liebe oder Gunst werbende
liest vom Gewande der Frau oder des vornehmen Herrn die Flocken
ab; bildlich: sucht deren Vergehen zu entschuldigen". Vgl. Borchardt
Nr. 329.

Wa I 953 Feder 109 Er kann wohl federn lesen. Gleich=
bedeutend ist 119 Federn klauben. II 1711 Kunst 37

> Ein edel Kunst ist Feder lesen;
> wer die brauchen kan,
> der nem ein Fuchsschwantz für ein Besen,
> die Welt wils jetzt so han (Petri II 174).

Die Ra ist früher sehr häufig gebraucht worden im Sinne von
schmeicheln, z. B. RS 100, 8

> der ein klubt fädern, der stricht kriden,
> der liebkost, der runt in die oren,
> das er ufkum in kurzen joren.

NB 16, 33 Schelmen sindt, die sich erneren
Mit schelmen werck by fürsten, herren. . .
Federkluber, schlyffer, wender,
Faltenstrycher, wyber schender,
Schlegel werffer, orenblaser. . .

Gengenbach, S. 61 (die X Alter) B. 290
hoppo han das ist mein wåsen,
Ich kan dir mit [nit?] vyl fåder låsen.

S. 120 (Die Gouchmat) B. 110
Den hat sie [Venus] allen dapffer gschoren,
Die gouchfeder inen glat abglesen.

Bei Luther nachgewiesen Dietz I 642 ein vbertretter vnd schalcks= heilige hat solche fahr nicht, sondern kan fedder lesen vnd ohren krawen, reden vnd thun, was man gern höret. Der 101. Psalm (= EA 39, 312) szo wollen sie nur die feddern geleszen haben vnd mit fuchsschwentzen vbirweddelt seyn. Ep. u. Ev. vom Christtag (1522) nnniiijᵇ. Außerdem vgl. EA 40, 268 wenn aber die Person grosz ist, ein herr und gewaltig oder mein Freund, musz besorgen ein Unglimpf oder Schaden, fürcht, er möchte zornen, da schnitze ich die Wort dünne, machs glimpfig, kann wohl feder lesen und mit der Wahrheit unter die Bank. — Eine Anspielung enthält 45, 2 hat nicht getragen einen zerrissen Rock, sondern seiden Leinwatt. so rein gekehret, dasz nicht eine Feder drauf gehaftet hätte.

Die Ra ist sinnverwandt mit Nr. 141—143.

141. Oren klauber.

DWb fehlt das Wort. Vgl. aber 7, 1256 Ohrenkrauen = schmeicheln, u. Ohrenkrauer; 5, 1021 Federn klauben = schmeicheln. Wa III 1137 Ohrenkrauber; Ohrenkrauer. III 1129 Ohr 137 Einem die Ohren krawen. Ohrenklauber fehlt auch Wa.

Auch Luther braucht, soviel ich sehe, nur die Form krauen, z. B. EA 25, 337 Glaube und Liebe ist alt und nu gemein ding, darumb musz es nichts mehr gelten, sondern neue Ohrenkrauer (wie St. Paulus sagt 2. Tim. 4, 3) müssen wir haben. ² 17, 215 f. Schlägt denn mit zu, wie zu besorgen ist, dasz Ohrenkrauer die Kanzel einnehmen, die da predigen, was man gern hört. 45, 334 [die Welt] lässt ihr die Ohren damit krauen, und thut ihr fein sanft, wie einer Sau, die dazu grunzet, wenn sie gekrauet wird. 47, 35 [zu 2. Thess. 2.] Lehrer, die ihnen die Ohren wohl krauen und Lügen predigen, die sie gerne horen und nach den sie Verlangen haben. Weim. Ausg. XV 186, 34 = EA 24, 243 Ich acht . . das solch oren krauben den Bapst fast kutzelt und gerne solch liedlin höret singen. Im ironischen Sinne vgl. auch De W IV 579 Ich wollt dem Esel die Ohren krauen.

---

142. Ohren bleser.

DWb 7, 1254: „Zuträger und Einflüsterer von Dingen, be= sonders solchen, die dem Hörenden schmeicheln und andere bei ihm verklatschen oder verläumben".

Wa III 1130 Ohr 149 Einem etwas ins Ohr blasen. III 1137 Ohrenbläser 1—3. RS 101 Von ohren blosen. — In den Rand= zeichnungen zum Gebetbuche des Kaisers Maximilian ist ein Blatt von Dürer, das einen Einsiedler darstellt, dem von vorn eine Frau naht, ihm auf einem Teller Leckerbissen oder ähnliches darbietend, während hinter ihm eine Teufelsgestalt steht, die mit einem Blase= balg ihm in die Ohren bläst, die unverkennbare Darstellung eines Ohrenbläsers.

In Luthers Bibelübersetzung steht der Ausdruck Sir. 5, 16; 21, 31; 28, 15; Röm. 1, 29 und 2. Kor. 12, 20. Dietz I 311 führt an: der kuhe ins ohr blasen. Von der heil. Taufe (1535)

Eij^b. — Sonst bei Luther z. B. EA 25, 26 haben erfunden, dasz diese Lehre nicht so böse sei, als sie durch ihre giftigen Prediger und Ohrenbläser und hässige Fürsten ist furgebildet. 22, 11 [Von der Sünde wider das 8. Gebot] Item alle schädliche Schmeichler und Ohrenbläser, Zweizungige. 37, 296 Der Psalm ist zu brauchen wider die Tyrannen und ihre giftigen Räte und Ohrenbläser. 40, 195 [reine Lehren] die bisher durch ihre giftigen Ohrenbläser so übertäubet gewest sind. De W II 112 .. habe ich gedacht, E. k. f. G. thät solches aus Unverstand und Unerfahrung durch andere falsche Ohrenbläser verfuhret. V 676 In E. K. F. G. Kammer unter den Ohrenbläsern EA²17, 437 Giftige Neider werden ihm [dem Knecht] in die Ohren blasen: Warum dienestu bei dem Herrn? Vgl. auch 22, 96 in den Ohren liegen. De W I 514 Deine süssen Ohrensinger. III 464 in die Ohren tragen. VI 314 Die Ohren wohl und wohl zublewet.

---

143. Ohren melcker.

DWb 7, 1257: „Schmeichler, Fuchsschwänzer". — Wa III 1137, vgl. III 1129 Ohr 118f. 145, 198, 276. Egenolf 15ª Die Ohren melcken. Os sublinere. Tappius 47 Demulcere caput pro blandiri; die ohren melcken. SZ 12 Die oren lassen mellken.

> Wer myr frindtlich melkt eyn or
> Und sagt myr, das ich hab schon hor,
> Und sagt myr alsz, das ich gern here,
> Der kan der oren melker lere.

Das hierzu gehörige Bild stellt einen kahlköpfigen sitzenden Mann dar, dessen Ohren ein hinter ihm stehender Kriegsmann zu melken scheint. Er hält auch das Handfäßchen nach Art der wirklichen Melker zur Aufnahme der Milch bereit. Dadurch wird angedeutet, daß man Vortheil durch das Ohrenmelken erwartet.

Ähnlich NB 91, 1 ff.

> Oren melcken ist ein kunst,
> Die manchem bringt vor herren gunst
> Der so vil drusz ermolcken hat
> Dasz er sich miessig gondts begat u. f. w.

Auf dem Bilde melken zwei Narren mit Milcheimern den Kaiser an beiden Ohren. Auf diese Stelle Murners spielt an P. Gengenbach, Novella, S. 290, B. 1056

> Du hast by allen dinen tagen
> Die narren grosz vnd klein beschworen
> Vnd schelmen gmolcken by den oren.

Es sieht aus, als hätte auch Luther das Bild gekannt, wenn er Seidemann, Lauterbachs Tageb. S. 112 spricht 'cum singultu': Der Keiser lest sich melcken wie ein Memm; qui olim fuit fortunatissimus, nunc infelicissimus. Vgl. auch 38, 401 Da gings bei Hofe: Ach dasz den Buben die Pestilenz, Veits Tanz und alle Flüche bestehen; sonderlich wenn es der König oder seine Ohrenmelker höreten. 39, 274 wo eitel Gnade da ist, und der Furst sich einen jeden melken und auf dem Maule trumpeln lässt.. so wird das Land voll böser Buben. 39, 342 wo ein Furst sich sollt wissentlich so schendlich lassen melken, da ers wohl wehren könnte, das wär ein böses Spiel. . . Es ist ohn dem zu viel, das sich ein Furst wohl musz lassen heimlich melken und die Milch stehlen, das er nicht wehren kann.

---

144. Hund fur dem lawen schlahen.

Wa II 894 Hund 1677 liest für den löwen. — Vgl. Zingerle S. 75

> Der hunt wirt zu wilen geschlan.
> umb daz der lebe hat getan (Morolf II 228).

Scheint bei Luther sonst zu fehlen. Als dem Sinn entsprechend vgl. etwa EA 38, 401 dasz die kühnen Helden den toten Löwen räufen, die eines lebendigen Hundes sich nicht erwehren künnten. De W III 504 Es gehet wie in den Schulen, da die Bacchanten, wenn sie sich an dem Schulmeister nicht rächen mögen, so räufen sie einen armen Knaben.

---

145. Wers gluck hat furet die braut heym.

Wa I 1768 Glück 899; vgl. 2. 848. 884. 899 setzt Wa die Entstehung des Sprw. für das Jahr 871 an, indem er es mit der Entführung der Tochter eines böhmischen Herzogs in Verbindung bringt, die zur Braut des Fürsten von Mähren bestimmt war, aber durch Bischof Arno von Würzburg ihren Begleitern entrissen und dem deutschen König Ludwig zugeführt wurde. Er beruft sich dafür auf den Fränkischen Chroniften Lorenz Fries (gestorben 1550). Richtiger ist seine Anmerkung, daß dieses Sprw. als Rechtsfatz den Gedanken ausspreche, daß die Wirkungen der Ehe mit der Heimfahrt beginnen. DWb 2, 331 giebt Belege erst von Luther ab.

In Luthers Schriften kann ich das Sprw. nur in zwei Stellen nachweisen. Dietz II 140 (EA 23, 120) Aber nu ist in den Ehe= sachen ... ein solch weitläuftig verwirret Spiel mit den Fällen, so sich wider solche gewisse Rechte und Artikel begeben, dasz ein grosz gemein Sprichwort ist: **wers Glück hat, der führet die Braut heim.** Als sollt er sagen, es stehet nicht bei dem Recht, sondern bei dem Glück, wer die Braut haben soll, und hilfet nichts darumb tanzen. EA 39, 334 (Heufeler 336) Die Heiden, die nicht haben wissen können, woher der grosse Unterschied der Fürsten komme, habens Fortuna, Glück, genennet und eine Göttin draus gemacht und hochgeehrt. . . Denn sie sehen wohl, wie gar seltsam ein Mann vor dem andern Glück hatte, da einer konnte

eine Sache hinausführen, der nicht halb, ja nicht das siebente
Theil so geschickt war mit Vernunft, Kraft und Gewalt als viele
andere, die es hätten billig sollen besser machen und doch nicht
wussten weder anzufangen noch Rath oder That zu treffen mit
all ihrer Weisheit, wie es Demostheni oder Ciceroni geschah. Das
sagt auch bei den Deutschen das Sprichwort: Wers Glück hat
führt die Braut heim.

Klaiber, ZfdPh 26, 42 findet in EA 23, 120 die eigentliche Er=
klärung: „Es war schon zum Hochzeitstanz gekommen, und nun
trat noch eine die Vollziehung der Ehe hindernde Einsprache auf
Grund eines früheren heimlichen Eheverlöbnisses oder eines sonstigen
kanonischen Hindernisses ein". Mir scheint indessen Wanders Be=
merkung V 1046 Braut 57 „Um die Braut tanzen heißt eigentlich
sich um eine weibliche Person bewerben" zutreffender zu sein. Vgl.
die Ra um etwas tanzen = sich um etwas eifrig bemühen.
Der Sinn der Lutherschen Stellen ist demnach: Weder Recht
noch eifriges Bemühen hilft zum Besitz der Braut, (oder
eines anderen Gutes) sondern das Glück.

146. Wer ehe kompt der melet ehe.

Wa II 1472 Kommen 166. Vgl. Anm. zu 191 „Das aus
dem Sachsenspiegel (II 60, 4) genommene Gleichnis von der Mühle
De erst to der molen kümpt der melet erst ist hier das spätere.
Die ursprüngliche Bedeutung liegt in dem malen = reden, so daß
der (juribische) Sinn der ist: Wer im Gericht seinen Anspruch
zuerst geltend macht, soll auch zuerst gehört werden (Sachse, Zeitschr.
f. d. Recht, Bd. 16)". DWb 6, 1455 giebt außer andern Nachweisen
auch einen für freiere Anwendung, die für Luther die Ideenverbin=
dung dieses Sprw. mit Nr. 145 hergestellt haben könnte: Mathes.
Sarepta 20ᵇ haben all ein weib, wer vor zu yhr kumpt, der
malet vor. Die Erklärung Sachse's, die nach Wa, Anm. zu 166

von Hillebrand als zu gesucht abgelehnt wird, wird DWb nicht
weiter erwähnt. — Die Verbindung mit Nr. 145 und die Stelle
aus Mathesius legen nahe, an ein Wortspiel mit mählen = ver=
loben (DWb 6, 1455) zu denken.

Scheint in Luthers Schriften zu fehlen.

147. Wer es reucht, aus dem es kreucht.

Vgl. Wa III 1680 Riechen 23 Wer's zuerst gerochen, aus dem
ists gekrochen. Anm. „In Schlesien in Bezug auf merkbar ge=
wordene Blähungen; auch: Wer's zuerst reucht, aus dem['s] kreucht.
In der wendischen Lausitz sagt man in ähnlicher Weise: Wer da
riecht, der bläst auch.“ Vgl. 22. 24. — Ich kenne das Sprw.
mit einer Erweiterung von 2 Verszeilen von der Wittenberger Volks=
schule her. Bei Luther sonst nicht nachzuweisen.

148. Frawen sol man loben, es sey war odder gelogen.

Wa I 1125 Frau 442; 443 mit dem Zusatz vnd Jungfrawen.
Bei Luther EA 23, 134, siehe oben Nr. 11.

149. Wer die nasen ynn alle winckel steckt, der klemmet sich gerne.

Wa III 951 Nase 95. Vgl. Gengenbach, Gombißt, S. 298,
V. 211 Ach ja, das wir sie nit erschrecken,
Müst jr die nasz in all dreck stecken.

NS 7, 23 Der fründ zertrag und hinderlieg
und finger zwüschen angel dieg [thue],
die werden oft geklemt darvon.

Tappius 573 und 656 hat ähnliche Sprw. vom Finger.

Nur hierzu finde ich einen Beleg bei Luther De W I 314 Nu
will ich mein Finger nicht stecken zwischen die Contrarietatem
der Determination und irrigen Händel der Conciliorum. Dazu vgl.
EA 23, 264 Darumb lasz gehen, wie es gehet; menge dich nicht
zwischen Thür und Angel.

---

150. Guter rat kam nie zu spat.

Wa III 1473 Rath 146. Vgl. NB 87, 41 Kein gütter
fundt kam nie zů spot.

Bei Luther finde ich das Sprw. nur EA 32, 16 (Heuseler 374)
Wiewohl ich nu viel zu langsam komme, nachdem Hans Schenitz
so lang zuvor erwürget ist, doch käme ich dem noch zeit gnug,
wie man spricht: Ein guter Rath kam nie zu spat.

---

151. Er bornet sich weis. helle.

Vgl. Wa I 461 brennen 30. V 147 weiß 19. 28. 29 Sich
weisz brennen wollen. Anm. „Wohl von der Feuerprobe entlehnt,
dann vielleicht auch von Asbestleinwand, die man behufs Reinigung
ins Feuer wirft". Borchardt 169 leitet die Ra ab vom Reinigen
des Erzes durch Feuer. Vgl. DWb 2, 245 u. 366: exculpare se.

Nachweise aus Luther giebt Dietz I 329 weyl sich der geyst
so hell vnd weys bornet (EA 29, 162). Daher auch das sprichwort
kompt, so man von solchen entschüldigern spricht: ey wie weis
bornet er sich; ey borne dich nicht zu helle (EA 31, 6). Bis ich
sehe, wie ihr euch bessern odder euch putzen vnd weis börnen
wöllet auff diesem reichstage (EA 24, 350) — Außerdem vgl.
Weim. Ausg. II 121, 6 Szo kummen sie dan aber und malen yn
den teuffel uber die thur, brennen sich weisz und sagen: Ey es
ist doch war, warumb solt ichs nit sagen, wan es also ist?

EA 30, 149 sich helle bornen und das Maul wischen. 32, 36 der Schalk will sich helle bornen. Der Henker weil er sich wollt rein machen. . . 44, 275 Sie verstehens aber auch, dasz Christus sie damit meine, wie sie denn am Ende dieses Kapitels sich fein weisz brennen. 45, 17 Denn er hat Kalk [zum Tünchen], kann sich weisz brennen, dasz ers nicht gethan hab. 47, 216 [die Samariter] haben sich allezeit mit Exempel der Väter beholfen und weisz gebrannt. 48, 221 dasz sie aber uns itzt verdamnen und sich dagegen weisz brennen und mit ihren Gesetzen, Gedichten, Brüderschaften und guten Werken rechtfertigen, da sagen wir Nein zu. 48, 261 wollen sich weisz brennen, dasz sie keine Schälke sind. 64, 293 Es ist umsonst, dasz er hoffet, er wolle sich damit reinigen oder weiszbrennen, wenn er einem oder zween Predigern das Maul stopfet.

152. Er hat sich verbrant.

Wa IV 1532 Verbrennen 9. Die Ra entspricht in der Bedeutung dem lateinischen Expertus metuit (Otto S. 127). Vgl. DWb 12, 171 mit 4 Nachweisen aus Luther. EA ² 18, 266 [der Teufel] hat sich an Christo verbrannt, das er nicht mehr wider ihn vermag. ² 18, 268 zeiget den Herrn Christum, den er gecreutzigt, aber an ihm angelaufen und sich verbrannt hat, dasz er ihm seinen Kopf zutritt. DeW V 177 Sagt den guten Freunden von meinetwegen (der ichs gut meine), dasz sie sich nicht verbrennen in der Sachen mit der Pfarrherrin von Nida und lassen den Rath und die grossen Leute die solchs treiben wohl anlaufen. EA 26, 112 Da haben sie sich einmal gebrannt, sie kommen nicht wieder. 51, 166 dachten, ich hab ihr so viel gefressen, ich will diesen auch fressen, da liefen sie an und verbrannten sich. 65, 25 Lasst den Brei wohl kochen, Gott wirds geben, wer ihn soll anrichten und wer das Maul dran verbrennen musz. 65, 60 Wer nicht will, so viel Mal verbrannt, witzig werden, der fahre immer zum Teufel hin.

Eine Erklärung für den Ursprung der Ra (doch nicht die einzige) giebt Luther (EA 48, 260 bis sie das Loch getroffen und zur Thür sich hinaustrollen, wie ein Hund sich aus der Kuchen trollet, wenn er das Maul verbrannt hat.

---

153. Eben heis bornet nicht.

Fehlt Wa und wie es scheint auch sonst bei Luther. Dem Sinne dürfte etwa Tappius 221 entsprechen: Aequalitas haud parit bellum .. Gleiche bürd bricht niemant den rucken. Item: Gleiche bürd helt die beste freündtschafft. Zu diesem Sprw. vgl. Agricola 75 (Egenolf 38ᵃ) Wenn gleichmessige leute an standt, an ehren, an wolfart gleiche bürde tragen, so behelt es friede, wirt aber einer vber die andern beschweret, so macht es schelhe augen, widderwillen, vnfriede vnd bricht yhm den rucken.

---

154. Er hat sich beschissen.

Wird von Jemand gesagt, der in Folge eitler Selbstüberhebung sich in lächerlicher Weise bloßstellt. — Fehlt Wa; vgl. aber V 964 Bescheißen 13 ff. DWb 1, 1560. —

NB 49, 31 Dann sy nit haben witz noch kunst
Und ist all sorg vnd angst vmb sunst,
Das er so hart hat durch hin bissen!
Und hat sich warlich wol beschissen.

Bei Luther nachgewiesen Dietz I 266 lieber Esel, lecke nicht! .. wo dir denn im Fallen ein Forz entführe, so würde doch alle Welt dein lachen und sagen: Ei pfu Teufel, wie hat sich der Papstesel beschissen! (EA 26, 127). — Außerdem vgl. Weim.

Ausg. IV 681, 27 Detractor itaque circumfert, molit et habitat in stercoribus sicut upupa semper olfatiens, ut si quis videret aliquem se stercore foedantem, diceret: Sehet, wie hatt sich der beschisszen. Cui optime respondetur: Das frisz. Quia [vere] comedit talia... EA 29, 276 Wie bethut sich doch der Geist in allen seinen Worten. 64, 337 Miritianus .. hat die Sachen ungleich angesehen und sich also beschissen in seiner Kunst, dasz wir alle von seinem Dreck bespritzt, ohn unser Schuld mit ihm müssen die Schande tragen. De W V 753 Ist Lecks Bachscheisse, unser ander Rosina und Deceptor, noch nicht eingesetzt, so hilf, was du kannst, dasz der Bosewicht sich bescheissen musse. — In der Regel braucht Luther die Ra mit Zusätzen wie Nr. 391. Zu 'sich beschissen machen' vgl. Nr. 189.

Vgl. auch EA 24, 345 Und war das nicht ein sonderlich meisterlicher Beschisz mit unsers Herrn Rock zu Trier, wie hernach dieselbe schändliche Lüge ist offenbar worden.

---

155. Er fellt vber den hund.

Wa II 887 Hund 1559; 1749 erklärt Wa die Ra Uber den Hund fallen nach Henisch 982, 19 f. und Eiselein 329 Abgewiesen werden, lat. Repulsam ferre.

War bei Luther sonst nicht nachzuweisen.

---

156. Kan widder getzen noch eyer legen.

So sagt man von Menschen, die weder im Reden noch im Handeln Geschick haben. Das Wort getzen, von Luther auch ketzen (ketzten) geschrieben, ist verwandt mit dem sonst bei ihm nachgewiesenen geken, geckzen und wird von kreischendem Geschrei besonders der Vögel (hier vom Gackern der Hühner) gebraucht. Dietz II 3 f. und 110. Vgl. auch DWb 4¹, 1516.

Wa I 1358 Gatzen; vgl. I 760 Ei 266; II 520 Henne 240;
II 1369 krähen 11 Er kann weder krähen noch gackern. Tappius
309 Neque natare neque literas nouit. He kan thütten noch
blasen. Simillimum illi: Er kan weder gatzen noch eyer legen.
Egenolf 216ᵇ setz die reichtumb vnd vngeniet jugent an wo vnd
wie du wilt, so ist vnnd bleibt sie ein nárrin, die weder reiten,
reden, gatzen noch eyer legen kan.

Bei Luther vgl. Weim. Ausg. XV 51, 12 (EA 22, 196) ist doch
eyn armer ungelerter mensch seyn leben lang blieben, der widder
zu glucken noch zu eyer legen getúcht hatt.

---

157. Wer nicht singen kan, der wil ymer.

Wa IV 568 singen 75 liest Wer nicht singen kann, der rede.
Vgl. 5 Der nicht wol singen kan, facht alle czeit vil gesanges an.
79 Wer schlecht singt, singt viel. 86 Wer sol singen, dann ders
kan. — Zingerle 79 Der lützel kan, hat schier gesungen (Diutiska
I 324).

Luther braucht das Wort wider Karlstadt EA 29, 196 So
gehts zu in der Welt, wie man spricht: Wer nicht singen
kann, der will immer singen; wer nicht predigen noch
schreiben kann, der will predigen und schreiben. Wers aber kann,
der scheuet sich und thuts ungerne.

---

158. Der esel hebt zu hoch an.
159. Hinaus singen.

Beide Ra gehören dem Sinne nach zusammen, kommen auch
öfter zusammen vor. Vgl. Wa IV 568 singen 73 Wer im Singen
zu hoch anfängt, kommt nicht aus. Egenolf 120ᵃ Also die new=
lich in ein Regiment kommen, die meynen, es soll alles nach jrn

köpffen hinauszgehn, fahens, wie der esel seinn gesang, hoch an, aber wann sie es ein weil treiben, so stossen sie die hörner ab, werden gelinder, vnd hat das lied ein esels final. 362ᵇ Mann sol alle ding mit rath vor wol erwegen, .. ob manns also hinausz bringen mag. Dann fahet mann das liedlin zu hoch an vnnd erligt im singen, so müsz man den spott zum schaden haben. 367ᵇ So mann aber das liedlin zu hoch anfahet zusingen vnnd den bogen überspannen wil, so schnellet er entzwey vnnd müst mitten im lied bestecken.

NB 86, 101 Doch hondt die geuch ein solche art,
Das keiner nit syn singen spart,
Und wil dem andern singen noch,
Das im das liedlin würdt zů hoch
Und er das nit erschryen kan.

Der Eselsgesang war von Alters her sprichwörtlich und wird auch oft von Luther erwähnt. Vgl. Otto S. 41 Asinus ad lyram. Grimm, Kinder= und Hausmärchen. Nr. 144 (Das Eselein). Reinefe Vos 5131 Fe rep, he rarde unde he sank.

Zingerle 30 Die nahtegal dicke müet
swa ein esel od ohse lüet (Freibanf 142, 9).

Vgl.: Esel singen schlecht, weil sie zu hoch anstimmen (Sim= rod 2173). —

NS 73, 21 wissen als vil von kirch regieren
als müllers esel kan quintieren.

Bei Luther Weim. Ausg. VII 676, 3 ob yhr wol soviel davon wisset, als der Esell von der Musica. EA 25, 192 Aber der Esel fing sein Lied zu hoch an und dacht, die Deutschen würden es nicht merken. 27, 110 Der Esel versteht das Saitenspiel nit, man musz ihm Disteln furlegen. 27, 258 stimpst wie der Esel mit der Nachtigall. 27, 280 so soll es einem Versifexen gehn, wenn er ein Philosophus und Theologus sein will, gleich als einem Esel

gaht mit der Sackpfeifen. 28, 354 Was ists, dasz ein Esel will
den Psalter lesen, der nur zum Sacktragen gemacht ist. 30, 224
Verstehens so wenig, als der Esel den Psalter. 39, 127 zur
Sachen geschickt als der Esel zur Harpfen. 39, 283 Das ist eben,
als wenn der Esel auf der Harfe spielen und die Sau spinnen
wollt; ihre Pfoten sind subtil und wohl dazu geschickt.

Hieran schließen sich dann die Ra EA ² 17, 339 sie werdens
ja nicht so hoch hinaussingen, wie sie es angefangen haben,
wären sie noch so kraus. 22, 269 es kost mich nicht mehr Muhe,
denn dasz ich dir zusehe, wie du ein solch hoch Liedlin hinaus-
singst. 26, 53 Das Lied wollt meiner Stimme zu hoch werden.
39, 293 f. Fürwahr, David hat das Liedlin hoch angefangen . . .
noch hat ers hinausgesungen. 39, 299 ausgenommen, dasz ers
ja nicht besser mache denn David und solch Lied ja nicht höher
singe, er wird sonst gewiszlich heisch werden und eine Sau machen,
ehe er fünf Noten erreicht. 41, 64 Also haben die lieben Heiligen
diesen Vers gesungen und müssen ihn vollend bis ans Ende
singen. 48, 192 wollen zusehen, wie sie es hinausführen, wie
sie das Lied hinaussingen, wie es die Jüden hinausgesungen
haben. 48, 231 obgleich die Pharisäer blieben hernach wie zuvor,
dennoch können sie es nicht hinausführen, denn es stehet nicht in
ihren Händen. Sie bleiben wohl in ihren Gedanken, die sie geschöpft haben, aber sie singen das Lied nicht hinaus. 48, 357
sie gedachten, das Lied ist zu hoch angefangen, er wirds nicht
hinaussingen. 49, 34 sie werdens doch nicht hinaussingen, ob
sie itzt alle noch viel böser wären. De W II 115 Schweigen werde
ich nicht und ob mirs nicht wurde gelingen, hoffe ich doch, ihr
Bischöfe sollt euer Liedlin nicht mit Freuden hinaussingen. II 422
Aber diesem Prediger mangelt, dasz er zu hoch anhebt und wirft
die alten Schuhe weg, ehe er neue hat.

160. Haſtu eingebrockt, du muſts ausſeſſen.

Schließt sich dem Sinne nach an Nr. 159 an. Die Ra ist alt, vgl. Otto S. 175 tute hoc intristi, tibi omne exedendum est (Ter. Phorm. 318). Tappius 314 Heffestu eth in gebrocket, so moestu eth all vyth ethen. . . Heffstu wol gekochet, so machstu wol anrichten. Egenolf 87ᵇ Den brei hast du dir selber kocht, isz jn ausz. Wa I 457 Brei 6 ff. I 781 Einbrocken 1 ff.

Bei Luther, Seidemann, Lauterb. Tgb. 124 hat ers wol hinein geprockt, so mag ers wol hinaus furenn. Weim. Ausg. V 244, 11 Du richst eyn ungluck an, da vuirstu zuschaffen haben. Et prouerbialiter: Du prockist eyn, und vuirsts schuerlich ausessen. De W IV 372 ich merke an den Herrn von Bayern wohl, dasz sie gerne einbrocken wollten eine suppen, die ein ander sollt ausessen. IV 383 Sie können leicht klug satt seyn, Unglück anzurichten, aber doch dasz wir nicht drein bewilligen: sie mögens ausessen, brocken sie zu viel ein. — Vgl. auch EA 31, 268 Kocht ers gut, so wird ers gut essen. 26, 237 Hie wollten sie den Brei einmal anrichten, daran sie so viel Jahre so ängstlich gekocht haben. 29, 207 hat den Brei längst in seinem Herzen gekocht und nie kunnt anrichten.

---

161. Er taug fur alle hunde nicht.

Die Ra wird in der Regel unperſönlich gebraucht im Sinne von prandium caninum (Otto S. 72) und dient als eine Verſtärkung des einfachen Das taug nicht (EA 25, 227). Vgl. Wa II 881 Hund 1405 Das ist dem Hunde zu schlecht. 1709 Kein Hund fräsz es, wenn mans ihm vorwürfe.

Bei Luther EA 48, 155 aber was sie thun, unangesehen, dasz es nicht für die Hunde taug, ja zum Teufel zugehöret, das ist also heilig und köstlich Ding, das alle ihr Böses zudeckt. —

Sinnverwandt ist EA 39, 310 zu Nichts gut gewest wäre, denn dasz man ein Wehr damit hätte geschützt oder Graben ausgefüllet, wie wohl auch solche Ehre ihm zuviel gewest wäre. — Für die persönliche Anwendung der Ra fehlen mir Nachweise aus Luther.

---

162. Rüme dich rüplin, dein Vater ist ein kolwürm.

Kohlwurm ist eigentlich Raupe des Kohlweißlings, dann Raupe überhaupt (DWb 5, 1599). Luther braucht die Ra von den Sacra= mentsschwärmern, insbesondere von Karlstadt EA 29, 275. Diese Stelle hat Mathefius im Sinne (VII. Predigt) S. 141 Wie er auch der Schwermer spottet, die eyttel rhumen fürgaben, mit dem alten sprichwort: Rhûme dich Reuplein, dein Vatter war ein Kolwurm. — Wa III 1508 (Räuplein) weißt die Ra nach aus Schuppius, Schrif= ten I 850. Vgl. auch Höfer 1291 Rühm dich nicht, Räuplein, sagte der Maikäfer zur Raupe, dein Vater war ein Kohlwurm. —

Offenbar wird mit dieser Ra das Berufen auf angeblich be= rühmte Vorgänger verspottet, die in Wirklichkeit so wenig werth sind als ihre Geisteskinder. Eine Beziehung auf Teufelskinder, wie sie DWb 5, 1599 in der Ra findet, scheint mir zu gesucht. Der Ra liegt eine auf ungenügender Naturerkenntnis beruhende Volks= anschauung zu Grunde, die noch jetzt verbreitet ist und z. B. in Wittenberg und auch anderwärts beim Volke dem Kohlweißling (und seiner Raupe) den Namen Raupenscheißer eingetragen hat. Die Raupen werden nämlich häufig von einer Schlupfwespe heim= gesucht, die ihre Eier in sie hineinlegt. Die auskriechenden Larven leben schmarotzend in der Raupe, verlassen sie aber, sobald sie aus= gewachsen sind, und ihre kleinen gelben Cocons umgeben nun deren Leiche. Diese Cocons sieht aber das Volk wieder für Raupeneier an. Daß Luther diese Volksanschauung theilt, geht aus dem Schluß folgender Stelle der Tischreden hervor, Lösche, Analecta Nr. 476:

Papilio ita generatur; erstlich ist es eruca, ein raupe, henckt sich an ein wanndt, gewindt ein heuslein — undt kreucht ein papilio heraus; wen er nun sterben will, setzt er siech auf ein baum oder [blatt und druckt ein langen tractum eier vor sich, daraus werden] eittel raupen; also ist es generatio reciproca. Es ist eine raupe erstlich und wirdt wiederumb eine raupenn. Aber varia genera erucarum hab ich in dem garden gefunden, das ich glaub, das mir sie der Teufel hab herein gefueret. Erstlich habens gleich als hörner in der nassen; aber es sein eigentlich die schwermerey; den die rauppen habens schöne sylberne, guldene strimen, scheinen hübsch; inwendig seindt sie vol giefft unndt, wen sie sterben, lassen sie viel eyer hinder sich unndt wirdt aus einer viel; sic et Schwermerey. Vgl. auch De W IV 545 Ideo in ipsum [den Erasmus] urgendus est impetus, qui ceu papilio in hortum Ecclesiae tales cacavit erucarum copias; es ist ut Saxones nominant Schietrupe.

Verwandt ist EA 48, 272 wenn es Christus will rühmen, er sei das Licht der Welt, da saget man balde: Rühme dich Kräut= lin, deines Uaters Kohl wäre gerne grosz; und es musz allda ein böser Ruhm sein.

---

163. Wie du wilt vogelin, wiltu nicht essen [so stirb].

Um einen Vogel kirre zu machen, wird ihm bestimmtes Futter und kein anderes vorgesetzt. Da heißts: Friß Vogel oder stirb (DWb 4¹, 133). — Wa IV 1675 Vögelein 35. IV 1647 Vogel 37; 519. I 1162 Freffen 26. Simplicius I 337, 10. II 303, 14 Ich dachte, jetzt heisst: Frisz Uogel oder sterb.

Bei Luther in Annot. in aliquot cap. Matth. (c. 11, 17) Du wilt nicht hernach, so bleib dahinden. Umb deinen willen wil ich hie nicht bleiben. Wie du wilt Uógelin, wiltu nicht essen, so stirb (Tom. lat. Viteb. V 28ᵇ).

---

164. Taus es hat nicht, Ses Zinck gib nicht, Quaterdrey halten vns frey.

Durch die Augen des Würfels werden die drei Stände (6 + 5 = optimates, 4 + 3 = medii, 2 + 1 = servi) bildlich angebeutet. Vgl. DWb 2, 854

> Taus es wart, daz ir icht verslast
> und weichet nicht von kotter drei,
> die werden euch daz spil gewinnen
> ses zinck die wonen euch nicht bey.

Rosenplüt, Nürnberger Rais 24. 108. 284. 403.

> Dausz esz hat nichts,
> sesz zink gibt nichts,
> quater drei musz herhalten.

Das ist, der Mittelstand auf Erden musz sich am meisten leiden in allen Auflagen. Unio pauperior Codro est ut binio egenus: senio nihil confert: quinio nihil tribuit. Henisch 665. Stieler 388.

Luther hat den Spruch als Randgloffe gegeben zu Nehemia 3, 5; vgl. Dietz I 119 = EA 64, 65. Die letzte Zeile heißt hier:

> quater drey die helffen frey.

Der Sinn ist: Die Armen können nichts geben; die Reichen wollen nicht; so thut es der Mittelstand. — Ein Anklang an den Spruch findet sich EA 23, 314 Was nichts hat, giebt nichts.

165. Aus den augen, aus dem hertzen.

Wa I 170 Auge 26; vgl. 25. — Zingerle S. 15

Uz den ougen ist uz dem muot (Heinzelin Ritter 288).
Ach, lieb, ez lit ein gemeinez wort,
verborgen uf mins herzen port,
daz sprichet also, frowe min:
sicht uz ougen, der ist uz muot (Liedersaal XII 18).

Tappius 203 Non sunt amici, amici qui degunt procul. . .
Fern aus den augen, fern aus dem hertzen. Egenolf 140ᵇ Ansehen
thût frewen. Was das aug nicht sihet, beschweret auch das hertz
nit. Die liebe kompt von sehen. Man spricht: Ausz den augen,
ausz dem sinn. So musz folgen: In den augen, in dem sinn. —
Das Sprw. entspricht dem der Alten Prop. 3, 21, 10

Quantum oculis, animo tam procul ibit amor (Otto S. 250).

Anspielungen auf das Sprw. finden sich bei Luther Dietz I 154
ich sehe wol, das es wil not sein, das man jmer anhalte euch
zuuermanen, des das ich euch erstlich gepredigt habe, das jr euch
nicht lasset dasselbe aus den augen setzen noch aus dem hertzen
nemen durch ander predigt vnd lere (Das 15. Cap. der I. Ep.
Pauli an die Cor. Bjᵇ). EA 15, 205 Also müssen wir . . . alle
Dinge aus den Augen und aus dem Sinne schlagen, was nicht
Gottes Wort ist. ² 18, 209 Wenn sie nur den Leuten aus den
Augen sind . . und gar abgescheiden und vergessen sind von
aller Welt.   29, 142 Wo sie aus dem Herzen sind, thun sie fur
den Augen keinen Schaden.   38, 423 Wie die Toten sind, die
gar aus den Augen und Sinnen kommen sind. 50, 175 aus den
Augen gethan und aus dem Weg geräumt.

166. Stos dich nicht.

Wa IV 885 stoßen 17; vgl. 15 Ar het si g'stoss'n. (Franken)
Anm.: „Sehr geirrt". — Sich stoßen = sich irren, beim Zählen
oder Rechnen, auch: sich erbrechen (Schmeller, BWb II 789).

In Luthers Schriften kann ich die Ra in diesem Sinne nicht
nachweisen.

---

167. Man kennet den fogel bey den feddern.

Wa IV 1660 Vogel 333; vgl. 57. Gleichbedeutend ist die
ebenso häufige Ra 62 Den Vogel kennt man am Gesange,
den Hasen am Klange, den Menschen am Gange, den Esel an
den Ohren und am Gesang den Thoren. 63 ff. 334 ff. — Vgl.
auch 456 Wenn man die Vögel nicht an den Federn erkennt, so
kennt man sie am Gesange. Egenolf 92ᵃ Mann hört am gesang
wol, was für ein vogel. 302ᵇ Mann sihet ann federn wol, was
für ein vogel, ob er gleich nit singt.

Auch bei Luther wird Gesang neben den Federn im Sprw.
gebraucht. Weim. Ausg. VII 271, 20 (EA 27, 206) Ich aber hab
gegenn yhm ein forteyll, darff niemandt anzeygen, was er fur
eynn fogell sey, man kennet yhn bey seynem gesang und feddernn:
wie sein gerücht reucht, szo lautten auch seyne buchle. Weim.
Ausg. VII 664, 26 (EA 27, 278) Nur ein stuck lessit yhn gott nit
zu decken, da regen dem Esel die oren erfur, das ist, er achtet
das gottis wort nit, predigts auch nit, hatt gnug, das man seyn
lere predige; an dem gesang erkennet man, was er fur ein vogel
ist. EA 15, 139 Darum, wenn man eines Menschen Worte hört,
so spricht man: Ich sehe wohl, was dieser im Sinne hat. Item:
Ich höre am Gesange wohl, was du für ein Vogel bist.

---

168. Hunde hincken,
Frawen wincken,
Kauff man schweren
da sol sich niemand an keren.

Hunde haben bisweilen ein verstelltes Hinken (DWb 4², 1914). Daher das Sprw. Wa II 827 Hund 202 Der Hund hinket, wenn er will. II 666 Hinken 2 Auf das ˙Hinken der Hunde und die Thränen der Frauen ist wenig zu bauen. — II 819 Hund 33

An der hund hincken,
huren (buhlschwester) wincken,
frawen weinen vnd krämer schweren
sol sich niemand (kein weiser an) keren.

Hier werden auch noch weitere Varianten dieser verbreiteten Priamel nachgewiesen.

Aus Luthers Schriften fehlt mir der Nachweis. An die dritte Zeile wird man in einer andern Priamel aus den Tischreden (Aurifaber, 1566, Bl. 623ᵇ) erinnert:

Glaub keinem Wolf auf wilder Heid
Auch keinem Juden auf sein eid
Glaub keinem Bapst auf sein gewissen
Du wirst von allen drein beschissen.

169. Wer hellt wenn er hat,
Der findet wenn er darff.

Vgl. Wa II 287 halten 63 Wer helt, wenn er hat, der nimbt (findet) wenn er (be)darff.

Bei Luther EA 2, 180. — Ein verwandtes Sprw. braucht Luther De W IV 292 aber es will dünne werden, und stehen nicht grasedicke solche Prediger, dasz man wohl mag sagen, wer was hat, der behalte es. — Verwandt ift der Spruch, den Mathefius aus Luthers Pfalter mittheilt (XII. Predigt) S. 295

Weistu was so schweig,
Ist dir wol so bleyb,
Hastu was so halt,
Unglück mit seinem breyten fusz kombt bald. —

Dieser Spruch wird auch angeführt im Fauftbuch (Neubr. S. 111). — Vgl. 1. Mof. 33, 9 Behalt was du hast.   Offbg. 3, 11 Halte was du hast.

---

170. Hüt dich fur kan nicht.

Kann nicht = Kannnichts, Nichtswiffer, idiota, mit dem alten nicht = nichts (DWb 5, 168).   Wa II 948 hüten 60 und DWb wird die Ra nachgewiesen aus Luthers Tifchr. 258ᵇ (194ᵇ). Dazu vgl. EA 31, 24 so ist Christus auch noch König und Herr auf Erden, ob er sich gleich schwach stellet.   Aber hüt dich fur ihm, denn es heisst wahrlich: Hüt dich fur kann nicht, und stille Wasser sind tief, die rauschende Wasser sind nicht grausam.

---

171. Hüt dich wenn der blode kun wird.

Blöde = schwach; unerfahren, furchtsam, feige (DWb 2, 139). Ein Nachweis dieses dem vorigen verwandten Sprw. ist mir sonst nicht gelungen.

---

172. Wenn die alten hunde bellen, sol man hinaus sehen.

Vgl. Tappius Nr. 423 Wann der alte Hund bellet, so soll man auff sehen, oder ausz sehen ... hoc est: Nequaquam negligendum quoties senes periculum cauendum admonent.

Thiele, Luthers Sprichwörterfammlung.   12

Canes enim uetuli non latrant temere, quemadmodum iuuenculi.
Translatum a canibus excubatoribus. Wa II 867 Hund 1138;
vgl. 1149. 1012. 1056. 1137 Wenn die alten Hunde bellen, so
sollen die jungen billig aufmerken.
Scheint sonst bei Luther zu fehlen.

173. Wo die hunde bellen, ists dorff nicht wust.

Wa II 876 Hund 1327 liest weyt. — Vgl. III 1737 Roß 139
Wo weder Rosse wiehern noch Hunde bellen, da ist schlechte
Wohnung. — DWb 1, 1451 „Man könnte sagen, in früher Vor=
zeit ersetzte dem nahenden Wandrer das Gebell der Haus und Hof
bewachenden Hunde den aus der Ferne ihm entgegenschallenden
Glockenklang".
Nachweise aus Luthers Schriften fehlen mir.

174. Aus lerer tasschen ist bose gellt zelen.

Wa IV 1035 Tasche 5; vgl. 3. 4. 16. 20. 24. 25. III 1816
Sack 188 Wer kan ausz lehren seckeln geld zehlen? II 1712
Kunst 71 Es ist kein Kunst Ziegen in Multen baden; aus ledigem
Beutel gelt zahlen ist ein kunst.
Bei Luther nachgewiesen Dietz II 60 Wie? wolt yhr fastnacht
spiel ausz dem ernst machen? Heyssett mich trinckenn unnd ich
klopff an die kann, das yhr einschenkt; lieben brüdern, trinckt
yhr ausz ledigen kandeln und tzelett gellt ausz leren ta=
schen? Die Kunst hab ich noch nit gelerett (EA 27, 299; Weim.
Ausg. VII 681, 33 ff.). Ferner EA 39, 299 sie wöllen thun, dazu sie
von Gott nicht geschaffen sind; wöllen springen, da sie nicht
gehen können und aus lediger Taschen Geld zählen und
dergleichen Gauckelwerk treiben. 38, 93 Aus einem ledigen

Beutel Geld zählen, aus den Wolken Brot backen, das ist
unsers Herrn Gottes Kunst allein, und er thuts dennoch täglich.
Vgl. EA ² 19,219 wo wollen wirs nehmen, das wir thun sollen?
Ich soll Gott furchten; aber sage, wo ichs nehmen mag? Wenn
du mir gäbest, was ich im Beutel haben soll? Du sprichst, ich
soll trinken, aber was soll ich aus ledigen Kandeln trinken?
41, 62 Den Teufel spotten mit der leren Taschen, gleichwie jener
arme Hauswirt den Dieb spottet, den er bei Nacht in seinem
Hause ergreif und sprach: Ach du törichter Dieb, willt du bei
finstrer Nacht etwas hierin finden und ich kann bei lichtem Tage
nichts hinnen finden?

Das Sprw. geht offenbar auf ein Kunststück der Gaukler zurück.

---

175. Reuff mich in der hand.

Wa V 1671 Raufen 9; vgl. II 293 Hand 13 (= 256) Aus
flacher Hand kann man kein Haar rupfen. 658 Einem in der
holen Hand raufen. III 1506 Raufen 1. 2 Es ist bös reuffen,
wo kein Haar ist. 3. 4 Man musz raufen, wo Haar sind. —
SB 10, 1. — Dazu vgl. die Ausführungen von Klaiber und
John Meier, ZfdPh 26, 34 u. 27, 60.

Die Verwandtschaft mit der vorigen Ra zeigt EA 41, 62 Was
suchst du Teufel? Suchst du gute Werk und meine eigen Heiligkeit zu tadeln fur Gott? Ja, ich habe doch keine; meine Macht
ist nicht meine Macht. Lieber reuf mich in der Hand oder
zähle Geld aus ledigem Beutel! 23, 314 soll ein Christ
geben, so musz er zuvor haben; was nichts hat, das giebt nichts. . .
Darum da der Herr Christus gebeut zu geben, so gebeut ers freilich denen, so da haben und zu geben Vermögens sind. Sonst
heisst: Räuf mich in der Hand. — Auf diese Ra scheint Luther
anzuspielen De W II 207 Die Reichen soll man im Beutel räufen.

12*

EA 64, 256 Sie halten an dem Papst und schützen ihn, aber sie räufen ihn wohl, dasz er musz blosz werden und die Güter verlieren.

_____

176. Wenn man das ferkel beut, sol man den sack zu halten.

Vgl. Wa V 1692 Sack 347 Man musz den Sack aufhalten, wenn das Ferkel geboten wird. I 982 Ferkel 11 ff. — Ferkel muß man beim Kauf schnell in den auf= oder (her)zugehaltenen Sack stecken, sonst laufen sie fort und sind schwer wieder zu kriegen. So muß man eine gute Gelegenheit entschlossen ergreifen.

Bei Luther einmal nachgewiesen Dietz I 655 wenn man einem das fercklein beut, so soll er den sack auffhalten (Tischr. 436ᵇ). — Dazu vgl. De W II 679 Dicta sunt: Nocuit differre paratis. Et periculum in mora. Nachtfrist, Jahrfrist. Qui non est hodie cras minus aptus erit. Ubi consulueris, maturato facto opus est. . . Et Germanice: Wenn Gott grüsset, soll man danken. Item: wenn man das Ferkel beut, soll man den Sack herhalten.— Verwandte Ra EA ²17, 374 Du sollst .. warten was dir Christus hie anbieten will. Lauf doch nicht davon, halt den Sack auf und nimm nur viel von ihm. ²18, 16 So sehet nicht, was euch zustehet euers Verdienst halben; haltet nur den Sack auf und nehmet, das er euch giebet und gern geben will.

_____

177. Hut dich fur den katzen, Fornen lecken, hinden kratzen.

Wa II 1179 Katze 260; vgl. 240. 802. II 16 Gott 229 Gott bewahre mich vor den Katzen u. f. w. Tappius 317 Es seind böse katzen, die für lecken vnnd hinden kratzen. Egenolf 209ᵇ.

296ᵃ. Dann disz seind die schädlichsten feind, die eins frölichen
ansehens vnnd traurigen hertzens seind. Ja herrn, die vor augen
süsz, zuruck bitter seind, Vornen lecken vnd hinden kratzen.
Zingerle S. 80 (vgl. S. 185):

> Sy tuet gleich als die chatz,
> Die voren leckt vnd hinden chratzt (Vintler 8662).

RS 39, 16 Es wil ietzt rätschen ieerman
und triben solche koufman schatz
Die vornen leck und hinden kratz.

Luther hat das Sprw. durch Zusatz der ersten Reimzeile in der
Handschrift erst nachträglich ergänzt. Vgl. EA 52, 165 Denn Jedermann klagt über die falschen Leute, deren die Welt allzeit voll
ist, die sich wohl freundlich stellen mit Worten und Geberden und
meinen es doch mit dem Herzen nicht, wie das Sprichwort lautet:
Gute Wort und nichts dahinter. Item: Hüte dich vor den Katzen,
die voren lecken und hinten kratzen. Anspielungen finden sich
EA 32, 69 [Agricola] küsset und herzet mich also vorn zu aufs
Allerfeinest, hinterwärts aber ist er unser Feind. Vom 'Kätzlein
adulatio' redet Luther ausführlich 39, 339 Nu ich will und kann
nicht mehr davon wissen, denn dasz der Meloschni (so lauts im
Hebräischen) Zungendrescher oder (auf deutsch) Wäscher soll und
und musz ein fein Kätzlein sein, das vorne lecken und hinten
kratzen kann. 21, 215 Siehe da, wie weich Haar hat das Kätzlin;
wer dächts, dasz also scharf Klauen und Zungen in der glatten
Haut stecketen? 32, 16 denn ich kenne das Kätzlein wohl [Kar-
dinal Albrecht], pavidum et saevum ingenium. Es hat einen
überaus glatten Balck und weiche Cappen, aber versuchs und er-
zürne es, so sollst du das Kratzen erfahren.

178. hut dich fur dem vogel, Der den schnabel auff dem rucken tregt.

Das Sprw. warnt vor hinterliftigen Leuten. Wa II 947
Hüten 28 lieft für den Uogel. Vgl. IV 1670 Vogel 603 Es sind
Uögel, die den Schnabel auf dem Rücken tragen. Philander
(7. Geficht) S. 651 fchildert diefe Art von „Vögeln": Die Diffaman-
ten, Lâsterer und Schmähvôgel, die rechte Ehren diebe, Raub-
vôgel eines guten Namens, welche ihrem Nächsten hinderwers
eines anmachen, doch gute Wort ins Maul geben, ihn einhauen,
verliegen und betriegen. Auch DWb 9, 1143 aus Kirchhof, Wendunm.
(Öfterley) I 280 hör aber du Schmähvogel, der du singst, wie
dir der Schnabel gewachsen ist. — Das natürliche Vorbild diefes
„Vogels" fcheint der Skorpion zu fein, vgl. Zingerle S. 138

> Si tuont also der scorpio,
> der lecket vor, und ist ouch vro,
> so er sich balde richet,
> und mit dem sweife stichet (Boner 91, 67).
> Der tarant smaicht mit den augen ser,
> vnd mit dem swancz so hekt er (Vintler 2400).

Vgl. fliecht poeser weibe glantz!
> bedenckt inwendig ir gestalt,
> vergifftig ist ir swantz (Wolfenftein 110, 3, 14).

Man fagte fonft von den Schlangen, daß fie das Gift im
Schwanze tragen, vgl. Philander (4. Geficht) S. 187. Ferner ift
Schnabel der am Rücken einer Mönchskutte herabhängende Theil.
Daher Pauli, Schimpf und Ernft (Öfterley) 49 ein münch in einer
kutten hat den schnabel auf dem rucken (vgl. DWb 9, 1146).

Bei Luther findet fich auch gelegentlich der Igel erwähnt, der
mit den Stacheln, die er auf dem Rücken hat, den Hunden blutige
Schnauzen einträgt, als ein Sinnbild von Menfchen, vor denen

man sich zu hüten habe. Vgl. z. B. das Citat DWb 4², 2044 nach Tischr. 224ᵇ. — Die obige Ra kann ich sonst bei ihm nicht nachweisen.

179. Fewr bey mir holen.

Vgl. Wa V 1262 Feuer 433 Arme Christen müssen der Welt schabab und kehricht seyn vnd Jedermann wil bey jhn Fewer holen (Mathesius, Historia Jesu XLIXᵃ). I 1007 Feuer 385 Fewer an einem holen (Mathesius, Sirach 381ᵇ).

Die Ra finde ich bei Luther nur EA 64, 92 [Glosse zu Pf. 82, 7 vom Zank] dasz Jedermann zu uns Ursache sucht, uns zwackt und Feuer bei uns holet.

180. Hunde sehr bellen, die beissen nicht.

Vgl. Wa II 832 Hund 303. Das Sprw. findet sich dort noch oft in allerlei Varianten. DWb I 1451 weist es mehrfach aus Geiler von Keisersberg nach. Schon bei den Alten galt als sprw. canem timidum vehementius latrare quam mordere (Otto S. 70).

Nachweise aus Luthers Schriften fehlen mir.

181. Du wirst den wirt dort auch da beym finden.

Wa V 284 Wirt 153; vgl. 12. 42. 95. 104. III 1466 kom-men 20. 105. 214. III 1867 Satan 5 Der Satan ist Wirt in der Welt, den findt man immer daheim. Tappius 240 Du lauffest wa du wilt, du wirst alle zeit den würdt daheime finden. Agri-cola 715 (vgl. Egenolf 290ᵃ) giebt eine längere Erklärung, deren Anfang und Schluß mit dem mannigfaltigen Gebrauch der Ra bei

Luther ziemlich übereinstimmt: An allen ortten wirstu leüt finden, die es machen, wie sie es gelustet, vnnd nicht wie du wilt, es wirt dir doch nirgent allweg nach deinem willen gehen. Und also sagen wir zů denen, die nyrgent bleiben, die niemant leiden, die nichts vertragen wőllen noch kőnnen, die yhre sach verbessern wőllen an andern orten: Zeüch hyn, lieber geselle, wo du hyn kommest, da wirdt der wirtt da heymen sein, du wirst an allen enden finden, das dir nicht gefellet. . . Ettliche deutten disz wort dahyn, dasz es sey eyn kundschafft von der reichen gnad gottes, als: Wo du hyn kumpst, da ist Got, vnnd du wirst von Gott an allen ortten geschützet vnnd gehandthabt, der wirtt ist allweg daheym, der dein acht nimpt, aber ich halt es sey zuweit gesucht. Sonnst brauchen wirs auch also, dasz sich eyner selbs erinnert, wie er sich eingezogen halte vnd leide an eynem orte so mere als an eym andern, er musz doch leiden, denn wo er hyn komme, da ist der wirtt daheymen.

Der Sinn, den Luther in das mannigfach abgeänderte Sprw. hineinlegt, ergiebt sich überall aus dem Zusammenhang leicht von selbst. EA 48, 119 Aber lasz Annam und Kaipham und ihres Gleichen immerhin passieren, sie werden ihren Wirt bald finden. 39, 153 Denn der Wirth, der daheimen ist (wie gering das Haus ist), der bezahlets alles. — Oft wird Gott als der Wirt gesetzt, z. B. 39, 297 mag Geduld haben und gedenken, dasz Gott nicht daheime sei und seine Gnade demselbigen Lande entzogen habe, die Sünde zu strafen. 35, 371 Es gehe mir, wie es wolle, so ist doch Gott daheime. 36, 71 Wenn aber ein böse Jahr kommt . . so ist kein Gott mehr daheime. 42, 74 Waren sie [die Schlösser im Bauernkriege] nicht feste genug? Freilich, aber es feihlet an dem rechten Bauherrn und Schutzherrn, der war nicht daheim. -- Aber auch der Teufel ist Herr und Wirth der Welt. EA 33, 268 Wo man hinkömpt ist der Teufel daheim. 42, 322 Der Teufel ist ein Mörder, Lügner oder Verführer, das hat er im Papsttum

an uns redlich beweiset, wie er denn itzt wiederumb anfähet durch
die neuen Geister und Rotten. Wo Gott nicht daheim ist, da
gehets also. — De W IV 433 er [der Teufel] ist der Wirt in der
Welt und die Welt ist sein Haus; darumb, wo man hinkömmet,
da findet man den scheuszlichen Wirt daheime. — Hierzu vgl.
EA 30, 159 Sollen wir zu ihn treten, so müssen sie wahrlich
solche Ärgernisz der Uneinigkeit wegthun . . sonst scheuen wir
uns ganz billig und sagen: Der Teufel ist in der Hecken. Dietz
I 387 der teufel lies sich auch warlich daheimen finden [war nicht
säumig] mit morden durch die tyrannen, mit Lugen durch die
Ketzern (EA 32, 186). — Allgemeiner, meist verneinend gebraucht:
EA 39, 280 [Von Regenten] Darumb spricht man auch auf deutsch:
Er ist der Mann nicht. Item: der Wirt ist nicht daheim. — Hierzu
vgl. De W II 302 Er wird nicht lang hie bleiben, acht ich wohl,
denn er seines Gleichen oder Meister wohl finden wird. III 548
Darumb der Meister nicht daheimen gewest ist, der dir solchen
Vertrag gestellet. EA 30, 159 Wenn will aber auch Antwort ge-
fallen, wie die Uneinigkeit in solcher Manchfältigkeit aus dem
heiligen Geist komme? Hie ist niemand daheime. EA ^{2} 20 I 63
Die falsche Liebe saget einen guten Morgen und wenn sie dem
Nähesten helfen sollen, so ist niemands doheim. 36, 279 Auf
einen Tag lernen sie Gesetz und Evangelium gar aus . . aber im
Treffen, in der That und Beweis ist Niemand daheime. 43, 213
Aber wenns zur Not kommt, da man andern helfen soll, da ist
Niemand daheim. 44, 71 Wiederumb wer unförmlich von etwas
redet, do schleusst man balde, es sei der Meister nicht daheime.
44, 174 Er findet allhier den Mann nicht, den er suchet. 48, 77
Bald leget sich das Cantate und ist Niemand daheime. 43, 79
Sich Niemand daheim finden lassen. De W V 506 Ich will, ob
Gott will, mich daheimen lassen finden.

Sinnverwandt ist EA 22, 270 Es ist nie einer so böse gewest,
er fand noch einen bösern. 25, 303 Er fand den Rechten.

182. Wer nicht brot essen mag der wandere.

Wa V 1063 Brot 539 ließt wander. — Das Sprw. ist dem vorigen verwandt, denn man sagt, Tappius 347 In andern landen isst man auch brodt. Das kann ein Trost sein für den, der die Heimat verlassen muß. Vgl. Wa I 469 Brot 10. 11 Annerwegen ward ok Brod backt. 114 Es ist anders wo auch gut Brot essen. 127 Fremd Brot schmeckt wohl. Hier aber soll der mit der Heimat Unzufriedene gewarnt werden, von dem es heißt Wa I 482 Brot 373 Es ist ihm kein Brot gut genug. Denn vgl. Wa I 470 Brot 39 Brot mit fremdem Messer geschnitten, schmeckt nicht gut.

War sonst bei Luther nicht nachzuweisen.

183. Auff nadlen gehen.

Wa III 858 Nadel 35. — Vgl. DWb 7, 250 Auf Nadeln oder wie auf Nadeln gehen, sitzen; mit Nachweisen aus Pauli, Schimpf 132ᵇ; Frisch 25ᵇ. — Ähnlich: Auf Kohlen gehen, sitzen. Das Gegentheil ist Nr. 49 Auf Rosen gehen.

Nachweise aus Luther fehlen mir.

184. Es ist ein sack. balck.

Vgl. Wa III 1818 Sack 238 Die faulen Secke (Waldis I 76, 7): „Von trägen Mägden gesagt." 242 Ein Sack bleiben (Murner, NB 12): „Von Frauen zweideutigen Charakters." Vgl. auch NS 6, 65 Die andern henken an sich säck. — Wa V 892 Balg 18 Einen Balg für eine Jungfrau finden.

Beide Ausdrücke braucht Luther 1. für die thierische und menschliche Haut, dann für Leib überhaupt, 2. für unzüchtige,

schlechte Weibs= (auch Manns=) Personen. Zu Balg giebt Dietz
I 203 fünf Nachweise. Siehe unter 2.

1. wir müssen vns also mit dem alten Balge schleppen und
martern, bis wir an jenem Tage gar geistlich fleisch werden (De W
IV 687). In demselben Sinne braucht Luther bekanntlich Maden=
sack oder Sack sehr häufig neben 'Balg', z. B. EA 41, 53 müssen
ihren Gottesdienst einem Madensack und Stankbalg erzeigen. 43,
286 unser eigen Fleisch ist der alte, faule Sack. 46, 121 Der
Sack den ich am Halse trage, Fleisch und Blut, zeuhet mich
herunter. 49, 33 Uerlieren wir aber, so verlieren wir den Sack,
so wir am Hals tragen, das ist nicht meh als die Hulsen ver=
loren. 49, 320 diesen Sack am Hals tragen. 30, 8 den armen
Madensack, meinen Leib. 40, 269 fürchten, der Madensack und
der Brotkorb müsse Schaden leiden. 15, 124 Er [Christus] hat sich
niedergelassen in diesen Sack, unser Fleisch und Blut. 44, 226
wir armen Schlammsäcke.

2. mancher sich lesset so blenden, der ein recht schon frum
weib hat, das er jr gram wird vnd sich henget an einen scheuslichen
schendlichen Balg (EA 43, 109). vnd hat sich funden, das sie
eine beschmissene Braut, ja eine verzweiuelte hure vnd böser balck
gewest ist (32, 130). er nimpts, wo ers findet, offt einen garstigen
balck fur sein schönes weib (64, 178). wenns eine heydin, als
die Henea Syluia oder sonst ein böser balck gewesen (Tischr. 25ᵇ).
eine erzhure verzweifelter balg vnd lügensack (De W V 625).
Dazu vgl. EA 43, 51 schicket er einen alten Balk zu dem Weib.
² 17, 456 so sind auch die huren schändliche, unreine, schädliche
Bälge. 18 ², 100 Wie man wol solche Narren gefunden hat vnd noch
jmerdar findet, Die jre schöne Weiber verlassen vnd sich etwa an
vnfletige, garstige Secke gehengt haben.

Noch allgemeiner gebraucht, auch in scherzhaft kosender Weise,
EA 46, 142 Also spricht die Mutter auch zu ihrem Töchterlein:
du Hürlin, du Sack, du Mähre! Das ist eitel köstlicher Zucker

und süsser Honig. Spräche sonst Jemand diese Wort, so wären sie eitel Gift, eitel Tod vnd Mord. De W IV 132 Grüsse unsern lieben Sack. Weim. Ausg. VI 218, 20 hengen dem Drecksack [= Kinde] Golt an den hals, er kan kaum gehen. EA ² 17, 456 Will sie [die Magd] aber gut thun, so musz sie zu ihr selbst sprechen: Du fauler Sack, heraus und thu, was deine Frau gebeut. 32, 361 solchen theuern Mann [Kaiser Friedrich Barbaroſſa] soll solcher unflätiger Wanst, fauler Bauch, garstiger Balg und schnöder Sack, der kein Bischof noch einiges Amt in der Kirchen hat (denn Papsttum ist vom Teufel, wie wir wissen), mit Füssen treten, dem er nicht werth wäre die Schuh anzuziehen.

Abgeleitet davon iſt balgen und ſäcken = einen Balg und Sack ſchelten Dietz I 203 die kunst kan auch ein angst ertzhure auff der gassen, wo sie eine ehrliche jungfraw balget, secket, huret vnd bubet (EA 26, 6).

---

185. Am ramen gespannen tuch **vnd** gedancken anschlegen **gehet viel abe.**

Der Sinn iſt: Mit unſeren Gedanken, Anſchlägen und Plänen geht es wie mit geſpanntem Tuche, das vor der Verarbeitung ge=netzt wird und dabei einläuft. Erfolg und Ausführung bleiben in der Regel hinter unſern Erwartungen und Abſichten zurück. Vgl. Wa I 1393 Gedanke 1 (2. 3.) An Gedanken gehet viel ein (abe) wie am rohen (geneeten, gespannten) Tuche. I 97 Anſchlag 1 An Anſchlägen geht oft viel ein wie an rohem Tuche. IV 1352 Tuch 5 An gespanntem (grauem, rohem, ungenetzten) Tuch und Anſchlägen geht im Jahre viel ab. 6 An Tuch und Worten geht viel ein. 44 Von drei Ellen Tuch läuft immer eine ein, sagte der Schneider. —

Ram, Rame iſt nach Schiller=Lübben 3, 417 mnd. das ge=ſteckte Ziel; Feſtſetzung, Beſtimmung, Beſchluß, Abſicht. Vgl. auch

Lexer 2, 336 râm mhd. = Ziel, das Zielen, Trachten, Streben. Davon abgeleitet râmen. DWb 8, 67 weist nhd. nur noch das Verbum rahmen auf. Bei Luther ist das Wort sonst nicht nach= gewiesen; hier ist es wohl subst. Infinitiv.

Das Sprw. findet sich z. B. EA 21, 30 Es gehet an dünken und gespannen Tuch viel ab. 35, 15 Es musz dem Pharao nicht also hinausgehen wie ers im Sinne hat. An eigenen Anschlägen und gerecketem Tuche da gehet viel ein. Den Tyrannen fehlen oft ihre Anschläge. 36, 44 keiner sprechen kann, dasz er sein Leben hinausgeführt nach seinen Anschlägen und Gedanken; es gehet alleweg anders denn wir meinen. 48, 176 Es wird auf deutsch ein Sprichwort gesagt: An eigenen Gedanken und ge= spannetem Tuche gehet viel ab. Item: Eichene oder eigene An= schläge geraten selten wohl. Es ist mir mein Lebtag nie gegangen nach meinen Anschlägen. Ich hab mir wohl viel furgenommen also zu thun; aber wenn es nicht ist gewesen unsers Herrn Gottes Wort und Werk, das mich dazu gedrungen, so ist das mehrer Theil wohl nachgeblieben. 48, 178 Vor einem Jahre war das der Rathschlag zu Augsburg, dasz es itzt mit den Lutherischen sollte alles im Blute liegen, aber das Stündlein stehet noch da und ist nicht umgestossen, die Gedanken sind zurücke gegangen und an dem gespanneten Tuche sind wohl zwei oder drei Ellen eingegangen und ihr sind Viel darüber zu Boden gestürzt. 48, 182 Denn ihr Werk ist zu hoch gekommen; es ist hart gespannet Tuch gewesen, davon wohl die Hälfte ist eingegangen. Heufeler 181 Von Ge= danken geht gar viel abe.

186. Got gebe faulen henden das falübel!

Ein Fluch, wie solche in Agricolas Sammlung (472 ff. 519 ff. 528; 532; 626; 643 f.) häufig vorkommen und Luthers Miß= billigung (Lösche 31) erfuhren. In Luthers Sammlung sind

Flüche und Verwünschungen vereinzelt, vgl. etwa Nr. 54; 332; 367; in seinen Schriften und Tischreden sind sie häufiger. — Fallübel ist Epilepsie, Fallsucht (DWb 3, 1291); man sagte dafür auch St. Velten, wofür Luther eine Erklärung bietet Weim. Ausg. I 412, 20 Valentinus, morbi caduci praefectus, quem cum nihil legimus egisse cum hoc morbo, prope iurarem ex allusione germanica eum in huius auxilii sortem venisse. Nam cadere vallen significat, quod ad Valentinum quam proxime allusit. Vgl. De W IV 628 Er hat St. Uelten am Halse. EA 26, 135 Es möcht Jemand wohl gern fluchen, dasz sie der Blitz und Donner erschlüge, höllisch Feuer verbrennte, Pestilenz, Franzosen, St. Uelten, St. Antoni Aussatz, Carbunkel und alle Plage hätten. 39, 299 Denn auch die Deutschen sagen: Das Fallübel gehe den an, ders besser macht, denn er kann... Es gehet auch also, dasz sie gar scheuszlich fallen, wenn sie es übermachen, und kriegen das rechte Fallübel, dasz sie lieber sollten zwo Treppen überhupfen, denn einen solchen Fall thun. 39, 342 die andern sind Blattern, Schwären, Franzosen, Sant Ualtin, Anton (gleich wie sie sich selbst mit solchen Flüchen itzt malen) die den Leib ungesund machen. Lösche 471 Ideo oravit [Elias] contra eos, das sie [die Baalspfaffen] S. Uellten ankeme. — Luther selbst braucht diesen Fluch De W IV 668 Das Paternoster wider das Papstthum, dasz es St. Uelten kriege! — In Verwünschungen über faule Hände umschreibt Luther Fallübel, z. B. EA 7, 27 Gott gebe faulen Hän=den die Drüsz. 22, 176 Faule Hände müssen ein böses Jahr haben. 26, 155 Gott gebe hie faulen Händen kein Glück. 52, 336 Gott gebe faulen Händen kein Glück, die hie nicht zugreifen. — Andere Flüche werden von Luther gelegentlich auch wiedergegeben, doch so, daß er bei den roheren seine Mißbilligung ausdrückt, z. B. Lösche 42 Georgius princeps: „„Das in die sucht derstosse!““ Erat enim rustico ingenio. EA 23, 222 Wie jener Pfaff betete auf die Weis': .. lauf Bube, dasz dich der Ritt schütte 2c. 25, 159

dasz euch Gott strafe, ihr verheieten Buben. 36, 175 dasz euch
der Donner erschlahe. 38, 402 dasz dich alle Plage bestehe.
42, 76 nicht ein guter Fluch: dasz dich eine alte Wand erschlahe.
44, 198 Da schlahe der Teufel zu. Anklingend 65, 99 Vielleicht
wird sie der Tropf [Schlagfluß] und Sterbedrüsz bald rühren. —
Oft wird auch ein Glückwunsch oder Gruß (vgl. EA 64, 198 Wir
grüssen auf deutsch: Guten Abend! Glück zu!) zu einer Ver=
wünschung, z. B. 40, 164 Da schlahe Glück zu! Besonders häufig
ist die am Schlusse von Liedern wiederkehrende Formel: Gott geb
ihm ein gut (verdorben) Jahr! auch bei Luther, z. B. EA 23, 195
Satan, so habe dir ein gut Jahr. 31, 17 So hab ers ihm und
ein gut Jahr dazu. 32, 57 dasz sie ihn mit seinen Thalern und
Gülden lassen ein gut Jahr haben. 36, 174 Ich liesse sie ein
gut Jahr haben. De W IV 261 Lasst die Buben ein gut Jahr
haben.

Bei Wa vgl. II 300 Hand 148; 153 f. II 20 Gott 420; 2532;
2547. I 924 Fallübel 1 f.

187. Jucket dich die hawt?

Diese Frage enthält eine verstedte Drohung mit Schlägen.
Vgl. Wa II 440 Haut 65. 66 Juckt dich die Haut, so fahe mit
den Bawrn ein Zank an. 122 die Haut juckt ihm, man musz sie
ihm gerben. Uhland Volksl. 249, v. 4 spricht der rauflustige Bauer:

tût dich der buckel jucken,
so lain dich her an mich!

Plaut. mil. glor. 397 dorsus totus prurit (Otto S. 121).

Bei Luther vgl. EA 31, 186 Versehe mich auch ganz tröstlich,
dasz ich hie mit den Sophisten selbst werde einen sonderlichen
Dienst thun, weil ihnen so aus der Massen itzt wohl ist und die

Haut so sehr jucket. 41, 165 es ist unsäglich wie geil und kutzel die Bauern itzt worden sind durch diese friedereiche Zeit etliche Jahre daher. Es jucket sie die Haut so fast wie einer Sau zur Schlachtung gemästet, als wollten und konnten sie die guten Tage nicht länger leiden noch tragen, lassen auch nicht ab, bis der Fleischhauer uber sie kommt und mache Worste daraus. 44, 174 Der Buckel jucket ihn auf dem Rücken, er suchte einen, der ihnen sollte krauen. 39, 249 Aber es wird einer kommen, der uns solchen mutwilligen Kützel vertreiben und den lieben Jückel krauen wird, gar redlich. De W I 511 Jucket ihn der Kutzel zeit=lichen Ruhms. — Vgl. auch Nr. 323 unb 324.

---

188. Ein messer behellt das ander ynn der scheiden.

Wa III 640 Meffer 22; vgl. IV 467 Schwert 32. 100 Zwei gleich gute Schwerter halten sich zu Ehren in der Scheide. Egenolf 209ᵃ Ein schwerdt helt das ander in der scheyd. . . Erschreckter feind ist auch geschlagen. Mann hat die sieg für ehrlich vnd herrlich, die on blüt erobert, dero Exempel vil in Israel. . . Dann so die stat wehrlosz vnd blosz were, so geb mann dem feind ein vrsach zukommen. Aber disz schwerdt behelt jhenes in der scheyd. Dahin magstu deuten der Hertzogen von Sachsen wapen, da ein blütig schwerdt das ander auffhelt, vnd ins ander fellt, dasz keins sein streych vollbringt.

Bei Luther EA 22, 274 denselbigen [fehbeluftigen Fürften] wehret nu Gott damit, dasz andere auch Fäuste haben und jensit des Berges auch Leute sind und behält also ein Schwert das ander in der Scheiden. Vgl. auch 23, 168 an welcher Exempel zuletzt die rauhen, rohen, losen Christen auch stossen wurden und viel=leicht anders werden, wie ein Messer das andere wetzet. 22, 271 Ihr Messer stickt fest, aber mussen sie es zucken, so kommts nicht

ohne Blut wieder in die Scheiden. 39, 398 Denn wo falsche
Zungen zu Hofe und im Regiment enthäten [= nicht wären], so
würde das Schwert gar oft in der Scheiden bleiben, da es sonst
ahn Not grosz Unglück, Blut und Mord anricht.

---

189. Die laus ist ynn grind komen.

Die Laus im Grind ist ein Bild lächerlichen Hochmuthes, be=
fonders bei Menschen, die aus niederen Verhältnissen in die Höhe
gekommen sind (vgl. Nr. 476). Wa II 1822 Laus 9 Die Laus, die in
den Grind kommt, ist schlimmer (stolzer), denn die drin geheckt ist.
53 (67; 68; 69) Wenn die Laus in den Grind kommt, so recket
sie den hintern und wird stolz (ist sie nicht leicht wieder raus=
zubringen; so macht sie sich beschissen; so brustet und mestet
sie sich).

EA 46, 141 Denn also pflegets sonst zu gehen, dasz man
stolziret auf die Gaben Gottes, wie man im Sprichwort saget:
Wenn die Laus in Grind kommt, so wird sie hoffährtig. Fabel 10
Vom hund vnd der hundin. (Neudr. Nr. 76 S. 13) Diese fabel
zeigt: Wenn die laus ynn grind komet, so macht sie sich be=
schissen. Wrampelmeyer 409 Wenn die laus im grind sitzt, da
kan niemand mit auskomen. Preger 330 Die leusz sind gern im
grind, nicht umbs grinds willen, sondern umb irent willen.
EA 39, 310 Indesz müssen wir leiden, dasz die Laus im Grinde
sich dicke weide und im alten Pelz auf Stelzen gehe. — Vgl. auch
EA 36, 304 miszbraucht der guten Tage und sticht ihn das Futter
zu sehr [Nr. 323] und macht sich beschissen genug. 40, 267 f.
Das haben auch die Bauern gelernt; wenn einer zwei Eier hat
oder zwei Hölzer, macht er sich so beschissen damit, dasz niemand
mit ihm kann auskommen.

---

190. Inn baurn gehort habber stro.

Das Sprw. drückt eine Geringschätzung des Bauernstandes aus, die daher kommt, daß bei Zunahme der Städte und Burgen der Unfreie auf das Land und den Feldbau beschränkt wurde, und in Folge dessen der Bauer für einen Gegensatz des Herrn und Ritters (und für roh und ungebildet) galt. Vgl. Grimm, Rechtsalt. 316. Ursprünglich lautete das Sprw. aber nicht auf Bauer, sondern, wie Wa II 1688 Kuh 84; 342; 590; I 856 Esel 38; III 1094 Ochs 33 zeigt, auf das liebe Vieh. Dazu vgl. Wa I 255 Bauer 6; 69; 235; 237. Auch aus Luther weist Dietz II 200 nach: was sol der kuhe muscaten, sie jsset wol haberstro (Tischr. 4ª). Vgl. Simplicius I 151, 2 dem Ochsen gehöret Haberstroh. Ähnlich bei Luther Lösche 324 In eine sau gehören treber. EA 24, 321 Es gehoren Artikel von Trestern und Kleien, von Knochen und Beinen fur solche Heiligen. Was soll der Säu Muscaten? 44, 311 Der Sauen gehoren auch Treber und der Kuhe Gras. 50, 108 Psalter hinschnurren und schnattern, wie die Gänse ihr Haberstroh fressen.

Diese Wendungen entsprechen dem Sprw. der Alten Similem habent labra lactucam (Otto S. 182) und drücken ganz allgemein den Gedanken aus, daß die Werthschätzung namentlich von geistigen Genüssen sich nach der Bildungsstufe richtet, weshalb man solche nicht an Ungebildete wegwerfen solle. Die besondere Anwendung auf den Bauer bleibt nicht ohne Widerspruch. Vgl. Egenolf 14ᵇ und 221ª Daher singen vnd sagen sie [„die hochtrabenden gelerten verkerten"]: Bacche bibat doctus tua munera rusticus undam, Inn bauren gehört haberstro, die gelerten sollen wein trincken.

NB 28, 59 Ich hab noch ein tochter, die ist blindt,
    Ist rotzig gar vnd hat den grindt,
    Die gib ich einem puren do;
    Es hört in die puren haber stro.

ℜℬ 33, 38 Ich habs doch on das gehört also,
Es hör in die puren haber stro.

Im Zorn hat auch Luther dieses und ähnliche harte Worte
über die Bauern geäußert, vgl. DeW II 669 Der weise Mann
saget: Cibus, onus et virga asino, in einen Bauren gehöret
Haberstroh. Sie hören nicht das Wort, und sind unsinnig: so
müssen sie die Uirgam, die Büchsen, hören, und geschieht ihnen
recht (Dietz II 199). Preger 116 Deinde ludens cum infanti suo
dixit: Ahe, optima est dei benedictio, qua rustici non sunt
digni, sie solten stro haben. Vgl. Wrampelmeyer 1397 Deus
qui misericors est, gehort nicht fur die pauern, sed ille qui
pestes immittit, bella etc. Der ist recht fur sie. — Die Umkehrung
dieses Sprw. ist EA 52, 280 Wie man spricht: Was gut ist gehort
in die Pfaffen.

---

191. Wenn man den baurn vnter die banck steckt, so ragen doch die bein erfur.

Vgl. Wa I 269 Bauer 340 mit der Variante „Stiefeln" statt
„Beine" und der lat. Übersetzung: Rustica turba suos nescit
deponere mores. 389 Der Bauer sieht ihm (noch) überall heraus. —
Manent adhuc vestigia ruris (Horaz). — Ähnlich spricht Luther,
Preger 476 Die baurn bleiben paurn, man thu in wie man wöll,
sie sein Moses volckh, non [nam?] wie man sich understundt
menschen zu schaffen, da ward das maul da, die nase da, die
augen unrecht, unnd wie man es machet, so war es nicht recht
unnd hett fell: also bleiben die bauren alweg Moses volckh.

Das obige Sprw. kann ich sonst weder bei Luther noch anderen
nachweisen, doch giebt es eine ähnliche Wendung, die wahrscheinlich ursprünglicher ist, vgl. Wa IV 1078 Teufel 441 Der Teufel stell sich wie er wolle, so blecken ihm die Pfoten (Herberger,
Herzpostille I 675). 442 Der Teuffel stelle sich wie er wolle, so

ragen jhm doch die füsse herfur (Tappius Nr. 691; Agricola 383; Egenolf 194ᵃ). Simplicius IV 292, 9 sintemal sich der Teuffel nie so wol verbergen mag, dasz ihme nicht die Fusse hervor ragen. Auch bei Luther EA 43, 323 sie habens recht troffen, wenn sie den Teufel malen in einer Mönchskappen und seine Teufels= klauen unten herfür.

Merkwürdig ist auch die Vertauschung von Teufel und Bauer Wa I 271 Bauer 390 Der Bauer soll ihn holen (holst.) für: Hol ihn der Teufel! — Eine Anspielung auf das Sprw. in der Form mit dem Teufel bietet EA 32, 48 Der Kardinal zu Mänz nimpt viel Tuchs zum Rocke, aber er nehme, wie viel er will, so raget doch ein Schalk unten und oben aus [Nr. 131].

Vgl. auch NS 7, 33 bürg man ein narren hinder tür
    er streckt die oren doch harfür.

Die letzte Wendung weist hin auf die klassische Form dieses und ähnlicher Sprw., den Esel in der Löwenhaut.

192. Der man ist an das schwerd gebunden.

Vgl. Wa IV 470 Schwert 103 An das Schwert gebunden sein. — Seine Erklärung: „Wol im Bezug auf den Soldatenstand" ist falsch. Die richtige Deutung ergiebt sich aus 68 Schwert, wo willst du mit dem Weibe hin? 74. 75 Was nützt ein langes Schwert, wenn der Arm fehlt, der sich wehrt. 108 Ein Schwert in Kindeshänden. —

Bei Luther tritt der Sinn klar hervor EA 27, 232 Also geht es den Blindenleitern, die gottlich Schrift handeln wollen und das Schwert des Geistis fuhren, das ihn zu schwer ist; und geschieht, wie man sagt: Wer hat hie den Mann ans Schwert bunden? 36, 192 Wo nicht weise Leute sind, da richt man mit Gesetzen.

nichts aus. Denn man musz erst den Mann haben, darnach musz man ihm das Schwert an die Seiten gürten. Man musz erst den Hausvater haben, ehe man das Haus anrichte.

---

193. Klein leuten ligt der dreck nahe.

Wa III 81 Leute 844 mit dem sonst üblichen Zusatz: beim hertzen. Vgl. I 684 Dreck 12 mit der lat. Erklärung: parvi homines cito irascuntur. V 1189 Dreck 203 mit dem Citat: Der Dreck musz euch wohl so nahe am Herzen liegen, da ihr so bald wollt aus der Haut fahren (von Birken, Sylvian, 54). Wa III 80 Leute 827 Kleine Leut sind bald im Harnisch. Egenolf 65 b Er ist bald in harnisch... Der leicht seudt vnnd zubewegen ist in zorn. Er girret, er schaumet, er schnaufet vor zorn. Der dreck ligt jhm nahend bei dem hertzen. Philander (Vorrede zum 6. Gesicht) S. 337 wie dann die Leute, die einem übel wollen, alles zum ärgesten auszulegen: und die gerne zörnen, leicht im harnisch sind, nach dem Calechutischen sprichwort Parvicorpi Merdicordi. — DWb 2, 1356 giebt einen Nachweis aus Seb. Franck, Sprw. 272 a und den erklärenden Zusatz aus Henisch 746: dem Jähzornigen.

Nachweise aus Luthers Schriften fehlen mir.

---

194. Du machsts so vneesse.

Die Ra kann ich nicht nachweisen. Das Wort vneesse ent=
spricht wohl dem Mhd. unaezic = ungenießbar (Lexer 2, 1751).
DWb 1, 590 führt an: ässigs und unässigs, guts, reins, böses
und wüstes (Paracelsus I 792 a) und bemerkt: äße = vescus,
eßbar, im heutigen Schlesien gebräuchlich, gehe in die Bedeutung

von ſchön, angenehm über. Vgl. auch Schmeller I 157 anäßig
= lüſtern.

Der Sinn der Ra könnte hiernach ſein: Du machſt es ſo un=
appetitlich, zeigſt dich ſo garſtig.

---

195. Ein arm man sol nicht reich sein.

Wa III 383 Mann 507; vgl. III 56 Leute 162. Den gebräuch=
lichen Sinn des Sprw. giebt 175 Arme Leute dürfen sich den
Grossen nicht gleich stellen; 218 Arme Leuth sollen nichts haben,
sonst wären sie nicht arm. Vgl. Reineke Vos 554 en arm man
en is jo nen greve. Uhland, Volksl. Nr. 279 V. 11

> Nichts wirs [ärger] verdreusst mich in der welt,
> das merkent aigenleich!
> wann dasz die armen hond kain gelt
> und seind auch selten reich.

Simpl. II 172, 14 Ich nahm kein Gelt zum Almosen an, weil ich
wuste, was mir solche Gewohnheit in meiner eremitage genutzt;
und wann mich jemand dessen etwas zu nemen tringen wolte,
sagte ich: Die Bettler sollen kein Gelt haben.

Bei Luther vgl. Weim. Ausg. XX 110, 32 Neque tuarum
virium est hunc aut illum haeredem locupletare. Es heisst,
arme leut sollen nicht reich sein. Feceris, quicquid voles; non
locupletabis, quem Deus vult esse pauperem. EA 21, 336 Wer
arm will sein, sollt nit reich sein; will er aber reich sein, so
greif er mit der Hand an den Pflug und suchs ihm selbs aus
der Erde.

Verwandte Ra: EA 32, 47 Dr. Pommer sagt: wat, Blinde
möten nich sehen, sie wollens so haben. 37, 26 Denn wer blind
ist, der soll nichts sehen (Vgl. Wa V 1014 Blind 32.). 64, 111
Narren sollen nicht klug sein, und wollen doch immer klügeln.

30, 229 Eine Sau soll keine Taube sein und der Kukuk keine Nachtigall. — Vielleicht auch 30, 234 Eine Frau soll nicht Herr sein im Hause. —

Ich möchte annehmen, daß das Sprw. erst in späterer Zeit in dem Sinne gebraucht wurde: „Jeder wolle scheinen was er ist und sein was er scheint", und daß sein ursprünglicher Sinn ein andrer war. Nach Grimm, Rechtsalt. 312 kann arm zusammen= gesetzt mit Mann oder Leute zwar im Allgemeinen die unreichen, geringen bedeuten, unleugbar aber werden unter Armmann, Armeleute die unterwürfigen Dienstleute, die Unfreien verstanden. Den Sinn des Sprw. gäbe dann die Rechtsregel wieder: Ein Un= freier darf nicht unbeschränkter Herr und Besitzer von Grund und Boden sein.

---

196. Nacht frist, iar frist.

Wa III 850 Nachtfrist; mit der Erklärung: „Wer eine Nacht verzieht, verzieht auch wohl ein Jahr". — Nachtfrist enthält wohl eine Erinnerung daran, daß unsere Vorfahren ihre Termine nach Nächten bestimmten; vgl. Grimm, Rechtsalt. 221. Annus war den Alten volkstümliche Hyperbel für lange Zeit; vgl. Otto, S. 27. In diesem Sinne ist hier Jahrfrist zu verstehen.

De W II 679 Pericula causae protractae arbitror satis colligi ex dictis, usu et exemplis. Dicta sunt: Nocuit differre paratis et periculum est in mora; Nachtfrist, Jahrfrist; Qui non est hodie, cras minus aptus erit; ubi consulueris, maturato facto opus est. III 320 Indesz wird viel Wassers verlaufen und wird aus Nachtfrist Jahrfrist werden, ob Gott will. Vgl. als sinn= verwandte Ra: De W III 527 Indesz verläuft viel Wassers, und wird Gott wohl Rath finden, dasz nicht so gehen wird, wie sie gedenken. De W V 460 So kommet Tag, kommet auch Rath. EA 40, 318 Es ist aber damit noch nicht aller Tage Abend. 41, 147 Gott bescheert über Nacht, spricht man.

---

197. Ein willig pferd nicht zu seer reiten.

Vgl. Wa III 1294 Pferd 333 ff. 789 f. III 1734 Roß 61. III 104 Leute 1432 Willige Leute soll man nicht überladen. Otto, S. 102 aus Cicero, De orat. 2, 44, 186 Currentem incitare; und Ovid, rem. am. 788 Non opus est celeri subdere calcar equo und ähnliche.

NB 75, 23 f. Was wol wil, das straff du nit,
Es thuts doch selber on dyn bit.
Lasz ein willigen esel blyben,
Den niemans sol nit übertryben.

Heuseler 265 (das 5. Buch Mosis a. d. Ebr. verbessert mit Anm.) Ein willig Rosz soll man nicht zu sehr treiben. Der Freunde und Nächsten soll man also brauchen, dasz ihnen etwas übrig bleibe, dasz wir auf eine andere Zeit ihrer auch brauchen mögen. EA 24, 333 Denn ich fürchte mir übel, dasz ihr eures Ampts und der Demut gegen Gott vergessen und die Saiten zu hart spannen und das willig Pferd zu sehr reiten werdet, damit wiederumb etwa sich ein Aufruhr erhebe. — Vgl. auch De W III 17 Zuviel zureisst den Sack auf beiden Seiten. Masz aber ist zu allen Dingen gut.

---

198. Wenig mit liebe teilen.

Wa V 188 Wenig 93 mit dem Zusatz: Munus exiguum sed opportunum (Philippi I 285). Vgl. 37 Wenig aber herzlich. 38. 39 Wenig, aber mit Liebe, sagte der Stromer zum Vogt und gab ihm eine Ohrfeige. 47 Wenig mit Liebe ist besser als viel mit Zank oder Unlust. 43 Wenig mit lieb', vil mit kolben. Vgl. auch Odyſſee 6, 208 und 14, 58

$$\delta\acute{o}\sigma\iota\varsigma \; \delta'\acute{o}\lambda\acute{\iota}\gamma\eta \; \tau\varepsilon \; \varphi\acute{\iota}\lambda\eta \; \tau\varepsilon.$$

Bei Luther ſonſt nicht nachzuweiſen. Verwandt etwa EA 23, 215 ich gebs so gut, als ich habe.

199. Blind man, arm man.

Wa III 365 Mann 109; 110 und 111 mit den Zuſätzen: hat er auch Pelzwerk an; hätt er auch Seid' und Sammet an. Agri= cola 748 (= Egenolf 293ᵇ):

> Eyn blind man, eyn arm man,
> noch ist das viel eyn armer man,
> der sein weib nicht zwingen kan.

Ähnlich bei Luther EA 32, 35 wie man spricht: Gefangen Mann, arm Mann.

200. Ist besser teidingen ausser denn ym stock.

Teidingen, teidigen: gerichtlich verhandeln, dann überhaupt verhandeln, DWb 11, 234. Vgl. Wa III 213 Loch 5 Ausser dem Loch ist gut tedigen. — Extra carcerem causam agere tutissimum. Si potes fugere, ne quaere litem. III 1642 Reis 5; 11. IV 1647 Vogel 28. IV 868 Stock 4. — Tappius 12 Besser inn den rysern, dann in den ysern. Besser in der acht, dann in der hacht. 24 Inn den ryseren oder buthen dem stock ist gut teidingen. Es ist besser mit schanden geflohen, dann mit ehren geblieben. Ähnliche Sprw. Egenolf 14ᵃ Hoch gnůg, oder weit daruon, ist gůt für dschüsz und 313ᵇ Ausz der stauden ist gůt thedingen.

Bei Luther De W V 31 Dasz aber E. F. G. zuletzt im Briefe
an meinen gnädigen Herrn dringet, dasz er aus dem Gelübd und
Zusage gewichen ist, sollt E. F. G. wohl gnädiglich bedenken, dasz
man ihm neulich ingeheim angezeigt (haben sie es böslich ge=
meint, so sind sie deste ärger Bösewicht) wie der Henker, von
Dresden gefordert, hinter ihm her hätte sollen seyn. Ja, gnädiger
Herr, ausser dem Stock ist besser handeln! Vgl. EA 32,35
wie man spricht: Gefangen Mann, arm Mann.

---

201. Das stund wol ym brieffe?

Vgl. Wa I 465 Brief 28 Brief über etwas haben. Zur Er=
klärung vgl. Agricola 48 Ey, thuts jhm nicht, er hat brief, dasz
man sein nicht spotten soll. Fur spotten hatt niemand keyn brieffe,
darumb soll vnd kan es keyner vberhaben sein. Die aber solchs
nicht wollen leiden vnd besser sein den ander leutte, die weise
man zum zeugnus, dasz sie brieff auflegen, dasz sie davor ge=
freyet sein, aber das wirt langsam geschehen. 369 Ein brieflin
were gutt darbey. Wenn wir ein heimlich lugen straffen, sagen
wir, wo er etwas saget, das wir nicht glauben, ein brieflin were
gut darbey, da mit man solchs beweysen vnd warmachen mochte.
Denn brieff vnd sigel glaubt man gern, dann es seind vieler leutte
zeugnisz vnd kundtschafft darinnen.

Die in der Handschrift vorliegende Wendung kann ich sonst
und auch bei Luther nicht nachweisen. Dagegen braucht Luther
oft verwandte Ra, und zwar in der Regel ironisch, z. B. Seide=
mann, Lauterbachs Tageb. 176 Sie haben Briefe über alles Recht
und Gewohnheit. EA 43, 9 Siegel und Briefe zeigen, dasz ers
Befehl habe. 44, 56 Ja, wenn du Siegel und Briefe dafur hättest.
44, 57 Ja, wer Brief und Siegel drüber hätte, der stunde nicht
ubel. 48, 245 Sie haben im Sinn Wittenberg in Haufen zu

werfen ... Aber Gott spricht: Ja lieben Herrn, denkt nur also; aber es stünde wohl dabei im Briefe, wenn ihr saget: Ob Gott will. 52,394 Darüber haben wir Briefe und Siegel. 65,34 Briefe und Siegel haben. — Nicht ironisch ist EA 47, 149 Unter den Leuten ist nichts gewisser, denn Siegel und Briefe. Wenn ich etwas habe in Brief und Siegeln, so ists auch gewisz. Und itzt gehets also zu, dasz die Leute ihres Gelds willen gewisser sein mit Siegeln und Briefen, denn wenn sie das Geld im Kasten hätten, do es ein Dieb stehlen konnte. Drumb so ist unter Men= schen Siegel und Brief gar ein gewisz Ding. 47, 240 Da hat Gott sein Siegel aufgedruckt und seine Briefe über gegeben, dasz er der sei. 47, 244 Kommt eine andere Lehre und hat das Siegel und diese Briefe nicht, so Christus ist, so hüte dich dafür. 48, 165 ob du gleich das Angesicht des Gesandten nicht kennest, so nimm doch das Siegel und die Briefe von ihme, die kennet man.

Dazu vgl. NB 89 Mit Dreck versiegeln.

NS 76, 70 Derselb Brief wist als das er kan,
   vnd das er gut si uf der pfif.

202. Das laut.

Hinter dieser Rа verbirgt sich ein Schwank, wie EA 24, 348 andeutet. Die Gegner Luthers sagen da: Ja dein neu Evangelion ist wohl recht, aber es hat eine sonderliche Neuigkeit an sich, die nicht leidlich ist. Welche ist die? Ei, es thut Schaden im Beutel und in der Küchen, sagen die Thumherrn zu Magdeburg. Das laut! sprach jener Knecht, das wäre doch einmal gut deutsch, das künnt man verstehen; hätt ich das vor gewüsst. An diese Geschichte scheint Luther auch zu denken, wenn er den Herrn zum Knecht sagen läßt EA 47, 333 Siehe, das wollt ich damit gemeint haben! Vermuthlich hat der Herr seinem harthörigen Knecht seinen Willen endlich „lieber im Gefühl als im Gehör zu verstehen ge=

geben" (Simplicius II 96, 15). Darauf beziehen sich auch Ra wie
Wa II 1831 lauten 1 ff. und Höfer [7] Nr. 808 Dat lud ferdüiweld,
sied de haufnagel. 1793 Das lässt sich hören, sagte die Taube,
da kriegte er ein Ohrfeige. Die Ra kommt auch vor in einem
Schwank, den Uhland, Volksl. Nr. 237 aus Kirchhof's Wend=
unmuth, Frankf. 1563, Bl. 210, Nr. 192 mittheilt. Ein Wirth
hat einem fahrenden Knecht Erlaß der Zeche versprochen, wenn er
ein Lied finge, das ihm gefalle. Nachdem zwei Lieder abgelehnt
sind, singt der Knecht in die Tasche greifend:

> Drumb beutel auf, gelt mach den kauf!
> herr wirt! das hört ir geren?

„Ja, das laut! sagt der schäfer", antwortet der wirt. Der Gast
aber hiermit seiner Bezahlung sich erledigt glaubend springt davon.

---

203. Es gieng yhm bey dem kopf hin.

Wa II 1529 Kopf 712. Vgl. 749 hinder dem Kopff hinweg=
gehen. 833 Unterm Kopff hinweggehen = Enthauptet werden.
Diese Erklärung Wanders mag wohl auch den Sinn der obigen
Ra treffen. Belege fehlen mir.

---

204. Mütlin küelen.

Vgl. Wa III 802 Müthlein 2; III 801 Muth 131; 141; 142. —
Reinecke Vos 6141 al is syn mot noch nicht gekölet. Eine bei
Luther sehr beliebte Ra; für Müthlein wird in der Bibel mit
Ausnahme von Sirach 10, 6 Mut gesetzt: 2. Mof. 15, 9; Hef. 5, 13;
16, 42; Hiob 16, 10. So auch EA 51, 443 Wenn dein Feind
seinen Mut kühlet. EA 22, 57 Du hast deinen Mutwillen
gekühlet. Ähnlich 31, 304 Hasz am Toten kühlen. 40, 80 an uns
ihren Mutwillen üben.

Befonders bezeichnende Stellen scheinen mir GA 32, 230 Damit
sie an der Christen Blut ihr Mutlin heimlich kühleten. 34, 171
Satan erhitzt und im Sinne hat, er wolle ihn angreifen und das
Müthlin an ihm kühlen. Auch 40, 68 brennen für grossem Hasz
und Zorn wider Christum der nicht zu löschen noch zu stillen ist,
lassen ihnen nicht genügen, dasz sie ihr Mutlin kühlen an den
Christen mit Morden und Verfolgen. 42, 78 also mit Mutwillen
sündigen, dasz einer gleich sein böses Mütlin kühlet an den Leuten
und thut ihm so wohl und sanft, solchen Übermut zu üben, als
wäre seiner Seele, das ist seines Lebens Seligkeit darinnen. 42, 333
Sie meinen, dasz sie ein frisch Trünklin thun wollen und ihren
Blutdurst löschen und das Mutlin an den armen Ketzern kühlen. —
Zusammen mit verwandten Ra: De W II 482 wie ihr euch an
demselben rächen mügt und euer Müthlin kühlen. GA 27, 410
Da hat der Satan seinen grossen Zorn gebüsset und sein Muthlin
an uns gekühlet. 38, 401 lassen sich dünken das Stündlein sei
kommen ihr Müthlin zu kühlen und Ritter zu werden. Sonst
GA ² 20, I 138; 21, 217; 24, 285 und 316; 31, 228; 35, 354;
38, 132; 50, 165 und 323; 51, 266; 64, 78; De W IV 357
und öfter.

205. Er ist ein Seycher luntros hümpler Schelm.

Alle vier Ausdrücke bezeichnen Pfuscher und Stümper, beson=
ders in den Handwerken, dann faule, unnütze Menschen überhaupt.

a) Seycher.

Diesen Ausdruck kann ich sonst bei Luther nicht nachweisen.
Nach Schmeller, BWb II 212 ist Sa'ch'r verächtlicher Ausdruck für
eine Mannesperson, wie Sa'ch=Tasch'n für Weibsperson. Vgl.
1. Sam. 25, 22 und 34. Ähnlich Luther, Wrampelmeyer 1531 Wen
die seiglocher [Frauen] wollen regiren, szo gehets vbel aus,

Kese sollen sie machen, Khu melcken, kochen, hoc est earum officium.

Ein Wort ähnlichen Klanges braucht Luther in ähnlicher Ver=
bindung EA 39, 303 Wenn Faulwitz drinnen [am Hofe] erfunden
wird, so hat sie der Mehlthau oder (wie es Jsaias nennet) der
Faulregen verderbet und werden eitel Sudeler, Humpeler, Söcker
draus, die viel versäumen und Niemand nichts zu Liebe oder Dank
machen noch thun können. — Eine Erklärung des Wortes Söcker
versucht Klaiber ZfdPh 26, 52: Soker mnd. = Sucher, Räu=
ber (was aber an dieser Stelle nicht paßt), und John Meier ZfdPh
27, 61 (vgl. auch 29, 373), der das Wort mit Socke, socken = laufen;
sockeln = hinterdreinbummeln in Beziehung bringt und bemerkt,
daß auch Hümpler zunächst vom Gange gebraucht wird. — Mir
scheint, daß diese Erklärung bestätigt wird durch eine Stelle der
Tischreden (Leipzig, 1577 Bl. 31ᵃ) Uom Buch Salomonis, dem
Prediger, Ecclesiastes genannt, da es Doctor Martinus gelesen vnd
durch den Druck hatte lassen ausgehen, saget er: Dis Buch solt
völliger sein, jm ist zu viel abgebrochen, er reit nur auf
Socken, gleich wie ich, da ich noch im Kloster war. Nur müßte
man die Deutung etwas anders wenden als J. Meier thut, und
den, der kümmerlich auf Socken reitet, d. h. zu Fuß geht, im Gegen=
satz stellen zu dem Reiter zu Pferd, oder, wenn man den Ausdruck
reiten nicht pressen will, den unsicheren, vorsichtigen Gang auf
Socken gegenüberstellen dem festen Gang in Schuhen und Stiefeln.
So würde ein Söcker oder Sockenreiter dasselbe sein, wie ein
Stümper, der nichts Ordentliches und Vollkommenes leistet.

b) Luntros.

Bei Luther EA 23, 305 (vgl. Wa III 286) vnd haben die
groben, vnadlichen luntrossen, die stadtschlüngel vnd die dorffilze
noch nicht soviel gelernt, das sie vnter dem gottes wort, das ge=
predigt wird, vnd der person des predigers kündten vnterscheid
machen (Nach Dietz I 448). De W V 422 Und mir sehr herzlich

gefallen hat, dasz die zu Zwickau von sich selbs solcher Sachen
sich so ernstlich und tapferlich annehmen und treiben, da sonst
in andern Städten und Oberkeiten solche Lundtrosse oder gott=
lose Geizhälse regieren, die wohl soviel weltlicher Andacht haben,
dasz sie wollten, Christus mit Kirchen und Schulen wären, da der
Leviathan regiert.

Luntroß, Lunterus ist ein zu luntern (Lunten) scherz=
haft mit lateinischer Endung gebildetes, in Niederbeutschland (nach
münblicher Mittheilung z. B. auch in Marienwerder) gehörtes Wort,
gleichbedeutend mit Lobberbube, nachläffiger gekleideter Mensch,
Tagebieb, Faulenzer. Vgl. DWb 6, 1309. — Lunten = Lum=
pen bei Luther EA 32, 29 faule, zerrissen und stinkende Lunten
furbringen, sich zu schmucken, daran beide, der Teufel und Men=
schen billig ihren Hintern wischen.

c) Hümpler.

DWb 4 ², 1909: eigentlich schwerfällig, schlecht gehend; dann
in übertragener Bedeutung, langsam und schlecht etwas machend;
ein Pfuscher und Stümper in seinem Fache. Agricola 386 erklärt:
Er ist eyn Hümpeler, eyn hümpelman. Eyn rechter künstler machet
sein werck der massen, dasz es eynen bestandt hat. Eyn hümpeler
aber hümpelt vnd macht nichts rechtschaffens oder bestendigs.

In der Bibel ist der Ausbruck jetzt durch Stümper erfetzt.
Vgl. Spr. 26, 10 Wer einen Hümpler dinget, dem wirds ver=
derbet. Die eigentliche Bedeutung tritt klar hervor Wrampel=
meyer 1353 Imitatio est res diabolica et humana. Ideo sim-
pliciter est noxia, aut ad minus vana. Ita imitantur verbum
Dei haeretici, Opera fidei hypocritae, Caeremonias idolatrae,
Bellum Tyranni et temerarij, Stulti regnum, Artificia inertes,
die humpler, Artes asini. Aurifaber, Tischr. (1566) 188ᵃ gleich=
wie die guten vnd kunstreichen Werckmeister sehen vnd mercken
allzeit, dasz an jrem Werck etwas, ja viel mangelt vnd feilet. Die
Hümpler aber lassen sich duncken es mangel jnen an nichts,

sondern es sey alles recht vollkommen. EA 39, 303 siehe unter
Nr. 205ᵃ. 23, 216 Die Ungläubigen und Untreuen, das bleiben
auch endlich Bettler und Humpler. 51, 108 Des gleichen gehets
in allen andern Künsten, ja in allen Handwerken, dasz die rechten
Meister müssen solche Hümpler und Sudler leiden, die sich
immer mit einmengen, und ob sie wohl Nichts können, doch alles
nachthun und besser machen wollen. Weim. Ausg. XX 77, 25 ff.
Sicut qui male docent aut discunt stulti et indocti concionatores,
Sic et inter artifices Fuci illi, quos vocamus Humpeler, qui
tantum alios impediunt, cum ipsi nihil recte faciant. XX 78, 24
Rubigo et vermis ut homo talis in republica sibi et aliis noxius,
Darumb bleiben es auch humpeler. XX 198, 4 Si bonus artifex
est, veniunt multi humpler und verderben die sach. Sic cum
verbo: Volunt docere verbum et non habent. Et multitudo
illos asinos sequitur, die humpler haben die welt ynnen. XX
199, 32 der humpeler wort sind wie der schaum auf dem
wasser. XX 202, 8 die humpler et sordida ingenia quaerunt
tantum ꝛc. — Abgeleitet sind Ausdrücke wie IV 658, 33 Hümpler=
prediger. EA 36, 131 Ein ander [Bauer] kommt mit ander
Hümpelei und kann sich nicht eckel genug damit machen.
38, 195 Unser Gottesdienst ist ein reiner Gottesdienst. Es ist nicht
ein falsch Humpelwerk und verstümpelte Arbeit wie im Gesetz.
49, 193 Denn der andern Hümpelwerk als der Mönche und
Pfaffen, solche Kappen und Platten tragen, so oder so bekleidet
sein, so essen, so beten, so singen, das will er nicht.

Im Sinne Luthers braucht den Ausdruck P. Gengenbach Laien=
spiegel S. 186, 5 ettliche hümpler vnd alt hosen pletzer,
die da weder des nüwen noch alten testamentz bücher verstond
vñ gelesen haben. Sunder nur der alten wyber fablen, nunnen=
tröum vnd ettlicher nüwer doctoren gut duncken.

Vgl. auch NS 95, 42 Der musz ein schmürtzler, hümpler sin
wer nit wil sitzen bi dem win. . .

Den Ausdruck Sudeler, EA 51, 108 neben Hümpler und in demselben Sinne gebraucht, wendet Luther EA 65, 105 auf Emser an wegen seiner stümperhaften und unselbstständigen Über=setzung des N. Testaments. Sonst auch EA 40, 286 Solcher heil=loser Leute hat der Teufel itzt sonderlich unter den Rotten, da kein Sudeler nicht ist, so er eine Predigt höret oder ein deutsch Kapitel lesen kann, so macht er sich selbst zum Doctor und krönet seinen Esel. — Das Verbum sudeln = im Schmutz, schmutzig arbeiten s. EA 25, 228; 36, 233. Vgl. auch Weim. Ausg. XX 202, 8 die humpler et sordida ingenia.

d) Schelm.

Aus der Bedeutung Schelm = Aas, toter Körper ent=wickelt sich im Mhd. und mehr noch im älteren Nhd. der Begriff verworfener Mensch, Betrüger, Dieb, Verführer, Verräther. Bei Handwerkern wird ein Genosse, der seine Schuldigkeit nicht thut, für einen Schelm und Hundsfott erklärt. Vgl. DWb 8, 2509.

NB 16, 33 Schelmen sindt, die sich erneren
        Mit schelmenwerck by fürsten, herren. . .

Bei Luther De W V 600 Es ist um den faulen Schelmen [den Leib] zu thun. EA 15, 218 den halsstarrigen Schelm . . . der alte Schelm, der stinkende Adam. Weim. Ausg. XX 229, 22 Aber wir kalte, faule, undankbare Schelmen. EA 40, 210 verzagte Schelmen. 64, 182 die faulen Schelmen, die nichts thun wöllen.

---

206. An armen hoffart wisscht der teufel den ars.

Vgl. Wa I 132 Arme (der) 3 An der Armen Truh wischt jedermann die Schuh. I 139 Armuth 1 An die Armuth will jedermann die Schuhe wischen. II 712 Hoffart 2 An arme hoffart wischt der teifel den ars. III 53 Leute 83ff. 228ff. 245 (246)

Armer Leute Hoffart ist des Teufels Schuhbürste (köstlichster Ars=
wisch). IV 1073 Teufel 349 Der Teufel wischt seinen Schwanz an
des armen Mannes Hoffart.

Zingerle 70 Armiu hochvart deist ein spot. Spervogel.

Armiu hochvart ist ein spot

riche demuot minnet got. Freibank 29,¶6.

Tappius 6 Mendico ne parentes quidem amici sunt. An das
armůt wil yederman die schůch wischen. Egenolf 11ᵃ. 215ᵃ. 323ᵇ.
Agricola 112 erklärt: Dasz schuchwischen also vil sey, als etwas
das aller schentlichst zuuerachten.

Diese Ra braucht Luther z. B. EA 65, 41 Da wische ich
meine Schuh an. 40, 243 Also geschieht es oft, dasz einer zu
grossen Ehren kömpt, hoch empor fähret, dasz er hernach hernieder
geschlagen wird und so veracht wird, dasz man kaum die Schuh
an ihn wischet. — Häufiger ist die gleichbedeutende EA ² 16, 16
Wenn wir aber unser Werk erfür ziehen, so soll der Teufel den
Ars dran wischen, als er thut. ² 20, I 77 an solchem Fasten, da
wuscht der Teufel den Hintern. 31, 167 dürft seinen schrecklichen
Bann heissen nehmen und enhintern führen und die Nasen dran
wischen, da Adamskinder auf sitzen. 32, 29 faule . . Lunten
fürbringen, . . daran beide, Teufel und Menschen, ihren Hintern
wischen. 44, 272 Der Teufel wische den Hintern an diese Demut.
Weim. Ausg. II 579, 5 Der Teufel wischt den ars dran et deridet.
De W V 622 sie haben wohl ander Ort, da sie ihres Papsts
Hintern dran wischen können.

Das Sprw. führt Luther an EA 39, 344 Es ist wohl zuweilen
ein Bettler auch stolz und hochmütig, aber dafür fürchtet sich nie=
mand, sondern jedermann lachet sein und spricht: Arm Hoffahrt,
da wischet der Teufel seinen Hindern an. Sinnverwandt ist EA
23, 202 Wer betteln will, musz sich nicht schämen. Scham ist
ein unnütz Hausgesind in eines armen Bettlers Hause.

207. Ich muste susse singen.

Vgl. Wa IV 567 fingen 57 Süsz gesungen hat Schlangen bezwungen.

NB 63, 3 so siesz kan ich in nymmer singen,
das ich sy müg her zů her bringen.

Otto S. 136 Fistula dulce canit, volucrem dum decipit auceps (Dion. Cato 1, 27).

Süße singen braucht Luther für „eine Person oder Sache in günstigem Lichte zeigen", vgl. EA 39, 313 Denn es werden ohn Zweifel dem David auch etliche seiner grossen Fürsten, Herrn und Freunde gar süsse gesungen, diesen und jenen gelobt, hie unsern Vettern dort unsern Schwagern geruhmet haben, damit sie zu Hofe kämen. Dazu vgl. 42, 224 Er sunge susz oder saur so halfs nicht. Goedeke, Luthers Dichtungen S. 109 Ein neu Lied von den zween Märtyrern Christi, zu Brüssel von den Sophisten zu Löwen verbrannt 1523.

B. 4 Sie sungen süsz, sie sungen saur,
Versuchten manche Listen.

EA 29, 219 Lieber Papst Clemens, Du wirst so süsse uns nicht für clemenzen, dasz wir mehr Ablasz kaufen. 37, 9 Denn er meinet nicht allein die Lieblichkeit und Süssigkeit der Psalmen nach der Grammatika und Musika, da die Wort zierlich und künstlich gestellet sind, und der Gesang oder Ton süsse und lieblich lautet, das da heisse schöner Text und schöne Noten, sondern vielmehr nach der Theologia, nach dem geistlichen Verstand, da sind die Psalmen recht lieblich und süsse. De W I 514 Darumb, mein h. Vater, wollist ja nit hören deine süssen Ohrensinger, die do sagen, du seiest nit ein lauter Mensch.

208. Ich muste lange harren.

Vgl. Wa II 363 harren 2 (4. 9) Du musst lange harren (harre),
bis dir eine gebratene Taube (ein gebratenes Huhn) ins Maul
fliegt. 3 Es ist zu lange geharrt, wenn einem das Dach über
dem Kopfe zusammenbrennt.

Bei Luther EA 48, 269 Denn wenn ich mich nicht lobe, so
musz ich lange harren, dasz mich ein ander lobe; sie thuns
nicht. Häufiger ist eine ähnliche Ra: es ist zu lange geharrt, z. B.
EA 34, 254; 34, 365 Denn es gar zu hart ist, so lang zu harren.
36, 297; 40, 213; 42, 139 Summa, Gott gläubt man nicht bis
mans erfahre; so ists denn zu lange geharrt. 43, 351; 51, 204
aber alsdenn wird es auch zu lang geharret sein. 51, 301;
52, 225 Wenn du es dahin wilt sparen und solchen Glauben so
unversehens und schwind uberkommen, so wirst du zu lange
geharrt haben. Scholia in Esaiam, c. XIX (Tom. lat. Viteb.
IV 186^b) Non credunt hoc impii, donec experiantur. So ist
denn zu lang geharret, das jnen alle jr anschleg zu kurtz werden.
c. XXXV (218^a) Non subito liberamini; expectanda est salus,
es gilt harrens. — Vgl. Nr. 259.

---

209. Ein ander her, ders besser kan.

Vgl. Wa II 1495 können 75 Wer basz kann, der thue
(thut) basz.

Die Ra scheint vom Spiel entlehnt zu sein. Jedenfalls ist
sie daraus leicht zu erklären. Vgl. bei Luther EA 47, 290 es gehet
eben zu wie auf dem Spiel; wer da spielt, der kanns nicht, aber
wer zusiehet, der kanns allgebot besser. Also sind ihr viel, die
es besser machen wollen und können denn ich. Je mehr man
dazu thut, dasz man denselbigen möchte helfen, je storriger und

knorriger sie werden denn vorhin. Aber was soll ich thun? Ich
musz sagen: Tritt her an meine Stätte und machs als gut, als
du es kannst, und lasz ihn denn immer hinfahren. 29, 259 Ein
ander her, ders basz kann.

Verwandte Ra z. B. Preger 102 (Wrampelmeyer 546) Der
teufl fur den wegk, ders besser macht, den ers kan. Wrampel=
meyer 963 Et licet multum olei insumpserimus in hoc labore,
tamen erunt, die es besser wollen machen. 1463 Kans ymand
besser, der mags besser. EA 22, 264 Ändern mag leicht ge=
schehen, bessern ist misslich. 22, 268 Wer es kann, der machs
besser. 25, 283 Ich will mein dünken hierzu sagen, ein Änder
machs besser. 37, 76 Es ist genug Ändern, die gelehrter sind
denn ich, ein Exempel oder meinen guten Willen erzeiget, dasz
sie es mehr und besser machen. 37, 86 Wers nicht besser hat,
der nehme dies an. 37, 94 Andere konnens und werdens (hoff
ich) besser machen. 39, 314 [ironisch] Das Wort [Gottes] kehren
sie umb und machens besser. 39, 355 Wers besser machen kann,
zu dem setze ich mein arm Paternoster von Herzen gern, wenn ich
nur das Amen künnt auch hinansetzen. . . Das Ändern und Bessern
sind zweierlei Ding. 41, 321 Ob wir den Tag nicht ebenso
wissen können, liegt nicht dran; ein Andrer mache es besser.
53, 3 Besser zu machen ist Niemand verboten. 64, 108. De W
IV 53 Wer da will, der machs anders. Weim. Ausg. XX 115, 2
Die da zusehen, konnen am besten spilen. . Got geb dem den
riten, der besser macht, den er khan. EA 39, 299 Das Fallübel
gehe den an, ders besser macht als er kann.

---

210. Kuckuc rufft sein eigen namen aus.

Vgl. Wa II 1697 Kukuk 9; 22; 25; 125 Ich will nicht der
Kukuk sein, der immer seinen Namen ruft. Tappius 575 Der
guckguck musz jm selbst sein ohrgycht aussrüffen. Conuenit in

illos qui semetipsos laudant. Egenolf 266ᵃ Der guckuc růfft jm selbst den namen ausz. Der sich der schande rhůmet, der ist nit ehren werdt. NB 86 Das gouch geschrey.

> Alle geuch hondt ein geschrey,
> So ist das gucken mancherley;
> Jeder gouch wil syn so fry
> Das er den andern über schry.

Schon im 10. Jahrhundert hat Kukuk oder Gouch die Neben=bedeutung von Narr, später auch von Teufel. Auch sonst steht er in übelm Rufe. Wenn er also seinen Namen ausruft, so ruft er ohne es zu wissen seine Schande aus. Vgl. Grimm, D. Mythologie S. 645f. (⁴567), Nachtr. 195f. DWb 5, 2525. Man legt ihm auch das Ausschreien seines Namens als Dünkel aus.

Bei Luther vgl. EA 25, 91 Müssen sich gar mit der That schelten und schänden und wie der Kukuk ihren eigen Namen ausrufen. 27, 280 dasz wir durch solch schriftlos Menschenhandel gute Christen uns selb, wie der Kukuk ausschreien und all ander drob Ketzer schelten. 28, 365 Nu liegt dem Luther an dem Dünkel des Konigs von Engelland eben so viel als an dem Dünkel des Kukuks. 29, 177 aber Gott hats wöllen so haben, dasz der Kukuk musste seinen eigen Namen ausrufen. 31, 327 Dazu rufen sie wie der Kukuk ihren eigen Namen aus. 31, 398 Dank hab lieber Kukuk, dasz du so frisch deinen eigenen Namen ausschreiest und ruhmest, du wolltest der Widerchrist sein. 36, 131 Lobe dich Kukuk mit deinem Gesang; man höret am Geschrei wohl, was du fur ein Uogel bist. 43, 9 Da höre ich die rechte Mutter, die liebe Kirche nicht, noch den Meister Christum, sondern den Kukuk, nämlich den Teufel, der seinen eigenen Namen ausrufet und die liebe Nachtigall nicht singen lässet. Diesen Uogel kennet man am Schnabel und Gesange; man höret bald, welches der Kukuk oder die Nachtigall, der Teufel oder der Herr Christus sei. 48, 269

Christus musz es sagen, er sei das Licht der Welt. Es ist auch die Wahrheit da an ihr selbs, dasz auszer Christo alles Finsternis ist, und darumb musz ers von ihm selbs singen und ein Kukuk werden, der seinen eigen Namen selbs ausrufe. Ich musz es auch thun und ein iglicher Prediger. Denn wenn ich mich nicht lobe, so musz ich lange harren, dasz mich ein ander lobete; sie thuns nicht.

Vgl. auch EA 32, 20 Die Nachbarn sind ihm übel gerathen, musz dieweil sich selbs loben. 48, (268; 270) 280 Du ruhmest von dir selber, die Nachbarn sind dir ubel gerathen; singest ein Liedlin von dir selber, das klinget nicht wohl; es ist beide, Ruhm und Ehre erstunken und erlogen. 29, 177 Höret sich so gerne reden, wie der Storch sein Klappern. 30, 172 Aber ich musz hie seines filzichten feindseligen Deutsches gebrauchen, welchs ihm doch viel basz gefället, denn dem Storke sein Klappern. Weim. Ausg. XIX 409, 2 Eigen lob stinckt.

---

211. Ein lochericht sachen.

Vgl. Wa III 217 Loch 112 und DWb 6, 1097 Ein Loch in etwas stechen: von einer Sache, die man stören oder zerstören will. DWb 6, 1099 löcherich.

Bei Luther EA 25, 54 haben mit solcher Schminke sich wollen putzen und uns verunglimpfen, weil sie wohl gefühlet, dasz ihr Sachen löchericht, aussätzig und unflätig war. 30, 38 Was will Zwingli hie sagen zu solcher locherichten Sachen? Dazu vgl. De W I 319 Die Blase ist löchericht geworden und zurissen. EA 27, 229 Sie aber, der grosz Hauf, hat den Vorteil mit eitel ritzigen, lochereten, losen Stücken bestehen. 28, 372 Die löcherichten Bossen. 30, 158 ihren löcherten Pelz damit zu flicken. 42, 274 löcherichte Säcke. — De W II 55 Ich hab ein grosz Loch in der

Papisten Taschen gebissen. II 58 hat ein Loch in ihren Bauch gestossen. II 334 Der Bettelsack hat ein Loch, das ist grosz. EA 27, 331 wie haben sie ein Loch gemacht in diesen Spruch mit einer Glossen. 44, 346 ein Loch in die Bank [?] geschlagen.

212. Es wil yhm nicht zawen.

Vgl. Lexer III 1161 f. zouwen, zowen, zawen: von statten gehen, gelingen, zu Theil werden; mit Nachweisen ähnlicher Wendungen.

Bei Luther ist mir sonst (außer Nr. 427) der Ausdruck nicht begegnet, der doch noch jetzt in Wittenberg und anderwärts, z. B. auch in Thüringen allerdings nur reflexiv „sich zauen" = „sich beeilen" im Volksmund sehr gebräuchlich ist.

213. Unrecht gut druhet nicht.

Druhen (truhen) = gedeihen, zunehmen. Vgl. DWb 2, 1456 und Anm. zu Wa II 197 Gut 253. Die jetzt gebräuchlichste Form des Sprw. giebt Wa ebenda 255 Unrecht gut gedeihet nicht. Es entspricht dem der Alten Male parta male dilabuntur (Otto S. 206), und dem welschen (vgl. Reineke Vos 261) male quesite male perdite; Waldis, Fabeln (Kurz) 4, 15 V. 58;

NB 80, 97 Noch würt den trütlen offt der lon,
Das sy brot betlen miessent gon,
Uff das solch gůt, das mal quesit,
Ouch widerumb werd mal perdüt;
Wie gewunnen, so verthon,
Wie es kompt, so wider gon.

Auch bei Luther EA 36, 291 dasz Reichtum Geld und Gut auf den andern oder dritten Erben nicht kömmet. Denn male quesit male perdit, sagt der Wale. — Die Randbemerkung zu Agricola 126 „Male parta, male dilabuntur. Male quesit, male perdit, sagt der Walhe" scheint von Luther entlehnt zu sein. Die handschr. Form weist DWb nach (Tischr. Frkft. 1568, 62ᵃ) Wenn sie gleich reich werden, so drühets nicht; entweder sie oder ihre Kinder verarmen. Sonst EA 23, 233 wie man spricht: Wer jung gern stiehlet, der geht im Alter bettln. Item: unrecht Gut drühet nicht. Und ubel gewonnen, böslich zerronnen. 23, 322 Und gehen die Sprüche in allen Sprachen: Male partum, male disperit. Male quaesitum, male perdit. De male quaesitis non gaudet tertius heres. Omnis dives aut iniquus (sagt St. Hieronymus) aut haeres iniqui. Daneben auch täglich fur Augen sichtliche . . Exempel: Das unrecht Gut drühet noch erbet nicht [Dietz I 459], und ist noch nie kein unrecht Gut auf den dritten Erben kommen. — Dazu vgl. verwandte Sprw. wie Heuseler 423 (Dietz I 459): Unrecht Gut wudelt nicht. Heuseler 450 Unrecht Gut faselt nicht. EA 21, 76 Kein gestohlen und fälschlich Gut gedeihet. 36, 132f. Daher auch ein gemein Sprichwort aus solcher täglicher Erfahrung kommen ist: De male quaesitis non gaudet tertius heres. Böse gewunnen Gut kommt an den dritten Erben nicht. Und: male partum male disperit; übel gewunnen, übel verschlungen. 36, 134 dasz Gott solch böse gewunnen Gut nicht lässt gedeihen noch den Nachkommen zu gut kommen. 36, 240 Es musz doch wahr werden das gemeine Sprichwort: Übel gewonnen, schändlich zerronnen. De male quaesitis non gaudet tertius haeres. De W V 68 Reichtum übel gewonnen noch übler umgebracht. Spr. Sal. 10, 2 Unrecht Gut hilft nicht.

214. Kompst wie der hagel ynn die stoppel.

Vgl. Wa II 1476 Kommen 270 Er chund wie der hagel i
d haber (Luzern). 288 Er kommt wie der hagel in die halme. —
Entspricht dem Sinne nach Otto 80 und 83 cena comessa venire;
cineri nunc medicina datur. Später sagt man allgemein dafür
wie Tappius 517 post festum venire. Du kompst, wen der
ablasz geben ist. Vgl. DWb 4 ², 143 mit einem Nachweis aus
Simplicius. Dazu vgl. ferner Simplicius IV 328, 20 Gehe nur
hin, du wirst willkommen seyn wie ein Sau in eines Juden
hausz vnd so wenig richten [ausrichten] als der hagel in den
Stupflen. — Andere Nachweise fehlen mir.

215. Im Winter hat ein arm man so wol ein frisschen trunck odder kalten keller als der reiche.

Vgl. Wa V 271 Winter 72 Im Winter ist der Schnee billig. —
Auch: Im Winter hat man nicht nöthig Eis zu kaufen. 73 Im
Winter kann der Arme sobald einen frischen Trunk haben als der
Reiche. — Dazu vgl. Fischart, Praktik (zum Januar): Wann
es in diesem Monat gefroren ist, so wird es kül, trocken vnd frisch:
vnd wird der Arm gleich so wol ein külen trunk haben als der
Reich, wiewol die tränk sind vngleich. Aus dieser Stelle geht
hervor, daß das Sprw. eine starke Ironie enthält. Eine Gedanken=
verbindung mit Nr. 214 ist leicht herzustellen.

Luther drückt sein Wohlgefallen an dem Sprw. aus durch den
Zusatz: Mystice et politice pulchrum, den ich dahin ver=
stehe: Das Sprw. paßt für das innere (religiöse) Leben des Men=
schen so gut als für das äußere (öffentliche).

216. Kan nicht drey zelen.

DWb 2, 1371: der nicht drei zählen kann, homo simplicissimus (Frisch. 1, 205ª); er thut als ob er nicht drei zählen kann = stellt sich einfältig an. — Für drei sagt man auch „nicht bis fünf zählen können". Da drei und fünf an den Fingern einer Hand zu zählen sind, so gehört eben nicht viel Verstand dazu mit ihnen zu rechnen. Luther spielt aber auch mit der Ra auf die heilige göttliche Dreizahl an und gibt ihr damit eine andere Wendung. Wa V 483 zählen 13 Er kann nicht (bis auf) drei zählen. I 693 drei 69 A kan knop uf dreye zehlen. IV 1185 thun 480 Er thut, als könnte er nicht bis drei zählen. IV 1058 Teufel 13 Auch der Teufel kann bis drei zählen. Egenolf 64ᵇ da steht sie [die Frau vor der Hochzeit] wie ein Engel Gottes, kan nit drei zelen, vnnd erscheinen eitel tugent. Da fellt dann der man blindt= lich über den vortheyl. — Otto S. 114 si scis tute, quot hodie habeas digitos in manu (Plaut. Pers. 187).

Bei Luther EA ² 19, 9 Das will ich ihm [Gott] zu Ehren und Dienst thun, denn ich schuldig bin zu gläuben und mich so urteilen zu lassen, dasz ich ein Narr sei, der nicht könne drei zählen, wiewohl ich doch Gott Lob, wohl kann drei zählen hienieden auf Erden, und mich Niemand darf die Kunst lehren noch richten, dasz ich nicht könnte drei zählen. ² 19, 10 Wie klug sie sind, so können sie hie noch nicht drei zählen in den Sachen, wirds auch nicht lernen bis an jüngsten Tag; denn wir Christen haben täglich dran zu lernen, dasz wir lernen drei zählen und sagen: Drei ist nicht drei, sondern eins, und doch drei. — Verwandt ist EA 36, 16 f. Man findet einen; der fromm ist, kann doch kaum fünfe zählen. 47, 229 ein iglicher Bauer, der nur fünf weisz zu zählen, der reisset Äcker, Wiesen und Hölzer zu sich von den Klöstern und treibt alle seinen Mutwillen.

217. Kan nicht ein hund aus dem ofen locken.

DWb 4², 1912: Der Hund sucht seinen Platz in der Fußhöhlung des warmen Ofens, von wo ihn fortzubringen es der Lockmittel bedarf; daher sprw. für einen, der nicht einmal gewöhnliches ver= steht: Er kann nicht einen Hund aus dem Ofen locken. Wa II 881 Hund 1399; 1451; 1558; 1571; 1592 Er kann keinen hund aus dem Ofen locken: „Er weiß sich in keiner Verlegenheit Rath und versteht seine Kenntnisse nicht anzuwenden". Oder: „Er ist so mittellos, daß ihm ein Stück Brot sogar fehlt, einen Hund damit zu locken."

Bei Luther EA 39, 309 Widerumb ists auch zumal ein schänd= lich Ding, so in der Welt zu hofe auch gehet, dasz gar oft man= cher feiner Mann treulich und wohl dient und doch jämmerlich verlassen oder auch wohl verstossen wird, und ein andrer Schalk an seine Statt kommt, der danach alles nimmt, was jener verdient hat, so derselb doch nicht künnte einen Hund aus dem Ofen locken. 45, 56 Es sind auch etzliche Klugling itzt, welchen alles beides miszfället, und wenn sie im Predigtamt wären, so konnten sie doch nicht einen Hund aus dem Ofen locken. — Hierzu vgl. 39, 352 hinder dem Ofen sitzen wie ein faulfressiger schläferiger Rüde. — Dem Sinne nach nahe verwandt mit Nr. 216.

---

218. Er beisst des fuchses nicht.

DWb 4¹, 332 den Fuchs beißen wird gesagt, wenn einer, der gebissen wird, wieder beißt; eigentlich aber bedeutet der Aus= druck: tapfer angreifen, auf etwas erpicht sein. Den Fuchs nicht beißen: nicht darauf los gehn, nicht zu thun wagen, feig sein zum Angriffe (Kinder= und Hausmärchen Nr. 174). Vgl. Wa II 844 Hund 613. 837 Man find wenig Hund, die ein Fuchs beissen: „Dann sie beißen wieder." I 1257 Fuchs 405 Er will den Fuchs

nicht beissen: „Wenn jemand nicht baran gehen will. Davon
weil wenig Hunde gegen den Fuchs vorgehen. Es will keiner
ben Fuchs beißen." Vgl. auch V 379 Wolf 617 Er wil den
Wolff nit beissen. II 891 Hund 1614 Er will den Hund nicht
beissen. Egenolf 71ᵃ Es ist bósz ausz herren knecht zumachen,
ausz freyen gefangne. Sie beissen den fuchs nimmer. — Uhland
Volkslieder Nr. 141

  V. 2. Sant Jörg du edler ritter . . .
    tu uns dein hilfe schein! . .
    dasz wir die paurn bezwingen,
    die uns da wellen verdringen,
    der sich des adels fleisst,
    und doch den fuchs nit beisst.

  Luther bringt bie Ra in 'Ein Reym von D. Murner' Weim.
Ausg. VII 687, 33 (EA 27, 307)

  Den fuchsz er grawsamlich anficht
  Und doch keinsz weges beyset nicht.

  Darauf spielt wohl an P. Gengenbach, Novella S. 283, 821

  Aber eüch was nit also gach,
  Do er zü wurmsz was an dem Rin,
  Do zogen ir die schnupffen in,
  Jr wolten do den fuchs nit bissen. . .

  Sonst vgl. Löfche 33 Franncken beissen den Fuchs auch nit,
wen man Nasen gegen Nasen reckhen soll; et domi apud rusticos,
in quos imperium habent, sunt feroces et imperiosi. EA 29, 312
Ein Teil hängt den Mantel nach dem Winde, lässets entweder
gehen, schweiget still, zeucht die Pfeife ein und will den Fuchs
nicht beissen oder heuchelt. 43, 10 Wo denn da einem Prediger
der Bauch und zeitlich Leben lieber ist, der thuts nicht; stehet
wohl und wäschet auf der Kanzel, aber er prediget nicht die Wahr=

heit; thut das Maul nimmer auf; wo es will übel gehen, da
hält er inne und beisset den Fuchs nicht. 64, 109 Gloffe zu
Sprüche Sal. 22, 13 Das sind Prediger und Regenten, Gesinde,
die den Fuchs nicht beissen, gehen nicht durch dicke und dünne.

219. Die saw hat ein pantzer an.

Der Sinn der Ra im allgemeinen ist: Äußerer Schmuck
ändert nicht schmutzigen, gemeinen Sinn. Dazu vgl. Sprw.
wie Agricola 621 Und wenn man eyner saw eyn güldin stuck an=
züge, so legt sie sich doch mit in dreck. Wa IV 7 Sau 85 Ein
Saw bleibt ein Saw, wenn sie gleich ein güldenen ring an der
Nasen trüg; und ebenda viele ähnliche. Das Sprw. geht wohl
zurück auf das biblische 2. Petr. 2, 22 Die Sau wälzet sich nach
der Schwemme wieder im Kot. Ferner vgl. SZ 21 Die sauw
kronen.

Dahin gehören bei Luther Wendungen wie EA 22, 196 Die
Müniche und der hohen Schulen Gespenst, die wir . . wie die
Sau mit einer gülden Ketten und Perlen erhalten. Aus den Tisch=
reden Aurif. 1566 Bl. 553ᵃ (bei Göbeke, Luthers Dichtungen 153)

> Glim, glam, Gloriam,
> die sau, die hat ein chorrock an.

EA 40, 251 liegen im Unflat wie das Schwein auf der Kobe.
Auch an der einzigen Stelle, wo ich die Ra finde, braucht Luther
sie in diesem allgemeineren Sinne von Karlstadt; EA 29, 212 wie
macht sich der Geist so unnütz uber dem Wort und Namen
'Sacrament'; da hat die Sau ein Panzer an.

Aus der in der Hdschr. zugefügten Erklärung (Amphibolon in
mores nobilium uel insultando ineptis ut rusticis seditiosis.
Saw sol ym stall vnd kot sein; rusticus in agro et sub lege
pressus.) geht aber hervor, daß Luther sie in besonderem Sinne

von den Bauern einerſeits und den Abligen andrerſeits verſtanden
wiſſen wolle. Dazu ſtimmt Wrampelmeyer 594 Rustici hodie plane
sunt sues, et nobiles, qui olim capri fuerunt, imitantur eos.
EA 40, 283 ob vielleicht etliche vom ungezogen, wüsten Adel
sich wollten lassen solch Exempel bewegen und auch darnach
trachten, dasz sie adelig und nicht so bäurisch und säuisch
sich hielten. Auch EA 22, 255 ſpricht er vom Abel: Wir Deutschen
sind Deutschen und bleiben Deutschen, das ist Säu und unver=
nünftige Bestien. — Luthers Meinung von dem übermüthigen, rohen
Bauer, wie ſie auch hier in ſeiner Anmerkung zu Tage tritt, iſt ja
bekannt; ſonſt vgl. noch die Stellen zu Nr. 190; 191; 266. — Der
Bauer im Panzer iſt ſchon Gegenſtand des Spottes im Lied von
H. Heſelloher (geſt. 1470); vgl. Uhland, Volkſl. 249

B. 1 Der baur het an ain panzer [beim Tanzen]
  der mit ir [der Magd] umbher trat.

220. Thu dich zun leuten, so geschicht dir guts.

Nachweiſe fehlen mir. Dem Sinne dürfte etwa nahe kommen
Wa III 106 Leute 1483 Bleib bei den Leuten = überhebe dich
nicht. 938 Man soll den Leuten folgen, so trinckt man Wein;
folgt man den Gänsen, so trinckt man Wasser.
J. Jonas giebt in der Überſetzung von Luthers Vorleſung über
den Prediger Sal. IV 11 (Weim. Ausg. XX 80, 15 ff.) das Sprw.:
Wo viel Leute sein, ist viel Glücks. Weim. Ausg. II 114, 29
(EA 21, 208) Sing mit dem Haufen, so singest du wohl. Preger
97 quod non debemus nos segregare sed associare. . . Valeant
qui dicunt: Bleib gern allein, so wirt dein herz rein. Vgl.
EA 43, 43; 44, 111 Bleibet gern allein, so sein eure Herzen rein.

221. Wenn ich das nicht kundte, were ich ein schlymmer schuknecht.

Schuhknecht = Gehilfe eines Schuhmachers, kommt in Vergleichen vor, Paracelsus 7, 129 er soll gelernet haben mit dem kranken wissen zu handeln und erkennen so ringfertig als so ein schuchknecht ein schuch umkehrt. Richey 234 führt als Hamburger Ra an: He is so verwagen as een schooknecht. Vgl. DWb 9, 1858. Ich kann nur formelle Anklänge an die Ra aus Luther bringen, z. B. Preger 155 Wenn ich das nicht glaubt, so thet ich als ein schalck. EA 30, 36 Wenn er das nicht thut, so ist sein Ding ein Dreck. 31, 288 Wenn ich das thät, so wäre ich ein fromm Münch.

222. Man kundt yhm das heubt ym Morser nicht treffen, so klug ist er.

Luther braucht die Ra De W V 251 unangesehen, dasz sie sich selbst so klug dünken, dasz sie alle Splitter wohl richten können und ihres Balkens vergessen, gerade als könnte der heilige Geist ihr kluges Haupt auch im Mörsel nicht treffen. — Im Mörser den Schlägen und Stößen zu entgehen ist unmöglich, erfordert übermenschliche Klugheit und Geschicklichkeit. Verwandte ironische Wendungen liebt Luther auch sonst; vgl. z. B. EA 38, 271 Darnach [kommt] ein grosser Hans, dem das Heubt viel zu klein ist für grosser Vernunft und Weisheit. Wiederholt redet er von den spitzigen Köpfen der Klüglinge, z. B. EA 30, 292 Also haben sich diese spitze Köpfe an einander gewetzt, dasz die Sophisten haben müssen ein Wunderzeichen erdichten, wie das Brot vergehe und lasse sein Wesen zunichte werden; 46, 40; 49, 38; 64, 218.

223. Gehestu auff dem heubt?

Wa II 1520 Kopf 495 f. erklärt Auf dem Kopfe gehen (stehen, tanzen) von höchster Verkehrtheit oder außerordentlicher Kunst.

Bei Luther EA 40, 195 Wiederumb auf unser Seiten ist der Adel so frech und stolz, als wüsst er nicht, ob er auf dem Häupt gehen wollte.

---

224. Gehstu auff den oren?

Fehlt Wa; entspricht in der Bedeutung Nr. 223. Vgl. Weim. Ausg. VII 361, 11 (EA 24, 88) Nu wachsen ynn unszernn landen die frucht auff unnd ausz den bawmen unnd sund betrachten ausz der rew; aber ynsz Bapsts unnd Bepstischer heyligen landen wachsen vylleicht die Bewm auff den fruchtenn, die rew ausz den sundenn, gleych wie sie auch auff den oren gehen und all dinck vorkeren. Diese Ra ist also nicht gleichzusetzen der bekannteren Wa III 1128 Ohr 91 Auf den Ohren sitzen = nicht hören wollen; oder bei Luther EA 35, 349 so dicke Ohren haben, dasz wirs nicht vernehmen können; 65, 100 u. DeW IV 457 Schultheissenohren haben.

---

225. Er gehet auff eyern.

Vgl. Wa I 750 Ei 8. Auf Eiern musz man behutsam gehn, es ist bald um ein Küchlein geschehn. 9 Auf Eiern tanzen und mit Weibern umgehen musz gelernt werden sieben Jahr und einen Tag. 204 Auf Eiern gehn und keins zerbrechen. 333 Auf Eiern tanzen. 338 Wie auf Eiern gehen. I 1429 gehen 230; 248; 419.

Bei Luther Dietz I 490 Ei sihe lieber, wie geht der geyst hie auff eyern (EA 29, 280). — EA 30, 31 dasz sie selten zur Sache

kommen .. und wenn sie drauf kommen müssen, so treten sie
so leise, als gingen sie auf eitel Eiern; wischen darnach
uberhin, als jaget sie der Teufel.

---

226. Wie der krebs gang.

Vgl. Wa I 1430 gehen 251 Er geht vorwärts wie der Krebs.
298. II 1601 Krebsgang 1—5. Höfer [7]1121 Vorwärts wie ich,
sagte der Krebs. Uhland, Volksl. Nr. 172

    B. 6 wenn men meint, it schal vorwerts gan,
        so geit it den gank des krevets.

NS 57 Wer on verdienst wil han den lon
        und uf eim schwachen vor wil ston,
        des anschlag wurt uf krebsen gon.

NB 5, 185 Der alt krebs lernt syn kindt den strich,
        das sy noch hüt gondt hindersich.

Die Alten sagten: transvorsus [seitwärts], non provorsus cedit,
quasi cancer solet. Vgl. Otto S. 68.

Bei Luther häufiges Bild; z. B. De W III 557 Das gehet denn
sehr fein fur sich, wie der Krebsgang. IV 76 gehen so fein für
sich, als hetten sie von Krebsen gehen gelernt, oder wollten
die Krebs gehen lehren. V 675 Es ist doch mit dem Hofe nichts.
Ihr Regiment ist eitel Krebs oder Schnecken. Es kann nicht fort
von Stäten oder will immer zurück. EA 25, 87 gehet ihr Furnehmen fur sich, wie der Krebs gehet. 25, 232 ist ihm geraten
wie der Krebs gehet. 26, 92 mügen ihn selber die Schuld geben,
wo es den Krebsgang gewinnet. 30, 6 Es gehet mir aber warlich recht und wäre unrecht, wo mirs anders ginge .. denn dem
Krebsgang nach. 38, 420 Das gehet denn den Krebsgang, dasz
sie selbs drüber zu scheitern gehen. 39, 299 gehet der schöne

Weg dem Krebsgang nach und aus dem feinen Rathschlag wird eine schändliche Narrheit und schädlicher Verderb. 40, 279 O weh, drückt hart lieben Herrn und dämpft getrost; was ihr wollt, das wird geschehen. Ja, hinter sich, wie der Krebs gehet. 48, 179 was ausser Gottes Wort und Werk ist und aus unsern Gedanken hergehet, das gehet den Krebsgang und fället zu Trümmern. 64, 181 eigene Anschläge, die den Krebsgang gehen. Tischr. Aurifaber 1566 fol. 476.ᵇ So gehets denn flugs an, ja den Krebsgang. Vgl. auch als sinnverwandt GA 44, 281 So gehets fort, ja hinter sich, wie die Bauern die Spiesse tragen.

227. Wer des feurs darff, suchts ynn der asschen.

Wa I 1003 Feuer 276. 124. 191 Man musz das Feuer holen, wo mans findet. V 1262 Feuer 423. II 1457 Kohlen 9. 29. Brauchst du Kohlen, so musst du sie in der Asche suchen. Vgl. II 1669 Kuh 111. 131 Eine gute Kuh sucht man im Stall. IV 1821 Wasser 509 Wer des Wassers bedarf, der sucht es im Brunnen. Egenolf 25ᵇ Man musz es doch zuletzt da suchen, da es ist. 345ᵃ Wer feur bedarff, der wirts wol in der äschen süchen.

Bei Luther konnte ich diese oder eine entsprechende Ra nicht nachweisen.

228. Es ist ein guter zunder.

Wa V 629 Zunder 5 mit der Erklärung: Er ist sehr empfind= lich, es ist gleich Feuer bei ihm im Dach. Vgl. 2 Es musz ein guter Zunder sein, der dort fangen soll. Schiller=Lübben 4, 630 tunder: de jöget [Jugend] is alze ein tunder, de auer de mathe lichtlick entfenget, wat böse vnde ergerlick is. Huspost. Mich. 2.

15*

Bei Luther EA 47, 302 Diese Lehre findet einen guten Zunder in mir, dasz wir von Natur also gedenken, dasz wir dennoch auch müssen etwas Guts thun. Vgl. auch [2] 19, 88 Denn es [die Weihnachtsbotschaft] ist solcher Feuerzeug und Zunder, so allezeit unser kalte Herzen aufs neu anzünden und erwärmen kann.

---

229. Wer nicht zu reiten hat, der mag gehen.

Vgl. Wa III 1652 reiten 68 Er will reiten, ehe er ein Pferd hat. III 1312 Pferd 744 Wer kein Pferd hat, der gehe zu Fusz oder reite auf Stecken. 745; 746.

War bei Luther sonst nicht nachzuweisen.

---

230. Dir ist gut gram sein. Hast nichts.

Vgl. Wa III 1015 Nichts 8. (68) Den Herrn von Nichts kann niemand (Lips Tullian nicht) bestehlen. 66 Wer nichts hat, dem entfelt auch nichts. 71 Wer nichts hat, geht sicher.

Die Ra habe ich sonst bei Luther nicht gefunden.

---

231. Es ist nicht not die schaffe sengen; die wolle gilt wol gellt.

Wa IV 62 Schaf 176 Man braucht die Schafe nicht zu sengen; die Wolle gilt ihr Geld. Vgl. 177 Man darf (soll) das Schaf wohl scheren, aber man soll es nicht schinden (rupfen). 78 Die Schaff soll man scheren, die Sew brühen oder sengen: „Von

Willigen nemen, von Unwilligen zwingen". IV 1557 Berkehrt 3 Es ist verkehrt, wenn man die Schafe sengt, und die Sau scheert.

NB 33 Die schafe schinden.

Vgl. auch bei Otto S. 267 boni pastoris esse tondere pecus, non deglubere.

Das Sprw. scheint sonst bei Luther nicht vorzukommen.

---

232. Kutzel dich nicht selbs, du lachest dich zu tod.

Vgl. Wa II 1359 Kitzeln 10 Wer sich selbst kitzelt, der lacht, wenn er will (Egenolf 227ᵇ). 13 sich kitzeln um lachen zu können. II 1746 Lachen 83 Wer gern lachet, der kitzelt sich selbst. 141 Er lacht sich zu Tode. —

NS 19,49 schwätzer ist nüt zů reden vil
er kitzt sich vnd lacht, wen er wil.

In der handschriftlichen Form habe ich das Sprw. nicht nach= weisen können, dagegen ist die Ra sich mit etwas kützeln bei Luther häufig. Zu Sirach 27,14 erklärt er sie dahin (EA 64, 178) [es] thut ihnen wohl, dasz sie andere betrüben und Schaden thun. EA 36,140 Aber die bösen Mäuler thun das Widerspiel, reden nicht von ihres Nähist Feihl und Gebrechen, dasz er dadurch gebessert soll werden, sondern dasz sie sich da= mit kitzeln, Lust und Freud daran haben. Sonst vgl. EA 15,471 Darum heisst arm sein im Geist, den Mut nicht auf das Gut noch Gaben legen, sich nicht preisen noch kützlen und über den Nächsten erheben. ² 18,369 Etlich hielten es heimlich und kützelten sich selbs damit, wollten die Freude niemand mitteilen. 23,316 sich solcher Wohlthat kützelt. 31,240 thät den Seel= mördern und Verrätern fast wohl und kutzelet sich uber die Masz, dasz sie solch Wilpret und niedliche Biszlin in ihr Netze kriegten. 32, 39 Kardinal sind Schälke, wie sie sich selbs unternander kützeln, aber mit grossem Jammer vieler armen Leute. 38, 102 Der Geizige segnet sich. Das ist, er jücket und kützelt sich selbs. 38, 358 Leute die das Ihre rühmen und sich mit ihren Gaben selbs kützeln. Preger 323 Den wenn uns unser Herr gott ein starckhen unwanckelbaren glauben gebe, so wurden wir stoltz, ver= achteten ihn wohl zuletzt unnd kutzleten uns selbs damit.

Den Nachsatz des obigen Sprw. bietet EA 37, 117 Derselbe säufet das Lob und Lust gar in sich und lachet sich zu Code, wenn man ihn rühmet und preiset.

Verwandt ist De W V 36 Denn er musz sehr gerne lachen, weil er sich selbs so kützelt. EA 26, 3 es musz sein, wie man spricht: Wer gern lachet, der kutzelt sich selbs; also auch: wer gern leuget, der musz auch lügen, wenn er die Wahr= heit sagt, wie Chrysippus sagt. Vgl. hierzu EA 25, 163 Hui Bruder, leug dich nicht zu tod, du kannst dich noch wohl ernähren.

---

233. Es ist nicht rat. Es ist vnrat.

DWb 8, 168 giebt unter Rat 26 die hierher passende Bedeutung: Nutzen, Gewinn, im Gegensatz zu Unrat, Schaden. Vgl. Wa III 1467 Rath 11 Aus grossem Rath wird oft grosser Unrath.

So bei Luther De W III 329 Darum spricht die Weisheit Sprichw. 8, 14 Mein ist das Rathen und Gerathen. Viel haben guten Rath, aber das Gerathen folgt nicht, sondern wird ein grosser Unrath aus grossem Rath, wie das viel Exempel und Historien beweisen. EA 39, 282 Einsmals hat ihn [Kurfürst Friedrich den Weisen] Doctor Henning Göde lernen wollen haushalten und ge= sagt: Gnädigster Herr, warumb lassen E K F G mit grünem Holz Feuer halten und nicht mit dürrem? Es ist ja Unrath. Lieber

Doctor, sprach er, Was in eurem Hause Rath ist, das ist in meinem Hause Unrath. Dieselbe Geschichte wird erzählt Seidemann, Lauterbachs Tgb. 38. Vgl. auch EA 65, 111 Was soll doch solcher Unrath? oder was soll doch solcher Schade? Das war Judas Meinung, denn er gedacht, bessern Rath damit zu schaffen. 50, 287 Denn wenn es so weit mit einem Menschen kömmt, so ist da kein Rath mehr. De W III 76 Sollte man denn Spott umb Geld käufen und Verachtung? Wäre nicht Rath, es ist sonst gnug.

234. Man boygets so lange, bis es bricht.

Vgl. Wa I 132 Armbruft 2 Wann man das armbrust zu hohe spent, so zerspringt es. I 424 Bogen 16 Wenn man den Bogen zu straff spannt, zerspringt er.

Zingerle 21 Dehein boge so guot ist
      man müge in spannen, daz er brist. Freib. 108, 1.

Vgl. auch Wa II 1642 Krug 20 Ein krug gehet so lang ghen wasser, bisz er zuletzt zerbricht.

Bei Luther finde ich das Sprw. sonst nicht, doch vgl. Nr. 39 und verwandte Sprw. wie EA 23, 10 Es kann so nicht stehen, es musz brechen. 23, 295 Enge Recht, weit Unrecht. Item: Allzu scharf macht schartig. 23, 307 Not bricht Eisen, kann auch wohl Recht brechen. De W IV 103 zu scharf wird gern schärtig.

235. Er hat einen sparren verloren.

Zu der Ra 'Einen Sparren (zu viel oder zu wenig) im Kopfe haben', vgl. Wa IV 660 Sparren 1; 5ff. Simplicius I 159, 7 und öfter.

Bei Luther kann ich die Ra sonst nicht nachweisen.

236. Alte hunde sind nicht gut bendig zu machen.
Colla canum veterum nolunt admittere lora.

Vgl. Wa II 818 Hund 8 ff. III 51 Leute 52 Alte Leute sind
schwer zu bekehren. Tappius 10 Senis mutare linguam. Zingerle
S. 73 Swer altem hunt ein bant anleit,
der verliust sin arebeit. Freidank 109, 26.
Est annosa canis vix assuefacta catenis. Lib. sent. 13.
S. 197 Tardum est annosos discere vincla canes. Reinh. 3, 728.

Egenolf 47ᵇ Alte heut dörffen vil gerbens. Alte hund seind bósz
zu bannen. 340ᵇ Alt Wachteln sind bósz zu fahen. Alt hund
bósz zu bannen. Alt báum bósz zu pflantzen.

Bei Luther nachgewiesen Dietz I 253 es ist schweer alte hunde
bendig vnd alte schelcke frum zu machen, [daran doch das Predig-
ampt erbeit und viel umbsonst erbeiten musz; aber die jungen
Bäumlin kann man besser biegen und ziehen, obgleich auch etliche
druber zubrechen] (EA ²17, 417). Sonst vgl. EA 38, 414 was
alt ist, das ist angenommen und hält hart und feste; desz ist
man gewohnt und bleibt gerne dabei. Alte Hunde sind nit gut
bändig zu machen, so kann Niemand alte Schälke fromm machen.
50, 432 Wir Alten bleiben Johannes in eodem, und gehet mit
uns nach dem Sprichwort: Alte Hunde sind nicht bändig zu machen,
alte Schälke mag man nicht fromm machen.

Hierzu vgl. auch 39, 114 Darumb so musz Gott dem Hunde
einen Knüttel an den Hals henken und ihn bändig machen.
25, 344 Ein Concilium . . musz alte, grosse Schälke fromm
machen oder töten. 42, 16 Du bist zu jung dazu, dasz du solltest alte Schälke frumm machen. Weim. Ausg. XX 32, 4 (22)
Du bist vil zu geel am schnabel, das du alt schelck from machst.

Auch XX 76, 23. Den lateinischen Hexameter fand ich sonst bei Luther nicht. Doch siehe Wa II 818 Hund 11, wo er aus Binder II 525 und Schamelius V 190 nachgewiesen wird.

---

237. Schuch drucken.

Wa weist mancherlei Anwendungen dieser bekannten Ra nach. Besonders vgl. IV 351 Schuh 67 Es weysz niemand, wo einen der schuch drucket, denn der yhn an hat.

RS 78, 19 Wer lidet, das in druck sin schůch,
und in sin frou im winhus sůch,
der ghört wol in das narrenbůch.

Bei Luther nachgewiesen Dietz I 459 Ich weysz, wo dich der schuch druckt (EA 24, 31). Ja, das ist das alte gemein Liedlin, dasz keiner siehet, wo den andern der schuch druckt; jdermann fulet allein sein vngemach und gaffet auf des andern gut Gemach (EA ² 17, 413). Da druckt mich hart der schuh (De W V 708). Außerdem De W II 87 = EA 39, 137 Sie fuhlen wohl wo sie der Schuch druckt.

---

238. Es mus ein mager brate sein, da nichts von abtropfet.

Vgl. Wa I 447 Braten 5 Dat iss'n schlechten Broten, wo nischt afgeiht. 13 Es ist ein magerer Braten, da nichts davon tropfet: Tam probus haud quisquam toto reperitur orbe, officium qui expers utilitatis habet (Binder I 1716). V 186 Wenig 16; 79 f. Wo wenig ist, da treuft wenig ab. Agricola 290 Es ist keyn ampt so geringe, es ist henckens werdt. Dazu wird die Anekdote von dem Käseverwalter eines Klosters erzählt, der es verstand, durch

Auskochen des Fettes aus den Käsen soviel zu erübrigen, daß er sich konnte eine neue Kappe kaufen.

Bei Luther kann ich nur das sinnverwandte Sprw. nachweisen: EA 39, 349 Es ist kein Amt so klein, es ist hängens werth.

---

239. Ein gute griebe auff meinen kol.

Vgl. Wa II 1456 Kohl 67 Das machet den Kohl nicht fett. Walbis, verl. Sohn 501 All Cleriken, Papen ynn düsser sake plegen vnsz den koel recht veth tho makenn. Auch Simplicius III 35, 15 es gab mir Schmaltz auf meine Suppen. — Der Sinn ist: es nützt zu meinem Vorhaben.

Bei Luther Weim. Ausg. XIX 274, 14 (= EA 65, 38) alszo das auch die fhursten und hern, die auff yhrer seiten Sündt, nichts von yhn hilten, wo szie nicht eine guthe griben auff yhren kol dovon hetten. EA 25, 188 Warlich, die Griebe [der Peterspfennig] möcht Constantinus Erben zu Rom den Kohl fett machen. — Vgl. auch Preger 129 Es ist ein guter zuckher in diesem essig.

---

240. Das kam recht ynn die kuche.

Vgl. Wa II 1655 Küche 88f. Das bringt was (wenig) in die Küche. 90 Das ist recht in mein Kuchen. — Egenolf 46ᵇ Es tregt nicht in die kuchen. Brauchs, so du wilt ein ding vnnütz heyssen, dasz nicht in die kuchen trage vnd nit volle kästen mache.

Die Ra ist verwandt mit der vorigen. Bei Luther vgl. De W V 459 Es wäre zu viel, sprach er, an einem Mann, so doch Erfurt viel ein andrer Brate in die Küchen wäre denn Wurzen. EA 44, 84 wenn einer dem Andern schuldig war und künnte nicht von ihm bezahlet werden, so citieret man den Schuldner für den

Officialn umb der Schuld willen, so thät man den Schuldner in Bann, welches ihnen einen guten Braten in ihre Küchen gebracht hat.

_____

241. Wes die kue ist, der neme sie bey dem schwantz.

Wander hat mehrere verwandte Sprw. z. B. II 1687 Kuh 505 Die Kuh beim Schwanz fassen mit der falschen Erklärung: „Die Sache verkehrt anfangen". II 1666 Kuh 36 De de Ko hört, fât se bi'n Stêrt: „Jeder sucht das Seine zu behaupten". Vgl. auch 304; 336; 360; 362; 364 Wen seine Kuh heisst Fahle, der zieh sie bei dem Zahle (Schwanz), wird als ein altes Rechtssprw. nach= gewiesen, aber augenscheinlich falsch gedeutet. 450 ff. 464. I 868 Esel 391 Wem der Esel gehört, der hält ihn beim Schwanz. III 1104 Ochs 259 Wem der Ochs gehört, der stelle sich neben ihn (halte ihn). IV 419 Schwanz 26 Wer noch den Schwanz seiner Kuh in der Hand hält, hat sie noch nicht ganz verloren.

Bei Luther finde ich nur eine Anspielung EA 26, 93 Wenns zu thun wäre um die Kuhe, wer die sollte beim Schwanz nehmen, das ist, wenns zeitlich und weltlich Gut beträfe, da gulte Gewähr und was dergleichen ist.

Nach DWb 9, 2260 heißt „Einem den Schwanz in die Hand geben" ein Thier verkaufen, ohne für etwaige Mängel einstehen. Darauf scheint die Stelle bei Luther Bezug zu haben. Das Sprich= wort würde dann bedeuten: in seinen eigenen Angelegenheiten muß man für alles selbst einstehen. Das DWb a. a. O. führt zu dem Sprw. eine Stelle an aus Stoppe bei Steinbach 2, 534

zwar wer heud den Fuchs nicht nach den Haaren streicht,
und dennoch seine Kuh nicht bey dem Schwantze zeucht. .

mit der Erklärung Qui hodie alios non mulcet, res vero proprias levi brachio tangit. . .

_____

242. Wo tauben sind, da fliegen tauben zu.

Wa IV 1044 Taube (die) 74; 76 mit der Erklärung: „Dem Reichen fällt eher etwas zu als dem Armen".

Scheint bei Luther sonst nicht vorzukommen. Vgl. etwa Nr. 74.

---

243. Wem das wenige verschmaht, wird ꝛc.

Siehe oben Nr. 33.

---

244. Wer einen pfennig nicht acht, wird keines gulden herr.

Wa III 1275 Pfennig 216. Vgl. 4 ff.; 197 ff. Tappius 173 Maiora perdes, parua ni seruaueris. . Wer eynen pfenning nit achtet, der wirt nimmer eyns gulden herre. Item: Wer eynen pfenning nit so lieb hat als eynen gulden, der wirt selten reich oder gulden wechszlen. Agricola 70. Egenolf 37ᵃ.

Belege aus Luther siehe oben unter Nr. 33.

---

245. Wer den schaden hat, darff fur spott nich [sorgen].

Wa IV 48 Schade 154; vgl. 153; 156 ff.

Zingerle 128 Ist ein altes sprichwort
als ir dicke hant gehort:
schade der het gerne spot.   Martina 63, 89.
Der schadehafte erwarb ie spot:
saelden pflihtaer dem half got.   Parz. 289, 11.

Bei Luther EA 50, 399 Es ist dem lieben Herrn Christo in seinem Leiden gangen, wie das gemein Sprichwort lautet: Wer den Schaden hat, der darf für das Gespötte nicht sorgen. De W IV 591 Wird ihm [dem Teufel] darüber der Kopf zutreten von dem=

selben Scheblimini (hebr.: „setze dich zu meiner Rechten". Pf. 110, 1),
so darf er zu seinem Schaden widderumb fur Spott nicht sorgen.
Vgl. De W III 360 Wer nicht will das Gewisse für das Ungewisse
nehmen, der gehe zuletzt mit leeren Händen davon und hab ihm
den Spott dazu. IV 273 eine arme Dirne sollt die Schande zum
Schaden haben. V 177 und obs nicht würde gerathen, so dürfen
sie für Spott und Schaden nicht sorgen. V 528 Das Schmäh=
gedichte ist viel zu gering, dasz man um seinetwillen dem Teufel
sollte hofieren mit Fliehen und Trauer, sondern man soll sein
zum Schaden spotten und lachen. EA 25, 219 dasz die armen
Hunde nicht allein den Schaden, sondern auch den Schmerzen dazu
haben mussten und ist ein fein Gelächter. 25, 220 aber mit wie
grossem Schaden der Seelen und Spott der göttlichen Majestät.
34, 223 Jedermann seines Unfalls lachet und musz den Spott zum
Schaden haben. 41, 109 welcher musz Schaden und Unrecht dazu
haben. 43, 217 Lässt sie das Nachsehen und dazu Spott zum
Schaden haben. 51, 266 musst nu selbs da liegen mit allen
Schanden und den Spott dazu haben.

---

246. Was mir liebet, das leydet mir niemand.

Vgl. Wa V 1560 lieben 172 Was mir liebt, das lait mir
nymant. Vgl. III 169 lieben 73 Was einem liebet, das leydet
dem andern. 82; 84 Was man liebt, das gefällt (das ist schön,
ist das allerschönste). — Egenolf 360ᵇ Lasz dir nichts zuvil
lieben, so kan dich nichts betrüben. Philander (3. Gesicht) S. 123

    Cervam putat esse Minervam.
    Ranam putat esse Dianam.
    Was einer liebt, das dünckt ihm fein,
    Ob es offt wüster als ein Schwein.
    Ein mancher meynt, er hab ein Schatz,
    So ist es nur ein faule Zatz.

DWb 6, 932 führt aus Pauli, Schimpf 59 an: wann man uns
ein ding verbeut, so liebt es uns erst.

Bei Luther drückt den Sinn des Sprw. aus EA 37, 65 Gefällts Niemand, so ists genug, dasz doch mir allein gefällt. Verwandt ist EA 43, 218 wie man auch sonst pfleget zu sagen: Was
dem Menschen liebet, das ist sein Gott.   43, 235 Daher auch
S. Augustin sagt: Deus meus, amor meus, was mir liebet, das
ist mein Gott.   Zu dem Ausdruck „es liebet mir" vgl. auch 24, 249
so liebet mirs.   43, 241 wem das Geld liebet.

247. Ein freundlich angesicht deckts alles.

Wa V 768 Angesicht 31 liest decket.   Vgl. Wa I 88 Angesicht
15 Freundlich Angesicht ist halb Zugemüse.

Scheint bei Luther sonst nicht vorzukommen. — Vgl. Nr. 198.

248. Freundlich wirtt, das beste gericht.

Vgl. Wa I 1567 Gericht 3 Ein klein Gericht, aber ein freundlich Gesicht.   I 1573 Gerngesehen 24 's garnesahn is's beste Ge-
richte.   I 1619 Gesicht 33 Ein freundlich Gesicht, das beste Gericht.

Eine Anspielung vielleicht bei Mathesius, XII. Predigt, S. 298.
Doctor spricht: Wir haben ein vnfreundlichen Wirt, der gibt das
beste gericht zur letzt.

249. Langsam sitzt vbel.

Den Sinn giebt wohl Wa II 524 Herberge 18 Wer spät zur
Herberge kommt, findet magern Tisch und schlechtes Brot.   Vgl.
IV 580 sitzen 38 Übel gesessen ist halb gefastet, dazu auch die
folgende Nr. 250.

Das Sprw. fand ich sonst bei Luther nicht. In folgenden Stellen wird zwar der Ausdruck „zu langsam" offenbar sprich= wörtlich gebraucht, aber es scheint eine verwandte Ra nicht dahinter zu stecken. EA 32, 54 [Hans Schöniß] hats jämmerlich gereuet . . . **aber leider zu langsam gelernt.** 27, 280 **Oder wolltist du sagen: Ei zu langsam, wir selb haben schon das erfunden.** 48, 36 **O zu langsam Geselle, das wird nicht angehen; potz Mores zu langsam.**

Nach Grimm, Rechtsalt. 308 entspricht das Wort litus, lassus dem lateinischen segnis, ignavus und bezeichnet den Knecht im Gegensatz zu dem nobilis, ingenuus, der fortis, celer ist. Der Superlativ von laz, der letzte, bezeichnet nicht nur den langsamsten, spätesten, sondern auch den schlechtesten, geringsten, wiederum also den Knecht.

Sollte vielleicht das Sprichwort ursprünglich haben sagen wollen, daß der Knecht, der Langsame, mit einem übeln, minder= werthigen Wohnsitz zufrieden sein müsse?

---

250. Frue aus vnd ynn die herberge.

Vgl. Wa II 524 Herberge 19 Zeitig zur Herberg und zeitig hinaus. I 1237 frühe 15 Man musz sich früh auf den Weg machen, wenn man früh ankommen will. IV 1848 Früh auf den Weg und spät in die Herberge.

Scheint bei Luther zu fehlen; doch vgl. EA² 16, 536

> Frühe aufstehen und frühe freien
> Das soll Niemand gereuen.

---

251. Hat frissche beine, aber stehen ym maul.

Vgl. Wa III 503 Maul 25 Das Maul trägt die Füsse (Beine).
26 Das Maul trägt den Fusz hinweg. 82 Frisches Maul und
lahme Füsse. 504 Er thut mit seinem Maule grosse Thaten.
Entspricht dem bekannten Wort aus der äsopischen Fabel (203 und
203ᵇ): Hic Rhodus, hic salta (Büchmann, Gefl. W. ⁷ S. 261).
Fehlt sonst, wie es scheint, bei Luther; vgl. etwa EA 30, 14
sie stehen wohl auf gar schwachen Beinen. ² 20, I 52 Lasset
uns nicht allein mit dem Maul Christen sein, die da meinen,
sie konnens alles.

---

252. Mein synn der beste.

Vgl. Wa IV 572 Sinn 10 Ein Jeder hat sein Sinn. 13
Eins Jeden Sinn ist der beste. III 904 Narr 592 Jedem Narren
gefällt seine Kappe (Keule, Kolben, Mütze, Weise). Tappius 268
Suum cuique pulchrum: Eynem yedem narren gefelt sein weise
wol, Darumb ist das land der narren vol.

Bei Luther EA 34, 33 Wenn man ein wenig über die Schnur
fähret, so schnurren und gurren sie, sagt Jedermann, dasz sein
Sinn der beste sei, das Ander taug alles nichts. So ist ein
jeglicher, der in seiner eigenen Weise gehet, lässet sich immer
dünken, der Andere sei nicht so reine als seine, gefället ihm Niemand wohl und will gleichwohl, dasz seine Weise Jedermann
gefalle. ² 18, 321 Item was daruber geschicht, wenn man kompt
in geistliche Sachen, da ein iglicher sich lässt der Gelehrtest und
Klügste dünken und sein Dünkel musz der beste sein. —
Verwandt sind EA 52, 291 So gehets nach dem Sprichwort:

> Eim jeden gfällt sein Weise wohl,
> Darumb die Welt ist Narren voll.

De W V 153 einem iglichen gefället seine Weise wohl, und hoffen alle, dasz der Teufel sey jenseit dem Meer und Gott sey in unsrer Taschen. EA 33, 395 sonst gefällt jeglichem seine Weise. Weim. Ausg. XX 132, 6 Eim itzlichen narre gefelt sein geigen wol.

Zu diesem Sprw. und den beiden folgenden Nr. hat Luther am Rande bemerkt Ironia prosopeia, was wohl sagen soll, daß sie eine Selbstverspottung enthalten.

---

253. Ich thet das beste.

Vgl. Wa IV 1168 Thun 43 Ein jeder helt sein thun hoch. Zingerle 19 Mir kumt nieman sô tumber zuo

ern waene, daz erz beste tuo. Spervogel.

Dazu ein ähnliches Citat aus Freibank 82, 24.

Bei Luther EA ²18, 300 Gegen den Leuten magstu solches ruhmen: Ich hab das Best gethan jdermann, und wo etwas mangelt, das will ich noch gerne thun. 36, 392 Sie aber wollen das beste thun, dasz die Schuld und Ursache des Werkes nicht Gottes, sondern ihres Verdiensts sei. 40, 107 Aber der Papst hat erst das Beste dazu gethan und den rechten Griff troffen. 41, 222 Sachsen thet das Beste. Vgl. auch EA 43, 262 Ein jglicher sich lässt gut dünken und meinet sein Ding soll allein gelten und das best sein. — Ohne Selbstironie ²18, 322 Ich habe als ein Christ jdermann geholfen und das beste gethan mit allen Kräften.

---

254. Was wol reucht, bin ich.

Vgl. Wa III 1679 Riechen 1 All wat gôd rükt, kümmt van mi, säd de Aptheker, dôr härr he in de Büx schäten (= Höfer ⁷37). 11 Jedem riechen seine eigenen Winde wohl. 12; 19; V 249 Wind 35; I 1293 Furz 5; IV 1066 Teufel 180 Der Teufel hofirt gern an reine Örter, denn er hält seinen Unflat für Balsam.

Bei Luther vgl. Weim. Ausg. VII 674, 7 (EA 27, 290) ruhmist [Emser] deyn unerhorete und unvorweyssete keuscheyt hochlich, unnd deyn bock stinckt ynn deyner nassen eyttell balsam. EA 36, 141 Solche Leute [Afterredner] sind allein schön und rein, die andern all sein unrein. Ihr Ding musz recht sein, lauter Balsam, aber ander Leuten ding ist bei ihn lauter Teufelsdreck. 43, 34 musz alles Stank und Unflat sein, ohn was sie selbst thun. De W. V, 540 helfen, dasz er [der Teufel] nicht musse seinen Stank hie zum Balsam machen. — Verwandt ist auch EA 36, 139 Niemand hübscher denn sie; sie sind allein rein und Jedermann stinkt fur ihn. 37, 65 Gefällts Niemand, so ists genug, dasz doch mir allein gefällt.

255. Das maul schmieren.

DWb 6, 1788: eigentlich 'einem etwas fettes zu kosten geben', bezogen auf das geben schöner aber unverläßlicher Worte. — Vgl. Wa III 512 Maul 279 Das Maul mit Honig beschmieren. 319 Dem ist das Maul geschmiert. 367 Einem das Maul schmieren ohne ihm etwas zu geben (Luther Tischr. Leipz. 1577. fol. 362 ª und 461 ª). III 267 Lügen 73 Mancher leugt, als were jhm das Maul geschmiert. Tappius 30 Os sublinire, pro eo quod est dare verba et arte quadam illudere. Das helmlin durch das maul streichen. Du streichest mir das honig vmb das maul vnd gibst mir eyn dreck darein. Agricola 692 Er schmirbt yhm das maul, vnd gibt yhm eyn dreck drein. Das ist, er betreügt yhn, er sagt es yhm gut für vnd meynt es nicht. Das schmyren, das seind gütte wort, hoch vnd vil zusagen. Das ander ist, das nach disen hohen zusagen nichts folget.

NB 28, 17 Lob dyn obern, schmier in wol
Sprich, er sy der künsten vol.

P. Gengenbach (Der Nollhart) S. 109 B. 1196

Das schafft allein das heimlich schmiren,
Dar durch sy vnsz täglich verfüren.

Bei Luther ist die Ra sehr beliebt, z. B. Weim. Ausg. VI 592, 7 (EA 24, 26) er [Eck] geb fur, den leutten das maul zuschmieren, sie sollen glewben, es sey des Bapsts werck, so es sein lugen spiel ist. EA 25, 80 was hilft doch solch Gaukeln und Alfenzen mit so schendlichen Lügen? Sie schmieren uns das Maul, als wollten sie die Evangelia nach der Schrift Auslegung lehren. 25, 99 schmieret uns nu das Maul mit solchen Worten. 25, 166 So soll man den Barbaris das Maul schmieren: Nu strafe euch Gott wiederumb, ihr lästerlichen Lügner. 26, 81 Doch damit die Papisten nicht denken, wir brüsten uns also mit einem oder zween Spruchen, den Leuten das Maul zu schmieren, so wollen wir noch etliche einfuhren. Weim. Ausg. VII 637, 10 (EA 27, 242) Wer kan solchs grob narrn spiel yn solchen ernsten sachen dulden, damit sie doch die leutt furnehmen bey der nassen zufuren [Nr. 394] und das maul schmieren? EA 39, 340 Darnach der Ziba schmiert ihm das Maul auch so fein und kützelt ihm die Ohren zu rechter Zeit. 44, 367 sie stellen sich als wären sie fromm; aber es sind welsche Schälke, die einem das Maul schmieren und die Ohren krauen [Nr. 141]. 51, 18 Eitel verkehrte Miszbräuche der Wörter haben sie in die Welt gebracht und Jdermann das Maul damit geschmieret und verführet. 52, 243 sie handlen nichts Anders damit, denn dasz sie den Leuten das Maul schmieren und Geld von ihnen schinden.

Als verwandt vgl. De W I 314 Also gibt man uns ins Maul, dasz wir, wollen oder nicht wollen, sagen müssen, das Concilium hat geirret. EA 15, 145 die jungen Mägdlein . . die Schrift konnten führen und Jedermann das Maul stopfen. 32, 15 u. 39, 340 Jemandem auf dem Maul trumpeln. 48, 311 das Maul dir mit Dreck vollschmieren, vgl. Nr. 399.

Verwandte Ra der Alten sind Otto S. 182: non mihi labra linis (Mart. 3, 42, 2); S. 259: Sublinit os illi lenae (Plaut. Mil. glor. 110).

256. Die Hende schmieren.

DWb 4², 342 Der Bestechliche läßt sich die Hände salben, schmieren; die Hände mit Golde schmieren. Schottel 1116ᵇ. Vgl. Wa II 305 Hand 271. 332 Schmiert man die Hände, so hat der Handel bald ein Ende. 715 Er lässt sich die Hände schmieren (salben). V 1403 Hand 994 Die Hände mit Gelde schmieren. Egenolf 46ᵃ Also gehts, wer basz schmiert, der feret basz. Gelt regiert die welt. Schmieren macht linde heut. 228ᵇ; 334ᵇ; 384ᵇ Also musz mann der welt nit alleyn die hånd, sondern auch die kelen schmieren, so gehts dann, sprich ich, so mann bede råder schmieret.

Bei Luther: Weim. Ausg. XVI 570, 9 'Non accipies munera' [Exod. 23, 8] est adagium et pulchrum, wir heissens die hand schmiren und mit silbern buchslin schissen [Nr. 406] . . . Wer schmert, der fert [Wa IV 277 schmieren 24].

257. Sind wir doch auch mit ym schiff.

Vgl. Wa IV 167 Schiff 31 Die in einem Schiff, seind all in gleicher gefahr, wann das Schiff ein Risz bekombt. 133. 140 Wer im Schiff ist, musz mit fort. 187 Sie gehen nicht alle in Ein Schiff: „Sind nicht alle unter Einen Hut zu bringen." 189. — Schon bei den Alten heißt in eadem navi esse in derselben Lage, Not und Gefahr sein. Vgl. Otto S. 239.

Bei Luther De W V 755 Darumb wirs nicht besser haben konnen, denn unser Vorfahren und alle Mitbrüder in der ganzen

Welt alle mit uns in dem Schiffe fahren und den Teufel mit seinem Sturmwinden leiden mussen. — Ea 36, 45 Man spricht: Gott ist mit im Schiff, bezieht sich wohl auf Marc. 4, 38.

---

258. Ich wil dir den teufel braten.

Vgl. Wa IV 1085 Teufel 616 Koch oder brate den Dübel, so schmeckt er allezeit ubel. 1079; 1402 Du hast den Teuffel zu braten: „Wenn jemand sehr viel zu besorgen hin und herzu= laufen hat." 1449; 1585. Wa I 449 Braten 8 Ich werde dir was braten, aber nicht in der Pfanne: „Um in spöttischer Weise etwas abzuschlagen", entspricht in der Form und wahrscheinlich auch dem Sinne nach der obigen Ra, die ich sonst nicht nachweisen konnte. Teufel = 'gar nicht' oder 'gar nichts' wird DWb 11, 274 schon im Mhd. nachgewiesen: ich bringe iu den tiuvel! (Nibel. 1682, 1); Du hast den tievel getan (1930, 4). Tüfels bräter (RS 81, 55) wird von einem nichtsnutzigen Menschen gesagt. Teufelsbraten bedeutet einen recht schlechten, bösen Menschen (DWb 11, 281).

---

259. Wers erharren kunde. Es wurd alles gut.

Vgl. Wa II 1467 Kommen 29 Es kommt alles, wer nur warten kann. IV 1788 Warten 22 Mit Warten erreicht man viel. 36 Wer lange genug warten kann, dem wird endlich alles wohl= gethan. V 532 Zeit 174 Die Zeit kommt, wer nur warten kann. Zingerle S. 57: Nicht verzag
> geluck kompt alle tag. Faftnachtsp. 1457, 53.

Hierzu vgl. Luthers Spruch bei Mathesius, XII. Predigt, S. 295

> Schweig, leyd, meyd vnd vertrag,
> dein not niemand klag,
> An Gott nicht verzag,
> dein hülff kombt alle tag.

Egenolf 345ᵃ Wer bisz ann Jüngsten tag warten kan, der wirt leicht ein herr der gantzen welt.

Bei Luther finde ich das Sprw. in der hdschr. Form nur in Scholia in Esaiam c. 30, 18 (Tom. lat. Viteb. IV 210ᵇ) Sicut vulgo etiam bono proverbio dicitur: Es wird noch alles gut werden, wer es nur erharren kúnd. — Anspielungen bei Dietz I 569 Das wil er uns einbilden, wenn wirs nur kündten erharren vnd gedult haben (EA 34, 34). EA 15, 362 Wer allein könnte harren; denn wenn Gott kommt, so kommt er reichlich. 15, 410 wir würdens mit leiblichen Augen sehen, wenn wirs erharren könnten. 38, 417 Denn er weisz, dasz sie eitel sind, das ist, sie sind Nichts und wird Nichts draus; wer es nur erharren künnte. 42, 88 Ja, wer nur solchs erharren kündte. 52, 294 Wers erharren künnte. Darumb sei still, befiehl dem Herrn deine Wege. Köstlin, Luther II 226: Auf der Feste Coburg schrieb Luther sich vor die Augen: Der Gottlosen Weg vergehet; es währet aber lang, harre doch. Vgl. auch Nr. 460 und EA 44, 268 Wenn wir des erwarten konnten, so hätten wir Ehre genug. 38, 376 Es ist nur umbs Warten zu thun. Weim. Ausg. VIII 217, 29 Wer nur so lang harren kund. VIII 352, 8 Harre, das wirt gut werden.

Das müßige Harren verspottet Luther sonst in Ra, wie in den unter Nr. 208 nachgewiesenen. Vgl. dazu Verlasz dich drauf und backe nicht! Warte (Harre) bis dir ein gebraten Huhn ins Maul fliege (Tischr. Frankf. 1571f. 77ᵇ. EA 37, 269; 41, 150). Oder: Dir wird keine gebratene Taube (Gans, Ente, Huhn) in den Mund fliegen (EA 35, 252; 36, 62; 38, 32; 43, 261; Weim. Ausg. XII 635, 27; XIV 577, 8).

260. Wer ym rohr sitzt, schneit die beste pfeiffe.

DWb 7, 1642 erklärt Pfeifen schneiden: Die günstige Ge=legenheit benutzen, den Vorteil ausbeuten. Wa III 1257 Pfeife

unb III 1708 Rohr weift bas Sprw. reichlich nach. Vgl. auch
DWb 8, 1122. Bei Luther habe ich es sonft nicht finden können.

---

261. Dreck lesscht auch feur, Bescheisst aber die brende.

Vgl. Wa I 460 Brennen 7 Wenn es brennt, so löscht man
mit Mist, hat man kein Wasser: „Das bedeutet, daß Weiber
Unfläte, Stallknechte u. f. w. zulassen, wenn, die fie gern hätten,
ihnen nicht mögen werden" (Geiler). In demselben Sinn braucht
auch Luther diese Ra, Weim. Ausg. IX 215, 15 (EA ² 16, 52)
Ovidius de remedio amoris dinet auch wol darzu, aber dysz reytzt
eynen mer an, dan wen die anfechtung kompt und das fleysch
wirt entzündt, so bistu bereyt blint, ob gleich das weyb nicht
schön ist: Eyner neme wol mist unnd leschet mit, het er kein
wasser. In der hbschr. Form finde ich bei ihm die Ra nicht. —
Eine Anzahl entsprechender gibt Wa I 685 Dreck 24. IV 1800
Wasser 23; 163; 183; 223; 294; 347; 481; 518. — An das
Sprw. wird man erinnert, wenn in Gullivers Reisen erzählt wird,
daß er im Lande Liliput den brennenden Palast der Königin und
der Hofdamen mit Wasser aus der Kloake gelöscht habe, aber weil
er fie selbst damit besubelte, in Ungnade gefallen sei. — Vgl. auch
unten Nr. 363.

---

262. Auff ein affenschwantz.

Wa I 39 (V 723) Einen auf den Affenschwanz führen, setzen.
DWb 1, 184 = verspotten. Dietz I 46 erklärt: täuschen, betrügen
und gibt 2 Nachweise. Das heyst, meyn ich, recht auff eynen
affenschwantz gefurt, wie fraw putze, die natur pflegt tzu thun
(Ausleg. der Ep. und Ev. vom Chrifttag 1522; hhh iijᵇ). vnd habe

seine braut, die christenheit, auff einen affenschwantz gefuret als
ein teuscher odder blastücker (EA 31, 149). Außerdem vgl. EA
25, 72 Also lehret uns hie dies Edikt, dasz wir unser Lehre sollen
meiden und dafur uns von ihm lassen auff einen Affenschwanz
führen. 36, 203 hütet euch vor den Holzwegen und fur Beiwegen,
dasz ihr nicht auf einen Affenschwanz geführet werdet. 36, 228 Sie
schliessen uns den Schatz zu, den sie uns sollten fur die Nasen
stellen und fuhren mich auf einen Affenschwanz. 49, 291 f. Fragst
du aber weiter: Was ists denn mehr, oder was nützet dirs?
sprechen sie: Ei, wenn Gott will und ihm solchs gefallen lässt, so
ist er dir gnädig. Das ist eben auf den Affenschwanz gesetzt.
Denn wenn du lang solcher Lehre folgest, so bist du eben so
ungewisz wie zuvor. 65, 184 Da führen sie mich wieder ins
6. Kap. Johannis oder sunst auf einen Affenschwanz, dasz man
indesz durch viel Geschwätz von der Sachen kompt und doch nichts
ausricht. — Abgeleitet scheint EA 24, 322 drum bitte ich aber=
mals die Drucker, dasz sie nicht so zufahren und mit ihren un=
zeitigen Drucken mir Unlust und den andern einen Affenschwanz
machen. — Sinnverwandte Ra sind De W IV 657 das könnet ihr
selbst wohl achten, es sei unfreundlich (wo nicht ärger), dasz ein
Geselle, so fleissig seines Vaters Willen anzeiget, und darzu Schrift
mitbringet, einem guten Mann sein Kind also versucht und auf
das Narrenseil führet. EA 31, 9 dasz ich den Teufel aufs Narrenseil führe, dasz er sich selbs in seiner Klugheit betungen musz.
Wrampelmeyer 509 Ita amatores illi miserrimi sunt martyres,
die der Teufel am narrenseyl furet. EA 29, 159 den Teufel
im Narrenseil führen. EA 15, 467 armen Seelen ins Narren-
spiel gebunden werden.

&. Verwandt und hierher gehörig erscheinen auch die mit dem
Ausdruck Affenspiel zusammengesetzten Ra, für welche Dietz I 46
sechs Nachweise gibt; vgl. hierzu auch EA 15, 348; 24, 46; 31, 46;
39, 286; 49, 226 und Wa I 39; V 723 Affenspiel.

Murner SZ 32 hat die Ra Dem deuffel vff dem schwantz
mit einem Bilde, das den Teufel mit Affenschwantz zeigt.

  B. 1 Ich hab wol manchen schelmen funden
  Dem deuffel vff den schwantz gebunden
  Der in wider wertigkeyt
  Dem deuffel puntnisz zu hatt gseyt ...

P. Gengenbach (Der Nollhart, Anm.) S. 468 B. 216 ff.

  So gewinnen wir gar kein schantz
  vnd seint vols vff desz teufels schwantz
  Gebunden, vnd verstricket hart,
  ich hoff zů dir einr bessern fart.

Wa IV 1118 Teufel 1399; 1461. Dahin gehört auch, wenn in
der Historie vom D. Faust (Neudr. 7 u. 8 S. 50) Beelzebub Fausten
auf seinem Rücken durch die Luft davon führt. Luther braucht den
Ausdruck EA 44, 316 Das ist des Teufels Schwanz voller Gift;
er spielt damit allerdings auf den „giftigen“ Schlangenschwanz an
(vgl. unter Nr. 178). Sonst ist ihm wahrscheinlich Teufelsschwanz
und Affenschwanz gleichbedeutend, denn der Teufel gilt ihm als unsers
Herrgotts Affe, vgl. z. B. EA 34, 187; 34, 286; 36, 195, gerade
wie im Faustbuch S. 112. Hier erscheint auch der Teufel als
scheußlicher, alter Affe. In den Tischr. (Aurifaber 1566, Bl. 288ª)
äußert sich Luther: Desgleichen glaube ich, dasz die Affen lauter
Teufel sind. Lösche 75 Ego credo Diabolum esse in papa-
gulis .. simiis, quod sic possunt imitari homines.

  Zu der Volksvorstellung vom Schwanz des Teufels vgl. Grimm,
D. Myth.⁴ 830; 834; Nachtr. 294; vom Teufel als Gottes Affen
823 f.; Nachtr. 294; vom Band, Strick des Teufels 845 f.

---

263. Ich sehe dirs an dein augen an.

Vgl. Wa I 181 Auge 345 Einem etwas an den Augen ab=
und ansehen. I 100 ansehen 57 (IV 573 Sinn 44) Man siehts

einem (ihm) an den Augen (an der Nase) an, was er im Sinne
hat. IV 79 Schalf 4 Den Schalk kan niemand bergen, den man
einem in den augen ansihet. Tappius 70 (Otto S. 147.) Ex
fronte perspicere. . . Sumptum a Physiognomicis, qui se pro-
fitentur ex oris liniamentis et reliqua corporis specie ingenium
hominis posse deprehendere. Egenolf 24ᵃ Das aug ist des hertzens
zeug. Oculus animi index. 25ᵇ Das angesicht verrath die that.
Ratio in facie. Nachweise aus Uhland, Volksl. f. unter Nr. 14.
Bei Luther vgl. Dietz I 153 f. Auge 7: was einer im sinn hat,
das sihet man jm an den augen an (Sir. 13, 31). — Sonst EA
25, 163 Ich sehe dirs an deinen Augen an, wie grosz Ernst da sei.
Weim. Ausg. XX 151, 30 Man sihet an den augen wol, wo ein
frolich hertz ist. Vgl. auch EA 48, 259 Ihr Herz ist ihnen offen
gestanden wie ein Register, haben dieses Weibes gar vergessen
und haben gedacht, es stehe ihnen ihre Sünde an der Stirn
geschrieben und dasz man ihnen an der Nasen habe angesehen, was sie je und je gethan haben. 48, 287 sie sehen
einem die Taufe nicht an der Stirn. 49, (10 u.) 40 Das sehe
ich nicht ihm an der Nasen noch an der Stirn geschrieben.
39, 337 weils ihm an der Stirn gemalet ware, was er im
Herzen hätte.

---

264. Er hat nie kein wasser betrubt.

Vgl. Wa IV 1835 Wässerlein 6 Er kann kein Wässerlein betrüben. IV 1824 Wasser (563) 655 Er betrübet kein Wasser,
scheisset nur gar darein: „Von Einem, der wiewohl schuldig, sich
unschuldig stellt." 566 Ar mecht ke Wasser trüab: „Thut niemand etwas zu Leide." 608 (644) Das Wasser trübe machen.
698 Er stellt sich (thut), als ob er kein Wasser betrüben könnte.

RS 5, 10 minr boszheit wil ich sin geert
und gtar mich rümen miner schand

das ich beschissen hab vil land
und hab gemacht vil Wasser trieb.

Bei Luther wird öfter die ursprüngliche Beziehung auf die Fabel vom Wolf und Lamm (Neubr. 76 S. 7) hervorgehoben. EA 26, 54 ich musste das Schaf sein, das dem Wolfe das Wasser getrübt hatte; Tetzel ging frei aus; ich musst mich fressen lassen. 27, 296 Lieben Gesellen, die Wahrheit thut euch wehe; drumb sucht ihr Ursach wider mich; das Schaf hat dem Wolf das Wasser trub ge= macht. 30, 25 Es gehet uns wie dem Schaf, das mit dem Wolf zur Tränke ins Wasser kam . . . Kurz, das Schaf musst herhalten; es musste dem Wolfe das Wasser trübe gemacht haben. 30, 376 sie sind heilig und haben noch nie kein Wasser betrübt. 36, 405 Es wird ein solch Mensch daraus, der dahin gehet, als der starr= blind wird und mit offenen Augen nichts mehr siehet noch acht noch fuhlet; wird sicher und vermessen, als hätt er nie kein Wasser betrübt und könne nicht mehr irren. 39, 362 Lasst uns doch hie den hoffärtigen ruhmredigen König zur Rede setzen, warumb er doch von seinem Regiment mag rühmen, als were nie kein Wasser zu seiner Zeit betrübt worden.

---

265. Wie der hund on flohe vmb s. Joh.

Vgl. Wa II 843 Hund 584 (784) Es ist kein Hund, der nicht Flöhe hat. DWb 4², 1916. P. Gengenbach (Der Nollhard, Anm.) S. 493

so seint wir vnser feinden queit. —
Ja wie im Augst ein hundt der flew.

Bei Luther: EA² 19, 75 Wie viel meinstu sind wohl Teufel gewest im vergangen Jahr auf dem Reichstage zu Augsburg? Ein jeder Bischof hat so viel Teufel mit sich dahin gebracht, so viel ein Hund Flöh hat umb St. Johannistag. 23, 264 Die

Welt war so voll mancherlei Abgötterei, als kein Hund voll Flöhe ist umb St. Johannis Tage. 29, 301 Durchs Ablasz wird man von Sünden rein, wie der Hund der Flöhe umb St. Johannis Tage.

---

266. Wenn man den baurn flehet, wechst yhm der bauch.

Wa I 256 Bauer 46 Bittet man den Bauer, so schwillt ihm der Bauch. 242 Je mehr man den Bauern bittet, je trotziger wird er. Ähnliche 328 f. 331—336. 338. 341. 351. 357. Zingerle 17 Bauer: Wenn man die buren anfacht bitten, so grosset in der kopf und grind (Faftnachtfp. 878). Vgl.: Wann man den bawren bit, so grolt im der bauch. Raf. (Schöpf) p. 71.

Bei Luther: Dietz I 213 Wenn man eim bawrn flehet, so wechst yhm der bauch [wird er stolz] (GA 31, 24). Außerdem vgl. De W III 75 So stehts drauf, wie man sagt: Wenn man dem Bauren flehet, so wird ihm der Bauch grosz. Es mochte diesem Bauren E. K. F. G. auch den Bauch aufblasen. GA 36, 295 Darumb ists also, wenn man ein Bauer flehet, so zuschwillet ihm der Bauch davon. Also ist es mit jedem Menschen. Wenn er gute Tage hat, ist nicht wohl mit ihm auszukommen, bis er ein Un=glück anrichtet und Gott ihme die grossen Federn ausrupft. — Anspielungen GA 15, 228 thut nicht wie wir, Gesellen, wenn wir nur ein Wörtlein lesen, so wird uns der Bauch grosz, können uns nicht enthalten, müssen heraus mit dem Stücklein; es musz alle Welt hören, nur Ohren her, wo kriegen wir sie, die es hören? 23, 140 wie ein grober Baur blähet er den Bauch. 25, 107 Ich hab . . mich oft gedemütigt und die allerbesten Wort gegeben, damit ich sie je länger je ärger gemacht habe und die Baurn nur sich vom Flehen deste mehr gebläht haben. 26, 183 Solche Lügen und Kutzlen haben die Päpste gern, wächst ihnen der

Bauch davon. 27, 206 (= De W I 547) wiewohl viel mir wider=
raten ihm als einem offentlichen Lugener und Lästerer zu ant=
worten, hab ich doch nit wollen unterlassen, dasz der Sau der
Bauch nit zu grosz wurd, ihm sein Lugen zu zeigen. 32, 200 da
schwall ihnen das Herz, Hirn und Bauch.

267. Todten scheissen tragen.

Wa IV 1258 Tobte (ber) 110 Wer wird den Todten auf den
Nachtstuhl setzen? Dazu 2 Citate: Es ist verlorniu arbeit, swer
den toten schissen treit, auf den Nachtstuhl setzt (Myller Samm=
lung 37, 280). We vil den Doden schyten dragen? Excessum
vita portabit nemo cacatum. (Tunnicius 721.) — Der Sinn der
Ra ist: verlorne Arbeit thun. Sie scheint sonst bei Luther zu fehlen.

268. Tieff ein reissen.

Fehlt Wa. über den Gebrauch der Ra vgl. DWb 3, 249 und
Dietz I 514. Luther braucht auch weit einreißen oder fügt kein
Abverb hinzu. — De W IV 589 nu aber diese Sache vom Anfang
daher weit und tief eingerissen ist. V 244 Wie leicht ein Ding
einreisst. Weim. Ausg. II 651, 2 Es ist eingerissen und wird je
länger, je ärger. Seidemann, Lauterbachs Tgb. 177 Es ist aber
zutieff eingerissenn, quod permutatio non posset fieri sine magna
confusione. 15, 423 Denn er [der Irrtum] fast tief eingerissen ist.
15, 464 Aller Heiligen Fest, welches denn in der ganzen Welt ein=
gerissen hat, dasz mans überall begangen hat. EA ² 18, 243
Denn wenn wir solchs annehmen und werden der Sache eines,
so hat er schon Raum gewonnen und bald eine ganze Ellen ge=
nommen, da ihm ein Finger breit gewichen wäre, und so bald
gar eingerissen. 27, 217 klagest, dasz meine Lehre so eingerissen
sei. 27, 237 Es war schon eingerissen, dasz man die Laien und

Regenten dermassen sonderte. 33, 379 denn es zu tief eingerissen
und den Leuten furgebläuet ist. 36, 391 so weit eingerissen.
38, 414 Denn so gehets, wo Rotten und Ketzerei aufkommen, da
reissen sie ein und nehmen zu. 38, 430 Das ist, ihr Gift reisst
weit ein und frisst um sich wie ein Krebs. 39, 306 Irrsal und
Miszbräuche . . so bis daher eingerissen unter Saul und blieben
waren. 39, 314 wie man leider im Papstthum gethan und alles
hat lassen einreissen, was der Teufel gewollt hat. 39, 322 Solche
Epicurei und Gottesverachter reissen itzt offentlich herein auch in
deutsche Land, wie es zuvor in welsche Land eingerissen ist.
39, 361 Wo man Untugend lässt einreissen und zur Gewohnheit
kommen. 48, 50 aber dort wirds aller erst weit einreissen. 51, 127
gleichwie die Sadducäer und ihre Jünger zu Christi Zeiten solchen
Gift unter Gottes Volk gesäet und bereit weit eingerissen hatten.

Von verwandten Ra vgl. EA 27, 234 hat sich mit der Zeit
so tief eingesetzt, dasz man meint, solch geistlicher Stand sei
in der Schrift gegrundet. 15, 131 [Ehrsucht] ist in allen Menschen
so tief eingewurzelt. 15, 136 das war Arii Ketzerei, die so
weit einbrach und um sich frasz.

---

269. Stuck vmb stuck.

Fehlt bei Wa. Vgl. NB 63, 60

Wer do ist ein leuffig man,
der sol das gůt vnd bósz verstan,
Vertryben stück mit wider stück,
Buben thandt mit schelmen dück.

Bei Luther, Seidemann, Lauterbachs Tgb. 187 stuck vmb stuck
konnet ir mich verlassen. De W IV 590 Nu es heisst, Stück umb
Stück und gilt, wer des andern zuletzt am besten spotten wird.
EA 44, 263 Der Herr antwortet ihnen kurz und trifft sie auch fein

wieder, wie sie ihm Wort geben, also gibt er sie ihnen wieder:
Stück umb Stück, Nichts umbsonst.

Ähnliche Ra: EA 30, 234 Hund umb Hund, Gaul umb Gorren.
45, 25 Aber wenn man im Bierhaus uneins wird, do einer den
andern entleibet, do heissts Kopf umb Kopf.

270. Eins vmbs ander, scilicet keins Umbsonst.

Wa I 794 Eins 4; 18; V 1225 Eins 51 Ins onn'd ander,
näst ämsonst.

NB 24, 93 Sy kartens also wunderlich
Eins vmbs ander, stich vmb stich.

Sinnverwandt ist bei Egenolf 227ᵃ Schencken heysst anglen. . .
Mann schickt keinem kein würst, mann verhoffe dann, er werde auch
ein saw schlachten vnd des sprichworts gedencken: Würst wider
würst, Korn vmb saltz.

Bei Luther: EA 40, 264 ist noch ein weltlicher Brauch als
mit käufen und verkäufen, eins um das ander geben, das gehört
den Juristen zu. 52, 373 Und ist fürwahr ein schöner Wechsel:
hörest du mich, so höre ich dich; hörest du mich aber nicht, so
höre ich dich wieder nicht. Eins umbs Ander, wie du wilt. 44, 263
f. unter Nr. 269. Tischr. Frankf. 1571, 234ᵇ Der Hof ist wie ein
Hure, wirt eins bald satt, gibt einen vmb den andern. Vgl. dazu
Hans von Schweinichen (hg. v. Wolzogen) S. 42 Ich bin von
Flandre, ich gebe eine um die andre.

271. Auff dem brett bezalen.
272. Barüber bezalen.

Beide Ra fehlen Wa; zu Nr. 271 hat er die abgeleitete I 463
Brett 28 Etwas auf Einem Brett [auf einmal] bezahlen.

Bei Luther kann ich sonst nur Nr. 272 nachweisen. Dietz I 208: Darumb dis der nehiste rad ist, das, wer da verkeufft, nichts borge noch bürgen anneme, sondern lasz yhm bar uber betzalen (Weim. Ausg. XV 303, 23; EA 22, 213); vnd man gab das gelt bar vber denen, die da arbeiten (2. Kön. 12, 11). Außerdem: Weim. Ausg. XV 302, 5 und wird hie alles bar über betzalet. Ebenda, Zeile 7 gibt baruber umbsonst. Burkhardt, Br. 357 die bezale yhn bar über. EA 39, 355 was ich sonst im Hause haben soll, das musz ich auf griechische Treu und Glauben käufen, das ist, ich musz es bar über bezahlen. 39, 356 es hat auch solchs untreu, falsch Volk itzt lange her ihre Strafe gelitten vom Turken der sie auch bar uber bezahlet. Einmal fehlt auch über: Auri= faber, Tischr. 623ᵇ Was du borgst, bezale bar. — Vgl. auch Emser, Flugschr. a. d. Ref. IX, S. 216 Damit er aber die arbeit vmbsust nit gethan hab, wil ich im seyn lon bar vber betzalen.

Beide Ra bezeichnen den Gegensatz zu umsonst, auf Borg nehmen oder geben; in übertragener Bedeutung: etwas ver= gelten, nicht auf sich sitzen lassen. 'Auf dem Brett' (Nr. 271) bedeutet auf dem Zahltisch; 'bar' (Nr. 272) offen da liegend. 'Vber' hält Pietsch, Weim. Ausg. XV S. 814 Nachtr. zu S. 302, 5 für nicht zu 'bar', sondern in unfester Zusammensetzung zu bezahlen oder geben gehörig.

---

273. Wasser vber den korb geben.

Zu dieser Ra vgl. ZfdPh. 26, 36. Weim. Ausg. VII 276 Anm. und Nachträge dazu 891. Die dort versuchten Erklärungen werden erledigt durch DWb 5, 2322 Krippe II 1 a δ, wo nachträglich zu Spalte 1804 bemerkt wird: „Der Beleg, daß solches Geflecht [zum Schutz von Dämmen] wirklich auch Körbe hieß: alle körbe und wer, di man dem mülgraben zu hulfe gibt und wirft, die sol

man under dem uver also tif senken, daz kein höge davon wachse
über das recht wer. inwendic enschol man auch keinerleige
vestenunge tun mit körben noch mit weren, damit man dem
uver jensit ... icht schaden möchte zuzihen. Ortloff, Rechtsqu.
1, 287." — Die Vermuthung von Hildebrandt, DWb 5, 1803 f. zu
Korb, war also richtig und damit der Sinn der Ra von höchster
Gefahr, bei welcher das Wasser die Dämme und das zu ihrem
Schutze oder ihrer Erhöhung angebrachte Flechtwerk überfluthet,
richtig erklärt. ZfdPh 27, 56.

Die Stellen bei Luther sind folgende: EA 12, 335] Wenn
Christus gar verloren gefühlt wird, dasz man doch das Wort
Christi halte, als an einem Stecken oder Bret, dasz man nicht
versinke in den Nöthen, so die Flut über Korbe, Pferd und Wagen
gehen will, bis wir wieder eraus kommen. Weim. Ausg. VII
276, 15 (EA 27, 212) die weyll das wasser will über die körbe
gehen und untugent mit untuchtigen untergehen, gibstu fur, den
stant zuretten. EA 50, 289 Auf der andern Seiten, so wider uns ist,
sind so viel Bischoffe, Fürsten und der Teufel selbs, dasz sichs
nicht anders ansehen lässet, denn das Wasser werde uber die
Körbe gehen. Preger 471 Fides, crux, das thuts, quia fides non
potest consistere sine cruce, sondern wenn einem das wasser
vber die korbe geht, so sieht man, quid possit fides et quid
sit. — Stellen aus andern Schriftstellern: Melanchthon, Jen. Ausg.
3, 129ᵇ (Historia Thome Münzers) Da Thomas ausgeredt hatte,
war der mehrer teil entsetzt, weren gern dauon gewesen und sahen
wol, das das wasser vber die Körbe gehen wolt. Seidemann,
Thomas Münzer S. 153 Mitglieder des bauernstandes haben sich
den Bart abscheren lassen, weyl das wasser über die Körbe wolt
geen. Nach DWb: Keisersberg, Post. 52ᵇ Wann ein Rad über
ein Bein gat oder das wasser über die körb, so wird man witzig.
Schade, Sat. u. Pasqu. III 110 sie wissen auch nit, wenn in
[ihnen] das Wasser über die kürb steigt. Hamelmann, Oldenb.

Chron. 73 er merkte wol, dasz es ausreissen und das wasser über die körbe gehen wolte. — Froschmeuseler LI 8ᵇ

> Ja, da er kein land kont mehr sehen,
> unds wasser ubr die körb wolt gehen.

Waldis, Esop 2, 74, 20

> Wenn unser nechster in nöten steht,
> das wasser über dkörble geht.

Fuchs, Mückenkr. 3, 372

> Den hewschrecken und erbeiswurm
> giengs wasser gar über die kurm.

Norddeutsch wird die Ra verallgemeinert zu der Bedeutung = das ist zu toll, geht über das Bohnenlied, die Hutschnur. Thüringisch sagt man in gleichem Sinne: das mählt oder mihlt mir über die Körbe. Vgl. Weim. Ausg. VII 891 Anm. zu S. 276.

Die Ra Brem. Wbch 2, 853 het geit em aver de korve = er leidet not, hat aber einen andern Ursprung, wenn sie auch sehr ähnlich klingt und von DWb hierher gezogen wird. Vgl. Wa IV 1799 Wasser 6 Als 't Water over de Korven gaet, so sall men 't Schipp osen [= schöpfen]. Ebenda, Anm. zu 468 Wans wasser vber die körbe gath, ists zeit, dasz man auszschöpff mit rathe. Holl.: Alst water over die corven gaet, sal ment schip osen. — Hieraus ist ersichtlich, daß Korven, Körbe Theile des Schiffes sein müssen. Den genauen Nachweis hierfür verdanke ich meinem inzwischen verstorbenen Freunde Dr. E. Duderstadt, weiland Assistenten an der deutschen Seewarte in Hamburg. Nach dem Allgem. Wörterbuch der Marine in allen deutschen Seesprachen, von J. H. Röding, Hamburg und Halle [o. J., etwa 1793] S. 904 und dem Allgem. Nautischen Wörterbuch von Dr. E. Bobrik, Leipzig 1850 S. 423 sind Korven die Bauchstücke oder gekrümmten Theile der Spanten oder Rippen kleinerer Fahrzeuge, auf welchen das Bodengarnier aufliegt. Wenn übergeschlagenes oder durch die Ritzen eingebrungenes Wasser über die Korven, also bis nahe an den Bodenbelag des Fahrzeuges steigt, muß geschöpft oder geöft werden, sonst ist Gefahr des Kenterns vorhanden. — Das Wort Korven (vielleicht von frz. courbe?) ist nicht mehr im seemännischen Gebrauch. Es ist auch offenbar öfter von Sprichwortsammlern nicht verstanden worden und daraus sind folgende unsinnige Sprw. hervorgegangen: Wa IV 1815 Wasser 364 Wann das Wasser vber desz Schiffs bort geht, so ists Zeit, dasz man auszschöpfet (Lehmann II 826, 19). 467 Wenn das Wasser über die Körbe geht, soll man das Schiff lösen (Simrock 11234). 468 Wenn das Wasser vber desz Schiffs Bord geht, so ists Zeit, das man auszschöpffet (Henisch 454, 11. Petri II 632). 606 Das Wasser steigt ihm über die Kerbe (Luthers Tischr. Leipz. 1577 fol. 157ᵇ; Fromann VI 74). In diesem Citat ist nach Aurifaber, Tischr. 1566 fol. 189ᵇ und Preger Nr. 471 zu verstehen Kerbe = Körbe.

Ich setze noch einige sinnverwandte oder anklingende Stellen aus Luther hierher. Heuseler 293 (der Prediger Salomo ausgelegt, Kap. 7) Gehet dir das Wasser ins Maul, so lernst du schwimmen. De W V 28 Dann er weisz seiner Kirchen verordneten Lauf, nämlich, dasz derselbigen Wage und auch die Pferde im Schlamm grosser Wasser gehen, und doch behält der Wag den Sieg, wie dann Habakuk der Profet [3, 8] anzeigt. EA 35, 268f. Es musz zuvor alles zu Trümmern gehen . . . und das Wasser musz über Berge und Thal gehen, ehe denn sie von den Ägyptern erlöset werden. 36, 355 Wenn wir in Nöten sind . . da machen wir denn die Rechnung, dasz das Wasser gar zu grosz sei und unsere Kräfte zu gering und messen das alles gegen unsern Kräften. EA 44, 257 die Thränen der Witwen und Waisen, das sind die rechten Wasser, die über die Berge gehen, wie im Sprichwort ist.

274. Faule merckt werden die besten.

Vgl. Wa III 464 Marſt 16 Der Marck wird gemeiniglich gut, der ſich langsam anlest. 31 Die tregen Marckt werden offt die besten. 32 (58) Die spaten merckte werden gern gut. 45 Je ſpäter der Markt, je ſchöner die Leut. 70 Wenn ſich der Markt ſpät anlässt, wird er gern gut. Tappius 39 Quae sero contingunt sunt magnifica. Die langsam thornei werden gern gut. Item: Die trägen marckt werden gern gut. Agricola 693 erklärt die Ra: Man soll an keynen ding verzagen, denn es lest ſich offt ettwas an, als wolt nichts darausz werden, und wirt hernach besser, denn yemant gemeynet hette. . . Wir brauchen dises worts zur fröligkeit als wenn leutte zusamen kommen, vnd sind alle betrübt, so spricht der wirt: Wie sind wir alle so traurig? wie kumpt das? Eyn ander antwort. Ey seyt zufriden; die tregen merckte werden gern gut, es wirt noch wol angeen. — DWb 6, 1647.

Bei Luther iſt mir die Ra ſonſt nicht begegnet.

---

275. **Kleine Grosse** ⟩ **kinder** ⟨ **Kleine Grosse** ⟩ **sorge.**

Wa II 1299 Kind 654 und öfter. Vgl. auch 646 Kleine Kinder drücket den Schât, grôte Kinder drücket dat Harte. 649 Kleine Kinder, grosse Sorgen; grosse Kinder grössere Sorgen.

Bei Luther: Weim. Ausg. XX 109, 10 Si nascitur filius, altera cura. Teutonice: klein kinder, klein sorg ꝛc. Zeile 30: Quia ut vulgo dicitur, 'Parvi filii parva cura, magni filii magna cura'. Abgeleitet erſcheint Wrampelmeyer 669: Princeps Fridericus dixit: In grossen heusern sind grosse sorge; In kleinen kleine sorge.

276. (477.) Leffel auffheben, Schussel zu tretten (zubrechen).

Wa III 224 Löffel 73; vgl. 10 Ein Löffel erhalten vnd das hausz verthun, ist narrenwerk. 34; 55 Wer ein Löffel aufhebt vnnd ein schüssel zertritt, der gewinnt nichts; 56; 64; 106; III 1271 Pfennig 150 Mancher sucht einen Pfennig und verbrennt dabei ein Dreierlicht.

Luther erklärt selbst zu Nr. 477: Wer ein ding nicht bessern kan, der las das bose stehen. Vgl. Dietz I 131 doch das solcher schutz geschehe nicht mit viell grosserm vnradt, vnd ein loffel aufgehaben werd, da man ein schussel tzutritt (EA 45, 264 unb Weim. Ausg. VII 583 Anm. 1). Sonst EA 22, 100 Also musz auch ein Furst die Bösen strafen, dasz er nicht ein Löffel aufheb und zutret ein Schussel und bringe umb eins Schedels willen Land und Leut in Not. 27, 61 So geschicht es, dasz heut zu Tag in dem grausamen, verkehrten Wesen die Banner den Löffel aufheben und zertreten die Schüssel: bannen ander Leut äusserlich und ver=dammen sich innerlich. 39, 281 wo ers hätte aus den Händen gegeben . . sollt wohl sein Glück und Weisheit sich umbgekehret haben und er durch seine kluge Räthe dahin gekommen sein, das er hätte einen Löffel müssen aufheben und eine Schussel zertreten. 39, 302 Hie hören her, von denen man sagt: Sie heben ein Löffel auf und zertreten eine Schussel. Oder, wo grosse Guter sind als zu Konigen und Furstenhöfen, da man ein Löffel verschäffelt, macht grosse Rechnung; da sie dem Konige einen Gulden er=frommet haben, der musz alle Ohren und Augen füllen, wie grosz Rat da gestift sei. Aber da viel tausend Gülden dafür sind ver=faulwitzt, da krehet kein Hahn nach.

Ähnlich EA 39, 295 Also geschichts denn, was er bauet mit den Händen, das zutritt und zubricht er mit den Füssen. — Vgl. auch Nr. 478.

277. Wer zurnet wird schwartz facie. fauore.

Vgl. Wa V 803 Aergern 26 Sich ärgern, dasz man schwarz werden möchte. V 601 Zorn 30 Der Zorn entstellet das Gesicht und hält kein recht Gericht. IV 423 Schwarz 11 Man mus nicht allzeit schwartz aussehn, wenn einem gleich ein ding misfelt. Das Sprw. kann ich sonst nicht nachweisen. Schwarz im Sinne von häßlich, böse mit Beziehung auf das Aussehen oder die Gesinnung braucht Luther z. B. EA ² 17, 133 Ist der [Leib] schwartz, so verstösst er den nicht derhalben. ² 20, I 61 in den rechten grossen Anfechtungen stellet unser Herr Gott sich so gräu= lich und schwarz. ² 20, I 178 Hab ich euch gelehrt gemacht, ich kann euch wieder schwarz machen. 47, 102 Nun ist die Braut auch schön, wenn sie bei dem Bräutigam ist. Aber wenn man sie findet im Hurhause oder einem andern Manne nachläuft, so ist sie schwarz und gehöret das Zetergeschrei über sie.

278. Das ist hie ein gemein essen.

Für diese Ra fehlen mir Belege. Sie will wohl sagen: Hier darf jeder zulangen, das ist ein gefunden Fressen für ihn. Gemein ist in dem Sinne des alten Rechtsgebrauchs zu nehmen: allgemeinem Gebrauche zugänglich, gemeinsam; vgl. DWb 4 ², 3169.

279. Wo hencken recht ist, da ist steupen kirmesse.

Belege für das Sprw. fehlen mir. Der Sinn ist klar: Gegen die Todesstrafe sind andere Körperstrafen noch eine Freude. Nach DWb 5, 831 ist Kirchweih der Ausdruck für Fest, Festfreude über=

haupt. Vgl. ebenda Spalte 836 es ist nicht alle Tage Kirmes. Non
semper erunt Saturnalia (Steinbach).

So bei Luther De W IV 618 Oder wird etwa Kirmes in der
Hölle sein, dasz der Teufel so lüstern ist mit larven?

---

280. Umbkeren das beste am tantze.

Wa IV 1028 Tanzen 3. Vgl. 84 Er kann wohl gut tanzen,
aber mit dem umdrehen haperts; dazu den von mir in Merseburg
gehörten volksthümlichen Scherz: Ich tanze schön [wortspielend für:
ich danke schön], aber umdrehen kann ich mich nicht.

RS 61 Das best am danzen ist das man
nit iemerdar dut für sich gan
und ouch bi zit umkeren kan.

Bei Luther Weim. Ausg. VII 361, 18 Nymmer thun ist die
hochste pusz, und ein new leben ist die peste pusz, odder umb=
keren ist das beste. Vgl. IV 612, 31.

Da Tanzen ohne Umdrehen oder Umkehren kein Tanz ist, so
ist wohl anzunehmen, daß das Volk die von Bußpredigern oft ge=
hörte Mahnung, wie sie sich in der aus Luther angeführten Stelle
findet, ihres Ernstes hat entkleiden und ins Lächerliche ziehen wollen
durch den Zusatz: am Tanzen. Jedenfalls besteht der Witz auch
bei S. Brant in dem Doppelsinn von umkehren.

---

281. Ein saur, scharff wind ist das.

Vgl. Wa V 251 Wind 100 Es stiebet einem manch sawer
Wind in der Welt vnter das angesicht (Mathef. Postilla). 256
A wird ihm noch manchen sauern Wind mössen lussen unter die

Noase gihn (Gomolcke 266). 281 Dem stosset kein sawrer Wind unter die Augen (Herberger I 100) = „Er hat gute Tage".

Ähnlich bei Luther EA 48, 90 Sie sind dahin. Das ist ein saurer Wind und böse Anzeigung. 48, 369 Das geschieht selten, dasz man bleibet bei seiner Lehre, sonderlich, wenn ein saurer Wind weht. Vgl. auch EA 40, 313 Das sind wohl sauer, finstere Wolken, aber Gottes Gnade waltet und herrschet über uns.

Nach DWb 8, 1861 sprechen Windmüller von saurem (statt sorem) Winde, d. h. von solchem, der bei bedecktem Himmel ohne Niederschläge weht. In älter Sprache wird sauer häufig von scharfem, schneidenden Wind, widrigem Wetter und schlimmer Jahreszeit gebraucht. — Soren Wind beschreibt Luther ohne den Ausdruck zu brauchen EA 42, 32 Der Ostwind, welchen die lateinische Bibel ventum urentem nennet, das ist, der da dorret und trocknet und schädlicher ist denn die Sonnenhitze. Vgl. sonst Nr. 282 und 283.

282. Hie hatts scharff gewebt.

Vgl. Waldis, Verl. Sohn V. 984

> Wor kumpstu nakede boue her?
> Dar du dy hesst her vth gedreiht
> Dar hefft eyn scharper wyndt geweydt.

Weitere Belege fehlen mir. Vgl. aber Jer. 51, 1 ich will einen scharfen Wind erwecken wider Babel.

---

283. Es geht yhm saur ynn die nasen.

DWb 8, 1863: das kommt ihm übel an, ist ihm sehr unangenehm. Vgl. Wa III 952 Nase 140 Das fehret ihm jn die Nasen. IV 25 Sauer 30 Das gehet jhm sawer vnter Augen.

V 1683 riechen 93 Es roch im sauer in die nasen. Flugschriften a. b. Ref. IX S. 136 Das beyst nu den monch so hart in die nasen, das er tzeter vber mich schreyet.

Bei Luther EA 15, 219 Wir trinken in der Taufe auch einen bittern Trank, nämlich die Tötung des alten Adams, welchs uns gar sauer und bitter in die Nasen gehet. 15, 336 Das thut dem Fleische wehe und gehet ihm sauer in die Nasen. 29, 271 Das gehet dem Teufel saur in die Nasen.

Gleichbedeutend: EA² 18, 322 Da wehet es erst sauer unter Augen. 43, 63 wo man den Sinnen und Fühlen nachhänget, gehet es ja sauer sauer unter Augen und thut wehe.

Vgl. auch EA² 17, 335 Denn es stehet ihm so unter die Nasen, dasz ers nicht kann leiden. 28, 214 ich will dem Teufel wohl ein Sprütze vor die Nasen halten, dasz ihm auch die weite Welt sollt zu enge werden. 29, 164 dies Gebot fur die Nase halten. 30, 341 für die Nasen stellen. 44, 173 unter die Nasen stossen. 45, 72 Und stunke ihnen diese Rede ubel in die Nasen. 48, 157 [Christus] der reibet ihnen nur die h. Schrift und das göttlich Wort redlich in die Nase. 52, 300 Denn so er leben soll, wird ihm der Teufel so manchen Strick legen und so viel bösen Winds unter Augen blasen, dasz er Gottes Hilfe und Trost haben musz. 65, 209 wiewohl mir der Stank stark in die Nasen gehet.

---

284. Der nasen ymer nach.

Für den verschiedenen Gebrauch der Na vgl. Wa III 947 Nase 10 Die der Nase nachgehen, werden von den Augen geführt, ausgenommen die Blinden. 165f. Der Nase nach: „Antwort auf die Frage Wohin? Wozu? Wohin des Weges?" 192 (405) D'r Noase nach = „Gerade aus". 231 Er geht eben auch der Nase nach = „Ins Blaue hinein, weiß den Weg nicht". In diesem Sinne sagten die Alten Ipsi me pedes ducunt, Otto S. 276. DWb 7, 405. In Luthers Schriften ist mir die Ra nicht begegnet.

285. Er wil ymer den holtz weg.

Vgl. Wa II 766 Holzweg 1—7. Holzwege dienen zur Abfuhr der gefällten Bäume und enden in der Regel mitten im Walde, sind also nicht Wege, die der Verbindung zweier Orte dienen und zu einem bestimmten Ziele führen. DWb 4², 1784 giebt zur Ra mehrere Belege, auch aus Luther. Die Ra wird ähnlich wie Nr. 286 von Irrungen des Verstandes und Willens gebraucht. Vgl. auch Otto S. 369 Tota erras via. Flugschriften a. d. Ref. IX 16 ich . . wil . . an den orten, da er den holtzweg hinausz= gangen, euch wider auff die rechten Christenlichen ban weysen.

Die Ra ist bei Luther häufig z. B. EA ² 18, 334 Die Welt will doch der Wege keinen recht, sondern immerdar den Holzweg gehen, entweder gar nichts thun und wirken, oder nicht gläuben; fähret immer zur Seiten aus, dasz sie entweder den Glauben oder die Liebe lässt fahren, die Mittelstrasse will und kann sie nicht treffen. ² 18, 353 Dazu [ist es Schuld] auch unsers alten Adams, der immer den Holzweg aus will. ² 18, 356 obgleich jemand ge= strauchlet oder zu weit zur Seiten ausgegangen ist, dasz er doch wieder auffstehe und sich zur Strassen halte und nur nicht den Holzweg fahre. 26, 60 Dasz aber ihr Fürsten zum Theil den Holzweg gehet . . 26, 104 da ein Kapitel den Holzweg will. 35, 26 Suchest du und grübelst sonst etwas Andres draus, das ist nicht gut, denn du bist damit auf der unrechten Bahn und gehest damit auf dem Holzwege und hast schon dem Teufel vorn und hinten die Thüre aufgethan. 44, 34 Dasz er abtrete von dem richtigen Wege der Seligkeit und auf Abewege oder Holz= wege gehe. 44, 303 Ist doch unser Keiner, er hat natürlich lieb ein gemeinen richtigen Weg, den viel wissen, und ein Landstrasse fur einen Holzweg. 47, 175 Wer nu will ein Christ sein, der musz keinen andern Gott suchen noch Holzweg gehen, noch Irr= wisch folgen. 47, 294 Christum aus den Augen thun und eine andere Strasse gehn zum Vater, welchs eine Holzstrasse war. 48, 64 (52, 226) Fleisch und Blut will immerdar den Holzweg. 49, 58 Das, meine ich, heisse allhie . . die Wahrheit, dasz Chri= stus sei nicht allein anfänglich der Weg, sondern der rechte, ge= wisse Weg und allein endlich der Weg bleibe, daran man sich immer halten musz und nicht verfuhren lassen die Holzweg so uns abweisen. 50, 163 sehen nicht, wie sie ohn Wort des Holz= wegs fahren, und lassen sich eitel Irrwische verführen.

Von abgeleiteten Ra und Sprw. vgl. bei Luther z. B. EA 15, 390 einen Holzweg neben der richtigen Strasse machen. 35, 25 aber man verleuret daruber den rechten Grund und Verstand der Schrift und führet die Leute auf eitel Holzwege. 36, 195 [Der Teufel] hat neben dem gebahnten Wege und der Landstrasse des göttlichen Worts allezeit seine Holzwege und Fuszsteige, dadurch er die Leute verführet. 43, 350 dasz falsche Profeten kommen werden und grosse Zeichen thun, aber alle des Holzwegs abführen von Christo auf ander Ding. 64, 104 Landstrasse ist sicher, Holz= weg ist gefährlich.

Zu der ähnlich klingenden Ra EA² 16, 331 Er [Judas] ging immer den Hundesweg vgl. Wa II 903 Een de Hundestrate wisn.

286. Bleibt nicht auff der ban.

Vgl. Wa I 221 Bahn 11 Bahn halten = „In demselben Wege bleiben, den andere gehen". I 398 Bleiben 10 Bliw up'm rechten Weg, so schlon di kein Büsch in dei Ogen. Tappius 119 Rectam ingredi viam: Er ist vff dem rechten wege. Er ist vff gûtem wege. Vel: Er will den rechten weg ausz.

NB 60,51 Die man sindt offt selb schuldig dran
Das sich die wyber schinden lan
Und vsz dem weg zů zytten gan. —

Auch diese bei Luther sehr häufige Ra wird von ihm wie
Nr. 285. sowohl für das Verstandesleben als besonders auch für das
sittliche angewendet. Dietz I 201f. giebt zu Bahn mehrere abgeleitete
Ra mit Belegen, von denen besonders die unter 4: auf der Bahn
bleiben hierher dienen. Vgl. dazu etwa noch De W II 75; 78;
V 725. EA 27, 296; 28, 191; 38, 385; 388; 389; 46, 343.
Zu: Auf die Bahn kommen und aus der Bahn kommen vgl.
z. B. De W II 63; EA 31, 157; 39, 113; 46, 343; 49, 72; Weim.
Ausg. VIII 212, 29.

Sinnverwandt ist EA 45, 325 u. 326; 49, 89 immer auf (in)
der Schnur bleiben. EA 24, 17; 29, 191; 36, 397; 49, 57;
Weim. Ausg. VI 233, 33 Auf der Strasse (Mittelstrasse) bleiben,
gehen, sein, wohl mit Anlehnung an die Ra der Alten von der
aurea mediocritas (Otto S. 216). Weim. Ausg. XX 89, 37 Quin
in strata et regia via maneamus.

---

287. Ich hab meine kleider alle an.

Vgl. Wa V 769 Anhaben 2 Er hat an, was er hat. Tappius 533
Omnem facultatem indutus est: de paupere, qui praeter vesti-
tum nihil praeterea rerum possidet. . Wann ich vffspringe, so
regt sich all mein gut. Wann ich auffspringe, so springt all mein
haab mit mir auff. Dat is myn vp vnd henn. Egenolf 335ᵇ
erzählt von einem Bettler, der zu kalter Winterszeit dem Bischof
von Trier auf dem Felde begegnet. Auf die Frage, ob er in seinen
Lumpen nicht friere, antwortet der Bettler, es komme ihm nicht
kalt vor. Gegen einen Gulden wolle er es dem Bischof lehren,
daß ihn auch so wenig friere als ihn. Dieser spendet den Gulden;

darauf sagt jener: Gnädiger herr, es freut ein jeden darnach er kleyder hat. Ich hab all mein kleyder an, darumb freurt mich nicht; euch freurt nach den kleydern, so jr dheim habt, sonst frür euch nit, legts ein mal all an. Der Bischoff lacht vnd sagt: Wann ich ein Esel were, ich köndte sie nicht alle ertragen. Far hin, du hast den gulden gewunnen.

Ich erinnere mich, daß die Kinder in Wittenberg auf den Vorhalt: Schäme dich! antworteten: Ich brauche mich nicht zu schämen. Ich habe meine Kleider alle an.

Bei Luther habe ich die Ra sonst nicht gefunden.

---

288. Du wilt mich lieb haben.

Für diese Ra finde ich bei Luther sonst keine Belege. Möglicherweise ist sie mit der folgenden dem Sinne nach zusammengehörig, wie sie ja auch mit ihr dasselbe Subjekt 'du' hat. Daß sie ironisch genommen werden darf, lehren folgende Ra: Wa III 178 liebhaben 14 (21) A hod'n lieb wi der Krämer a Dib. 16 Einen liebhaben, dasz er die Hölle für einen Tanzsaal ansieht. 17 ff. Er hat ihn so lieb, wie der Hund den Dieb; — wie ein altes Pferd seine Mutter; — wie ein Hund den Knüppel. 6 Sie hat yhn lieb, ia auff der seyte, da die tasche hengt (Agricola 675). Bei Luther EA 50, 125 Schalksliebe, wie eim Dieb, so sich fürm Galgen fürcht, den Richter und Henker liebet. Für das weitere Vorkommen des Wortes bei Luther vgl. DWb 6, 906 Lieb III 1.

---

289. Wilt mich geheyen.

Vgl. Wa I 1419 Geheien 1 Wer sich nicht will lassen geheyen [„verspotten, illudere, ludificare"], der musz die Welt meiden. Unter 3 Was g'heit's e? verweist Wa für den vielseitigen Gebrauch

des Wortes auf Stalder, Versuch eines schweizerischen Idiotikon
II 31. Eine interessante Abhandlung über das Wort findet man
auch in den Simplicianischen Schriften (Kurz) IV S. 398 ff. (Teut=
scher Michel Kap. X). S. 399, 20 heißt es: „Das Wort Geheÿ
ist bey uns Teutschen so verhasset, daß sichs ein ehrlicher Mann
schämbt auszusprechen, und wann es jemand ungefähr im Zorn
oder sonst entwischt, so wirds einem vor eine schändliche Red ge=
rechnet, dahero es etliche verzwicken, wann sie es jemand also nach=
sagen: 'Was geschneids mich?' Ist aber gefählet, weil dieses schöne
Wort jetziger Zeit unter vilen tausend Teutschen kein einiger mehr
recht verstehet.“ S. 400, 15 „Darauff antwortet Beklagter, das Wort
Geheÿen seÿe nit garstig, auch nicht so unhöflich, daß sich von dessent=
wegen ein Biderman schämen müsse solches zu gebrauchen, sonder
gleich wie auß dem Grund der Sprach erscheine, das geeÿen oder
geheÿen wider ehrlichen Wolstand und die Höffligkeit nit lauffe
und nichts anders heisse, als sich mit Aechtzen und Grämen hertz=
lich bekümmeren oder inniglich betrüben“ u. s. w. — Sehr ein=
gehend behandelt DWb 4 ¹, 2340 dieses Wort, dessen ursprünglich
abscheulicher Sinn sich immer mehr abschwächt, bis es zum bloßen
Hohn= und Witzwort wird.

Aus Luthers Tischreden weist es zweimal nach Dietz II 41
[ein guter Prediger] **sol sich von jedermann lassen vexiren vnd
geheien** (Wrampelmeyer 721). **Das gefelt mir wol, wenn ein
teufel den andern vexirt und geheiet** (Aurifaber, Tischr. 308ª).
Hier wird der Sinn durch die Verbindung mit „vexiren“ hin=
länglich bestimmt. Auf eine andere Stelle macht Pietsch aufmerk=
sam in der Anm. zu Weim. Ausg. XX 201, 13 ff. Zu Pred. Sal.
12, 12 'Et meditatio multa molestat carnem' bemerkt Luther:
auff teusch, das man die leut geheyt ... multorum meditatio
geheye die Leut. Da das Wort bisher bei Luther nur in den Tisch=
reden nachgewiesen war und hier mit dem Zusatz „auff teusch“ (etwa
in dem Sinne von 'auf grob Deutsch') gebraucht wird, hielt es Prof.

Pietsch für möglich, daß Luther den Ausdruck als der niedrigen Volkssprache angehörig empfunden habe. Es giebt aber noch andere Stellen, aus denen hervorgeht, daß Luther sich nicht scheute, das in seiner Bedeutung bereits sehr abgeschwächte Wort auch sonst in Predigten und Schriften zu verwenden, z. B. EA ^{2} 20, I 109 So hat uns der Teufel geheiet. 38, 184 wie itzund böse Buben unsern Fürsten plagen; denn der Adel und was ein wenig was ist, das gehäuet den frommen Fürsten, wo sie können. De W IV 416 Wohlan, Teufel, lasz mich ungeheiet. IV 615 E. C. H. wollten mir meinen Tisch= und Hausgenossen ungemeistert und ungeheyet lassen. V 506 wiewohl ich leiden mocht, sie liessen mich alten Mann ungeheyt. V 614 Will er [Schwenck= feld] aber nicht aufhören, so lasse er mich mit seinen Buchlin, die der Teufel aus ihm speiet und schmeisset, ungeheiet. Weim. Ausg. XX 90, 13 Wen einer hie meister sein, einer dort, sequuntur multa somnia et post vanissimi sermones, ut vulgo fit, quando avarus multis curis se geheyt. EA 25, 159 dasz Gott euch strafe, ihr verheiten Buben. In scherzhafter Weise hat Luther den Vers des Cato (Distich. II 26), den er EA 48, 327 anführt, parodiert EA 48, 193:

Non me doctorem sed te geheieris [statt deceperis] ipsum.

Zu dem Substantiv Gehei giebt Dietz II 41 zwei Belege. Vgl. EA 44, 318 und 48, 192.

Zur Ra, wie die Sammlung sie bietet, habe ich keine Nach= weise gefunden. Daß sie mit Nr. 290 verwandt ist, zeigt die Stelle De W IV 416 im Zusammenhang; denn das daraus unter Nr. 290 gegebene Citat erscheint nur als eine weitere Ausführung des hier angeführten Ausdrucks.

290. Ḫast mir ynn ars gesehen, sihe widder.

Vgl. Wa V 742 die Alten 106 Die Alten müssen darumb so lange leben, dasz sie dem Teuffel in Ars sehen (Luthers Tischr. X 122ᵇ). V 822 Arsch 181 In arss sehen lan.

Vgl. Dietz I 117 Sihe da du bestia, kucke mir in den sra (EA 32, 343). — Diese Ra und verwandte werden bei Luther ge=braucht zur spöttischen Abweisung böswilliger und höhnischer An=griffe, z. B. De W IV 155 ut Amsdorfice respondeas: dasz uns der Papst und Legat im Ars wollten lecken. IV 416 lieber Teufel, kannst du mir nicht näher, so lecke mich ꝛc.; ich kann dein itzt nicht warten. EA 45, 153 Denn also sagt er in dem Dekret: Districte praeceptantes mandamus. Ja, mit Urlaub, in Ars! 47, 187 Wo wilt du hin? Dem Teufel in den Ḫintern. — Dazu vgl. EA 25, 83 kucken uns hinten und vornen ein, finden doch immer zu viel Guts an uns. 43, 51 Was ist diesz denn, dasz man das Gute aus den Augen setzet, und allein in die Augen bildet und ansiehet, wo er unrein ist, als hätte man Lust, einen Andern, mit Urlaub, nur in Ḫintern zu sehen. 48, 180 Vielweniger schonet er [der Teufel] unser, die wir ihme den Ḫintern aufdecken; item, ihme unter die Nasen fahren und predigen was wir sollen. 48, 407 sie folgen ihrem Vater, dem Teufel, nach, der kann das Wort Gottes nicht hören und decket dagegen den Ḫintern auf. Aurifaber, Tischr. 293ᵇ Endlich betrog ihn der Teufel redlich und liesz in in Ḫindern sehen. Lösche 117 wen der [Kopf] nicht mehr dögen will, will ich sie in den ars weissen; da gehören sie auch hin. Lösche 125 darum sehen sie nun dem Ḫessenn in den Ars ... kompts an mich, wie will ich inn die pesten wort gebenn unndt sie heissen dem Marcolfo in den Arsch sehen, weil sie ihm nicht wollen unter die Augen sehen. Gleiche Bedeutung hat die Ra: einem die Feigen weisen EA 41, 30; 42, 67 und öfter. Ferner vgl. EA 65, 25 must dem Teufel den Ḫindern aufdecken. 32, 211

Küsse mir die Sau aufs Pacem und aufs Pirzel. 32, 244 Ists
nicht gnug, so lasse er ihm auch ins Maul thun oder krieche ihm
in den Hintern.

Der Sinn der obigen, von Luther, soviel ich sehe, sonst nicht
gebrauchten Ra scheint sich zu decken mit Agricola 153: Geb arsz,
nem arsz. Disz wort ist breuchlich vndter den kindern, welche
ausz vnbestendigkeyt vnd wanckelmūt eynander ettwas geben vnd
bald wider nemen. Darumb wen eyn kindt des andern spottet
solchs wanckelmūts halben, so sagt es Geb arsch, nem arsch. Du
hast mir es yetzt gegeben vnd nimhst mirs bald widder, wie
vnstet bist du. — Als Anspielung auf diese Ra ist auch zu ver=
stehen EA 23, 317 Wo wollen nun die Junkerlin und die Gülden=
brüderlin bleiben, die jetzt eitel Nehmers sind und wollen doch
Gebers heissen. 31, 401 Die mügen heissen Gebers=Nehmer;
geben sie es, so nehmen sie es. 40, 266 Das Evangelium lehrt
nur geben, so lehret der Teufel nur nehmen. 43, 167 das
heisset man Gebers, Nehmers, wie die Kinder unter einander
spotten. — Vgl. auch DWb 1, 565 f.

---

291. Gegen dem baum sol man sich neygen, dauon man schatten hat.

Vgl. Wa 1 274 Baum 24 Den Baum, darunter man schauern
will, soll man ehren. 25 Den Baum, der dir Schatten gibt, lasz
nicht niederhauen (ägypt.). 29; 169 Man ehrt den Baum um
des Schattens willen. 182 Man neigt (sich) dem Baum, der
Nutzen bringt. 206 Vor dem Baume, von dem man Schatten hat,
soll man sich neigen: „Dankbarkeit“. 278 Sich nach dem Baume
neigen, der den meisten Schatten gibt. V 930 Baum 294; 310;
340; 347; 355 Vor dem Baum, den ich brauche, musz ich mich
beugen. Vgl. auch Matthesius (VII Predigt) S. 142, 24 wie auch

der Son Gottes den Babilonischen Keyser in einem schönen Baume fürbildet, drunter die Thierlein im schatten sitzen, darfür man sich billich neygen, vnd nicht mit prügeln drauff werffen oder wie ein Saw sich dran reiben solle (vgl. Daniel 4, 7 ff.). S. 146, 11 Denn von frommen Regenten, da sie Gott gibet, hat ein gantz Land schatten.

Es ist möglich, daß in diesem Sprw., das ich sonst bei Luther nicht nachweisen kann, ein Nachhall ist von der bei unsern Alten gebräuchlichen Verehrung heiliger Bäume. Vgl. Grimm, Mythologie ⁴539 ff. Diese Vorstellungen mischen sich mit biblischen. Vgl. hierzu auch Uhland, Volkslieder Nr. 319

> V. 1 Und unser lieben frauen
> der traumet ir ein traum:
> wie unter irem herzen
> gewachsen wär ein baum,
> kyrie eleison!
>
> V. 2 Und wie der baum ein schatten gab
> wol über alle land:
> herr Jesus Christ der heiland
> also ist er genant.

---

292. Auff dem kropchen sitzen lassen.

DWb 5, 2398 weist die Ra öfter nach, z. B. Zimm. Chron. II 66 Des gehub sich der Wilhalm ganz übel; wolt grave Friderichen nur vor der künigclichen regierung verklagen. Also do man in lang liesz uf dem kropf sitzen, do ward ihm zuletzt der brief wiedergegeben; III 19 Als nun Herr Johannes Wernher so lang ohne ein Antwort uf dem kropf ware gesessen, do schrieb er dem von Schellenberg den kauf ab. Kaisersb. Post. 2, 15ᵃ Jesus ging auf den abend von den Pharisäern und liesz sie also verhönt uf dem kropf sitzen. — Außerdem vgl. Agricola 456 der man vertrawet dem weib weder heller noch pfenning, vnnd lesst sie eyn weil auff yhrem kropffe sitzen, bisz sie müts wirt.

DWb a. a. O. erklärt die Ra von einem Gefoppten, den man triumphirend seinem Irrthum oder Ärger überläßt, und verweist auf treppisch = ärgerlich und kröpfen = heimlich ärgern. Zu der Erklärung von Frisch 'auf ihrem Hintern' sitzen lassen, mit Beziehung auf franz. croupe, Hintertheil, bemerkt DWb, es müsse die Ra einen Witz enthalten, der zu finden bleibe. Die Ra Wa I 147 Arsch 68 Einen aufm Ars sitzen lassen wird DWb I 565 erklärt: Ihn in der Verlegenheit ohne Beistand lassen. Diese Erklärung würde zu der obigen Ra auch passen. Den von DWb vermutheten Witz zu 'auf dem Kropchen (= dem Hintern) sitzen lassen', versteht man vielleicht aus Wa II 1639 Kropf 28 Sein Kropf weisz wohl, warum sein Arsch so dick (schwer) ist.

Aus Luther scheint hierher zu gehören Weim. Ausg. XII 660, 17 Der eszel stet uff dein kropff, quod diu impleverit legem hanc, sed dominus dicit gehet hin und thuts. Hierzu vgl. EA 15, 184 Also musz er mir das Kröpflein würgen und die Vernunft schänden und sie zur Närrin machen. 43, 188 kropfisch und halsstarrig bleiben. Wenn man dazu vergleicht Wa II 1638 Kropf 11 (8; 9) Voller kropff, doller kopff; 17 Das sticht jn hart in Kropff, würde die Ra 'auf dem Kropfe stehen' bedeuten: eigensinnig, dumm= stolz sich zeigen.

---

293. Schimpfchen lege dich.

Vgl. Wa IV 185 Schimpf 30 Wann der schimpff (Scherz) am besten ist, soll man auffhören. IV 150 Scherz 29; 49 Scherz beiseite. IV 663 Spaß 19 f.; 48; 51; 53; 58 Der Spasz hat ein Ende. 66. — 'Schimpfchen' fehlt DWb; doch vgl. 9, 174.

Bei Luther EA 26, 148 **Wohlan Scherz lege dich.** De W IV 76
Aber Schimpf lege dich. Vgl. auch De W I 208 [es wird] aus dem
Schimpf ein Ernst werden. Wrampelmeyer 797 **Aus schimpff kan
ernst werden.** EA 43, 268 **Kützel wird sich legen.**

---

294. Schimpff wil sich machen.

Fehlt Wa. — Vgl. P. Gengenbach (Tod, Teufel und Engel)
S. 34, V. 77 Der schimpff der wolt sich heben. Eraßmus Amman,
Flieg. Blatt auf die Schlacht von Pavia (1525), in G. Liebe, Der
Solbat (Leipzig 1899), Abb. 23 der schertz wardt sich da machen.
Zu denken ist an ritterliches Kampfspiel oder wirklichen Kampf; vgl.
DWb. 9, 167, wo auch andere Nachweise gegeben werden.

Bei Luther scheint die Ra sonst zu fehlen. Zu dem Ausdruck
vgl. etwa EA 15, 183 **Auf das erste musz man hier der Vernunft
die Augen ausstechen, dasz wir nicht einen Schimpf machen,
da Gott grosz Ernst daraus macht.** Vgl. auch Nr. 127.

---

295. Du Schimpffest wie N. mit seiner mutter; sties yhr scheit ynn ars.

Vgl. Wa IV 663 Spaß 30—46; 31 Spasz mot sin, se' de
Düwel, un renne siner Groszmutter de Grepe [Mistgabel] in't Liw.
IV 152 Scherzen 20 Er schertzt wie Gümpff mit seiner Mutter; er
kitzelte sie mit einer Hewgabel zu todt. IV 151 Scherzen 1 Beim
Scherzen ist keine Ehrerbietung. — Iocus aufert reverentiam.
4 Man mag scherzen, aber ohne Schaden, Stank und Schmerzen.

War bei Luther sonst nicht nachzuweisen.

296. Schertzest wie ein beer.

Vgl. Wa I 233 Bär 86 Er ist ein ungeleckter Bär. V 898
Bär 108 Mit jungen Bären ist bös spielen. Zingerle S. 16
Swer sich kratzet mit dem bern,
dem muoz sin hant vil dicke swern. Freibank 139, 7.

War bei Luther sonst nicht nachzuweisen. — Der Bär ist Sinn=
bild ungeschliffenen Betragens, vgl. DWb 1, 1122.

---

297. Junge hunde mussen talmen.

In dieser Form kann ich das Sprw. sonst nicht nachweisen. Es
hat den Sinn etwa von Wa II 1043 Jugend 47 Die Jugend musz
sich austoben. Vgl. bei Luther zu diesem Gedanken EA 22, 191
Das junge Volk musz lecken und springen; 40, 256 Die Jugend,
wenn sie gleich fromm ist, so will sie doch Lust und Mut haben.

Zu dem Worte talmen, das noch jetzt in Thüringen im
Sinne von spielen, scherzen gebräuchlich ist, vgl. Lexer II 1398;
Schiller=Lübben IV 509; DWb 2, 696 und 11, 101. Seine Be=
deutung bei Luther ergiebt sich aus EA² 20, I 357 wenn das Ge=
treide dicke steht und die Ähren voll und schwer sein, so dann
ein Wind drein wehet, do talmen, rammeln und spielen
die Ähren mit einander. . . Und wo sich dann das Volk zur
Kirchen häufet, so talmen und spielen sie dann mit
einander.

---

298. Hat das gemein gebet verloren.

Vgl. Wa I 1382 Gebet 82 Er hat das gemeine Gebet ver=
loren: „Man hält nichts mehr auf ihn". 53 (54) Gemein Gebet
vnd gemeiner Fluch vermögen viel (sind nicht vergebens).

CA 21, 122 sie mögen sich fursehen, dasz sie nicht das ge=
mein Gebet verlieren.   28, 190 Ladet auf euch, lieben Larven,
ladet auf euch! ihr habt schon das gemein Gebet verloren.   Ein
bübisch, hürisch Leben führet ihr.   42, 69 wer das gemein Gebet
und Gonst verleuret, der ist ohn allen Trost schlechts verloren.
De W II 114 Wisset nicht, ihr armen Leute, dasz Frevel, Tyranney,
dieweil sie nimmer Schein hat, das gemein Gebet verleurt, nicht
mag lange bestehen.

Das gemeine Gebet wird sonst bei Luther erwähnt z. B.
CA 22, 240 dasz man auf der Kanzel gemein Gebet thut.   22, 264
das gemeine Gebet fur die Tyrannen pflegt nicht so zu lauten.
23, 117 Der Bann ist nur ein eusserlich Straf, beraubt den Men=
schen nit des gemeinen Gebets der Christenheit.   23, 210 [Braut=
leute] haben den Segen Gottes und das gemeine Gebet holen
wöllen . . . wie hoch er des göttlichen Segens und gemeinen
Gebets bedarf zu diesem Stand.   44, 16 Diese Vermahnung hat
D M L in gemeinem Gebet in der ersten Predigt gethan.   44, 144
es ist wohl geordnet . . in der kirchen, dasz man das gemeine
Gebet thut fur die neuen Eheleute.

Vgl. auch bei Emser, Flugschriften a. d. Ref. Nr. VIII und IX,
S. 99 Darumb die armen, die nith sonder iarstag tzu stifften
vermogen, sich selber vnbekommert lassen sollen, dann Got horet
das gemein gebeth der kirchen vor sie nith weniger, dann ob
man vor ein yeden in sonder bete.

---

299. Ich will yhm bose briefe nach schreiben.

Diese Ra kann ich sonst nicht nachweisen. Für den Ausdruck
vgl. Wa V 1054 Brief 55 Er führt böse Brief. Man denke etwa
an den Uriasbrief des Königs David, 2. Sam. 11, 14 f.

---

300. Hat das gemein geschrey verloren.

Zu dem Ausdruck vgl. Wa I 1599 Geschrei 1; 4 **Das gemein
Geschrey gehet selten leer.** I 1578 Gerücht 19 **Gemein gerücht
ist selten erlogen.** Tappius 73 Fures clamorem . . timent aut
senserunt. Quadrabit in eos, qui sibi conscii metuunt ne
deprehendantur, aut qui peracto maleficio fugitant pavitant-
que. . . **Der vbeltháter hat das schelten auff der gassen verloren.**

Bei Luther scheint sonst die Ra und der Ausdruck nicht vorzukommen; vgl. aber etwa EA 32, 56 **hat nicht viel guts Geschreis.**
40, 282 **Wenn sie [die Abligen] wollten in Ehren gehalten und
gefurcht sein, mussten sie wahrlich zuvor Gott auch in Ehren
halten und furchten, damit sie ein gut, tugendlich Geschrei im
Volk uberkämen.** Vgl. Nr. 298.

---

301. Stehet mit allen schanden.

Die Ra fehlt Wa. Sie bedeutet am Pranger oder Kak stehen
wie ein Übelthäter, dem die Schandtafel, d. h. ein Verzeichniß seiner
Schandthaten um den Hals gehängt wurde. Darauf gehen Ausbrücke wie EA 30, 69 **stehen als ein Bube am Pranger oder Halseisen
geschmiedet.** 30, 156 **den Teufel nackt an den Pranger schlahen.**
30, 261 und 422 **Gack oder kag [so nach der Hbschr.] stehen.**
47, 61 **für der Welt an Pranger stellen.** 41, 37 **Die Augustiner
mussten nu auch brennen und Schandträger sein.** 31, 236 **den
Schandmantel dem Evangelio umhängen.** Gleichbedeutend steht
auch EA 30, 156 und 282; 44, 272 **kalt stehen.** Das Gegentheil
ist EA 34, 153 **Ich [Rebekka] stehe mit grossen Ehren.** 34, 278
sie aber [Potiphars Weib] bestehet mit Ehren. 42, 279 **Der
Tempel stehet da in allen Ehren.** — Wie sehr die ursprüngliche
Bedeutung der Ra schwindet, beweist der Umstand, daß sie nicht
nur von Personen, sondern auch von Sachen gebraucht wird. Vgl.

EA 21, 55 (113) . . wenn sie fur Gott und aller Welt schamroth und mit allen Schanden stehen werden fur einem jungen Kind, so in diesem Gebot gelebt hat. 30, 262 Hie stehet der arme Becher Weins so blos in allen Schanden. 33, 220 so hängt er [Christus] da mit allen Schanden. 34, 310f. Aber wenn einer unschuldig mit allen Schanden stehet, das ist erst bitter. 39, 155 Da werden sie einmal mussen rot werden und mit allen Schan= den stehen und sich selbs verachten. 40, 216 Doch ist nu das Evangelium kommen . . und deckt jener Menschen Stift, ihren Unflat auf, dasz sie da blos mit Schanden stehen müssen. 42, 77 Also bestund dieser Anschlag der Babylonier mit allen Schanden. 50, 144 Hätte er eine gute Sache und recht gelehrt, so würden sie jetzt wohl bei ihm stehen. Nu stehen sie mit ihm in allen Schanden und ist Niemand, der sich wolle bei ihm sehen und hören lassen. Vgl. auch EA 22, 220 er mocht sonst mit Schanden bestehen, dasz ihm Niemand borgete. 24, 244 Aber die solche Untugend rühmen, stehen warlich mit grossen Schanden über dem Benno. 44, 311 mit Unehren bestanden. 48, 128f. Gott hat ihnen ihren Crotz geleget, dasz sie mit Schanden bestehen.

Nahe verwandte Ra find EA 29, 272 der verloren hat mit allen Schanden. EA 15, 185 mussten sie dennoch mit Schanden abziehen. 51, 138 mit allen Schanden wieder geben. Auf einem Stammbuchblatt von Luthers Hand, welches die Lutherhalle in Wittenberg aufbewahrt, heißt es: Si deus pro nobis, Quis contra nos? Wenn wir das Pronomen Nos vnd Nobis wol kunden decliniren vnd verstehen, So wurden wir das Nomen ein Verbum machen, das hies, Deus dixit, Et dictus est Da wurde die Pre= positio Contra Zu allen schanden werden vnd endlich ein infra nos draus werden. Wie es doch geschehen wird vnd mus Amen M L D

Von ähnlichen oder anklingenden Ra vgl. EA 25, 56 Das ist schändlich mit Lügen gestanden. 26, 281; 30, 34; 36, 27 Stehet

wie Butter an der Sonnen. 15, 164 da werden wir stehen wie
die Narren und als wären wir aufs Maul geschlagen. 35, 297
Wenn der Mut hinweg ist, dann stehet man wie ein Narr. Weim.
Ausg. IX 132, 1 szo tzyhen sye tzu rucke und stehen wye die
narren. EA 26, 290 sind sie gestanden als die beschoren Männlein
[b. h. beschämt. Vgl. IsbPh. 26, 50; 27, 57; 30, 429.]. De W II 87
(vgl. EA 36, 185) stehen wie die Pfeifer die den Tanz verderbet
haben. EA 30, 14 stehen auf schwachen Beinen. 30, 265 (vgl.
24, 209; 44, 93) stehen wie der Pelz auf seinen Ermeln.

---

302. Er darff der mühe nicht.

Diese Redewendung wird unpersönlich gebraucht EA 47, 83
Aber es darf der Mühe nicht, dasz du weit danach laufest. Ob
Er Schreibfehler ist statt Es kann ich beim Fehlen weiterer Nach=
weise nicht entscheiden.

---

303. Lachen verbeissen.

Vgl. Wa II 1746 Lachen 101 Da ist Lachen zu verbeissen.
Der Sinn entspricht unserm: Sich das Lachen vergehen lassen.

EA 23, 42 Gottes Zorn lehret wohl, Lachen verbeissen und
Freude an Sünden haben. 36, 24 Da [am Sinai] ist Lachen zu
verbeissen gewesen. Weim. Ausg. XX 128, 29 Melius est te
indignari sive esse tristem, Das du das lachen verbeissen must,
ut gravitatem in vultu et gestu habeas ac ostendere cogaris
(prae molestiis scilicet) quam ridere.

Vgl. EA 31, 99 Christus wird ihm [dem Türken] das Lachen
bald vertreiben. 51, 62 Denn er musz sich gar tief stecken und
oft still halten und verbeissen böse Tuck umb des willen, dasz er
ans Weibe gebunden ist. Vgl. auch Nr. 310.

---

304. Ein lieb sucht das ander, dixit lupus ouile rumpens.

Vgl. Wa III 169 Lieben 69 Mancher liebet einen, wie der Wolff das Schaaf. Ein ähnliches Sprw. hat Höfer [7] 1976 Gleich und gleich gesellt sich gern, sagt der Wolf zum Schafe. In der hdschr. Form konnte ich es nicht nachweisen. Der Zusatz: dixit lupus ovile rumpens „sprach der Wolf und brach in den Schaf= stall", will die mißbräuchliche Anwendung des Sprw. geißeln, in der Art, wie es durch die von Höfer gesammelten Sprw. geschieht und in Luthers Sammlung in Nr. 44; 53; 79; 80; 122; 369; 370. Zu der ursprünglichen Form des Sprw. vgl. Wa III 138 Liebe 200 Eine Lieb sucht die ander. II 609 Herz 200 Herz sucht Herz. Zingerle S. 102 Ein minne dandern suochet,

ein fluoch dem andern fluochet. Freidank 124, 5.

NS 38, 63 aber es spricht ietz mancher gouch

was sich gelibt, das gsölt sich ouch.

Eine ähnliche Wendung braucht Luther EA 47, 261 Sie haben Gott lieb, nicht anders denn wie die Läuse den Bettler lieb haben. Den Wolf im Schafftall erwähnt er De W II 258 Denn es ist nicht Unrecht, ja das höchste Recht, dasz man den Wolf aus dem Schaf- stall jage und nicht ansehe, ob seinem Bauche damit Abbruch geschehe. EA 65, 211 Lupus in ovili. Vgl. auch Nr. 288.

---

305. Viel ist ehrlich, Wenig ist Göttlich.

Ehrlich = ansehnlich, vornehm (DWb 3, 69). — Dem Sinne nach entspricht das mir sonst nicht nachweisbare Sprw. viel= leicht Wa IV 1634 Viel 46 Viel musz man haben, mit Wenigem

behilft man sich auch. IV 1638 Vieles 3 Mit vielem hält man
Haus, mit wenigem kommt man aus. V 186 Wenig 26 Mag es
wenig sein, wenn es nur gerecht ist. Es erinnert auch an den
Spruch des griechischen Weisen: Wenig bedürfen kommt der Gott=
heit am nächsten.

---

306. Kopp vnd teyl.

Der Ausdruck fehlt Wa; vgl. etwa II 1505 Kopf 162 Es will
kopff vnd schwantz vngestraffet sein (Mathesius); 515 Das hat
weder Kopf noch Schwanz; 784 Kopf und Schwanz; und ähnliche.

Bei Luther EA 24, 314 Wenn ich eins Herrn Knecht wäre
und sähe, dasz sein Feind auf ihn liefe mit blossem Schwert und
ich künnt das wehren, stünde aber stille und liesz meinen Herrn
so schändlich erwürgen: sage mir, was würd von mir sagen beide,
Gott und Welt? wurden sie nit billig sagen, ich wäre ein ver=
zweifelter Böswicht und Verräther und müsste gewisslich Kopf
und Theil mit dem Feinde haben. Nach Mittheilung von Prof.
Pietsch hat der Urdruck kopp vnd teyl. — R. Hildebrand, DWb
5, 1757 führt diese Stelle an und sonst nur noch Mathesius, Post.
II 218ᵃ hiezu bedarf ich eines helers, der kop und theil mit mir
habe. Er verweist auf 5, 1477 wo das Wort knopf in der Be=
deutung 'Bund, Bündniß' aus Mathesius (Sarepta 84ᵇ; 88ᵇ) von
ihm belegt ist und meint, das dahinter liegende Bild sei in der
Verbindung mit theil (theilhaben) wohl schon damals verwischt
gewesen und deutet: „mit dem Feinde verschworen sein".
Doch hat dieses 'knopf' wohl nichts mit unserer Ra zu thun; viel=
mehr werden wir davon ausgehen müssen, daß die Ra durch die in
allen drei Belegstellen erscheinende Form Kopp sich als eine mittel=
niederdeutsche kundgiebt und uns berechtigt auch in teil ein nd.
Wort zu suchen. Und zwar werden wir im Hinblick auf die hoch=
deutsche Ra 'Kopf und Schwanz' in der Bedeutung 'Anfang

und Ende', 'Das Ganze' (vgl. DWb 5, 1770; 9, 2264 und die oben angeführten Stellen aus Wa) an nd. tagel, tail = hd. zagel, das 'Schwanz' bedeutet, zu denken haben. Damit erklärt sich die Luther= wie die Mathesiusstelle. 'Kopp und teil mit Jemand haben' heißt: 'es vollständig mit Jemand halten', 'ganz auf seiner Seite fein'. Vgl. übrigens auch Luther Jef. 9, 14 beide Kopf und Schwanz; EA 48, 386 Ihr sollt das Häupt und nicht der Schwanz sein. 48, 387 ihr seid . . . der Heiden Knechte und der Schwanz worden; ihr habt das Häupt verloren; ferner Nr. 307. Vielleicht darf man auch an englisch head or tail = Avers und Revers bei Münzen erinnern.

307. Schopff vnd Schwantz.

Diese noch jetzt häufige alliterierende, vom Thier hergenommene Ra fehlt Wa; auch bei Luther kann ich sie sonst nicht nachweisen. Sie bedeutet: Von oben bis unten, ganz und gar. In gleichem Sinne braucht Luther mit der Beziehung auf den Menschen z. B. EA 15, 378; 27, 352; 50, 405; De W V 736 Uom Scheitel (Schädel) bis auf die Fersen; Jef. 1, 6 von der Fuszsohle bis aufs Haupt. Oder Preger 176 ich wags dran, frag nicht, wo strumpf oder schwantz bleibe; EA 51, 167 f. sie ringen danach und übermachens so gar, dasz weder Strumpf noch Kopf dran bleibt. 57, 81 Die Theologen sind der Kopf oder Kiel an der Feder, die Juristen aber der Strumpf. Vgl. zu dieser Stelle Wrampelmeyer 432 und 1. Sam. 5, 4 sein Haupt und seine beiden Hände abgehauen auf der Schwelle, dasz der Strumpf [später: Rumpf] allein da lag. — Die Römer sagten: Usque ab unguiculo ad capillum summum; a capillis usque ad ungues; ab imis unguiculis usque ad verticem summum (Otto, S. 355).

308. Inn einen saurapffel beissen.

Vgl. Wa I 107 Apfel 55. 106 In einen sauern Apfel beissen
müssen. DWb I 533 und 8, 1862: sich zu einer unangenehmen
Sache entschließen, sich in etwas Widriges fügen müssen.

Bei Luther: Dietz I 110 Das müssen wir lassen gehen vnd
als jnn einen sawern apfel beissen und das bitter Trünklein
kosten, auf dasz uns das süsse hernach deste basz schmecke
(EA² 18, 374). e. k. f. g. ein wenig hat mussen Wermut essen
und in einen sauren Apfel beissen (De W IV 347). Außerdem
EA² 20, I 345 So wird einmal der Türke kommen und dich lernen
in ein kalt Wasser greifen und in einen saurn Apfel beissen.

309. Bissen vber macht essen.

Der Sinn ist: Über seine Kräfte hinaus, wider Willen
etwas thun. Vgl. DWb 6, 1398. Diese Ra fand ich in dieser Form
nur in Till Eulenspiegel VII (Neudrucke 55. 56 S. 10). Die VII
histori sagt, wie Ulenspiegel das weckbrot oder das semelbrot mit
einem andern iungen asz vnd wie er das vber macht essen must.
S. 11 so kam derselb huszwürt vnd het ein güte schmicken vnd
schlůg sie vmb die lenden, das ein iedlicher vber macht essen müst.

Bei Luther findet sich der Ausdruck vber macht z. B. Lösche 68
aber 20 unndt 40 [vom hundert Zinsen] ist ubermacht unndt ist
zuviel. Seidemann, Lauterb. Tgb. 26 Es ist alles zu vnnsern
Zeittenn vber macht. Es mus brechen oder annders werdenn.
40, 196 Unser Sünde und Undankbarkeit ist zu reif und gar uber=
macht. Vgl. auch das gleichlautende Partic. Prät. von 'übermachen'.
EA 39, 344 wiewohl unter den Fürsten .. solchs auch ubermachet
ist. 50, 263 Denn es ist zu hoch versuchet und uber machet, dasz
er nicht kann noch soll durch die Finger sehen. 50, 347 Das ist
so grosse und übermachte Bosheit.

310. Verbeyssen.

Der Sinn ist: sich Unangenehmes gefallen lassen. Vgl. DWb 12, 100. Wa IV 1529 Verbeißen 2 Man musz schon oft etwas verbeissen. Anm. „Wer nit verbeissen etwas kann, nehm sich des Regiments nicht an, sonst schadt er jhm und jedermann; denn wer mit Ruhe herrschen will, der musz nachsehen ziemlich vil, sonst überschreit't er offt das Ziel (Chaos 975).

Bei Luther: Preger 31 da erschrack ich allererst sehr, musts dennoch die nacht mit schwerem hertzen verbeissen. EA 39, 360 Aber David fähret heraus und nimmt kein Blatt fur das Maul, machts grob und unvernunftig genug und will nichts verbeissen. 35, 347 Aber man musz diesen Undank verbeissen und mit Geduld uberwinden und ausharren. — Vgl. Nr. 303.

---

311. Gott ist der narren furmunde.

Wa II 32 Gott 700 belegt es aus dem Dänischen. Vgl. 655 (663) Gott hilft dem Schwachen (Kindern, Narren und Trunkenen).

Narr bedeutet hier den Einfältigen, Unmündigen. Luther hat sein Wohlgefallen an diesem Sprw. durch Unterstreichen und eine dazu an den Rand gezeichnete Hand kundgegeben, doch scheint es sonst bei ihm zu fehlen.

---

312. Durch den korb fallen.

Den Sinn giebt Wa II 1538 Korb 22: Die Prüfung nicht bestehen oder überhaupt abschlägig beschieden werden. Bei Hans Sachs ist die Ra häufig. Vgl. auch Wa I 1669 fliegen 8 Fleuge nicht zu hoch, dasz du nicht durch den Korb fallest

(Henisch 1150) und Wa II 1538 Korb 26 und 27 einen Korb geben, bekommen, durch den Korb fallen lassen.

Bei Luther: EA 47, 225 Wie man itzt viel Prediger wählet und fallen ihr viel durch den Korb, werden verjagt und vertrieben.

Zu den Ra 'einen Korb geben', 'durch den Korb fallen laffen' vgl. die eingehende Unterfuchung Hildebrands DWb 5, 1800 ff. und, worauf mich Prof. Pietfch befonders aufmerkfam machte, Burdach, Reinmar d. A. und Walther v. d. V. 1880, S. 268 Anm. Dagegen Wilmanns Anz. f. d. Altert. 7, 268. Ferner Ztfchr. f. d. Unterricht 6, 225. Zur Annahme der Möglichkeit einer anderen Erklärung wenigftens für die bei Luther vorliegende Faffung der Ra bringt mich Wa V 1731 Sieb 14 Sie ist durchs Sieb ge= fallen. Anm.: „Auf der rauhen Alp fagt man 'da feid ihr auch nebens Sieb gefallen', d. i. ihr habt das Ziel verfehlt; von weib= lichen Perfonen, wenn fie unverheiratet fitzen bleiben". Als Sieb diente ein Korb. Vgl. Wa IV 552 Sieben (Verbum) Er siebt so lange, bis er das Kaw im Korbe hat: d. i. bis nichts Gutes mehr übrig ist. Veranfchaulicht wird das Durchfallen in eigentlicher und übertragener Bedeutung durch einen Holzfchnitt H. Burgkmairs in Officia M. T. C[iceronis], 1531 gedruckt in Augsburg von Heinrich Stayner, Bl. III^a: Ein Mann rüttelt in einem Siebe viele Köpfe; Thierköpfe fallen durch, Menfchenköpfe bleiben im Siebe.

---

313. Ein pflocklin dafur stecken.

Vgl. Wa III 1330 Pflock 5 Einen Pflock dabei stecken. Das Bild ist vielleicht hergenommen von der Armbruft, deren Sehne durch den davor gefteckten Pflock am Losfchnellen verhindert wird, oder von zungenähnlichen Riegeln und Brettern, die durch einen Pflock am Zurückgleiten gehindert werden. Befonders an diefes Bild erinnert der Gebrauch der Ra bei Luther. — DWb 7, 1771.

Vgl. EA 25, 92 Ich hab mein Buchlin in dem Stuck wohl verwahret und allen Lästermäulern einen Pflock dafur gesteckt. 31, 136 Das [Christus] ist der Mann, der dem Papste ein Pflög= lin dafur gesteckt hat, dasz er nicht soll können aufheben noch auflösen einigen Buchstaben noch Citel in der Schrift. 32, 29 es ist eraus, sie haben ihn selbs ein Pflöcklin fur dem Maul durchs Zünglin gesteckt. Es ist im Druck, sie können das Zünglin nicht zurückziehen. 39, 234 Damit nu denselbigen stolzen Göttern der Ruhm und Crotz genommen werde . . wird ihn hie ein Pflöcklin dafür gesteckt, und der Knittel bei den Hund gelegt, dasz man sie soll weidlich strafen. 44, 133 Da steckt Moses ein Pflock dafur, verbeut, dasz ein solcher das erste Weib nicht wieder zu sich nehmen sollte. 44, 194 siehet wohl, dasz ihm ein harter Pflock dafur gesteckt ist und dasz er nicht dazu kommen kann, dasz er dies Gebot halten konnte. 47, 286 Christus hat ein Pflock dafur gesteckt und spricht . . . 48, 131 Gott kanns bald um= kehren trotz Kaiser, Papst, dasz sie es hinausführen, was sie im Herzen haben. Es ist ein Pflock dafür gesteckt. 48, 314 wenn aber die Stunde nicht da ist, so sei ihnen da ein Pflock gesteckt und Crotz gesetzt, dasz sie ihm kein Leid thäten.

De W V 54 So ist auch hie nicht not eilens, und sollen Gottes Weise lernen, der nicht eilet, sondern mit Geduld heraus= locket, bis er ein Pflöcklin fur die Zunge stecket, dasz sie die nicht können wieder ins Maul ziehen.

Merkwürdig ist folgende anscheinend unrichtig citirte Stelle nach Grimm D. Myth. 978, aus Luthers Tischreden (1571 Bl. 53ᵇ) es wird ein loch in einen baum gebohrt, die seele darein gesetzt und ein pflock dafur geschlagen, dasz sie darinne bleibe. Ähn= liches erzählt Pröhle, Harzsagen 1886, Nr. 272 vom Teufel.

314. Ein riegel dafur ziben, schieben.

Vgl. Wa III 1682 Riegel 5 ff. Der Sinn ist: den Eintritt
oder den Fortgang eines Unternehmens hindern, DWb 8, 923.

Bei Luther De W III 360 Wir haben ein Riegel, den schieben
wir allhie für, der heisst: gläubet an Gottes Wort. Vgl. EA 48,
292 Christus will also sagen: Ich will den Riegel fur die
Thür stecken, dasz ihr nicht dahin kommen sollt. Abgeleitet:
EA 48, 179 Hernacher sagt der Herr Christus, als er im Garten
gefangen ward, da die Stunde kam, und Gott den Riegel hat
abgezogen: Dies ist eure Stunde. — EA 24, 44 (vgl. S. 59
und 91) Es ist Ketzerei, wenn man hält, dasz die Sakrament
Gnad geben allen, die nit einen Riegel furstecken. Hier
handelt es sich um einen theologischen Schulausdruck in der Be=
deutung: sich mit Vorsatz gegen die im Sakrament gebotene Gnade
verschließen.

An die Ra erinnert auch der abergläubische Brauch des
Schloßschließens, wodurch Ehen unfruchtbar gemacht werden
sollten. Vgl. Grimm, D. Myth. ⁴ 983.

---

315. Wischt das maul vnd geht dauon.

Wa III 513 Maul 295 erklärt die Ra: „Von denen, die etwas
gethan haben, es aber leugnen und sich stellen, als hätten sie es
nicht gethan. Auch (nach Campe III 232ᵇ): etwas von Jemand
genießen und ohne dafür zu danken fortgehen.“ 332 giebt in der
Anm. die ähnliche Erklärung aus Agricola 42. Vgl. auch DWb
6, 1786. — Das der Ra zu Grunde liegende Bild scheint mir
das der Katze zu sein, die an der Milch nascht, darauf das Maul
leckt oder mit der Pfote wischt, sich ganz harmlos stellt und
davon geht.

Beim Gebrauch der Ra wird vielfach Bezug genommen auf
Sprw. Sal. 30, 20 Also ist auch der Weg der Ehebrecherin; die
verschlinget, und wischet ihr Maul, und spricht: Ich habe kein
Übles gethan.

So RS 64, 75 des glich der weg einr frouen ist,
    die sich zům ebruch hat gerüst:
    die schleckt und wüscht den munt gar schon
    und spricht: ich hab nüt bösz geton.

Und bei Luther EA 26, 141 da es ihnen miszrieth, wischet
er [Papst Clemens VII] das Maul wie die Hure, Sprüchw. 30, und
sprach, er hätte es dem Kaiser zu gut gethan. 27, 82 Doch hat
er ihm vorbehalten Ausflucht, dasz er mag sagen, er habs nit so
gemeint, gleich wie die Hur (Sprüchw. 30, 20), da sie ihr viel
hätte umbracht, wischet sie den Mund und sprach: Ich hab nichts
übels gethan. Also thut mein Zettler. 32, 340; 34, 255 f. Also
musz Gottes Wort und Wahrheit geschmähet werden, darnach sie
lassen hingehen und das Maul wischen wie die Hure, davon
Salomon sagt in den Sprüchen. — Sonst vgl. EA 22, 269 Adel
und Fürsten gehen fein davon, wischen das Maul, sind schon und
haben nie nichts Böses gethan. 23, 288 Baurn und Burger . .
machen theure Zeit . . wischen darnach das Maul und sprechen:
ja, was man haben musz, das musz man haben. 23, 322 daher
treten in mardern Schauben, gülden Ketten, Ringen, Kleider, das
Maul wischen, sich fur einen theuren, frommen Mann lassen an=
sehen und rühmen. 26, 61 Dasz du aber das Maul wolltest
wischen, es seien Bosewichter und Schälke. . . 30, 26 [Der Teufel
spricht] Ich will mit der That alle Unglück und Uneinickeit anrichten
und darnach das Maul wischen. 32, 31 wischet das Maul, als
hätt er nichts gethan. 40, 100 die Christen plagen und morden
und darnach das Maul wischen, schön und heilig sein und ein
Freund der Christenheit heissen. 41, 311 nimpt also das Geld
und Schätze und wischet das Maul, als hätte er wohl gethan.

47, 80 Die Baurn und Edelleute schätzen und steigern itzt alles,
was nur auf den Markt kompt, wie sie nur selbst wollen, und
gehen dahin, wischen das Maul. Annot. in c. XIII Matth. (Tom.
lat. Viteb. V 43ᵇ) Nein, es hat niemand so wenig schaden gethan,
Ja so viel guts gestifft als sie. Er wischt das maul gar fein,
hat nichts gefressen, und gehet dauon mit ehren. Das ist ver=
drieslich), schaden thun und gleich wol recht und wol gethan
haben wollen.

In anderer Verbindung und Bedeutung Aurifaber, Tischr. 1566
304ᵃ Daran wische dein Maul und beisse dich wol damit. Tischr.
Frankfurt, 1571 415ᵃ so wolte er die Gersten theuwer machen,
ehe sie das Maul wüschten.

316. Wie kompt das zu marckt?

Vgl. Wa III 467 Markt 92 Da käm ich schön zu Markt:
Da würde ich übel ankommen. V 1589 Markt 120 Auf den Markt
gehört gute Ware und Gewinn mit Fug, aber kein Betrug.

Bei Luther erinnert an diese Ra etwa EA 39, 283¦ so bringt
der Teufel seine Affen und Geuche auch zu Markt. 39, 344 Was
hat diese Tugend zu Hofe zu schicken? oder, wo kommt solchs
unleidlich Laster gen Hofe? Vielleicht auch 22, 320 dasz er sich
nicht auf den Markt gab in die Fahr, weil es nicht noth war.

317. Er kans nicht zu marckt bringen.

Vgl. Wa III 465 Markt 48 Man bringt nicht alles zu Markte,
was man verkaufen will: „Man sagt nicht alles was man sagen
kann, man würde sonst nichts für sich behalten." 101 Er bringt
auch etwas zu Markte. 110 Etwas zu Markte bringen.

Der Sinn der Ra in der Fassung der Hdschr. würde sein: Er kann nicht vorbringen, was er zu sagen hat. Vgl. DWb 6, 1646.

Bei Luther: EA 30, 346 **Da siehe was für Mühe, Fahr und Unglück sei, wer Lügen will zur Wahrheit machen und sie wider die Wahrheit zu Markt führet.** 30, 387 **hätten .. soviel wohl gefunden, dasz sie solche Einreden nicht wurden zu Markt bringen.** — In eigentlicher Bedeutung Annot. in Matth. c. XIIII (Tom. lat. Viteb. V 51ᵇ) **Es war auch warlich zeit, Sonst were Petrus fischen gangen vnter das meer, vnd hette nicht mehr fisch auff den marckt bracht zu Bethsaida.**

---

318. Es ist nicht essens schuld, sondern der grossen trunck.

Für diese Ra fehlen mir weitere Nachweise. Den Sinn erklärt Luther: das ist, er hat nicht einen bösen Bissen gegessen (ergänze: sagen wir von Jemand), so oft wir den falschen Grund mit dem richtigen widerlegen. — Dem Sinne würde also etwa entsprechen Wa IV 362 Schuld 16 **Ich bekomme die Schuld, sagte der Käse, und der Zucker hatte die Zähne verdorben.** Oder vielmehr, wenn der Pfarrer Geersch vom Herrn Erzbischof, der einige Weintropfen auf seinem Gewande bemerkt hat, wegen seines Trinkens am frühen Morgen auf Grund dieser Beobachtung gestraft wird und zu seiner Entschuldigung anführt:

> Verdoht öm Goddes Well Oech nit,
> On glövt dat nimmermehr,
> Dat Flecke mer vom Drenke kritt,
> Dat kömmt vom Schlabbre her.

Geerschtiaden, erzählt von Th. Groll. Düsseldorf 1885. S. 4.

---

319. Die allten narren die besten.

Wa III 888 Narr 241; vgl. I 57 (V 741) Alten (die) 27 (102)
Die Alten — die Besten: „War Hertzog Friedrichs (von Sachsen)
Gemelde vnd Reim auff der Roßbecken." III 878 Narr 13 Alt narren,
so sie gerathen, sind besser narren dann andere narren.

Bei Luther: Comm. in Ps. 90 v. 10 (Tom. lat. Viteb. III 565ª,
EA op. ex. 18, 264 ff.) Sicut Prouerbio germanico dicitur: Senes
stultos stultissimos esse. Dazu am Rande: Die alten Narren die
besten. Ähnlich: EA 27, 410 sie lehren, die alte Nase sei die beste.
39, 294 Sie haben ihre alten Nasen für die besten gerühmbt.
64, 47 die Leute sagen: die alte Weise die beste. 64, 112 Alte
Freunde die besten; vgl. hierzu Otto S. 23 veterrumus homini
optimus est amicus.

320. Alder hilfft nicht fur torheit.

Wa I 59 Alter 7; vgl. 20; 21 (V 743); 90; 96. V 744 Alter
125; 160; 171; 182. Agricola 674 Alter schadet zur torheyt nicht.
Alter hülffet nit für torheyt, denn wenn alte menner in die bulerey
vnd weiberlieb geratten, so werden sie gar zunarren, ia sie fressen
die narren gar. Vgl. Egenolf 262ᵇ. 355ª.

Bei Luther: EA 41, 106 Alter hilft für keine Chorheit, wo es
nit in Gottes Geboten gaht. De W II 213 Sine ut proverbium
roboret, quo dicitur: Alter hilft fur keine Chorheit. Seidemann,
Lauterb. Tgb. 133 Ille Epicurus D Pistor .. Er ist ein alter Narr.
wird nü schwerlich annders, juxta proverbium: wer im 20 Iar
nicht schone, Im 30 Iar nicht starck, In 40 Iaren nicht clüg, Im
50 iar nicht reich wirdt, Darff darnach nicht hoffenn, Alter hilfft
fur thorheit nicht.

Vgl. auch EA 20, 83 Es musz einmal genarret sein. Wers
nicht thut in der Jugend, der thuts im Alter. . . Junge Engel,
alte Teufel.

321. ZEIT (non labor) macht hew, sic anni faciunt canum.

Vgl. Wa V 532 Zeit 183 ff. Die Zeit macht (das Korn reif, pflügt aber nicht; die Wiese grün) Ernte, nicht das Feld. 93; 97; 104 Die Zeit bringt Frucht, nicht der Acker. 106 Die Zeit bringt Rosen. 767; 805.

Bei Luther EA 48, 177 Also haben auch die Gräci gesagt: Ager non producit, sed annus. Und wenn es der Acker thät, so würd er alle Tage Frucht bringen, denn der Acker ist täglich da. Aber wenn nicht seine Zeit kömmet, so wird Nichts draus, es musz seine Zeit haben. Item man saget: Zeit bringt Rosen und: die Zeit macht Heu. Die Wiesen oder der Acker machen nicht Heu, denn die Wiesen ist im Winter und im Lenzen auch, aber da macht man kein Heu. Also hats Gott gemacht, dasz alle Ding in der Welt soll seine Zeit und Stunde haben. In dieser Stelle gibt Luther durch den Gegensatz: 'non ager' dem Sprw. eine andere Wendung als in der Hbschr. durch das zugefügte: 'non labor'. Wenn er hier hinzusetzt: sic anni faciunt canum (vgl. Wa V 556 Zeit 769 Zit macht die Haare wit.), so liegt der Nachdruck auf dem letzten Worte und ist zu verstehen in dem Sinne von EA 52, 297 Zeit macht Heu aus dem Gras, es grun oder blüh, wie schön es wölle, so musz es verdorren. Sic omnes impii. Vgl. auch EA 37, 266 Aber die Zeit wirds bringen. De W IV 562 jactant nostrum verbum, dasz die Zeit selbst wird Rath finden. EA 38, 377 = De W II 68 Das reif Gras musz Heu werden und sollt es in ihm selbs auf dem Stamm verdorren.

322. Zeit hat ehre.

Wa V 556 Zeit 768. Luther erklärt: idest res suo tempore gesta laudabilis. Agricola 393 (Egenolf 194ᵇ) Zeit hatt ehre. Was ausserhalb der zeit vnd vber die zeit geschicht ist vnehrlich vnd sträflich, es sey in essen, trincken, gehen, stehen vnd im gantzen wandel des menschen... Wenn leutte von gutten fründen gehalten werden, vnd es dunckt sie vber die zeit sein vnd wöllen sich darüber nit halten lassen, die sagen: Lasst vns gehen, zeit hat ehre, zeit hatt vnehre. Rechte zeit halten ist ehrlich, rechte zeit nicht zu halten ist vnehrlich. Höfer [7] (426) 1270 Zeit hat Ehre, sagte die Magd, da sie zur Mettenzeit vom Tanz nach Hause ging.

Scheint sonst bei Luther zu fehlen; doch vgl. Pred. Sal. 3, 1 Ein jegliches hat seine Zeit; 11 Er aber thut alles fein zu seiner Zeit.

---

323. Das futter sticht dich.

DWb 4 ¹, 1068 „Das Futter sticht, treibt oder reizt, wenn es zu gut oder zu reichlich ist, zu Mutwillen, Übermut, Verwegenheit." Wa I 1310 Futter 23; vgl. 16 Wen das Futter sticht, der wird mutwillig. II 256 Hafer 45 Der Hafer sticht ihn. Das Bild ist vom Pferd oder Esel hergenommen. Vgl. nach DWb a. a. O. wenn das futter das pferdt sticht vnnd stehet müssig auff der strewe, so wird es böse und muthig und wirft seinen eigenen herrn abe (Mathesius, Syrach 234ᵃ);

Wenn den esel das futter sticht,
tanzt hin auffs eisz, ein bein zerbricht
(Waldis, Esop 3, 93, 253).

Die Beziehung auf den Esel wird von Luther ausdrücklich hervorgehoben EA 35, 344 Den Leuten ist doch wie dem Esel; der leckt hinter sich, das Futter sticht ihn, wird geil, geht aufs Eis tanzen und bricht ein Bein. Sonst EA 36, 295 Das Fütterlein sticht ihn. 36, 302 Da sticht sies [die Natur] Futter. 36, 304 miszbraucht also der guten Tage und sticht ihn das Futter zu sehr und macht sich beschissen genug (vgl. Nr. 189). 64, 245 (Note zu 1. Tim. 5, 11; vgl. Tischr. hg. von Förstemann und Bindseil III 73) als die [jungen Witwen] das Futter sticht, weil sie von dem gemeinen Almosen leben, müssig gehen und faul werden. — Ähnlich EA 22, 270 der Kutzel sticht uns. Hierher gehört auch Dietz I 609 (EA 33, 370) ein mensch kan allerley leiden on gute tage, wenn er zu viel futter hat, so gehet er eben wie der esel auffs eys vnd bricht ein beyn. Und EA 36, 306 Also vermahnet uns Salomo, dasz wir nicht von Sicherheit betrogen werden, auf dasz der Esel nicht aufs Eis tanzen gehe. Darumb musz man dem Esel das Futter höher legen, dasz er nährlich die Haut tragen kann, dasz man ihm die Rippen zählen möge.

Verwandt mit Nr. 187 und 324.

---

324. Es ist yhm zu wol.

Vgl. Wa V 333 Wohl 63 Ihm war zu wohl, wie dem Esel der aufs Eis ging. Agricola 81 hat auch die Beziehung auf den Esel und den Gedanken, der bei Luther öfter wiederkehrt: woltage sind fehrlicher und schwerer zu tragen, denn bösztage. — Zu Simplicius IV 161, 23 man wisse, wann der Gaisz zu wol sey, so gehe sie auff das Eysz und breche ein Bein, bemerkt Kurz S. 437 unter Verweisung auf Eiselein, Sprichwörter S. 202: „Bei Luther findet sich Wann der Gaisz zu wol ist, so scharret sie." Mir ist diese Stelle nicht begegnet. DWb 4 ¹, 2800 belegt die Ra in dieser Form aus Jerem. Gotthelf.

Besonders bemerkenswert scheint bei Luther EA 36, 294 So ist auch ein deutsch Sprichwort 'Es müssen starke Beine sein, die gute Tage tragen konnen'. Item 'Der Mensch kann alles erleiden, allein

gute Tage nicht'. Man saget auch 'Wenn dem Esel zu wohl ist,
so gehet er aufs Eis tanzen und bricht ein Bein'. Sonst vgl. EA
22, 270 Ach uns ist nur zu wohl, der Kutzel sticht uns. 27, 225
Dem Esel juckt die Haut (Nr. 187) und ist ihm zu wohl. 31, 186
weil ihnen aus der Maszen itzt wohl ist, und die Haut so sehr
jucket. 36, 295 Das Fütterlein sticht ihn, es ist ihm zu wohl.
36, 302 Wenn der Natur zu wohl ist, und sie ohne Gottes Wort
dahin lebt, so gehet sie aufs Eis tanzen und läuft ins Lerchenfeld,
da sticht sies Futter. 42, 86 wenn einem zu wohl ist, hat Guts
und Ehre, Lust und Gewalt genung, der ist ein rechter trunkener
Mann, der weisz nicht, was er für Muthwillen thun soll. De W
III 483 Dem Esel ist zu wohl.

Ähnlich: EA 36, 307 Wenns einem zu wohl gehet, so fürchtet
man Gott nicht. 42, 47 Ei wie kützelt sie solch Sieg und Glück
und ist ihn so wohl, wissen aber nicht, dasz sie Gott damit zur
Schlachtbang mästet. 51, 356 Lasse ihn [den Leib] erbeiten und
machen, dasz der alt Esel nicht zu mutwillig werde und aufs Eis
tanzen gehe und brech ein Bein. Auch EA 34, 333 Er Omnes . .
ging aufs Eis tanzen. De W II 442 Wie man spricht: Der Mensch
kann alles wohl erleiden on gute Tag, und müssen starke Bein
seyn, die gute Tag ertragen sollen.

---

325. Wen der T(eufel) schenden wil, henget er den mantel vmb.

Vgl. Wa IV 1093 Teufel 803 Wem der teufel schaden wil, dem
hengt er ein langen Mantel an (K. Hofmann, Deutsche Sprichwörter=
sammlung a. d. 14. Jahrh., Sitzungsber. D. k. bair. Acad. d. Wissensch.
Bd. 2 1870. 36, 127). V 1763 Teufel 1744 Wen der teufel schen=
den wil, dem hengt er ein langes chlaid an (Serapeum, XXIX 116).

Luther hat das sonst bei ihm wohl nicht nachweisbare Sprw.
durch eine beigefügte zeigende Hand hervorgehoben. Ich vermuthe,

daß unter dem Mantel oder langen Kleibe, womit der Teufel schänbet oder schabet, vor allem Mönchskutte und Pilgermantel zu verstehen sei. Jener legte die Kirche solche Heiligkeit bei, daß vornehme Leute sich in ihr begraben ließen, um selig zu werden. DWb 5, 189. Das Volk freilich urtheilte anders. Der Teufel selbst erscheint im grauen Mönchskleid, um Dr. Faust zu verführen. Es wurde auch von Bettlern und Betrügern getragen. Seb. Brant (Zarncke S. 120) sagt:

Tum procul obiectis mantellis atque cucullis
    Lolhardi in turpi veste brevique patent.

Murner, NB 25, 64 Dolharten und blotzbrieder
    Wöllen kutten tragen yeder.

Es konnte sich wohl in dem Sprw. die Volksmeinung aus=sprechen, daß mancher, der um selig zu werden ins Kloster gegangen war, das Mönchskleid vom Teufel zum Verderben seiner Seele er=halten habe. Auch das entsprach ja allgemeiner Anschauung, daß der Pilgermantel manchen Betrüger und Bösewicht decke.

Luther hat zwei Zusätze gemacht, vermuthlich doch, um diesem bekannten Sprw. eine besondere Anwendung zu geben. Er erklärt: Sic religiosos (hereticos) fallit specie pietatis. Ich verstehe: So betrügt er die Schwärmer mit dem Scheine der Frömmigkeit. Luthern lag jedenfalls in den Jahren, denen die Sammlung an=gehört, der Kampf mit ihnen näher als das wenigstens in seiner Umgebung bereits überwundene Mönchsthum. Daher deutete er das Sprw. um. Da die Schwärmer nicht durch bestimmte Tracht sich auszeichneten, dürfte der Mantel nicht mehr im eigentlichen Sinne verstanden werden, sondern nur im übertragenen als Sinn=bild der Frömmigkeit. Daher auch der Zusatz: idest fürs caput. Wie durch einen vor den Kopf gehängten Mantel blendet der Teufel den Schwärmern Sinn und Verstand, daß sie glauben Wunder wie fromm zu sein, während der Teufel ihnen Schaden und Schande anthut. Ein Mantel dient auch dem Gaukler für seine Künste, vgl. DWb 6, 1610.

326. War umb schlug der teufel seine mutter?

Vgl. Wa V 1764 Teufel 1790 mit der Anmerkung: Die Deutschen
haben ein Sprichwort, wenn einem mit Worten nicht abzubrechen,
das sie sagen: Warumb schlug der Teuffel seine Mutter? Darumb,
das sie keine widerrede wuste. (Schütze, Serp. Antiq. 164ᵇ). Vgl.
IV 1071 Teufel 301 Der Teufel schlägt seine Mutter, dasz sie Öl
giebt: „Wenn es donnert und die Sonne dazu scheint." Ähnlich
ist V 1764 Teufel 1775 (1357) Der Teufel rauft mit seiner Grosz=
mutter: „Wenn es bei Sonnenschein regnet." Vgl. auch 1236 Den
Teufel gegen seine Mutter hetzen. 1335 Der Teufel schlägt seine
Frau. Dem Sinne und der Form des Sprw. entspricht auch Wa I
1326 Gans 243 Worum gehen die Gäns' barfusz? „Als Antwort
auf die Frage, warum etwas so und so sei."

Über den Teufel und seine Mutter oder Großmutter in der
Vorstellung des Volkes vgl. D. Mythologie ⁴ 841 Nachträge 68; 297;
DWb 11, 267. Bei Luther z. B. EA 23, 196 Willt du harren, bis
es dich selber ankomme, oder der Teufel dir Raum dazu gebe,
oder seine Mutter dich dahin halte? 42, 325 Weil ihr denn mich
nicht hören wollt so huet eur der Teufel und seine Mutter. 43, 320
Es komme Karthäuser, Widertäufer, der Teufel selbs oder seine
Mutter her. In der Übersetzung der Stelle De W IV 52 Sed fuerit
haec Ate vel Satan aliquis heißt es Jen. Ausg. V (1557) 55ᵇ
es mag aber der Teufel und seine Mutter solch Hindernis gericht
haben. Die Ra selbst kann ich bei Luther sonst nicht nachweisen.

---

327. Gute meister feylen auch.

Vgl. Wa III, 579 Meister 11 De beste Mester felt noch.
34 Ein Meister kann nicht alle Künste. 70 Kein so guter Meister
der nicht einmal fehlt. III 82 Leute 855 Kluge Loithe fahlen och.

Scheint bei Luther sonst zu fehlen, doch vgl. Nr. 4 und 5 und EA 46, 239 so konnen heilige Leute wohl feihlen, es sei der Papst oder die Concilia. Glosse zu Pf. 62, 10 Grosse Leute fehlen auch.

---

328. Fellet doch ein ros auff vier fussen.

Vgl. Wa III 1295 Pferd 359 En Piärt met ver Faüten vertriet sik wuol, geswige dann en Menske met tween. 362 (618; 619) Es fällt (strauchelt; stolpert) wol ein Pferd und hat vier Füsse. II 1667 Kuh 72 Die Kuh hat vier Beine und stolpert doch. I 1299 Fuß 106 Viel Füsse thun's nicht, das Pferd hat vier und stolpert doch. Tappius 681 Quandoque bonus dormitat Homerus ... Es vertritt sich auch wol eyn pferd, das vier füsse hat, oder eyn pferdt mit vier füssen. Egenolf 263ᵇ Es fellt wol ein pferdt, hat vier füsz, ich geschweige ein mensch, das nur zwen hat. 341ᵇ Fellt doch offt ein pferdt auff vier füssen in ebnem feld.

Fehlt, wie es scheint, sonst bei Luther. Zum Sinn vgl. Nr. 4; 5; 327.

---

329. Ein Wort ist an kein keten gebunden.

Das Sprw. fehlt Wa; es hat wohl den Sinn des häufigen: Ein entflohenes Wort kehrt nie in den Mund zuruck, gehört andern; man kann Worte nicht an eine Schnur reihen. Vgl. Wa V 402 Wort 113; 117; 119; 120; 121; 175 ff. Oder: Ein Wort ist ein Wind, 624 ff. 732.

Aus Luther kann ich Nachweise sonst nicht geben; doch vgl. Nr. 6.

330. Ein Wort ist kein pfeil.

DWb 7, 1656 Pfeil 2 mit der Parallele verba non sunt verbera.
Vgl. Weim. Ausg. XVI 539, 31 non redde verbera pro verbis.
Agricola 336 Ist doch eyn wort keyn pfeil nit. Droben ist gesagt:
Wer alle ding verfechten will, der musz nymmer keyn schwerdt
instecken. Und solt sich eyn yder des, das von yhm gered wirt,
annemen, der must lenger leben, dann so lang, solt ers enden.
Darumb sol man vil für oren vnd augen lassen gehen, denn ein
wort ist keyn pfeil . . . Wenn es aber eyn pfeil were, so brechte
es deinem leibe schaden, vnd alsdenn were es zeyt dich zur were
zusetzen: sonst ist eyn wort ein wort, es schadet nicht grosz,
verachte du es nur. Wa V 406 Wort 184 ff. 379. Vgl. 469 (470)
Mit Wort schlägt man die Leut nicht (einem kein Loch in den
Kopf), sie hawen und stechen nicht. 776 Wörter seind auch Schwerter.
777 Wörter sind keine Schwerter.

Bei Luther EA 47, 382 ist eine gemeine Figura, Metaphora
und Weise zu reden, als wenn wir Deutschen sagen: Das ist ein
Stich, der blut nicht; item: Ist doch ein Wort kein Pfeil oder
Schwert; item: Der Pfeil kömmt nicht aus deinem Köcher. Da
verstehet man des Menschen Wort und Rede fur einen Pfeil.
Dazu vgl. EA 39, 338 Wir Deutschen sagen von einem bösen
Wort, es sei ein Pfeil. Item: Das ist ein Stich der nicht blutet.
30, 191 Aber gleichwohl gefällt ihm das Maulklappern wohl und
will wähnen, es sei ein Pfeil gewest und habe den Nagel im
Blatt zu schossen. Aber wir sind solcher Narren Schüsse ge=
wohnet.

Zu Weim. Ausg. XX 147, 10 ff. hat die Übersetzung des J. Jonas
Wiltu regieren, so wisse, Wort sind nicht alle Pfeile, und denke,
dasz du auch wider andere geredet hast. — Aus diesem Gedanken
erklärt sich Luthers Randschrift zu Nr. 330 'Patientia'. Die Lesart
'Patiatur' wäre nach der Form des Abkürzungszeichens zwar die-

näherliegende, da sie aber keinen Sinn zu geben scheint, nehme ich
an, daß Luther nur beim flüchtigen Schreiben die zwei wagerechten
parallelen Striche, welche zur Lesart patientia führen würden, durch
einen dritten diagonalen Strich verbunden hat.

---

331. Er kan verhoren, wil weise werden.

Verhören = überhören, nicht hören; ver hat verneinende
Wirkung, DWb 12, 583. Vgl. Wa IV 1553 Verhören 1 Wer etwas
verhören kan, der bleibt lang vngebissen. 2 Wer nicht kan verhören, der kan auch nicht regieren. Agricola 306 (Egenolf 174ᵇ)
Wer regieren will, der musz horen vnd nicht horen, sehen vnd
nicht sehen ... Keyser Friderich, Keyser Maximilianus vatter, hatt
ein sprichwort gehabt, das einem Fürsten wol gezimpt: Qui nescit
dissimulare nescit imperare, Wer nit kan lassen für oren vnd
augen geen vnd durch die finger sehen, der kann auch nit regiern;
das wirt yhn freylich die erfarung gelernet haben.

Zu dem Ausdruck 'verhören' vgl. außer den im DWb angeführten Stellen auch Weim. Ausg. XX 170, 1 Verhoren ist eine
grosse kunst; EA 43, 28 wollen Niemand kein Wort verhoren
noch zu gut halten; 64, 116 Verhoren und lassen gehen, dasz
sichs selbs stillet, ist grosse Kunst und Tugend. Das Sprw. findet
sich bei Luther Weim. Ausg. XX 91, 6 Audi et tace. Qui bene
potest audire, wil weise werden, est nostrum adagium. XX 169, 13
(34) Sic proverbio dicitur: wer wol verhoren kan, der wil weyse
werden. Sic dicitur de dir: hoc est optimum ubi tu consulueris
et ille praevalet et male insuper audis, sey still, quia stil halten
sanat magna peccata, quiescere, wer wol horen kan, der kan
der sach am besten helffen. EA 64, 107 Wer wol verhören kann
will weise werden. Anklingend ist EA 40, 238 Siehe das Herz
fähet an und will weise werden, denn es will Gottes Wort mit

Ernst hören. Sinnverwandte Aussprüche: EA 39, 277 (wahrscheinlich die Quelle für Agricola 306) Also höret ich in welschem Lande zu Senis von Kaiser Friedrich sagen: Wir haben von eurem Kaiser gelernt viel Sprüche, sonderlich diesen 'Qui nescit dissimulare nescit imperare', wer nicht ubersehen oder uberhoren kann, der kann nicht regieren; 39, 335 von Alexander dem Grossen an: Regium est benefacere et male audire. Hierzu vgl. 36, 182 Alexander Magnus habe mit einem Ohr allein den Kläger gehört und das ander Ohr zugehalten, des Beklagten Entschuldigung auch anzuhören. Auch 65, 100 Aber das Evangelium frei zu geben, da werden sie Schultheissenohren haben und thun, als hörten sie nicht. — Hierher zu ziehen ist auch die Ra durch die Finger sehen; vgl. z. B. De W V 552; EA 29, 23; 31, 340; 36, 215 u. 237; 3 Mof. 20,4; Weim. Ausg. VII 583,25; IX 215,29; 240,33.

332. Aus an galgen.

Wa I 1319 Galgen 51; vgl. 49 Zum Galgen hin vnd Raben= stein, was nicht will fromm vnd redlich sein. Agricola 56 Ausz an galgen. Wenn wir hören, dasz yemand vnehrlich handelt vnd gebaret, so fellen wyr eyn solches vrteyl vber yhn: Ausz an galgen! Das ist also vil, als solt man eynen solchen straffen vnd nit leben lassen. DWb 4¹, 1169 Galgen 2f. (vgl. DWb I 818 aus): „Das 'aus' meint: hinaus vors Thor! auch: auf an den Galgen!" Dietz II 4 'Galgen' weist diese Ra nicht nach. Doch vgl. bei Luther EA 36, 130 Denn so ein Armer kaum funf Groschen gestohlen hat, so musz er hangen. Nur hin an Galgen mit ihm! Da hilft kein Gebet; da ist das Recht streng. 40, 297 Zum Feuer zu, zum Galgen zu, zum Henker zu mit den Buben! 47, 333 An den Galgen mit dem Maul, das Gott fraget: Worumb hast du das gethan? — Schmidt, Luthers Bekanntschaft m. d. alten Classikern S. 52 weist bei Luther aus EA Op. ex. II 316

den entsprechenden Ausruf des Aristophanes ἐς κόρακας nach. Vgl.
auch EA 15, 162 Ja, sie sprechen wohl dazu: Aus mit dem Ketzer
(immer weg), er ist ein Gotteslästerer! . . . Hinweg mit dem
Buben! Feuer her und verbrannt, sonst wird nichts Gutes aus ihm.

---

333. Aus an hartz nach stutzen.

Wahrscheinlich eine Verwünschung wie Nr. 332. Ich fand
keine Belege dafür und bin für die Deutung nur auf Vermuthungen
angewiesen. Das von Luther erklärend hinzugefügte 'lauacris
vasis' bezieht sich auf das Wort 'stutzen'. Stütze ist Simplicius
(Kurz) III 383, 15 für ein Trinkgefäß gebraucht. Dem Sinne der
Lutherschen Erklärung kommt näher das von Hertel, Thüringer Sprach=
schatz (Weim. 1895) angeführte Stunz(en) = kleiner hölzerner
Wassereimer und Stutz = Schöpfgefäß; in Wittenberg sagt man
für letzteres 'Gelte'. Diese Ausdrücke kommen vor Tischr. Aurifaber,
1566, 307[b] Es ward von zweien Zeuberin bey D. Mart. geredt,
welche in einem Wirtshause zwo Gelten mit Wasser beiseitz
auffn abend gesatzt hatten an einem ort und bereden sich mit
einander: Ob es dem Korne oder Weine gelten solte. Da das
der Wirt, so auff eim heimlichen winckel stund, hörete, nam er
die Gelten oder Stuntzen alle beide, und da sie sich zu Bette
gelegt hatten, gosz er die vber sie. Da ward das wasser zu Eisz,
das sie beide von stund an dauon gestorben waren. Sprach
D. Mart. Der Teufel ist sehr gewaltig in den Zeuberin. Aurifaber
bemerkt am Rande: Ein recht Bad fur solche Geste.

In der Form erinnert die Ra sehr an Wa V 230 Wien 13
Schick jn ghen Wien nach beuteltuch! Anm.: „Franck II 80[b] Wird
gesagt von einem nichtswürdigen Menschen: An den Galgen mit
ihm!" Ich würde etwa verstehen, daß man einer Hexe und Zauberin
oder einer Frau, die man im Verdacht hat solche zu sein, ironisch

zuruft: Hinaus mit dir in den Harz (wohin die Hexen zu fahren pflegen) und hole dir von dort Stutzen (als Gefäß der Zauberei). Als Wetterköchinnen sind ja die Zauberinnen sonst berühmt und Kessel und Kübel gehören zu ihrem Werkzeug. Vgl. D. Mythol. Nachtr. 307 ff.

---

334. Da wil ehre aus werden.

Für die Ra fehlen mir weitere Belege. Gemeint ist sie sicher ironisch. Vgl. Wa I 743 Ehre 314 Wo ehr im hertzen ist, da bricht oder gehet ehr herausz. 316 Wo keine Ehr in ist, kompt auch keine ausz.

Eine anklingende Wendung braucht Luther EA 25, 207 Hie wills werden, da gehet die Lügen weidlich daher. Vgl. auch 43, 301 hartes Leben, wie jene gute Dirne sagt, es gehört viel zur Ehre. DeW II 442 es steht wohl mit euch und will gut werden.

---

335. Dem sack ist der boden aus.

Ein Gefäß, ein Sack, welchem der Boden fehlt, ist unbrauch= bar; die Ra 'dem Fasz ist der Boden aus' bezeichnet heftig, mit Gewalt ausbrechendes oder zu Ende gegangenes, DWb 2, 210. — Wa III 1817 Sack 221; vgl. 246 Einem Sack den Boden ausreissen; I 933 Faß 114 Dem Fasse gar den Boden einstossen; auch 109; 122; 129. Tappius 129 Der bettel sack ist bodenlosz, hat kei= nen boden.

NB 25, 51 Der dunder schlach in bettel sack!
  Ich sich wol, was der sack vermag,
  Trag her! gib vns ymmer plus!
  Dem sack, dem ist der boden vsz.

Zur Schilderung der Habgier sagt Luther Dietz I 326 Nur rips, raps ynn mein sack, da ist kein boden (EA 40, 249). Im Sinne der Erklärung aus DWb 2, 210 vgl. Dietz ebenda: aber du feind= seliger Luther reissest mir hie dem geuckelsack den boden aus (EA 30, 227). De W V 163 Die Pfaffen machens vere zu viel, der Sack wird zuletz müssen reissen. Burkhardt 193 denn frume leute leiden, aber zu viel zureysst den sack. EA 25, 65 denn es ist zu hart und zu viel, es wird den Sack gewisslich zureissen.

Häufiger wird in demselben Sinne von Luther die Wendung gebraucht: dem Fasz den Boden ausstossen; z. B. Dietz I 326 dort aber wird er auff ein mal dem fasz den boden ausstossen vnd es alles ein ende machen (EA 51, 165). Dietz I 638 s. Paulus selbs nicht sagt 'allein der glaube', sondern schüttets wol gröber eraus vnd stösset dem fas den boden aus vnd spricht 'on des gesetzes werk' (EA 65, 116); denn stosse nur vollend dem fasz den boden aus (EA 51, 122); er wird so lange an den reiffen klopffen, das eins mals dem fas der boden ausspringen wird (EA 31, 231). Sonst vgl. noch etwa EA 45, 106 es heisst unsern Herrn Gott versucht und wird einmal geschehen, dasz er dem Fasse den Boden wird ausstossen. 47, 384 Er schüttets gar grob aus und stösst dem Fasz den Boden aus. 23, 262; 25, 278; 32, 98; 40, 180; 64, 134. Weim. Ausg. VII 634, 32 Doch ich spür wol, das der most des heyligen vorprantten rechts, des du ein unwirdiger Licenciat bist, darynn viel von der gewonheit gesetzt ist, hab sein geren nit mugen lassen und dem fasz den poden ausz gestossen (EA 27, 239). Preger 119 Christus autem stest dem vasz denn boden aus; 164 sols sein, so will ich dem fas den boden aus= stossen. — Abgeleitete Wendungen: EA 24, 290 Es ist das letzte, darumb sollt es das Ärgste sein und will die Grundsuppen rühren und den Boden gar ausstossen. 27, 311 Zuletzt stösst er dem Schimpf den Boden aus und hauet nach mir ein Elle tief in den harten Fels.

336. Das geht von hertzen vel Nicht.

Von Herzen geht, was aus tiefer Empfindung kommt, DWb 4 ²,
1215. Hier fehlen ebenso wie Dietz II 42 ff. Belege für diese Ra
aus Luther. — Vgl. Wa II 620 Herz 490 Es geht ihm nicht vom
Herzen; 175 Es gehet nicht von Hertzen, wenn ein trawriger
lachen vnd ein frölicher weinen sol; 493 Es geht von Herzen,
wie wenn die Bauern mit Stuhlbeinen scherzen.

Bei Luther EA 34, 50 Denn des Menschen Seele kann Nie=
mand regieren, . . wird es aber regieret, so wird Heuchelei draus
und gehet nicht von Herzen. 50, 163 Summa, wenn es von Herzen
gehet, mit Lust und Ernst zu bitten, da ists alles löblich und gut.
Tischreden, Frankfurt 1571, 176ᵇ Das ist Cor; denn das gebet
müsse von Herzen gehen. Verwandte Wendungen: EA 27, 216
Denn es kann nit aus einem rechten, wahren Herzen gehen,
oder alle Schrift musz falsch sein. 38, 284 Wenn ich das höre,
so heb ich allererst recht ernst an zu beten, so bricht das Herz
heraus. 39, 121 Ich meine es von Herzen, wie der Mund
lautet.

---

337. Es anet mir.

Dieser Ausdruck, den Luther noch in seine Sammlung sprich=
wörtlicher Ra aufnahm, ist heute ganz in den gewöhnlichen Sprach=
gebrauch übergegangen. Er fehlt daher auch bei Wa; doch vgl.
das gleichbedeutende IV 417 Schwanen 1 (2) Es schwanet mir
(nichts Gutes); IV 418 Schwanfeder: Er hat (bekommt, trägt)
Schwanfedern. Der Ausdruck findet sich auch erklärt Agricola 389
Ein gemeyn gerücht ist selten erlogen. Droben ist gesagt worden,
wie in der natur praedictiones sein, naturliche verkündigung
ettlicher ding, also dasz eym menschen etwas ahnet vnder

weilen, das noch geschehen soll. . . Man hat gesagt bey menschen gezeitten her, vnd niemand weysz, von wem es auszkommen ist: Es sol der Schwanberg noch mitten in der Schweitz ligen, das ist, das ganz Deutsch landt wirdt Schweitz werden. Es will mir scheinen, als ob in dem 'Schwanberg' sich in ähnlicher Weise der Ausdruck 'schwanen' verstecke wie in Nr. 131 die Ra 'den Schalk bergen.'

Dietz I 49 weist „dies merkwürdige, in seiner Etymologie noch nicht ganz aufgehellte Wort" viermal bei Luther nach. Es ist war, er hat yhn nicht erkennet vor der tauff, es wird yhm aber geahnt haben (EA 15, 231); es hat yhm geahnet, odder villeicht so viel gesehen vnd gehort bey seinen meuchelmördern, das er müste herhalten (EA 22, 300); denn es mir selbs ant, gott werde mir einmal zu seiner gnade helffen (De W III 1); denn man saget doch vielmals: hat mich das nicht geahnt? hat es mir nicht das hertz gesagt? (EA 45, 303). Die Verbindung mit dem Accusativ in dieser Stelle schreibt Dietz dem Aufzeichner oder Herausgeber (Aurifaber) der betreffenden Predigt zu. Die beiden Ra Nr. 337 und 338 stehen wie in dieser Predigt als gleichbedeutend neben=einander auch bei Agricola 240 (s. u. Nr. 338). Mit dem Accusativ findet sich 'ahnen' auch in den von Schlaginhaufen aufgezeichneten Tischreden Preger 324 es antet mich wol, es wer nicht recht; aber gott hatt das erkentnis dar zu geben zuletzt. Sonst vgl. noch EA 26, 313 Ich weissage nicht gerue; und ahnet mir doch nichts Guts in meinem Herzen von den frechen Geistern.

---

338. Mein hertz sagt mirs.

Wa führt diese Ra nicht an; auch DWb 4 ², 1220 Herz 9 ᵇ, wo von den auf Herz bezogenen Ra gesprochen wird, die das Ge=fühlsleben kund thun, finde ich sie nicht belegt. Über ihren Zu=

fammenhang mit Nr. 337 vgl. bort die Stelle EA 45, 303. Ganz
ähnlich ftellt Agricola beibe Ausbrücke zufammen 240 Wem eyn
vngluck widerfaren soll, dem sagets sein hertz, es anet yhm, es
ist ym schwer zů můtte vnd weysz doch nicht, was es ist, bisz
so lang er das vngluck erferet, alsdenn sagt er: Mein hertz sagt
mirs wol.

Bei Luther vgl. fonft Wrampelmeyer 998 Hoc nomen Hertz
apud Germanos usum habet communissimum: Er hatt kein hertz,
das hertz sagt mirs, Sein hertz brent yhm, idest irascitur.
EA ² 19, 184 Ja, sprichstu, soll ich mein eigen Herz darumb
fragen, so bin ich verloren, denn es sagt mir nicht anders, weder
dasz Gott mir ungnädig sei. 39, 285 Sie fühlens aber wohl, und
ihr Herz sagts ihnen gar gewisz, wenn das Glück sich verkehren
will. 45, 18 es ist nicht Predigers Wort, sondern Gottes. Gott
wills von mir haben, dasz ich dirs sagen soll. Das saget mir
mein Herz. Vgl. auch 31, 287 so spricht doch hie sein Herz, er
müge und wölle nicht auf seine Müncherei, sondern allein auf
Christus Verdienst und Recht selig werden.

---

339. Es ligt myr auff dem hertzen.

Die Ra wird gebraucht von Kummer, Leid, Besorgniß, Angst
(DWb 4 ², 1210 Herz I 1 d); am Herzen liegt etwas, das dem
Herzen angenehm, vertraut ift, ober das man gern burchfeßen möchte
(Spalte 1213, Herz 4 e). Vgl. Wa II 620 Herz 503 Es liegt mir
auf dem Herzen wie ein Stein. DWb bringt keine Belege aus der
älteren Litteratur. Mir ift die Ra bei Luther fonft nicht begegnet.
Vgl. etwa die Stelle EA 46, 196 Es musz ihm etwas anliegen,
es ist ihm nicht wohl zu Muth; ausführlich unter Nr. 340.

---

340. Er frisset sich drumb.

Sich freffen = sich verzehren, dann: sich quälen, plagen, DWb
4 ¹, 137. Hier wird nur eine Stelle für den Gebrauch des Worts
mit der Präposition u m angeführt aus Bodmers Ausgabe von
Boners Edelstein 243 Das du dich nit vast fressist umb ein ding das
geschehen ist. Bei Wander fehlt die Ra, doch vgl. I 1161 Freffen 23;
II 609 Herz 184; 385; 446 f.: (sich) sein Herz (ab)fressen.

Wo Luther sonst den Ausdruck in der angegebenen Bedeutung
mit einer Präposition anwendet, setzt er 'mit'. DWb a. a. O.
führt dafür an: denn das du .. dich lange mit dem trübsal wilt
beyssen und fressen. . . Jonas hat sich auch lange mit der angst
gefressen (Weim. A. XIX 222, 17); das wir uns immer vorhin zu-
martern und zufressen mit unsern eigen sorgen und gedanken . . .
das man sich selbs damit fresse (EA 43, 288 f.); Von solchen reden
wir, die sich also fülen, das sie gerne wolten beten und doch un-
geschickt und beschweret irer sünde halben gehen und fressen sich
damit und thüren nicht beten, ehe sie ir los werden (EA 39, 149). —
In anderer Bedeutung: Weim. A. XIX 262, 18 Saw russel, welcher
szo er unter eim zaun seine Gallrede findet, mit allen freuden
drinne meret und sich damit frisset. Ohne Präposition in übertragenem Sinne: Preger 135 O wie wirt er [Herzog Georg] erschrecken und sich fressen, das sich die sachen fridlich anlassen. Ausführlich erklärt Luther den Ausdruck zu Joh. 2, 17 'Der Eifer um dein
Haus hat mich gefressen' EA 46, 196: Was heisset aber fressen?
Das ist nu der deutschen Sprache etwas näher; denn wir pflegen
auch also zu reden von einem, der sich selber beisset und grämet,
der sich selber frisset, dasz man sagt: es musz ihm etwas anliegen,
es ist ihm nicht wohl zu Mut. Das heisst wohl gefressen, aber
nicht wie man Brod und Fleisch frisset, sondern es ist der traurige
Mut, dafür einem das Herz verschmacht, verschwindet und gleich
verzehret wird, wie die Motten ein Kleid verzehren. Ähnlich ist

EA 45, 86 sich druber zerreissen und Nr. 415. Vgl. auch Lösche, Analekta 589 Philippus lesst sich fressen; ich fresz alles vnd schon niemandts. — Wiederholt hat Luther auch die anklingende Ra Jemanden (etwas) fur Liebe fressen z. B. De W III 465; EA 34, 278; 43, 112; 44, 145.

341. Sie beissen sich mit einander.

Vgl. Wa I 304 Beißen 2 Die sich vntereinander beissen, mögen wol zusehen, dasz sie nicht vntereinander verzehrt werden.

Bei Luther vgl. EA 15, 366 Hie beissen sich miteinander Tod und Leben, Hölle und Unschuld, Christus und der Teufel. Vgl. auch EA 30, 415 beissen und fressen sich wie die wilden Thier unternander; 43, 265 Dadurch wird denn die Liebe gar unterdrückt und bleibt ein lauter beissen und fressen unternander, bis sie sich gar verzehren und zu Unchristen werden; 45, 130 Die vierte Straf . . . wilde Thier, dasz sie untereinander selbest uneins werden und sich fressen; 64, 336 schelten ihr eigen Haupt und Herrn, beissen und fressen sich also selbs unternander. Ferner EA 15, 377 Christus und Paulus müssen herhalten, da musz man sich mit zerreissen und beissen; 43, 159 Wie könnt er sonst unter den Leuten leben, wenn er sich mit allen Leuten sollt beissen und fressen; 64, 308 lasz Jemand mit dir reden von Christo oder etwas lesen, dasz du dich nicht allein mit dem Teufel beissest. Auch von Dingen gebraucht EA 42, 42 Da beisst sich der Kampfglaube mit der Gottlosen Glücke; 45, 18 Beisz dich dann damit. — Weitere Beispiele für solchen Gebrauch giebt Dietz I 245 und DWb 1, 1401.

342. Ich habs ym synn, hett ichs ym beutel.

Vgl. Wa IV 572 Sinn 14 Es fehlet niemandt am sinn, son=
dern allein am gwin. 24 Ich habs im sinn, Gott hat den gewalt.
Philander (3. Gesicht) S. 162 Einer liebte heimlich und im Sinn,
wie die arme Juden wucheren.

Fehlt, wie es scheint, sonst bei Luther; doch vgl. EA 40, 256
Es gilt den Frommen gleich, sie habens im Beutel oder nicht.

---

343. Es gehet mir yns hertz.

Vgl. Wa II 620 Herz 492 Es geht ihm (nicht) zu Herzen;
500 Es ist ihm durchs Herz gegangen.

Bei Luther z. B. EA 15, 118 jetzt aber, weil wir die Sünde
nicht fühlen .. lassen wirs kalt ins Herz gehen. Ja wir horen
es wohl, es kommt aber fürwahr nicht mit einem Ernst ins Herz
hinein. 15, 274 sehen die Wunderzeichen aber es hilft sie nicht,
denn es kommt ihnen nicht ins Herz. 35, 299 ich gehe mit dem
Wort durch deine Ohren in das Herz. 50, 152 Das liebe Wort
Christi gibt ihr Solchs. Wo das ins Herz gehet, da machets eben
solchen Mut, als dieser heiligen Junkfrauen. — Daneben auch
das heute mehr gebräuchliche EA 15, 227 aber sie liessens voruber
gehen, ging ihnen nichts zu Herzen. 34, 200 Das will Nie=
mand zu Herzen gehen. 48, 357 Das ist stark gepredigt und
es ist den Leuten gar seher zu Herzen gegangen. Wir sehens
itzt nicht, wie es damals gestanden ist; es dünket uns itzt ein
kalt Ding sein. Darumb so gehen uns die Worte nicht also zu
Herzen. In der Bibel öfter 'es gehet durchs Herz', z. B.
1. Macc. 2, 24; Apg. 2, 37; 5, 33; 7, 54. Vgl. auch EA 15, 288
er [solcher Glaube] gehet zu Grunde des Herzens.

---

344. Das schmeckt.

Zu schmecken in übertragener Bedeutung vgl. DWb 9, 970
schmecken 2 c. Wa IV 257 schmecken 3 ff. P. Gengenbach (Gouch=
mat) S. 124

B. 289 Bschüt mā mich schon mit seich vñ kot
Wenig mir das zū hartzen godt
Ich hab dannocht ein gůten můt
Es schmeckt mir wol vnd dūckt mich gůt.

Bei Luther in der Regel: es schmeckt wol oder nicht. Vgl.
EA 34, 190 wenn er [Gott] uns lässt sagen, dasz wir der Sünde
sollen los sein und der Tod soll uns nichts schaden, das ist das
Essen, das schmeckt uns wohl . . . denn da gibt das Wort
erst einen rechten Schmack, wie man sagt: Auf einen guten Bissen
gehört ein guter Trunk, da kömpt Leib und Seele zusammen.
34, 204 Wenn wir in Anfechtung versucht hätten, wie Gottes Wort
stärkt und Mut macht, so könnten wirs verstehen, weil es aber
nicht versucht ist, so ist es kalt und schmeckt nicht. 35, 113
Ich habe kein Herz, Lust noch Begierde zum Gesetz, es schmeckt
mir nicht. 36, 404 Daraus so folget, dasz das Evangelium nimmer
schmecket. 43, 220 so wird ihnen das Evangelium nicht schmecken.
44, 198 gehet traurig davon, mag der Suppen nicht, es schmecket
ihme nicht. 48, 118 Das schmeckt ihnen nicht, darumb so wollen
sie mich töten. 48, 283 eine Braut spricht, sie sei geschmückt,
es rieche und schmecke alles wohl umb sie. 48, 381 Das hören
sie und schmeckt ihnen, dasz man solle Andern geben und dienen.
Weim. Ausg. XVI 624, 3 er spinnest [= spinnets] ex suo capite,
tum her omnes approbat, das schmeckt. XX 127, 2 in mediis
istis malis discit homo, ut mala sibi wol schmecken. Hiob 20, 12
Wenn ihm die Bosheit in seinem Munde wohl schmeckt; Sirach
40, 32 Bettelei schmeckt wohl dem unverschämten Maul.

345. Das hertz empfellet yhm.

Vgl. Wa II 617 Herz 390 (400; 412; 422) Das hertz ist jm in die bruch (Hosen) gefallen.

Bei Luther in der Bibelübersetzung 1. Mof. 42, 28; 1. Sam. 17, 32; Hef. 32, 10. Dietz I 528 es ist aber ein grosse schande, das dyr das hertz so entfellet, nu du es beweisen sollt (EA 29, 219). — EA 35, 297 Wie soll er aber thun? Nimm ihnen das Herz! Denn diese Kunst hat Gott; er häuet einem nicht eine Faust oder Bein ab, sondern er nimmet die Mannheit und den Muth, dasz einem das Herz entfället, dasz kein Muth oder Mannheit da ist. 36, 25 Wenn Gott wieder sollt also reden, so wäre kein Kaiser, König, Fürst oder Herr so gewaltig; es wurde ihm das Herz zappeln und entfallen, dörfte nicht mucken. 36, 244 Je grösser Muth, je verzagter, wenn das Herz entsinket. 49, 7 Als er hinweg war, . . da entfiel ihnen bald das Herz, dasz sie sich vor Furcht verschlossen und versteckten. 51, 203 Denn die Kunst kann er, dasz er die Allerstolzesten und Freudigsten ver= zagt und feig macht, wenn er sie nur ein wenig grüsset mit einer Pestilenz, dasz ihn Herz und Mut entfällt. 52, 422 wird ihnen Herz und Mut entfallen. Vgl. auch EA 25, 193 doch dasz sie es ja nicht gläuben, ob sie es gleich so hart fühleten, dasz ihnen das Herz in die Schuch und noch tiefer fället; 29, 300 der Mut ist ihm entfallen.

----

346. Er hat Ein kein hertz.

Vgl. Wa II 619 Herz 451 (464) Er hat ein (kein) hertz im leib. — DWb 4 ², 1218.

Die Stelle Wrampelmeyer 998 siehe unter Nr. 338. Sonst vgl. EA 41, 17 Die Rittermässigkeit hatte leider dazumal weder

Herz noch Muth; 42, 90 er wird kein Herz noch Muth haben, sondern verzagt sein; 48, 126 Er musz ein Herz haben gehabt, dasz er ihnen fur die Nasen tritt. — Auch EA 40, 259 Es ist kein Mann so keck, der sich nicht fürchtet in der Finsternis, sonderlich so er allein ist; es ist kein Herz da; er ist verzagt; 49, 8 als Christus hinweg war, da war es gar aus und kein Herz und Muth mehr bei ihnen; 1. Macc. 13, 7 Von diesem Trost kriegte das Volk wieder ein Herz und fasste einen Muth. — Im Sinne von 'Vertrauen, Liebe zu Jemand haben' braucht Luther die Wendung Jer. 15, 1 so hab ich doch kein Herz zu diesem Volk; 36, 65 solche haben kein Herz zu Gott, darumb alle Tage furchten sie sich fur dem Tode.

347. Was were dreck, wenn er nicht stüncke.

Vgl. DWb 2, 1356 Dreck 8 und Wa V 1189 Dreck 183 Lieber Dreck wie dünkest, was wärest du, wenn du nicht stinkest; 190 Wenn man den Dreck auch vergoldet, er stinkt doch.

RS 67, 75 usz richtum übermůt entspringt,
richtum gar selten demůt bringt.
was soll ein dreck, wan er nit stinkt?

In der Ra liegt also eine Verspottung des aus irbischem Besitz entspringenden Hochmuths. Vgl. auch Egenolf 298ᵇ f. Er ist so hoffertig, dasz er stinckt. Růch hoffart wol, so wer diser eitel Bisem.

Die Ra kann Luther vorgeschwebt haben Weim. Ausg. XIX 43, 11 (EA 29, 378) So sie denn sich nicht keren an die schlappen, die yhn begegnet ist, und widder anfahen und noch mehr schlappen ringen und lust haben zu horen, wie yhr teuflisch wesen zu preysen sey, wöllen und sollen wyr yhn getrost helffen, und den dreck, der so gerne stincken wollt, weydlich růren, bis sie das

maul und nasen vol kriegen;. IX 216, 18 (EA ² 16, 53) Dan wen
der eliche standt nicht also gedeckt were, so stůnck der dreck all
zu ser, man můst weyrach antzůnden, das er nicht so sere stůnck;
Wrampelmeyer 703 Uxor mea dicit: Es warend szo vol [viel?]
in der kirch, das es gleich stanck. Respondi: Es ist auch mancher
guter hauffen dreck drinnen gewesen, wiewol verborgen, vnd ist
das beste, das sie yhn widerumb aus haben getragen.

In der Stelle Weim. Ausg. XIX 43 wird auch auf die Ra
Den dreck rutlen, das er stinckt angespielt, die Murner SZ 11 behandelt. Hierzu vgl. noch bei Luther EA 25, 150 Sollte nu solcher
aller Dreck in einem freien Concilio gerüttelt werden, welch ein
Stank sollt sich da erheben! 30, 282 Und was ists nůtz, dasz
ich allen Dreck des Teufels rühre? De W IV 616 wiewohl es
E. C. G. nicht zu rathen ist, den Dreck weiter zu rütteln und den
unsoten Mann Vox et Fama zu erregen; VI 296 Den Dreck vor
aller Welt lassen rühren.

---

348. Er leuget, das stinckt.

Wa III 272 lügen 173 Er leuget, dasz es stinckt. Vgl. III 260
Lüge 187 Wenn die Lüge erkaltet, so stinkt sie; 188 Wenn die
Lüge warm wird, so riecht sie.

NB 6, 62 Eyner hatt küng salomons ringkt
Und lügt, das vor den leüten stinckt.

Bei Luther scheint die Ra sonst sich nicht zu finden; dagegen
ist häufig die mit ihr zusammenhängende Wendung erstunken und
erlogen. Vgl. z. B. EA 45, 22 und 33; 23, 133 musste alles
gewisz sein, obs wohl zweimal erstunken und dreimal erlogen
war. Weim. Ausg. XX 681, 13 Qui dicimus Christum naturalem
dei filium, mus stincken und liegen [= lügen] sein. — Eine
Anspielung steckt wohl in EA 25, 53 Wohlan, da haben wir den

obersten Dichter dieses Edicts, den Geist des Papsts, den Vater aller Lügen, der so musz an Gottes Wort seine Weisheit beweisen, dasz es stinke nach seinem alten Mist.

---

349. Er stincket.

Wird vom Hoffährtigen und Prahler gesagt Wa IV 864 Stinken 11; 15; 26; 28; 31; 64 (Egenolf 298ᵇ); aber auch vom Faulen 8; 32; und wenn es mit Jemands Verhältnissen und Ansehen schlecht steht 52; 57.

Luther braucht den Ausdruck nicht nur von Personen, sondern auch von Dingen, gelegentlich auch unpersönlich, mit und ohne nähere Bestimmung. — Von Selbstgefälligkeit und Habgier: vgl. Nr. 254; EA 25, 232 Wie die Juristen selbs sagen, es stinke noch [= nach] Ehr und Geiz; 45, 5 es stinkt nach eitel Geiz und Pracht; 48, 269 es stinkt fur der Welt, wenn sich einer selbst lobt oder schilt; Narren pflegen solchs zu thun. Ähnlich 40, 240 Aber der Ruhm wird nicht lange währen und wird ein Stank am Ende hinter sich lassen. — Von Unreinheit und Schande. a) bei Personen: De W II 223 wer stinkt, der stinke weiter; Weim. Ausg. XII 655, 10 qui hoc confitetur, dicit ad fratrem 'stinckstu, szo rich ich nit wol, bistu bosz, szo bin ich nit from' ꝛc.; EA 15, 453 sie hätten vor ihm stinken müssen und er hätte die Nase gerümpft; 15, 491 Aus dem Evangelio erscheinet klar, dasz er [Zachäus] vor ihm selbs gestunken und ganz Nichts in seinen Augen gedäucht habe; 22, 341 Ich sehe doch, dasz sie nur ärger davon werden, und sind wie eine Wanzke, wilche von ihr selbs ubel stinkt, aber je mehr man sie zureibet, je ärger sie stinkt; 25, 334 Dieser ist ein rechter alter Heilige und Christ; aber er musz stinken und nichts sein gegen den neuen Heiligen; 25, 367 Diese alle stinken und riechen ubel im geistlichen Recht; 35, 285 dasz der Gott, der zuvor stank, nu heilig gepredigt und gehalten wird; 36, 81 (139) bei den rechten Christen nichts Verachters ist, denn der Papst mit alle seinen München und Pfaffen. Er stinket wie ein Wiedehopfnest bei ihnen und wird auch je länger je mehr stinken auch bei denen, die ihn itzt noch hoch achten; 38, 176 widerumb aber ist bei den Verderbten nichts so arg und verderbet als du und stinket nichts ubler denn du; 40, 276 Die Gottlosen werden drob zu Schanden und stinken fur der ganzen Welt. — b) von Dingen und unperſönlich: EA 15, 161 da sehet ihr nun, was der Unglaube fur ein Kraut und beschämt und zu Schan= den gemacht, dasz er stinken möchte; 15, 353 Die Werke der Heiligen sind nicht wegzuwerfen, gleich ob sie stinken; 15, 378 Heiligkeit, welche doch stinket und ein Unflat ist vor Gott; 26, 153 Hie werden dem Papst die Hosen stinken; 35, 318 musz ihme alles stinken, das in seinem Hause ist; 38, 354 ausser ihnen nicht reine für ihnen ist, sondern musz stinken und unflätig sein alles, was andere thun und sagen; 41, 17 Itzt vergessen sie Gottes, der sie dazumal errettet, da sie doch so schändlich in die Hosen geschmissen, dasz es stinket, wo ein Scharrhans gehet oder stehet; 42, 231 wie trotzig sind itzt unser Lästergeister; wie fahren sie einher; wie stinkts alles, was man wider sie sagt; 48, 377 es stinkt hie zu seher; es kostet viel und gehört und gehet viel zum Bleiben, dasz man soll alles in die Schanze schlagen; 50, 169 ihr Name stinkend und verachtet ist; Weim. Ausg. VII 7, 10 Adeh, liebs Rom, stinck furt an, was da stinckt und bleyb unreyn fur und fur, was unrein ist; und öfter. — Im Sinne von Geſtank, üble Nachrede erregen: EA 15, 426 Darum was geschiehet, das nicht öffentlich ist, das decke, und nicht, als etliche thun, die da wollen erzeigen wie fromm sie sind und wenn sie nur recht können stinken über die Sünder und derselbigen Sünde umher spielen tragen von einem Hause zu dem andern, wie die Kinder mit den Tocken [= Puppen] umher spielen gehen. — Im Sinne

von 'es ist mir zuwider': EA 39, 301 Was ihm [dem Junker
Faulwitz] befohlen ist, das stinkt und ekelt ihm, kanns schlecht
nicht warten.

---

350. Das ist das ende vom liede.

Der Sinn ist: 'Dabei bleibt es, bewendet es' oder 'Das ist
die Pointe, darauf kommt es an'. Wa I 818 Ende 101; vgl. 100
Das Ende vom Liede singen.

Bei Luther weist Dietz I 531 (= DWb 3, 453 Ende 2) die
Ra nach: Das ich nichts wisse zu predigen noch zu rhümen denn
dich verworffen stein vnd gecreutzigten gott, da sol mirs bey blei=
ben, das sol das ende vom liede sein (EA 41, 89 f.); vnd ist
dieses das ende vom liede, wenn sie es theten oder erleubten,
so were es recht, aber weil wirs thun vnd erleuben, so ists vnrecht.
Jen. Ausg. (1606) 4, 383ª. — Außerdem vgl. EA 44, 381 Das
ist der Schlangen Schwanz und Ende vom Liedlin gewesen, dasz
sie [die Menschenlehre] Ehre Herrschaft und Gewalt sucht; 51, 274
Darauf gehöret nu das End vom Lied das S. Paulus singet; Tischr.
Aurifaber, 1566, 476ᵇ Und das Ende vom Liede heist: Es ist
alles gantz eitel.

---

351. Kopff auff setzen.

DWb 5, 1763. Wa II 1533 Kopf 814 Seinen Kopf aufsetzen:
„Fest auf etwas bestehen, eigensinnig sein"; vgl. 504 Auf seinem
Kopf bestehen; 800 Mit dem Kopf hindurch.

Bei Luther viermal nachgewiesen von Dietz I 145 weil hertzog
Georg seinen kopf auffsetzt, De W III 273; Da wir solten den
kopff auffsetzen vnd nicht hören noch folgen. Eine Predigt vom
verlornen Schaf. (1533) Giiijª; noch setzet s. Thomas seinen kopff
auff vnd wils nicht gleuben. Zwo Predigt auff der Kindertauffe.

(1540) Liijᵇ; vnd setzten jren kopff vnd hörner auff, wolten jren
eigen messia haben. v. b. jüden vnd jren lügen. (1543) Xijᵇ. —
Außerdem vgl. EA ²17, 244 Weliche es nun gehört haben . . .
und sich dawidersetzen, müssen wir auch den Kopf aufsetzen und
die Hörner aufrichten; 48, 328 Die Welt . . hat aufgesetzt einen
adamantischen Kopf; 49, 310 setzen gleichwohl ihren Kopf auf,
dasz sie darüber auch verhartet und verstockt, Mutwillens nicht
wollen zu Christo kommen; 65, 125 Wir haben Gottes Gebot von
der Freiheit, darumb, welcher uns die selbe wehren oder nehmen
will, wider den müssen wir den Kopf aufsetzen; De W IV 416
die Zähne zusammen gebissen wider die Gedanken und in Gottes
Willen solchen harten Kopf aufgesetzt und halsstarriger und eigen-
sinniger sich gemacht, denn kein bose Baur oder Weib, ja härter,
denn kein Ambos noch Eisen ist.

Von verwandten Ra vgl. die häufige: 'Mit dem Kopf hindurch
wollen, reissen', z. B. De W II 15; 67; V 60; Burkhardt 193;
EA 27, 321; 37, 297; 39, 352f.; 40, 70; 40, 110. De W III 266
mit dem Kopf hinaus wollen. EA 15, 324 Ihr sollt aber euren
Kopf brechen. 23, 78 gehet mit dem Kopf hinan. 40, 108 mit
dem Kopf dawider laufen. 46, 205 laufen die Kopf an uns entzwei. 47, 292 es sind visierliche und verdriezliche Leute, die
auf ihrem Kopf bleiben und Gott meistern wollen. 49, 153 Ist
Jemand klug und weise, der trotzet auf seinem Kopf. 49, 162
den Kopf an ihm abgelaufen und zubrochen haben. 49, 167 gehen
hindurch mit eisernen Köpfen. Weim. Ausg. IX 406, 17 Wen
sy myt dem kopff durch den Hymel born. Abgeleitet: Eisl. II 268ᵇ
Ob dichs gleich verdreusst, so wollen wir doch in Christo stoltz
seyn, und uns lassen grobe Esel und köpfisch nennen. EA 25,
303 Der Kaiser Theodosius nicht mehr wollt lassen einen Bischoff
zu Constantinopel wählen aus den Priestern oder Geistlichen in
der Stadt Constantinopel, aus der Ursachen, dasz sie gemeiniglich
stolz, ehrsüchtig und köppisch wären.

352. Horner auff setzen.

Man setzt die Hörner auf: rüstet sich zu Widerspruch und Streit; in der Bedeutung vom Anthun ehelicher Unbill scheint Luther die Ra nicht gebraucht zu haben, DWb 4², 1816 f. Wa II 783 Horn 40 (44) Die Hörner zeigen (weisen); 51 Er steckt die Hörner auf; 54 Er zieht die Hörner ein. Otto S. 93 Obvortat cornua.

Die Bedeutung dieser Ra entspricht ganz Nr. 351. Vgl. dort die Stellen aus Dietz I 145 und EA ² 17, 244. Andere Beispiele sind: EA ² 20 I 179 Das sei zur Warnung gesagt, denn, werdet ihr euer Horner aufsetzen, so sehet zu, wie ihr anlaufen sollet; 30, 388 daher kömpts, dasz wir auf unser Beine treten und setzen die Hörner auf; 39, 281 Und wiewohl etliche Grossen und viel Phormiones ihm nach dem Zügel griffen und hetten ihn gern regiert, so setzt er doch seine Hörner auf und liesz keinen gut noch recht sein, der ihm raten wollt. 24, 139 mit aufgesetzten Hornern der Hoffahrt gegen Gott laufen; De W V 204 so sind doch noch uber 500 Pfarrer giftige Papisten, .. die allzumal sind ungeexaminiret blieben, und getrost die Hörner aufsetzen und trotzen, weil sie so sind gelassen; Tischr. Frankf. 1571 Bl. Jiij iij ᵇ Werdet jrs aber nicht thun vnd euwer hörner auffsetzen, wol an so fahret fort, so wil ich meine hörner auch auffsetzen vnd euch stossen, dasz es krachen sol.

Verwandte Ra EA 15, 863 Christus heisst ein Horn, dasz er damit stösst, wie ihr an den unvernünftigen Thieren seht, die vorn am Kopfe Hörner haben, wenig sind ihrer, die sie an der Nase haben. 35, 345 Ich wollte, dasz alle seltsame, wunderliche und aufruhrerische Köpfe nur zwei Jahr regieren sollten, sie wurden die Hörner balde abstossen. 46, 245 Aber itzt bieten sie uns die Hörner. 48, 218 (349) Da stehen sie auf und verlassen sich drauf als der Bock auf seine Hörner. Tischr. Aurifaber 1566, 272 ᵃ Man musz Mosen mit den Hörnern zu Hofe setzen, nicht Christum der

freundlich und gütig ist. Preger 146 Aber sie [die Junker] haben
hernerne stirn; nun er wirds einmal zerstossen ewiglich. Wrampel=
meyer 1280 Unser Jungen Regenten werden auch die Horner ab=
stossen. Weim. Ausg. IX 388, 15 horner, domit er stutzt.

353. Katze das beste vihe.

Luthers erklärenden Zusatz lese ich: 'deiecta omnia' und ver=
stehe ihn dahin: „es ist alles verachtet, verkommen, wenn man von
einem Hause sagen muß, daß in ihm die Katze das beste Vieh sei".
Auf eine ähnliche Deutung würde man auch kommen, wenn man
mit Sievers liest: deiecta autem. — Vgl. DWb 5, 284.

Den Ursprung der Ra giebt an Wa II 847 Hund 701 Hund
und Katze, Huhn und Hahn ist des Ungenossen Vieh. Anm.:
„Wer nicht vollberechtigtes, d. i. mit Haus und Hof angesessenes
Mitglied der Gemeinde (Mark) war, durfte nur solches Vieh halten,
das kein Gras frißt. Ein solcher Mann war unwerig, ein Ungenosse;
er genoß das Gemeindegut nicht mit." „Mhd. Ein hont vndt katz
vnd ein hain das soll sin vihe sein (Grimm, Weisth. II 308)". —
Nach dem Ableben eines Mannes gehörte das beste Haupt Vieh
seinem Herrn; Schweine, Hunde, Hähne, Katzen wurden nicht dazu
gezählt, Grimm, Rechtsalt. 364 f. Auch hieraus ergiebt sich, daß
Katze das beste Vieh nur im Spott genannt wird, wenn nämlich
nichts anderes da ist. Ähnliche Sprichwörter giebt Wa II 879
Hund 1389 Da ist Hund und Katz das beste Vieh; II 1684
Kuh 436 Wer keine Kuh hat, musz die Katze melken; IV 1629
Vieh 1 Das beste Vieh im Pfarrhaus ist die Katze; II 1198 Katze 655
(vgl. 721) citiert aus Ayrer III 1980, 31 (V 3328, 7): Dann soll
ich jhm [meinem Mann] nicht reden ein, die Katz wär bald das
beste Vieh sein; erklärt aber falsch: „Das Hauswesen wird so
zurückkommen, daß Mäuse dort hausen werden". Der Spott wird
auf die Spitze getrieben Uhland, Volksl. (279), S. 723

B. 10 Mein fraw die hat gůt leben,
si darf nit frů auf ston
den kůen zessen geben,
si lats wol umbhin gon;
die flech die seind ir bestes vich
den wartet si gar aigenlich
si gend ir mengen herten stich
wend si nit schlafen lon.

Bei Luther finde ich in diesem Sinne nur die Stelle De W IV
611 sollt wohl ein Land=Sterben draus werden, bis man weder
Prediger noch Pfarrherr oder Schulmeister haben kunnte, zuletzt
eitel Säu und Hunde das beste Vieh mussten seyn lassen,
dahin doch gar fleissig die Papisten erbeiten.

---

354. Spitz zünglin.

Diesen Ausdruck kann ich nicht belegen; er scheint gleichbedeutend
zu sein mit 'scharfe Zunge'. Zu SZ 22 Glatte worter schleiffen
zeigt der Holzschnitt einen Mann, der seine herausgestreckte Zunge
auf dem Schleiffstein schleift. Murner will damit aber die Schmeich=
ler verspotten. Vgl. auch Sprüche Sal. 2, 16 Glatte Worte. —
Agricola 187 redet von einer dünnen Zunge bei einem, der
„bald schmeckt was gut ist", also einem Feinschmecker. Luther
denkt jedenfalls hier an die Zunge als eine Waffe, von der spitzige
und verletzende Worte kommen; vgl. die Stellen unter Nr. 330;
EA 48, 326 konnten ihm ein spitzig Antwort geben und die Zungen
herausrecken: ich meine, die Spitze sei stumpf geworden und zubrochen. Weim. Ausg. XVI 57, 29 Es sind Sticherling; 297, 33 Es
ist wol sticherlich (vgl. Nachtr. S. 650); XIX 421, 28 das sind
eitel stichlinge und gantz böse stichwort (EA 42, 92); XX 272, 4
Satan furt gifftige, spitzige Wort.

---

355. Schwach gespannen.

Fehlt Wa und scheint auch sonst bei Luther nicht vorzukommen. Der Ausdruck 'enge spannen' soviel wie einengen, beschränken dagegen kommt öfter vor und dürfte vielleicht den Gegensatz zu 'schwach spannen' bilden. Vgl. De W II 542 Lieber sage mir, wer ist der mutige und trotzige heiliger Geist, der sich selbst so enge spännet, und will nicht denn vor einer ungefährlichen Gemeinde stehen? EA 15, 176 Gott gehet nicht so mit seiner Lehre um, dasz sie so enge gespannet sei, dasz sie sich nur auf einen Theil Leute ziehen lasse und nicht auf alle. ² 17, 66 Do hat man die Gewissen so enge gespannet, dasz man die Kirchen umb eines geringen Dinges willen entweihet. — Vgl. auch Weim. Ausg. XX 712, 3 Es ist hoch gespannet; d. h. viel verlangt.

---

356. Den T[eufel] vber die thur an die wand malen
357. zu gefatter bitten.

Diesen drei gleichbedeutenden Ra gesellt sich sonst bei Luther als vierte 'Den Teufel zu Gast laden'. Wa IV 1086 Teufel 633; 646; 647; 650; 988; 1227; 1245; 1251 und öfter. Der Sinn der Ra ergiebt sich aus Egenolf 100ᵃ Mann darff den Teufel nicht über die thur malen, er kompt wol selbs ins hausz. In procliui mala. Das bösz lert sich selbs, das güt ist hert wie ein felsz, lasst sich nicht gewinnen. Mann darff dem vnglück keinn botten schicken, es kompt von jhm selbs nur zu frü ins hausz. Mann darff nit leusz an beltz setzen, sie wachsen selbs drinn, oder kriechen selbs wol drein. . . Das vnnütz vnkraut wechsst vngesähwet vnnd vngepflantzt wol selbs im garten. — Zu Grunde liegt die Vorstellung,

daß der Teufel immer da sei und bereit, jeden bösen Wunsch, den
wir äußern, sofort zu erfüllen und jedes Glück, dessen wir uns
unbedacht rühmen, zu zerstören. Der Teufel ist hierin die Kehrseite
Gottes, der allgegenwärtig ist und Gebete erhört. Daraus mag
sich dann weiter die Vorstellung entwickelt haben, man könne ihn
auch an die Wand oder über die Thür malen, wohin man sonst
die Heiligen Gottes malt, um jederzeit sich ihres Schutzes ge=
wärtig halten zu können. Vgl. dazu das spöttische Wort Luthers
EA 44, 330 (291) **Das sind Bischoffe, die man in Stein häuet
und an die Wand malet.** Ein alter mythologischer Zug ist es,
daß man ihn zu Gaste laden und zu Gevatter bitten könne; darin
ist er gleich dem Tode oder dem Riesen, den ein armer Mann zu
Gevatter bittet (vgl. Grimm, D. Mythologie ⁴ 711 f. und 850 f.
Kinder= und Hausmärchen 42; 44; Volksbuch vom Dr. Faust; Neu=
drucke VII und VIII, S. 9; 24). Bei Luther ist die Nebeneinander=
stellung von Tod und Teufel sehr häufig. Einmal werden sie auch
gleichwerthig als böse Gäste nebeneinander genannt; vgl. EA 52, 338
**O verfluchter Unglaube! o elende Welt, dasz du solche Gäste ver=
achtest, ja verfolgest und dafür den Teufel und Tod zu Gast
bittest, ja zu Herrn haben willt!**

Im übrigen vgl. bei Luther Weim. Ausg. II 121, 6 **Szo
kummen sie dan aber und malen yn den teuffel uber die thur.**
EA ² 18, 64 **Aber ein Christ soll das wissen, dasz er mitten
unter den Teufeln sitze und dasz ihm der Teufel näher sei, denn
sein Rock oder Hembd, ja näher denn dein eigene Haut, dasz er
rings umb uns her sei, und wir also stets mit ihm zu Haar liegen,
und uns mit ihm schlagen müssen, also musz er uns nahend
sein, wie das Sprichwort auch bezeuget: Man dürfe den Teufel
nicht uber die Thür malen.** In seinem Handexemplar hat
Luther dazu am Rande bemerkt: **Er kömmt sonst wohl in das
Haus.** Hoc est dictum contra blasphemos, qui omnia in nomine
omnium diabolorum faciunt, sive surgant, sive strato se com-

mittant, edant vel bibant.   Nemo autem unquam dicit: Ach,
lieber heiliger Engel, heiliger Trost!   Contra ita adsueti mala
illa detestari non volunt.   23, 137 Es darf noch grosser Gnade
wider den Teufel, Fleisch und Welt, dasz wohlgerathe, . .
. dasz
mans nicht dorfte wider Gottes Recht und mit Unwillen unfreund=
lich anfahen, und also den Teufel uber die Thür malen,
er kompt wol selbs.   29, 148 Man darf den Teufel nicht uber
die Thür malen; 29, 164 Denn da er [Karlstadt] den Teufel
also weit zu Gevattern gebeten hatte, dasz der Pofel ohn
ordenliche Gewalt die Bilder sollt stürmen, als durch Gottes Wort
geheissen, da musste er fort, und das Nebengebot, das dran hing,
auch treiben und heissen die Leute morden; 35, 346 will er denn
sein Regiment mit gutem Gewissen führen und seine Seele ver=
wahren, denn mag man nicht den Teufel über die Thür
malen noch zu Gevattern bitten, sondern der gemeine Pöfel
wirds wohl ausrichten; 36, 184 Man soll den Teufel nicht an
die Wand malen oder zu Gevattern bitten, er kompt von
sich selber; 44, 33 dadurch man Christum austreibet und den
Teufel zu Gast bittet; 47, 80f. Darumb mache es mit der
Pestilenz nit so böse oder arg als es an ihm selber ist, als die
Bauern wollen lieber theuer Zeit und Krieg, dann die Pestilenz
haben.   Aber male den Teufel nicht uber die Thür, er
kompt dir sonst wohl; 65, 120 Man darf den Teufel nicht über
die Thür malen er findet sich wohl selbs.   De W III 322 Denn
es wird ohn das Unfriedes genug seyn und Krieges allzuviel sich
finden. Man darf den Teufel nicht uber die Thür malen noch
ihn zu Gevattern bitten.   III 381 Wir sind mit ihm [Karlstadt]
wohl beladen, und mir geschicht recht, dasz ich den Teufel so
habe zu Gast geladen und ins Land erbeten. IV 568 Malet
ihr ja nicht den Teufel uber die Thür und bittet ihn
nicht zu Gevattern, er kömet dennoch wohl; denn solche Ge=
sellen sind des Teufels Gesindlin, nehmen auch gemeiniglich ihr

Ende nach ihren Werken. Neubrucke 76, Fabel 10 Vom hund und
der hündin. Diese Fabel zeigt: Wenn die laus ynn grind komet,
so macht sie sich beschissen. Wenn man den teuffel zu gast
ladet. Sihe wie du des bosen los werdest, wenns vberhand krieg.
Seidemann, Lauterbachs Tgb. S. 64 Sathan contemnendo est
vincendus, sed in fide, non praesumtione. Man soll in gleich
wol nicht zu gast laden. Denn er ist ein starcker feindt, den
er sicht vnnd horet alles was fur vnns ist, was wir ietzund reden,
et permissione dei omnia bona corrumpit. S. 142 Man sol
Den teuffel nicht Zu gast laden. Nos oratione et vigiliis
satis negotii contra ipsum habemus. Diese Äußerung that Luther,
als man eine Geschichte erzählt hatte von Edelleuten, die ihre Pferde
angetrieben und dabei geschrien hatten: 'Der letzte des Teufels!'
Darauf habe ein Knappe von seinen zwei Pferden das eine los=
gelassen, und dieses habe der Teufel fortgeführt in die Luft. S. 156
Es wurde von Jemand erzählt, der einen Pakt mit dem Teufel
gemacht hatte. Er bereute das und beichtete. Als seine letzte
Stunde kam, sprach er: 'Der leib ist des teuffels. Aber der
seel wirdt gerathen werdenn.' Endlich wurde er vom Teufel in
Beisein vieler Beobachter durchs Fenster entführt. Respondit:
Man Darff Den teuffel nicht locken, er kumbt wol sunst,
vnnd wolte vnns gern bey als vnnser abgesagter feindt. Aurifaber,
Tischr. 1566 Bl. 616ᵇ erzählt Luther eine Geschichte von einem
Wirth, der im Streite mit einem Landsknecht vor Gericht leugnete,
von diesem Geld bekommen zu haben und sprach: 'Hab ich das
Geld empfangen, so führe mich der Teufel hinweg.' Da
drehte ihm der Teufel den Kopf um und führte ihn in der Luft
davon. Da sagte Doct. Luther: Das er vngerne hörete, das man
also bey dem Teufel schwüre vnd sich verfluchte, denn der Gesell
were nicht weit von vns. Man dürffte jnen nicht zu gefattern
bitten noch vber die Thür malen lassen, er were sonst nahe
gnung bey vns. Preger, Nr. 306 Es heist nicht: abstinere a

cibis, a carnibus, a mulieribus, a pecuniis, Das heist den teufl zu gast pitten mit aller seiner gastschafft.

Hierher gehören auch Stellen, in denen auf diese Ra angespielt wird, z. B. EA 28, 231 Es ist gewisslich der Teufel furhanden, aber wir sehens nicht. Es musz einer gar eine gute Kohle haben, wenn man den Teufel will schwarz machen: Denn er will auch gerne schone sein, wenn er auf die Kirmesse geladen wird. 39, 363 Denn wer wohl regieren will oder soll, der wird den Teufel zu Gevattern haben müssen. Seidemann, Lauterb. Tgb. S. 186 Die papisten furchten sich, sehe ich wol. Plus timent Ducem Georgium quam Lutherum. Sie haben herzog Georg zu geuatternn gepettenn, wollen nun sein gernn losz werdenn.

---

358. Was die tauben erlesen hetten.

Vgl. Wa I 1545 Gemeinde 10 Eine grosse Gemein kan nicht durchausz rein sein, als hetten sie die Tauben gelesen. Wa III 1639 rein 46 So rein, als hättens die Tauben zusammen gelesen. IV 1047 Taubenrein. Anm.: „Die mögen ein gutes Jahr haben und immer= hin fahren, die da wollen eine Kirche haben, die gar taubenrein sei (Luther, Tischr. 316ᵇ)." — Abgeleitet von der Art, wie die Tauben ihr Futter aufpicken. — Auch ironisch; vgl. DWb 11, 167.

Bei Luther EA 15, 367 es sei mit dem Reich Christi also gethan, dasz gar keine Sünde da sei, musz alles rein und sauber sein, als hättens die Tauben erlesen. ² 18, 112 Es kann nicht alles so rein sein, als hättens die Tauben erlesen. 33, 193 [Noahs Taube] das ist ein rein Thier, isst kein Aas noch Unreines, daher ein Sprichwort ist: Es ist so rein, als hettens die Tauben erlesen. Tischreden, Frankft. 1571 Bl. 231ᵇ Wenn man nur in der rechten reinen Lehre einig ist, da musz auch nicht ein Meitlin vnreins vnd falsch seyn, sondern musz alles rein vnd erlesen seyn, wie von einer Tauben. — Eben dahin gehört auch De W V 69 Sie

wollens alles erlesen haben, aber selbs nicht erlesen sein. EA 43,35
wollens aufs allerstrengest gehalten und aufs reinest erlesen haben.
43, 119 weil sie alles aufs reinest erlesen haben. — Ähnlichen
Sinnes mit ironischem Beigeschmack ist De W III 379 katzenrein.

359. Dich wird nach der sonnen frieren.

Wa IV 617 Sonne 154 (354) O wie wird dich nach der
Sonne frieren! 307 mit der Erklärung: „Du wirst dich nach diesen
angenehmen Verhältnissen zurücksehnen." II 1222 kaufen 43 Kauff,
weil der Marckt vor der Thür ist, auff das dich nicht friere nach
dem Sonnenschein, Petri II 419. DWb 4¹, 200 citiert Hans Sachs
III 1, 115 b mich will gleich nach der sonnen (untergang) frieren.
Wenn hier der Zusatz 'untergang' eine Erklärung sein soll, ist sie
sicher falsch und die oben von Wa gegebene die richtige.

Bei Luther kann ich die Ra sonst nicht nachweisen.

360. Es ist aus, das man speck auff kolen bret.

Wa IV 673 Speck 11 Es ist ausz, dasz man speck auf kolen
brate, mit der Erklärung: „Die Sache ist zu Ende" und folgen=
den 2 Citaten: „Ich bin auch hin und wieder gewesen, da man
Speck hat auf Kohlen gebraten" (Schuppius, Schr. I 118). „Esz
ist ausz, das man speck auff kolen prett" (Hofmann 31, 58). —
Wanders Erklärung ist falsch. Der Sinn ist nach dem Zusammen=
hang der folgenden Stelle aus Luther etwa: „Es ist kein Geheim=
nis mehr, man braucht es nicht mehr zu verheimlichen, daß man
Speck auf Kohlen brät, denn das ist allgemein bekannt.

Vgl. EA 25, 150 Weil aber solche Zeit aus ist und sie un=
verschämte Lügener für aller Welt erkannt werden, ists fast lächer=

lich und ein fein Fastnachtsspiel, dasz sie noch immer fort in derselben Larven daher fahren und meinen, man kenne sie nicht,
sondern man werde (wie vor) immerhin gläuben, was sie lügen.
Nein es ist aus, dasz man Speck auf Kohlen brät, hilft nicht
Bruder, dasz du gemalet bist, man kennet dich gleichwohl.

---

361. Ist nicht not speck auff kolen braten, das fett treuff in die assche.

Vgl. Wa IV 673 Speck 15 Et ösz afgekâme (afgegete, ver-
gange), Speck op Kahle to brade. Anm.: „In Dönhofstädt noch
mit dem Zusatz: Wenn wi man önner Pann hewwe". Das Sprichwort scheint zur Verspottung derjenigen zu dienen, welche selbst-
verständliche und allgemein gebräuchliche Dinge nicht thun, entweder
weil sie sich klüger dünken als andere Leute, oder aus Eigensinn.

Andere Nachweise fehlen mir.

---

362. Wer mit eulen beitzt, fehet meuse.

Fehlt Wa; doch vgl. I 901 Eule 3 Beysz [= beize] mit Eulen,
hast keyne kautzen; II 1189 Katze 459 Wär mit katzen jagt, der
facht gärn meusz; 586; 592; 594. DWb 3, 1193.

Zingerle 30 Swer iulen vür den valken zamt,
        Des sin ist laz, des lop erlamt.   Urenheimer.

Uhland, Volksl. 51 V. 6 Der mit katzen gen acker fert,
        Der egt mit meusen zů.

Fischart, Praktik (Februar) Wer dan mit gecken zů acker geht, der
mus mit gäuchen egen.

Der Sinn ist etwa: Der Erfolg eines Unternehmens hängt ab von den ausführenden Werkzeugen. Vgl. Nr. 261 und 363.

Scheint sonst bei Luther zu fehlen; vgl. aber Dietz I 617 wenn man wil viel rotkelchen vnd vogel fangen, mus man das kützlin oder eine eule auff den kloben oder leimruten setzen, so gehets von statten (EA 25, 337).

---

363. Wer nicht kalck hat, mauret mit dreck.

Wa II 1115 Kalt 14 Wer nit kalck hat, der musz mit leymen (Lehm, Dreck) mauren; vgl. III 224 Löffel 57 Wer keinen Löffel hat, musz mit den Fingern essen; IV 1730 Wagen 103 (= 144) Wem der Wagen fehlt, der nimmt die Karre. Egenolf 100ᵃ (Tappius 391): Streck dich nach der deck. Si bouem non habes, asinum agas. Thů wie du kanst. Wer nit kalck hat, der můsz mit leymen mauren. Man můsz mit den pferden pflügen, die mann hat. Otto S. 226 mola tantum salsa litant qui non habent tura. DWb 5, 65.

Bei Luther Dietz I 452 Dreck 2 Wer nicht Schrift hat, der musz seine Gedanken haben; wer nicht Kalk hat, der mauret mit Dreck (EA 30, 74). Außerdem EA 39, 286 Es heisst, ein iglicher soll sich selber prüfen, was er vermag, wenn er will einem andern nach folgen, denn wir sind nicht alle gleich. . . Man spricht, wer nicht Kalk hat, der musz mit Kot mauren und heisst dennoch auch gemauret und den Kalkmäurern nachgefolgt, aber nicht gleich gut gemacht. Weim. Ausg. XX 174, 18 Utere igitur ea securi, quam habes, quando alia non potes uti iuxta proverbium: Wer nicht kalck hat, der mus mit dreck odder leym mauren.

Ähnlich Weim. Ausg. XX 97, 9 f. Proverbium: qui non habet equos, das [der?] musz mit ochsen pflugen; ebenda 24 Man mus (aiebat Stupitius) mit den pferden pflugen, die man hat. Qui non habet equos, arat bobus, iuxta proverbium.

---

364. Fisschen auff treugem lande.

Wa I 1041 fifchen 31 Er fischt auf dem Crocknen; vgl. 2 Der eine fischt auf dem Sande und der andere fängt im Wasser nichts. — Den Sinn verräth Uhland, Volkslieder (Nr. 141) S. 367, wo der Raubritter fingt:

> B. 7 Nach voglen well wir vischen
> auch auf dem trucknen land.
> last uns dört einher wischen!
> stost uns der recht an dhand
> so sing wir nimmer: 'ach laider!
> wa nimm wir winterklaider?'
> das soll uns wol beschaiden
> der mit seinen guldin rot
> der in das reis ein gat.

Reinefe Voß 2925

> Dit syn al vische van mynen dingen,
> dar derf ik nicht depe int water na springen.

Vgl. auch Uhland, Volksl. (Nr. 283, B.) S. 732

> B. 3 Och visscher seit si, visscher!
> Dat visch hebt ghi ghevaen
> so verre aen gheen groen heide,
> daer is goet visschen gaen.

Vgl. auch DWb 3, 1683 in den Stauden fischen = im Walde streifen, rauben. Otto S. 6 piscinari in aëre. — Die Ra scheint bei Luther sonst nicht vorzukommen. Sinnverwandt ist Nr. 365.

---

365. Aus dem stegreiff sich neeren.

Vgl. Wa IV 793 Stegreiff 1; 5; 12; 14; 15. Der Sinn ist ursprünglich: „sich vom Straßenraube nähren wie die Raubritter", dann abgeschwächt „ohne bestimmten Beruf von dem leben, was einem in die Hand läuft". Vgl. Egenolf 98ᵃ; Rollwagenbüchlein XXXIII; Eulenspiegel, X. Historie; Uhland, Volksl. (Nr. 236) S. 617

V. 5　Wer sein gůt fast auf rüstung leit
　　　vil geul auch hat am barren,
　　　kein dienstgelt hat und wenig bscheit,
　　　tůt selten gůt in dharren;
　　　wann er verzert sich stegreifs nert,
　　　greift an auf all personen,
　　　der denkt billich: erschnapt man mich
　　　so můsz ich ausz den bonen.

RS 79, 16　und durch sie würt das recht versert,
　　　man usz dem stägenreif sich nert.

SZ 23, 12　. . . von dem stegreiff sich erneren.

RB 24　　　Die sattel narung
　　　Aller adel weisst im landt,
　　　Wann wir schon kein erbteil handt
　　　Wir kynnendt vns der armůt weren,
　　　Allein von disem sattel neren.

Bei Luther finde ich die Ra nur Aurifaber, Tischr. 1566 Bl. 297ᵃ Es war aber der Edelman ein Gottloser Mensch, der sich ausm Stegereiff nehrete. Die von Luther in der lat. Auslegung des Propheten Micha (1542) zu 7, 5 citirte Stelle des Ovid ʼvivitur ex raptoʼ übersetzt Stephan Reich (1555) Denn wie der Poet Ovidius schreibt: da neret man sich vom Raube und des Stegereiffs (Altenb. Ausg. VIII 147).

366. Wer viel feret, mus viel wagen haben.

Vgl. Wa I 917 fahren 30 Wer viel fehrt, der musz viel Reder haben; III 1314 Pferd 776 Wer wil vil Pferde reiten, der musz vil Habern haben.

Bei Luther vgl. etwa EA 64, 102, Randgloffe zu Spr. Sal. 6, 26:

Wer sich mit Huren nähret
und mit Karren fähret,
dem ist Unglück bescheeret.

Das Fahren mit Wagen erscheint als Zeichen großer Üppigkeit und Verschwendung.

---

367. Far hin, wirfft nicht vmb.

Vgl. Wa I 917 Fahren 17 Lasz fahren, wer nicht hören will, lasz fahren, was nicht bleiben will; 49 Lasz fahren dahin. Agricola 570 Fare wol damit. Das ist ein Deutsche Metaphora vom faren. Zum wolfaren gehören viel: Erstlich eyn gütter fester wagen, darnach gütte starcke reder, gutte starcke äxen, eyn gütte deyssel, gütte pferde, vnd eyn gutter führman, der die wege weysz, auch eyn gutt gesesz, des der sich füren lest, darumb ist es also vil: Fare wol damit, vnd Gott gebe, dasz du wol damit farest, als Gott gebe, dasz dirs wol geradte. Wir brauchen es auch zum spott also. Es hat mich der vmb eyn pferdt, vmb gelt betrogen, ich will es gehen lassen, er mag wol mit faren, er darff sonst nicht wider kommen. — P. Gengenbach S. 482 Anm. (der Nollhard) Brüder thu gemach, wirff nit vmb. — Vgl. DWb 3, 1253.

Luther giebt durch den Zusatz: in rebelles dicitur zu er= kennen, daß auch er die Ra zum Spott brauche. In der hand= schriftlichen Form kann ich sie sonst bei ihm nicht nachweisen; aber das spöttische, einem Fluche ähnliche: Fahr hin! ist sehr häufig. Z. B. Weim. Ausg. XV 413, 38 Quare farhet hin vos Herodiani

in malam crucem! EA 23, 117 Ja fahr hin, meine schöne Traute!
25, 170 Fahr schön, heiliger Bapst. 25, 201 So fahre hin .. es
gilt, wen das Spiel gereut. 26, 127 Fahr schon, liebs Paulichen!
28, 353 Fahrt schön, gnad Junker. 29, 180 Fahrt schön, fahrt
schön, lieber Rottengeist. 36, 18 Fahret schön, lieben Gesellen, es
ist zu hoch und zu viel vermessen. 39, 260 Wohlan, so lasz
man sie auch fahren, immer zum Teufel zu, weil sie ja nicht
anders wollen. 40, 112 dasz hiermit der Synagoga Urlaub ge=
geben wird und das Scheideliedlin gesungen, das da heisst: Lasz
fahren, was nicht bleiben will und: Wie du wilt, so will ich auch.
40, 205 Fahr hin mein gutes Ehrchen. 42, 59 man musz lassen
gehen, was nicht bleiben will und das Dräuen zur Letze geben,
wie man spricht zu den Ungehorsamen: Wohlan fahr hin, du
wirsts wohl finden. 42, 293 Wem aber ein anderes gefällt, der
fahre immer hin. 46, 108 Ja fahre hin zum Teufel, wenn du
diesen Worten nicht willt gläuben. 47, 229 Fahret hin in des
Teufels Namen mit eurem Fressen und Saufen. 51, 109 wer nicht
folgen will, der fahre hin auf sein Abenteuer. 64, 149 Das ist,
o du thust recht und wohl, fahre immer fort, Glück zu! 64, 264
So fahre auch hin, du edles zartes Fräulein [Welt], und finde was
du suchst. 65, 43 Fahrt, fahrt, ihr seid auf rechter Bahn; so
musz man laufen, wenn man den Hals will brechen. 65, 60
Wer nicht will, so viel mal gebrannt, witzig werden, der fahre
immer zum Teufel hin. — Im Liede 'Ein feste Burg': Lasz fahren
dahin, sie habens kein'n Gewinn. — Zur Verdeutlichung dient
etwa noch EA 39, 274 So kann ein Fürst keinem ins Herz sehen
und musz sein Regiment also bleiben in Finsternis .. und gehet
eben wie ein Wagen, so in der Nacht fähret und nach Gedunken
gehen musz, oft nicht weisz wohin, und wenn er meinet er wolle
hot hin fahren, so ist er schwot hin gefahren, wirft zu weilen
umb, zubricht Strick, Rad und alles. Vgl. auch EA 49, 242 den
Wagen vollend umbwerfen.

368. Cantz iglicher auff seinen fussen, stosst er sich, wirds wol fulen.

Vgl. Egenolf 344ᵇ Es hinkt keiner an eins andern fusz. Bei Luther dürfte dem Sinne nach etwa entsprechen EA 30, 94 Wie du willt! fahre hin und mach dir ein Eigens, du wirsts wohl gewahr.

---

369. Wechsel ist kein raub, dixit fur pediculo posito in locum equi furto ablati.

Vgl. Wa IV 1840 Wechsel 8 Wechsel ist kein Raub nicht; IV 1050 Tausch 1 Beim Tausch kommt immer einer zu kurz, sagte Lips, als er eine Kuh aus dem Stalle stahl und ein Karnickel hineinwarf; 8 Tausch ist kein Raub.

Anspielungen bei Luther EA 26, 187 Wer solchen Kauf (das ist kein Raub) heisset Simonei, der sündigt todtlich und verdammlich; 36, 221 Der Bettler kommt hie zum gewaltigen Könige und bettelt also, dasz er nicht will das Almosen umsonst von ihm nehmen, sondern ihm irgend vier Heller oder Läuse dafür geben.

---

370. Tret keiner den andern, dixit Gallus sub equo.

Wa IV 1308 Treten 1; 3 mit dem Zusatz: ich will ihn auch nicht treten. I 1299 Fuß 99 Nimm die Füsz in Acht, oder ich trete dich, sagte der Hahn zum Hengst; vgl. auch 218; I 301 Bein 61; V 948 Bein 143; Höfer ⁷ 720 f.; 1448.

NB 37, 63 Ein han kam eins mals vnder rosz
        Und dunckt sich selber auch so grosz
        Und sprach mit höffelichem trit:
        Keiner tret den andern nit.

Eine entsprechende Fabel weist Göbeke in der Anmerkung hierzu
bei Camerarius 396 nach.

NB 60, 44 das keiner nit den andern tret.

Mathesius, Historien, VII. Predigt, S. 143 Ein Grosser Bischof
redet mit einem Euangelischen, man solte des Bapsts vnd der
Bischofe nicht so feindselig gedencken: Trette keiner den andern,
sagt der Han zum Pferd. Wir sind euch zun haupten gewachsen,
vnd vnser füsse sind mit eysen beschlagen.

---

371. Meuse dreck vnter pfeffer.

Vgl. Wa III 548 Mäusedreck; III 549 Mäusemist; III 550 Mäuse=
pfeffer. Tappius 137 Etiam corchorus inter olera. DWb 6, 1822.

NS 102, 67 für golt man kupfer ietz zurüst,
müsdreck man under pfeffer mist.

Mathesius, Hist. VII. Predigt, S. 151 Zum beschlusz höret auch
meine Sperling, denn der meusemist vnnd gerbelur wil sich doch
jmmer vnter den pfeffer mengen. Philander (2. Gesicht) S. 100
böses für gut, Mäuszdreck für Pfeffer ansehen vnd halten; (4. Ge=
sicht) S. 181 Dann daher haben solche Medicinische Composita
ihren rechten Namen: wan die Doctores den mäusztreck vnder dem
Pfeffer durch getrieben, wohl bezahlen lassen. . ; (5. Gesicht)
S. 320 Der ohnseelige Apothecker hätte . . den armen Leuten
Quid pro Quo, Opium pro Apio, Mäusztreck für Pfeffer geben,
dessen er, der Doctor kurtzum kein schuld haben wolte. Deutscher
Sprache Ehrenkranz, 1898, S. 39

Dasz Mäuszkoht wil im Pfeffer seyn:
wem dieser Pfeffer füget,
Der reisz sich drumb, redt g'rad vnd krumb
der Krämer jhn betrüget.

Luther wendet diese Ra einigemal auf sich an; z. B. EA 1, 71
Ich selber (dasz ich Mäusedreck auch mit unter den Pfeffer menge)

habe sehr viel meinen Papisten zu danken; Eine neue Vorrede zum Gesangbuch: Summa es musz ja der meusemist unter dem pfeffer sein; EA 32, 26 Ich habs auch erfahren (damit ich mich Mäusedreck unter den Pfeffer menge) dasz ich solche Briefe . . hab fur mir gehabt. — Sonst vgl. EA 25, 265 Es waren aber auch unter ihnen, wie Mäusemist unter dem Pfeffer, etlich Bischoffe Arianer; 27, 335 Kürzlich, wie wir mit dem Volk zu Markt kommen [es ist von Concilien die Rede], so müssen wir Pfeffer bezahlen und Mäusmist fressen; 44, 48 Denn Unkraut will unter dem guten Samen sein. So menget sich auch Mäusedreck unter den Pfeffer und neben den Tempel Gottes bauet allezeit der Teufel eine Kapell (Vgl. Weim. Ausg. XVI 596, 618 und Nachtr. dazu S. 653); 48, 222 Er ist unter der christlichen Kirchen, gleichwie Mäusedreck unter dem Pfeffer und Raden unter dem Korn liegt und hilft den Schäffel füllen. —

Sinnverwandt ist EA 64, 327 Nicht anders denn als der Pferdedreck unter den Äpfeln . . und singest unter den schönen Äpfeln in Leipzig: Nos poma natamus; Weim. Ausg. XX 167, 17 Nobiscum: Muscae wollen in cerere sein.

---

372. Wer sich unter die trebern menget, den fressen die sew.

Wa IV 1300 Treber 2; 6; 7; 8. Vgl. II 1384 Kleien 11; 12; 15; 16. Schiller=Lübben 1, 135 führt an:

> We sik menget mank dem ate,
> Dei wert den sogen gerne to vrate (Theoph. I 428).

Bei Luther vgl. EA 32, 37 und weil wir müssen unter den Trebern wohnen, müssen wir wogen, ob uns die Säu fressen; und etwa auch 51, 186 Für solche Säu gehören solche Treber.

---

373. Culex de Camelo.
374. Musca in Curru.

Beides sind Überschriften von Fabeln. In welchem Sinne Luther sich ihre Anwendung dachte, zeigen die Tischreden; vgl. Wrampel=meyer Nr. 803 In Sciolos [gegen die Besserwisser]: optimum mendacium est in arrogantes Sciolos. Muscam sedisse auff eim fudder hey, vnd szo man einfurit, stobe es seer. Imo dixit: Ey der teuffel, wilch ein staub kan ein fhliege anrichten. Et Culex [die latein. Tischreden haben pulex!] decidens de Camelo dixit: Ich meine, du habst gefulet, was dich für ein last gedruckt hatt. Talis est Cocleus adversus Lutherum. Sua certe sententia talis est.

Was Nr. 373 anlangt, so glaube ich, daß Luther Culex, Mücke, mit Pulex, Floh, verwechselt und die Fabel Romulus IV 18 (hg. v. Österley S. 86) oder Steinhöwel IV 16 (hg. v. Österley in der Bibliothek d. litt. Vereins Stuttgart Bd. 117 S. 188) im Sinne hatte; der Bearbeiter der lat. Tischreden hat den Irrthum bemerkt und ihn berichtigen wollen; auch würde das 'decidens' für eine Mücke nicht gut passen. Andrerseits ist es möglich, daß Luther für seine Fassung eine mir jetzt nicht bekannte Vorlage hatte. — Romulus App. 13 (Österley S. 92) findet sich eine Fabel Culex et taurus, zu der es auch eine inhaltlich zu Pulex et camelus mehr passende Variante unter den verfificierten Fabeln des Phädrus giebt, welche Luthern zu der Verwechselung Anlaß geboten haben könnte.

Für Nr. 374 Musca in curru bietet Romulus II 17 (Österley S. 60) = Steinhöwel II 16 (S. 129) das Vorbild. Luther muß aber eine andere Quelle gehabt haben, die auch Fischart vorlag. In Aller Praktik Großmutter heißt es zum Juli (P. Gengenbach S. 423): Wann man heu ablad, wird man vor grosem gestäub

22*

die muk nicht sehen, die darauf sas, vnd sich so gros vermas.—
Steinhöwel, der sonst für Luthers Fabeln Quelle gewesen zu sein
scheint, hat nichts entsprechendes.

375. Kurtz angebunden.

Wa I 75 Anbinden 5; Anm.: „Gerät leicht in Zorn". DWb
1, 296 erklärt den Ursprung des Ausdrucks: „Das unbändige, wilde
Thier kurz anbinden, ihm keinen Spielraum zu freier Bewegung
lassen". Bei Luther vgl. EA ^{2} 20 II 87 Wäre der Bauer ungeduldig
und kurz angebunden.

376. Kurtz verhawen.

Fehlt Wa. Bei Luther EA 30, 238 Aber das ander, das lautet
kurz verhauen, dasz man den Buchstabe a kaum höret oder nicht
weisz, obs a, e oder i laute, und stehet kein Finger dabei, der
da zeige, dasz es lautet; gleichwie die Böhemen ihre Buchstaben
kurz verhauen und sagen Przikasani; ^{2} 20 II 441 malet nu den
Kriegsmann in aller Rüstung und Wehr, fast auf die römische
Manier zu kriegen, die kurz verhauen Kleider angehabt und ge=
schützt gewesen. Ähnlich EA 42, 181 ist kurz abgebrochen.
52, 368 (Zu Joh. 14, 6) Das ist ja kurz abgeschnitten und stracks
verdampt alle Wege, Lehre und Leben, die nicht Christus heissen.

377. Das maul damit wasschen.

Vgl. Wa III 513 Maul 293 Das Maul vmsonst waschen.
DWb 6, 1788 das Maul schwenken mit einem oder etwas: immer
im Munde führen, häufig davon reden. Jedermann wäscht das
Maul mit ihm, er ist aller Welt im Hals: in ore est omni populo.

Bei Luther EA 25, 84 So lasz ich mir das wohl gefallen,
dasz sie mit diesem Dreck ihr Maul spüelen und waschen; sie
mussen doch mit uns ihr Maul waschen; 36, 140 f. Welche nu
Lust haben an andrer Leute Sund, die sein wie die Säu, warten
auf den Dreck, lassen also das Kath durch die Zähn und Maul
laufen. Denn sie fassen hin und her der andern Sunde auf, dasz
sie ihr Maul damit spülen, wie die Säu auf der Gassen Dreck
aufraffeln .. Es wär ihn auch leid, dasz ihr Nähister frumm
blieb, denn sie konnten ihren Lust nicht büssen und das Maul
nicht waschen; 43, 53 Sonst, wenn du es unter ander Leute trägst,
so bleibt die Person ungebessert, und das Böse ungestraft und
wird gleichwohl durch dich eine andere ausgetragen, dasz Jedermann sein Maul damit wäschet; 48, 155 Der Splitter in unserm
Auge musz herfur, damit mussen sie ihr Maul zuwaschen, aber
ihr Balk musz nichts sein; 48, 161 Damit soll die Welt das Maul
beschmeissen, sie hat mit ihren Sünden zu schaffen gnug, darf
nicht ihr Maul mit uns waschen.

Ähnlich klingend aber anderen Sinnes ist EA 47, 278 Du
darfst nicht weit darnach laufen, so du wilt zu Christo kommen,
darfst nicht zu St. Jacob noch gen Rom gehen, noch das Messer
wetzen, die Zähene waschen, sondern das ist zu Christo
kommen, wenn man an ihn gläubet.

---

378. Die karten mengen.

Vgl. Wa II 1151 Karte 31 (32) Wer die Karten mischt, dem
fallen die Blätter nach Wunsche (der giebt sie nicht); 49 die
Karten anders mischen; 53 Die Karten mischt er gut, aber er spielt
schlecht; 55 (72) Ich will ihm die Karten besser mengen; 81 Sie
haben die Karten mit einander gemischt; 84. Hutten braucht diese
Wendung, Uhland Volkslieder (S. 919) Nr. 350

B. 6 wil mengen basz die karten,
bin unverzagt,
ich habs gewagt
und wil des ends erwarten.

Bei Luther EA 65, 182 Der siebent wird vielleicht noch
kommen und die Karten mengen. Ein iglicher will hie Meister
werden. 65, 184 Den Text mengen wie ein Karten. Vgl. auch
EA 31, 146 Spielen mit den Seelen als wärens alte Kartenblätter.
34, 196 Darumb musz ers [Gott] so karten und mengen, dasz sie
wissen, dasz er Gott sei.

---

379. Das spiel verderben.

Vgl. Wa IV 703 Spiel 220 Einem das Spiel verderben;
231; 236 Er verdirbt kein Spiel; 256; IV 1634 viel 62 Was zu
viel verdirbt das ganze Spiel.

Belege aus Luther fehlen mir sonst. Vgl. etwa EA 24, 54
Nun, so ihnen das Spiel miszlingt, bin ich fur ihnen der Ehr=
geizickeit schuldig; 25, 65 Des Spiels ein Ende machen. Zu den
Ra mit 'Spiel' vgl. Nr. 380 und Nr. 127.

---

380. Ins spiel komen.

Wa IV 704 Spiel 252. Vgl. 180 Wer ins Spiel kommt
musz spielen; 234.

Bei Luther: EA 21, 295 Die weil wir dann hie ins rechte
Spiel kommen, wollen wir ein wenig still halten und uns sehen
lassen, wie die Deutschen nit so ganz grobe Narren sein, dasz
sie romisch Politik gar nichts wissen oder vorstehen; 48, 239
Nicodemus wird auch in das Spiel kommen; 48, 244 Wenn man

meinet, es soll nu zu scheitern gehen, so kömmt etwa ein Nico=
demus oder Chusai in das Spiel der wendets. — Zu 'mit im
Spiel sein' vgl. Nr. 127.

381. Ich sunge dir nicht vom habber sack.

Vgl. Wa II 258 Haferſack 2 Einem nicht den Habersack zeigen.
Dazu wird in der Anmerkung angeführt eine Stelle aus Mathesius,
Syrach, I Bl. 77 ᵇ Wenn ein grosser eines geringern darff,
so gibt er gut wort, klopfft ihm auf die Achssel, lädet jhn zu
Gaste . . . bisz er jhm ein tausend Gülden leihet; wenn er
dann das Geld hinweg [ergänze: hat], zeiget er jhme nicht den
Habersack, spottet sein dazu. V 1395 Haferſack 4 Den Habersack
singen; mit der Anm.: „Aus Fischarts Gargantua (1592, S. 45)
geht hervor, daß 'der Habersack' ein obscures [gemeint iſt wohl
'obscönes'] Lied war“. Zu dieser Anmerkung vgl. auch DWb 4², 87.
Fischart führt nur einen Vers an, der aber zur Erklärung der Ra
nicht ausreicht.

ZfdPh 26, 216 giebt Spanier drei Stellen aus Murner, in
denen die Ra gebraucht oder darauf angespielt wird.

NB 19, 18 Zu güttem tütsch heisst es: ein vertragk,
　　　　　　Oder gesungen: der habersack.
Luther. Narr 577 Wil es dan ye beschworen syn
　　　　　Und hilfft auch weder guck noch gack
　　　　　So sing ich nit den habersack
　　　　　Ich sag bei got als, das ich weisz,
　　　　　Dan solt es sein ein heimlichkeit,
　　　　　Sie hetten es dem narren nit geseit.
Geuchmatt, Bl. k 4a Wenn die Geliebte dem Gauch die Speisen
bereitet, so ist er stets hocherbaut davon:
　　　　So hat die selbig spysz ein gschmack
　　　　Und ist wyt über den habrensack.

Eine befriedigende Erklärung zu diesen Stellen giebt Spanier nicht, wie er auch seinerseits mit der von Göbeke zu NB 19,5 (S. 70 Anm.) gegebenen sich nicht befriedigt erklärt.

Bei Luther kommt die Ra in drei Stellen vor, soviel ich sehe; die beiden ersten werden von Klaiber ZfdPh 26, 52 angeführt. EA 6, 5 Wenn sie [die Mönche und Pfaffen] Messe gehalten und gesungen haben, denken sie, sie haben es alles verrichtet, singen unserm Herrn Gott darnach nicht vom Habersack; 6, 208 Bauer, Bürger, Knechte, Mägde hören wohl, dasz sie dem Kaiser geben sollen, was des Kaisers ist; aber sie süngen ihm nicht vom Haber= sack daran; sie sehen den Kaiser nicht an, gerad als wären sie dem Kaiser nichts schuldig; 36, 272 Darumb gehets also, wenn sie einen gnädigen Fürsten haben, sind sie stolz und kann Nie= mand mit ihnen übereinkommen. Ja, unserm Herrn Gott selbs singen sie nicht vom Habersack. — Zur Vergleichung zieht Klaiber a. a. O. S. 54 noch heran EA 38, 30 Die Gottlosen haben die Freude des Worts nicht, sondern sie freuen sich desz, dasz sie Korn und Wein, das ist Reichthum und den Mammon dieser Welt haben, wie die Päpste und Mönche; die singen unserm H. G. von einem Strohsack; wenn sie nur ihre Stifte und Klöster haben, das ist ihre Freude.

Von seinen Erklärungsversuchen scheint Klaiber selbst nicht be= friedigt zu sein, und außer Spanier finden wir noch andere in ZfdPh mit dieser Ra beschäftigt: R. Sprenger Bd. 26, 281; John Meier 27, 62; G. Bossert 30, 430.

Ich bin der Meinung, daß der Ausdruck 'fingen' bei Luther und Murner auf ein jener Zeit geläufiges Volkslied hinweist; mit John Meier gebe ich zu, daß das aus Fischart citierte Lied vom Edelmann, der sich in einem Hafersack in die Mühle tragen läßt, nicht genau genug stimmt, und ebenso wenig (der von Göbeke heran= gezogene) große Sack des Pfaffen vom Kalenberg. Ein Volkslied aber, aus dem sich nach meiner Meinung alle Stellen erklären lassen, giebt es. Es findet sich auf einem alten fliegenden Blatt v. J. 1500 und steht in 'Des Knaben Wunderhorn' (hg. v. Ettlinger, Halle 1891) S. 563 unter der Überschrift: Der Habersack.

> V. 1 Und wollt ihr hören singen,
> Ich sing ein neues Lied
> Von einem feinen Fräulein
> Und wie es dem erging.
> Sie war genannt der Habersack. . .

Den Habersack, also sich selbst, trägt sie zur Mühle, mit der Bitte,. der Müller möge ihn mahlen, aber „es soll verschwiegen sein" Was unter 'mahlen' zu verstehen sei, ergiebt die im DWb 6, 1455 angeführte Stelle aus Kirchhof, Wendunmuth (1602) 1, 162, wozu man vergleichen kann P. Gengenbach S. 413, V. 97ff., wo es von den Bürgern, die auf Buhlschaft gehen, heißt

> sie tragen jre kernen
> auff frembde mulen gerben,
> die sprewen bringt er heim.

Vom Müller aber wird in jenem Liede weiter gesagt:

> Er konnt ihn nie gemahlen,
> Er war sein Ungefäll.

> V. 4 Der Müller nahm die Stiefel,
> Streift sie an seine Bein,
> Er ging die Gassen auf und ab
> Und sang ein Liedlein klein
> Er sang ein Lied vom Habersack. . .

> V. 5 Das hört des Müllers Knechte
> In seinem Kämmerlein,
> Er dacht in seinem Sinne,
> Es wär ein Fräulein fein,
> Es wär ein Fräulein minniglich.

Wollt Gott, sollt ich sie schauen
Wohl durch den Willen mein, —
Dein und mein und aber dein —
Es sollt verschwiegen sein.

Die letzte Zeile zeigt, was es heißt: 'nicht vom Habersack singen', nämlich: eine Heimlichkeit nicht thöricht ausplaudern. In den Lutherstellen ist dieser eigentliche Sinn durch den naheliegenden Nebengedanken beeinflußt, daß man sein Geheimniß am besten bewahrt, wenn man sich gegebenen Falls dumm stellt und thut, als wüßte man von nichts. Diese Deutung paßt auch zu Mathesius. NB 19, 18 ist an das listige, geheime Einverständniß zwischen Herrn und Knecht zu denken; im Luth. Narren will der Narr nicht den Habersack singen, sondern alles sagen; das heißt hier, er will mit Bezug auf sein früheres Versprechen zu schweigen sich unwissend stellen und thun, als hätte er nichts versprochen. In der Geuchmatt ist unter 'Habersack' ein nach dem angeführten Liede leicht zu errathender Genuß zu verstehen, dem der Gauch eine gute Mahlzeit im besonderen Falle vorzieht.

Was EA 38, 30 das 'Singen von einem Strohsack' anlangt, so könnte es eine von Luther gebildete Ra sein, die dasselbe besagen sollte wie 'nicht vom Habersack singen', wobei Strohsack als Gegensatz zum Habersack zu denken wäre. Doch eine viel natürlichere und zutreffendere Deutung findet man in der Wa IV 920 Strohsack 1 ff. in mancherlei Wendungen schon aus Luthers Zeit nachgewiesenen Ra: Einem den Strohsack vor die Thür werfen, als „Ausdruck der Entrüstung mit dem Nebenbegriff der Zurückweisung einer Gunst und Gnade; hauptsächlich mit dem Abbruch eines Dienstverhältnisses drohen. Der vor die Thür geworfene Strohsack deutet auf das Scheiden aus dem Hause. Auch die Herberge kündigen." Wenn auch Wander die Ra 'vom Strohsack singen' nicht kennt, so konnte sie doch Luther wohl anwenden, denn es giebt ein entsprechendes Volkslied, vgl. Uhland, Volksl. S. 703 (Nr. 269)

B. 8 Im winter wann die weiszen mucken fliegen
so müssen sich die webersknaben schmiegen,
man würft in den strosack für ir tür:
kumt der helle summer
man gibt in das bett herfür, herfür.

Es ließen sich hieran einige Bemerkungen schließen über Luthers Bekanntschaft mit dem deutschen Volksliede, wofür mir eine Reihe von Belegen zur Verfügung steht, doch hoffe ich dazu eine andere Gelegenheit günstiger zu finden.

---

382. Kuche vber den zaun, kuche herwidder hellt gute gefatterschafft. nachbarschafft.

Wa II 1656 Kuchen 5 Ein Kuch vber den Zaun vnd einen wieder herüber; vgl. 15 Kuchen gegen Kuchen. V 508 Zaun 36 Kuck vber den Zaun vnd wieder herüber; hilff mir, so helf ich dir wieder; vgl. 14 Ein kriech vber den zavn, die ander herwider, das ist gute gevatterschafft. III 830 Nachbar 114 = Agricola 242 Nachbawer vber den zaun, nachbawer wider heruber. I 1641 Gevatter 5 Gevatter vber den zaun, Gevatter wider herüber.

NB 19　　Guatter über den zun.
Griesz ich myn guatter über den zun,
So grieszt er mich herwider schon;
Er lecket mich, so küsz ich in,
Das yeder weiszt des andern sin.

NB 95,165 Doch wann ein guter gsell mich bat,
Syn lugen ich bestatet hab
Und bin doch nie erworget drab.

Guatter über zun den hin über,
Do antwurt er mir geuatter wider.
Ein gsell hilfft recht dem andern tragen.

Die angeführten, unter einander verwandten Sprichwörter sind doppelsinnig. Sie empfehlen auf der einen Seite Nachbarn und Gevattern sich nicht allzu nahe zu kommen und den Verkehr nur über den Zaun gehen zu laſſen (vgl. Wa III 828 Nachbar 84 Liebe deinen Nachbar, reisz aber den Zaun nicht ein!); andrerſeits loben ſie es, wenn Nachbarn freundlich mit einander verkehren und ſich helfen, ſo daß der Zaun keine unüberwindliche Grenze bildet.

Das Sprw. kann ich in der Form, welche Luthers Handſchrift bietet, ſonſt nicht nachweiſen; offenbar lobt es hilfreichen Verkehr. Bei der Anwendung verwandter Sprw. denkt Luther ſonſt an den Eigennuß, aus dem dieſer Verkehr hervorgeht. Vgl. EA 23, 313 [zu Matth. 5, 47] Wie denn der Welt Weise ist, wie man spricht: guck uber den Zaun und wieder heruber; aber wenn mein Nachbar allein will sagen zu mir: Lieber, guck uber den Zaun, das ist, siehe wie mirs gehet, hilf und rath mir, sei guter Nachbar. Er aber will nicht horen, dasz ich wieder sage: Lieber, guck du auch wieder heruber und sei guter Nachbar; da ist der Welt Freundschaft aus. Denn sie guckt nicht uber den Zaun, wo man nicht will wieder heruber gucken. Also sagen die Griechen: Hand wäscht Hand. (Dieſen Spruch weiſt Erasmus, Adagia 1559, S. 35 und 263 nach als einen Vers des Epicharmus, welchen der Sophiſt Prodikus nach einem Ausspruch des Sokrates im Axiochus des Plato im Munde zu führen pflegte.) Ferner vgl. Weim. Ausg. V 182, 28 Placens autem sibi in sua prosperitate quid aliud faciat, nisi quod ut proverbium est 'Mutuum scabunt muli' ita ipse suos benedictores benedicat et laudatores laudet, illique vicissim benedicentem benedicant, laudantem laudent iuxta ps. IX. 'Laudetur peccator in desyderiis suis et impius benedicetur'. Gefatter ubir den zun und herwidder (Zu dem

hier angezogenen lateinischen Sprw. vgl. Otto, S. 292 und
EA 28, 387 Darumb jucket einer den andern wie die Maulesel
sich untereinander jucken).

Das verwandte, sehr verbreitete Sprw. Wa III 826 Nachbar 54
(Agricola 243) Ein nachbaur ist dem andern ein brand schuldig,
d. h. er muß es sich gefallen lassen, wenn ihm das eigene Haus
beim Brande des Nachbarhauses beschädigt wird; des Nachbars
wegen muß man etwas leiden, kommt bei Luther vor EA 32, 37
und 81; 33, 293; 36, 362; 46, 159.   Vgl. auch Wa I 1207
Friede 42 Es kan keiner lenger friede haben, denn sein nachpawer
wil; bei Luther EA 15, 87; 39, 101.

383. Triebe nicht eine gans vber den weg.

So sagt man von einem Trägen oder Jemand, der zu besserer
Arbeit untauglich ist; vgl. DWb 4 ¹, 1261 (II 2 b β). Diese Ra
fehlt Wa; doch vgl. die Ra I 1335 Gans 196 f.; 218; 223, in
denen Gänsehüten als Zeichen der Faulheit gilt.   Die faule
Grete sagt zu ihrem faulen Hansel Uhland Volksl. (Nr. 246) S. 650
V. 4 prock uns ein, treib ausz die gense!

Agricola bietet die Ra in Luthers Auslegung des Vaterunsers
1518, Weim. Ausg. IX 127, 7 Item die Pfaffen und Monchen, die
yhre getzeite betthen sollen und slappern uberhyn an alles auff=
mercken, gehen eins teils hin und an alle scham sagen: 'Ey nun
bin ich frolich, ich habe unsern goth betzalet', sprechen dartzu:
'Nun trieb ich gothe nicht eyn gans uber den wegk' und
werden hoffertigk und meynen, sye haben gnungk gethan. Luther
hat in seiner eigenen Ausgabe dieser Schrift die Ra unterdrückt;
vgl. Weim. Ausg. II 84, 17.

384. Auff einen trunck treten.

Die Ra fehlt Wa und Luther, soviel ich sehe. Vielleicht ist sie gleichbedeutend mit Egenolf 190ᵃ Der flaschen auff den riemen tretten = saufen. Vgl. auch NB 18

> Uff der fleschen riemen tretten.
> Kumpt, lieben guattren, sindt gebetten
> Der fleschen vff den riemen zů tretten.
> Tretten starck! sindt gůtter ding,
> Das sy vns nit ins antlitz spring.

Wa I 1048 Flasche 25 erklärt: „Von der Ra 'Einen auf den Riemen der Schuhe, des Leibgurts treten' hergenommen und auf solche an=gewandt, welche die Flasche nicht von sich lassen". Vgl. etwa bei Luther De W IV 553 Gestern hatt ich einen bosen Trunck gefasset, da muszt ich singen.

---

385. Viel zu lange geschlaffen.

Wa hat diese Ra nicht; doch vgl. DWb 9, 280, wo für den bildlichen und gnomischen Gebrauch dieser Ra Beispiele aus dem Korrespondenzblatt des Vereins für ndd. Sprachforschung gegeben werden z. B.

> nu waket up, gy Christen alle!
> hy is geslapen vele to lange:
> de vyande sint in dem lande.

Über das zu lange Schlafen und seine Nachtheile vgl. sonst Wa IV 198 Schlafen 37 f.; 40; 65; 116; V 1705 Schlafen 183 f.

Bei Luther: EA 39, 361 Darnach wenn wirs nicht mehr leiden wollen und gern gesteuert hätten, so werden die Raupen in allen Blättern sitzen und wird heiszen: zu lange geschlafen! Im eigentlichen Sinne als Beispiel geringer Sünden: EA 41, 61 dasz

du einen Trunk etwa zuviel gethan hast oder zu lange geschlafen. —
Die Ra entspricht dem Ausspruch Seneca's (Epist.VI 1) Ubi quae
fuerant vitia, mores sunt, desinit esse remedii locus (bei Luther
z. B. EA ² 20 I 102; 23, 283 u. 39, 361) und den Ovidischen
Versen (Rem. am. 91)

Principiis obsta, sero medicina paratur
Cum mala per longas convaluere moras.

Vgl. hierzu EA 39, 361 und Tischreden, hg. von Förstemann
und Bindseil III 170. Vgl. auch Nr. 208 und 249.

386. Es ist so hin.

Vgl. Wa II 659 Hin 1 Es ist so bald hin als her; 20 =
Agricola 509 Er ist also hyn. Agricola zeigt die Anwendung auf
Menschen, Waaren und Thiere. Man will damit sagen, daß etwas
weder sehr zu loben noch geradezu zu tadeln ist.

Bei Luther kann ich diese Wendung sonst nicht nachweisen;
DWb 4 ², 1375 giebt Belege aus Interim 354 und Alberus u 4 ᵇ.

387. Hin ist Hin.

Vgl. DWb 4 ², 1376 mit Belegen aus Garg. 94 ᵇ und Neanders
Sprichw. Wa II 659 Hin 5; in den folgenden Nr. mit Zusätzen
wie Egenolf 107 ᵇ Hin ist hin, leihet kein Jud mehr drauff. Quod
factum est, infectum fieri nequit;

Zingerle 51 Hin, hin was ist beschaffen
Daz kan doch nieman wenden. Labers 70, 1.

Vgl. auch Otto S. 273 Quod periit periit.

Bei Luther: Weim. Ausg. XV 32, 7 (EA 22, 176) Gottis wort
und gnade ist ein farender platz regen, der nicht wider kompt,
wo er eyn mal gewesen ist. Er ist bey den Juden gewest, aber

hyn ist hyn, sie haben nu nichts. Paulus bracht yhn ynn kriechen land. Hyn ist auch hyn, nu haben sie den Türcken. Rom und latinisch land hat yhn auch gehabt, hyn ist hyn, sie haben nu den Bapst; EA 35, 139 Hin ist hin, lasz laufen, was läuft; Gott treibet sein Spiel. Noch bleibet, was bleiben soll . . und was nicht gehen will bleibe dahinten. Vgl. auch EA 49, 45 doch spricht man: Er fähret davon; er ist dahin.

---

388. Sonn yn den ars scheinen.

Vgl. Wa IV 625 Sonne 352 Wenn ihm nicht die Sonne in den Hals scheint, bekommt er nichts Warmes in den Leib; 330 Er lässt sich die Sonne in den Magen scheinen: „Nämlich, um sich zu sättigen; also von Jemand der Mangel leidet". In demselben Sinne dürfte auch die obige, mir sonst nicht nachweisbare Ra zu verstehen sein.

---

389. Er ist nase weise.

Wa III 965 Naseweis 3, vgl. auch 1; 2 und V 1633 Nase=weis 4. — Den ursprünglichen Sinn 'mit feinem Geruch begabt' hat das Wort beim Spürhunde. So citiert DWb aus Konrad von Würzburg, Lieder 32, 251

> tugende spürt er, sam das wilt
> ein nasewiser bracke.

Vom Menschen wird der Ausdruck nur ironisch und in tadeln=dem Sinne gebraucht von einem, der alles wissen und verstehen will. Vgl. DWb 7, 417 f. So stets bei Luther, z. B. EA 32, 18 Solchs musz ich ohngefähr also reden, denn mir auch von klugen Juristen und sonst von mehr Naseweisen furgehalten ist, was ists denn mehr? 36, 279 Aber die Klugen und Naseweisen, wenn sie nur ein Sermonichen können, so meinen sie, sie könnens alles . . aber den Teufel auf ihren Kopf wissen sie; 37, 17 Ich weisz wohl wie sie hie und dergleichen Örter mehr glossieren, die Naseweisen, so den heiligen Geist meistern; 39, 298 O solche Sprüche sind grosze, treffliche und recht königliche Sprüche wider die Naseweisen und Dünkelfeiner; 39, 328 die hohen Gelehrten oder Naseweisen. Tischr. Aurifaber 1566, 267ᵇ Stolze, Hoffertige, Klüglinge, Naseweise, die sich dünken lassen, sie sind sehr gelehrt, sind gleich, sprach D. Mart., dem Jcaro. Tischr. Frankfurt 1571, 233ᵃ Es sind vnzeitige vnd vnreiffe Heiligen, solche stoltze Nasz= weise vnd Klüglinge. GA ² 20 II 565 Also thun alle solche Nase= weisen. . .

Dem Sinne nach verwandt scheint Weim. Ausg. XV 129, 37 die sach ist nu gnug angriffen worden von andern leuten denn wyr sind, die mehr senffs ynn der nasen haben.

---

390. Horet das gras wachsen.

Wa II 125 Gras 73 mit der Anmerkung: „Diese Rede ist sehr alt. Nach der Edda hört Heimballer das Gras wachsen und die Wolle auf dem Vlies der Lämmer", und dem Hinweis auf I 1076 Floh 62 Er hört die flöhe husten (vnd mücken feisten). Hier werden auch aus Seb. Franck noch mehr Beispiele von Ra zur Verspottung der Afterweisheit und Superklugheit angeführt.

Vgl. NB 49 Das grasz hören wachsen.

> Die welt ist also wol gelert,
> Das sy das grasz yetz wachsen hört,
> Und felet dennoch offt damit,
> Ja, wol vmb einen puren schrit.

Simplicius (Kurz) IV 356, 24 Also bilden sich theils Sprach= kündige ein, wollen auch andere Leuth bereden, sie allein hören

das Grasz wachsen. Philander (2. Gesicht) S. 67 du bist zu hoch
und weit von der Erden, dieser aber [Dr. Fürtzel] ist nahe beym
Boden, darum höret er auch das Gras wachsen vnd hat so grosze
Einbildungen von sich selbsten.

Bei Luther vgl. die verwandte Ra, Weim. Ausg. IV 555, 17
Du horest die schaff feysten.

---

391. Bescheisst sich ynn der weisheit.
475. Er hat sich ynn der weisheit beschissen.

Fehlt Wa; vgl. II 1417 Klugscheißer. Luther sagt in der Regel
'sich in der Klugheit bescheissen'. Den Sinn giebt EA 36, 183
betreugt sich in der Weisheit. Vgl. Dietz I 266 (EA 25, 53)
Heisst sich das nicht fein in die Backen gehauen und sich in der
Weisheit beschissen? Sonst vgl. EA 29, 263 Heisst sich das nicht
fein in der Klugheit beschissen? 51, 311 sie stehen in ihrem
Trotz und bescheissen sich in ihrer Klugheit. De W IV 59 evadere
non possunt, quin impingant in sapientiam Dei und be=
scheissen sich in ihrer Klugheit. — Häufiger sind Umschreibungen
wie EA 25, 106; 26, 194; 65, 207; De W IV 592 sich in der Klug=
heit beschmeissen. De W V 154 ein Kopf, der seine Ehre sucht
und sich in seiner Weisheit bethut. Weim. A. VI 617, 28 sich selber
hubisch in der klugheit betteren (vgl. Dietz I 286). EA 29, 237
wie fein sich dieser Geist in seiner Klugheit bethut; 30, 201 Er
hatte Sorg, der Bauch werde ihm bersten fur grosser Kunst;
30, 202 Siehe so stehet denn der Geist und hat sich die Hände
bethan mit all seiner Kunst; 31, 9f. Den Teufel aufs Narren=
seil führen, dasz er sich in seiner Klugheit betungen musz;
34, 212 dasz wir mit unsrer Klugheit zu Narren werden; 40, 71
in ihrer Klugheit und Weisheit zu Narren werden und sich

selbs verführen; 48, 250 Gott zeiget an, dasz sie sich in ihrer Weisheit selbs baden sollen und sich selbs abrennen und zu Schanden machen. — Vgl. Nr. 154.

---

392. Eine kappe schneiten.

Vgl. Wa II 1138 Kappe 32 Einem eine Kappe zuschneiden: „Eine Unannehmlichkeit, ein Unglück bereiten"; dazu wird aus Wolff, Histor. Volkslieder angeführt: Dan es ist ime durch sein verhengnus also eine kappe geschnitten, die er nimmermehr mit seinem pochen wirdet vernitten. DWb 5, 191 citiert aus Ambr. Lb. 70, 52 (ein Mädchen will die Narrenkappe anlegen aus Verzweiflung; ihr Liebster hat sie verlassen):

> So wil ich mir ein kappen schneiden
> und hengen zwo schellen dran,
> und will umb deinet willen
> wol auf der gassen gan.

Vgl. auch Uhland Volksl. S. 549 (Nr. 201)

> V. 2 Er liesz im ein keplein schneiden
> wie er ein kaufman wär
> gen Lübik tet er reiten
> zu erfaren newe mär.

In diesen beiden letzten Stellen leitet der eigentliche Sinn der Ra schon hinüber zu dem übertragenen. Simrock, Sprw. 12378 hat die Wendung: Bist du ein Narr, so lasz dir eine Kappe machen. In der Regel aber macht oder schneidet man nicht sich, sondern andern eine Kappe, nämlich eine Narrenkappe, d. h. man stellt ihn als einen Narren öffentlich hin. In diesem Sinne sagt Brant, Vorrede zum NS

> V. 61 ich schrot ein kapp hie manchem man,
> der sich des doch nit nimet an.

DWb 5, 194 citiert auch aus Murner SZ 10[b]

> ich hett dir lang ein kapp geschroten,
> wenn wir dich auf der gasz erdappen.

Vgl. auch Uhland, Volksl. S. 479 (Nr. 178)

> V. 14 Heine ist die schantz miszraten,
> müsz den spot zům schaden han,
> in ward ain kapp geschroten,
> in günnets wol iedermann.

P. Gengenbach, Gouchmat, S. 141

> V. 907 Dir wird sunst venus ein kappen schroten.

Ebendort, Zugabe XXVI S. 410 ff. heißt es im Liede von der Narrenkappe, in der verschiedenen Ständen in der Art des Narren=schiffs eine Narrenkappe dargeboten wird:

> V. 163 Der die kappen hat gemacht,
> er hat sie wol geneit,
> den schneider hatt er wol betracht
> kein kosten daran geleit,
> sie ist zu Pforzheim geschnitten,
> wol on ein schneider scher,
> ich wil sie noch manchem schicken,
> mus jm sein kopff zerficken,
> bis jm sein tasch wird leer.

Bei Luther fand ich nur eine Stelle EA 28, 346 Mich dünkt wohl, König Heinrich habe ein Elle grobes Tuchs oder zwo dazu geben und der giftige Bube Leus, der wider Erasmum geschrieben hat, oder seines gleichen, habe die Kappe geschnitten und mit Futter unterzogen. Aber ich will sie ihnen ausstreichen und Schellen daran schürzen, ob Gott will. Vgl. dazu EA[2] 18, 96 Gott [hat] gedacht: ich musz dem Narren so ein Kappen anziehen.

26, 60 [Heinz von Wolfenbüttel] machet ein Helekäpplin, ja eine Narrenkappe aus Gott und dem christlichen Glauben.

---

393. Im maule mehren lassen.

Wa III 520 Maul 481 Er lässt sich nicht lange im Maule herummären. Zu 'mähren' = durcheinander rühren, mit dem Nebenbegriffe der Unordnung vgl. DWb 6, 1468 mit dem Citat: bin ich freilich sehr kützlich und lasse mir nicht gern im maule mähren, viel weniger ins Amt greifen, Felsenb. 2, 439.

Bei Luther vgl. EA 26, 217 Wenn wir nu solch Urteil wissen, so thun wir warlich nicht fein, sonderlich Kaiser und Könige, Fürsten und Herrn .., dasz sie doch gar so schändlich ihnen lassen im Maul mähren, trumpeln und äffen. Der Sinn der Ra ist danach: einem die Worte im Munde so durcheinander rühren, daß ein andrer Sinn herauskommt als der vom Sprecher gewollte. Gleichbedeutend ist etwa EA 15, 340 Also haben sie uns den Text aus dem Maul genommen und ihm eine andere Farbe angestrichen; oder 25, 79 Aber das Ärgest ist, dasz sie hiemit Gott ins Maul greifen und die Ehe verbieten.

---

394. Bey der nasen furen.

Wa III 952 Nase 133; vgl. 276 Er lasst sich bey der nasen füren wie Büffel; mit der Deutung aus Geßners Thierbuch XXXII[b]: 'wo einer sich vnbillicher schädlicher sachen bereden vnd leychtlich in seinem fürnemmen abwenden lasst'; 394 sich bei der Nase herumführen lassen: „Von einem schwachen Menschen ohne Charakter und ohne Willenskraft, hergenommen von dem Gebrauch, einen Ring durch die Nasenlöcher der Büffel zu ziehen, um sie zu zähmen und zu führen". Vgl. Erasmus, Adagia 1559, S. 363 naribus trahi, τῆς ῥινὸς ἕλκεσθαι, nachgewiesen aus einem Dialog Lucians.

Vgl. auch NB 54 **By der nasen fieren.**

Wann du wilt hon, was ich verdien
Und hader machen, wa ich sien,
Essen vsz, so ich musz rieren,
Das heisset: by der nasen fieren.

Dietz I 727 erklärt den Sinn der Ra bei Luther: „einen nach
Belieben führen, um sich an ihm zu beluftigen, ihn zum besten
halten, ihn mit leerer Hoffnung täuschen" und citiert eine Stelle,
aus der auch Luthers Ansicht über den Ursprung der Ra angedeutet
ist, Tischreden (1568) 414[b] der welt boszheit ist so grosz; wenn
ein fürst die lateinische sprache lehrnet vnd studiret, so fürchten
die vom adel vnd rechte, er werde jnen zu gelehrt vnd zu klug
vnd sagen: box marter u. s. w. was? wil e. f. g. ein schreiber
werden? e. g. müssen ein regierender fürst werden, müssen welt=
liche hendel lehrnen vnd was zur reuterey vnd zum krieg gehört...
Das ist, ein narr bleiben, den wir mögen mit der nasen um=
herfüren wie einen behr. — Die Ra ist bei Luther sehr häufig
und wechselt in der Form. Vgl. z. B. EA 42, 85 f.; 43, 350;
DeW II 369 an der Nase führen. EA 27, 409; 35, 244 und 399
bei der Nasen umherführen. EA 24, 36; 30, 403; Weim. Ausg.
VI 260, 7 mit der Nasen führen. EA 21, 355; 35, 244; 44, 319;
45, 164 mit der Nasen umführen. DeW II 78 (EA 38, 390) wo
man sie hinführt mit der Nasen, wie ein Blinder den andern.
EA 47, 57 dasz man dich bei der Nasen nähme.

Zu der reflexiven Ra 'sich bei der Nasen nehmen, ziehen'
vgl. EA 25, 242 Medice cura te ipsum. Hans nimm dich selbs
bei der Nasen; 25, 320 damit ich mich selbs bei der Nasen nehme
und meiner Narrheit nicht vergesse; 36, 406; 41, 21 und öfter.
Vielleicht ist zur Erklärung ihres Ursprungs heranzuziehen Grimm,
Deutsche Rechtsalt. S. 143: Nach einer normännischen Gewohnheit
mußte beim Widerruf von Schmähungen der Verurteilte sich selbst

beim Nasenzipfel fassen, nach mehrern deutschen Gesetzen sich selbst
aufs Maul schlagen.

Dem Sinn nicht allzu fern liegen auch folgende Ra, deren
Ursprung und Bedeutung Luther zum Theil selbst angiebt, wie
z. B. Weim. Ausg. V 341, 4 das man einem ein nasen macht;
ubi causa externa praetexitur et intus in occulto nulla causa
est; EA 21, 210 der Schrift ein wächsin Nasen machen; 24, 74 f.
wie die Gaukeler den Dingen ein ander Nasen und Ansehen geben;
24, 83 Nit, dasz ich Reu, Beicht und Strafe leugne, sondern das
Ablasz vornichtige, das uns ein Nasen macht; 26, 250 (vgl. 41, 44)
Ohn dasz der Papst . . den Königen und Herrn gern wollt ein
Nase drehen und ströhern Bart flechten; 28, 179 warumb sollt
nicht auch Jemand dem Spruch S. Pauli ein solche Nasen stellen
können; 29, 310 wie du Lügenmaul wider dich selbs hie bekennen
muszt, damit du den Albern eine Nase drehest und sie äffest,
ist aber dein Ernst nicht; 30, 31 f. dasz man greift, wie sie nicht
wissen, was sie sagen, oder wie sie sollen den Leuten eine Nasen
machen; 30, 418 Denn weil sie sonst wider Wunder noch etwas
Guts thun, werden sie Gauckler, den Leuten solche Nasen zu
machen mit klugen Worten; und hiervon abgeleitet EA 24, 28 Es
musz noch allis viel ein andere Nasen gewinnen, soll es recht
hinaus gahen; 27, 311 Und musste auf Emser Glossirn St. Paulus
Spruch ein solch Nasen gewinnen.

---

395. Kurtz vnd gut.

Wa II 1731 Kurz 40: d. i. ohne Umschweife. Vgl. 17 Kurz
und gut gefällt Jedermann; 45 Kurz und rund. Egenolf 104ᵇ
Sacra celerius absoluenda. Kurtze predig vnd lang bratwürst. . .
Mit grossen herrn sol man nit lang spraach halten, sondern kurtz
und ernstlich. . .

Bei Luther: Tischreden, Frankf. 1571 Appendix Jiij iiij[a] Lasset
den alten Hund schlaffen, das bitte ich euch, oder jhr werdet zu=
schaffen kriegen; widerfehret euch was, so habts euch. Ich will
die Kirche wider euch Juristen wol erhalten mit Gottes hůlff, dar=
nach wisset euch zu richten, kurtz und gut. Diese Stelle scheint
in dem vollständigen Druck derselben Predigt, EA² 20 I 180ff.,
unterdrückt zu sein; doch findet sich die Ra in ihr sonst S. 187
der Papst und seine Canonisten machens, dasz ein Jurist musz
Christum lästern. Der Teufel will zu uns, das ist kurz und gut.
EA 39, 75 Dieser aber rühmt sich der keins, denn es ist alles
ungewisz und vergänglich, spricht kurz und gut: Der Herr ist
mein Hirte.

Von ähnlichen Wendungen vgl. EA 23, 283 Und dasz ichs
kurz mache; 32, 80f. Es thut nichts (das ist kurz) böse sein
und ungestäupt sein wöllen; es musz beide eins mit dem andern
da sein oder beides zugleich aufhören; 40, 92 da ist kurz und
ganz alles auf diesen Christum gestellet; 63, 353f. Und obs nicht
alles könnte aufgelesen werden, dasz noch die wichtigsten Stücke
aufs kürzeste behalten würden, wie denn solches etliche gemeint
haben, die von dem Dietrich von Bern und andern Riesen Lieder
gemacht und damit viel grosser Sachen kurz und schlecht dar=
gegeben haben.

395[a]. Suchen trunck, Gerne gast.

Wa IV 956 belegt 'Suchentrunk' aus Herberger, Herzpostille I 378
und Mathesius, Syrach 215[a]; zu 'Gernegast' vgl. DWb 4 ¹, 3728.
Murner SZ 16 bezeichnet die Schmarotzer als Schmacken brettly;
Egenolf 96[a] als: Deller lecker, Ollares amici; Liechtbutzer; Hafen
freund. Die ein guts bisslin über drei gassen schmecken vnd sich
selbsz züschlagen und laden, die nennet man sunst schmecken=

brätlin, Tischuettern, voller topff, voller kropff. Uhl, Die deutsche
Priamel S. 329 weist aus Kirchhof, Wendunmut VII (1603) nach

> Nr. 117 Herr Suchentrunk und Gernegast
> Und wer sich gern erbitten last,
> Manch grobe saw auch drumb auff fast.

Bei Luther: EA 64, 182 [Glosse zu Sir. 40, 29 ff.] Tellerlecker,
Suchentrünke, Gernegäste, die faulen Schelmen, die nichts thun
wöllen. — Ähnlich gebildet ist Suchenpfenninge, Weim. Ausg. XIX
575, 20.

---

396. Schinden vnd schaben bis auff die bein. auff den grat.

Wa IV 187 Schinden 9; 12 = Tappius 583 Radit usque
ad cutem. Er schindets bisz vff den grad. Otto S. 45 aus Plaut.
Bacch. 242 tondebo . . usque ad vivam cutem. Die deutsche
Ra drückt die Habgier noch stärker aus als die lateinische. Luther
braucht sie mit und ohne die Zusätze der Handschrift. Vgl. z. B.
EA 42, 262 schinden die Leute bis auf die Beine; ² 20 II 22 Das
ist das Geld, die Frommkeit des Papsts, der die Christenheit bis aufn
Grat geschunden wider den Türken; S. 537 arme Leute schinden,
schaben, schatzen und plagen; 21, 77 schindest und schabst bis auf
den Grat; 22, 181 dazu uns schinden bis auf den Grat; 36, 291 wie
uns denn die Erfahrung solches lehret mit den Wucherern und Geiz=
hälsen, welche die Leute aussaugen und schinden bis auf den Grat
mit ihrem Stehlen und Rauben; 49, 350 liessen sich plagen und schin=
den bis auf den Grat. Neudrucke 76, S. 10 Hut dich fur schmeicheln,
so schinden und schaben 2c. EA 22, 86 Sie kunnten nicht mehr denn
schinden und schaben ein Zoll auf den andern, ein Zinse über die
andern setzen; 23, 4 der greif sie denn an nach seinem Schinder=
ampt, schindet und schabt Geld, auch von unschuldigen Leuten;
40, 243 Also gehet es gewöhnlich zu, wenn man also aus Geiz zu

ħauf kratzt, schindet und schabet und grosse Klumpen Geld zu ħaufe
bringet; 40, 251 wider Gott geizen, kratzen, schinden und schaben;
15, 499 [Zachäus] nahm es von den Armen, schindete und scha-
bete, wo er nur wusste zu schinden und zu schaben; 36,144 dasz
solch Schinden und Schaben abgestellt würde . . . schinden und
schaben ohn alle Scheu; 44, 235 also hat auch der Papst ge=
schunden und geschabt die Leute und alle Güter an sich bracht;
47, 80 schinnen und schaben, gleich als wären sie Gott selbs;
Weim. A. XIX 280, 21 ymmer fort gedruckt, geschindt, geschabt,
Das keyner seins weybs . . . sicher war. — Ähnlich Burkhardt 375
denn der marckt steuget [vielleicht ist zu lesen steupet; zu ʿaus=
steuben᾿ vgl. Dietz I 185 ʿausschütteln᾿ und 188 ʿaussteubern᾿] die
pfarrer, so von der schnur leben müssen, bis auf den grad aus yn
dieser schwinden zeit. Vgl. auch EA 22, 79; 24, 51 schinden und
schänden; 24, 260 schinden und schätzen; 24, 166 Schinder und
Schlinder; 29, 76 geschunden und geschrepelt; 45, 7 reissen das
Mark aus den Beinen; ferner Nr. 80.

---

397. ħorchst wie ein saw, die ynns wasser seicht, pfercht.

Vgl. Wa IV 17 Sau 276 Dat is mit em, as wenn de oll
Säg sichten hürt; mit der Erklärung: „Sofort ist er da, in der
Hoffnung, daß auch für ihn etwas abfallen könne"; und einem
Nachweis aus Gryse (Spegel, Bg. Dbb 3) Bald darna teidt un
horket de Altarpape alse ene Söge, de sichten höret. II 775
ħorchen 10 Er horcht wie ein Barch (Schwein), der ins Stroh pisst;
V 1449 ħorchen 14 A hurcht wi de Sau, wenn sei ei's Woasser
pullt. — Simplicius (Kurz) I 115, 15 Ich lausterte wie eine Sau,
die ins Wasser harnt.

Bei Luther kann ich die Ra sonst nicht nachweisen.

398. Du soltest nicht ehr rede[n], die kue fiste denn; denn soltestu sprechen: liebe gros mutter!

Diese Ra wendet sich gegen Leute, die unberufen reden, wie die vorige gegen solche, die unberufen zuhören. Wa giebt eine Anzahl Varianten, die an komischer Wirkung einander übertreffen und alle in demselben derben Ton gehalten sind. Vgl. III 1554 Reden 21; 22; 68; 444; 454; 455; 479; III 521 Maul 535; II 1063 Junge, der 44 Es soll kein Junger reden, man niese denn; so sollt er sagen: Gott helfe! (Wohl bekomms!).

Luther braucht zwei ähnliche Ra: Dietz I 632 (Löscke 564) Wen ein Jurist davon disputirn will, so sagtt im: Hörstu gesell, ein Jurist soll hie nicht eher reden, es fartze denne eine saue; so soll er sagen: dank hab, liebe gros mutter; ich hab lang kein predig gehörtt; EA 26, 69 Du [Heinz von Wolfenbüttel] solltest nicht ehe ein Buch schreiben, du hättest denn ein Farz von einer alten Sau gehört. Da solltest du dein Maul gegen aufsperren und sagen: Dank habe, du schöne Nachtigall; da höre ich einen Text der ist fur mich.

---

399. Ja, ein dreck auffs maul!

Vgl. etwa Agricola 692 Er schmirbt yhm das maul, [vgl. Nr. 255] vnd gibt yhm eyn dreck drein. Das ist, er betreügt yhn, er sagt es yhm gut für, vnd meynt es nicht. P. Gengenbach, Gouchmatt, S. 131 sagt der betrogene Ehebrecher V. 525 Venus schisz mir ein dreck vfft nasen. Wa hat, soviel ich sehe, keine entsprechende Ra. Sie will sagen, daß Jemand statt des erwarteten Leckerbissens oder einer freundlichen Antwort einen Dreck, d. h. eine grobe Abfertigung verdiene. Diesem Sinne würde bei Luther ent= sprechen EA 26, 128 Wer hat euch befohlen also zu setzen?

'Schweig du Ketzer, was zu unserm Mund ausgehet, das soll man halten.' Ich hör es; welchen Mund meinst du? Da die Förze ausfahren? (Das magst du selbst halten) oder da der gute Korso einfleusst? (Da scheisz ein Hund ein!) — Sonst vgl. etwa EA² 20 I 19 dasz sie sich unterstunden der ganzen Welt zu helfen . . und haben uns ein Pferdedreck dafur ins Maul ge= worfen; 26, 111 Denn gleich wie ein Gaukler den albern Leuten ins Maul Gülden gaukelt, aber wenn sie es aufthun, so haben sie Pferdsdreck drinnen, so thut auch dieser schändlicher Lecker, Paulus Tertius, schreibt nu schier zum fünften Mal aus ein Con= cilium, dasz wer die Wort höret, musz denken, es sei sein Ernst; aber ehe wir uns umbsehen, so hat er uns Pferdsdreck ins Maul gegäukelt; 35, 25 Man musz die Nusz aufbeissen und aufbrechen, da findet man den Kern. Wer das nicht thut, der krieget ein ein Dreck ins Maul; 35, 27 Diese lassen sich mit ihrer Lehre an= sehen, dasz alles gut sei, was sie furgeben, und streichen doch ein Dreck aufs Maul; 44, 321 Drumb sollen die, so im Predigt= amt sind, dem Papst und Bischofen ihren Dreck fur die Nasen halten.

---

400. Ja, es war ein dreck.

Vgl. Wa V 1190 Dreck 225 Ja, Dreck: „Grobe Abweisung"; I 687 Dreck 88 Da haben wir den Dreck. Reineke Vos 3378 und 3841 Schit, sprach Reineke. — DWb 2, 1354 Dreck 6. — Otto S. 202 pro luto erat.

Bei Luther z. B. EA 44, 257 Es ist gar ein greiflicher Irr= tumb, dasz ich gen Rom laufen sollte und die Vergebung der Sünden holen (ja einen Dreck!), da ich doch zuvorn allhier alles hätt, als Christi Wohlthat und seine Sakrament; 44, 296 Aber der romisch Hof, der Papst, so Bischof ist in dem Hofe, der ist des Teufels Bischof und der Teufel selbst, ja der Dreck, den der

Teufel selbst in die Kirche geschissen hat; 44, 316 Das ist der
Dreck, den sie dran hängen, dasz man durch solche Werke selig
werden sollte; 47, 148 Als itzt hält man das gottlich Wort hoch,
aber der Papst, der jenes Mal als die Sonne leuchtete, ist itzt
Dreck; 47, 267 Denn was sind diese Werk alle gegen Mosi?
Dreck ists, ja lauter Dreck gegen Mosi Gesetze; 48, 222 sie sind
Junker Unflat und Rotz aufm Ärmel; ja der Dreck sind sie;
48, 365 Was ist ein Fürst und Kaiser, ja die ganze Welt, Himmel
und Erden und alle Kreaturn gegen dem Wort? Ein Dreck sind
sie; ² 20 II 189 Was bin ich nu, wenn ich Gott das Sein gebe?
Ein Dreck bin ich. Vgl. auch De W V 299 Es ist mit dem Reichs=
tage zu Hagenow ein Dreck; EA 30, 202 denn dasz er saget, es
sei Allöosis, da gibt man ein Dreck auf.

---

401. Ist doch wol ehe so krum holtz zur heyen worden.

Vgl. Wa II 751 Holz 73 (143) Es ist wol (schon) ein so
krumm holtz zu löffeln worden. Die Ra ist gleichbedeutend mit
Wa II 123 Gras 21 = Egenolf 144ᵇ Es ist wol also grüns (gras)
zu hew worden als das. Es war nie kein berg so hoch, das thal
war so nider. Es hat wol mehr ein König bettelt. Das glück ist
sinvel, den es ietz bisz in himel hebt, wirfft es offt bisz in die
hell in einem augenblick.

In der hdschr. Form kann ich die Ra nur bei Luther nach=
weisen: EA 30, 32 f. Oder wenn ich leugete, dasz Gottes Sohn
Mensch wäre worden, und jemand hielte mir fur Johann. 1: Das
Wort ist Fleisch worden; wollt ich sagen: Wort heisse ein Krumm=
holz; Fleisch heisse eine Heyen; und müsst der Text nu so lauten:
Das Krummholz ist zur Heyen worden. — Das Wort 'Heie' be=
deutet Schlägel, hölzerner Hammer (DWb 4 ², 812), zu dessen An=

fertigung man ebenſo wie zu Löffeln oder Miſtgabelſtielen (Wa V 1448 Holz 363) krummes Holz braucht. Vgl. auch Waldis, Verl. Sohn,

> V. 1450 Jo krummer holt, yo beter krücke,
> Jo arger schalck, yo groter glůcke.

---

402. Es krümpt sich bald, was ein hacken werden wil.

Wa II 274 Haken 1; 4ff.; II 1648 krümmen 1ff. Zingerle S. 62 Swaz zeime haggen werden sol, Daz krümbet sich vil vrüeje, Troj. Kr. 6400; Merket wol, ez krumbet vruo, swaz zeimen haggen werden wil, Marner; Man gibt, swaz werden wolle ze hage, krümbe sich bi zite, Frauenlob.

Bei Luther Weim. Ausg. XVI 28, 11 sehet Moses derhalben sein Ampt zeitlich an, das er wil ein Heerfürer des Jüdischen Volcks sein, unterfenget sich balde seines ampts und gewalts. Denn wie man saget: So krümmet sichs balde, was da wil ein Hacke werden. Item: urit mature, quod vult urtica manere. In Veit Dietrichs Überſetzung der Vorleſungen über die Geneſis (1541) zu Kap. 25, v. 26f. (EA op. ex. 18): Da sie aber erwachsen und grosz worden sind, daselbst hebt dieser Unterscheid an, dasz sie sich von einander theilen und da wird ein jeder erkannt an den Wercken, deren er sich fürnehmlich geflissen hat, wie das alt Sprichwort lautet: Curvum se praebet quod in uncum crescere debet, das ist, es krümmet sich bald, was ein guter Haack wer= den sol.

---

403. Er ist Denisch.

Dieſer Ausdruck fehlt Wa. DWb 2, 903. Luther erklärt ihn durch 'pertinax' d. h. dem schwer beizukommen ist. Dietz Er= klärung 'dehnbar' trifft den Sinn in den von ihm angeführten

3 Stellen zu wenig; vgl. I 420 es ist vnser allte, dicke, zehe vnd denissche haut (EA 36, 390); es ist ein alter denescher balck und schalck, der alte Adam (EA 40, 229); in diesem zehenden capitel sehen wir wie denisch der teufel sey (Weim. A. XVI 150,16). Ferner: EA 48, 148 Aber die unbändische und dehnische Natur kann es nicht lassen, sie will mit unserm Herr Gott rechten; Weim. Ausg. IX 246, 6 (VI 220, 25) Darumb Wenn der mensch aber nit mehr zcu thun hett. Dann disz andere werck disses gepottis hett er dennoch seyn leben lang vbir heübt zcu schaffenn mit dissem lasster zcu fechten. das szo gemeyn, szo listig szo behend vnnd thenisch ist ausz zcütreybenn. — Hierzu vgl. Weim. A. XX 485, 35 Dilectio est pondus, die last, nach dem thenet sich der mensch hin.

404. Er hat ein zehe haut.

Diese Ra deutet Egenolf 312ᵃ von alten Leuten, die nicht sterben wollen; vgl. Wa III 51 Leute 27 Alte Leut han zähe Häut; II 443 Haut 155. — Wir brauchen jetzt den Ausdruck oft in dem= selben Sinne wie Wa V 480 Zäh 3 Er ist sehr zäh: „Er hält nicht viel vom Geben". Vgl. P. Gengenbach S. 408; der Arbeiter klagt über seinen Brotherrn:

> V. 209 Noch ist er gen jm also zäch,
>   Ee das er ain mal zů jm spräch:
>   Bedarffest gelt, ich wil dirs senden.

Doch auch wie Nr. 403. Vgl. dort die Stelle EA 36, 390. Wa II 447 Haut 241 citiert aus Walbis IV 64

> Das sie fürwar geschnitten sey
>   aus einer zähen, bösen haut.

405. Er lesst die finger gern ankleben.

Wa I 1022 Finger 141 erklärt die Ra „Von Diebischen";
vgl. 132 Er hat klebrige Finger; Tappius 82 Visco manus
tingere... Du hast die hend mit vogel leyme geschmiert. Du
hast schollen geessen, die hende kleben dir; Agricola 21 Natur
vnd vernunfft ist feindt denen, die gern auffheben, vnd die hende
an ander leutte guter vnd gelt kleben vnd anhangen lassen.

Bei Luther scheint die Ra sonst zu fehlen. Verwandte Wen=
dungen sind: De W V 731 der Bauer hat sehr diebische Nägel an
den Fingern und ist nicht bäurisch, sondern doctorisch gnug, das
Seine zu suchen, wo man nicht fleissig darauf siehet; Wrampel=
meyer 912 Impij autem thesaurizatores .. habent contractas et
mercatas manus, quae omnia ad se trahunt et sibi atque apud
se retinent.

---

406. Er ist mit der sylbern buchsen geschossen.

Wa I 501 Büchse 25; 28; Agricola 288 Er scheüsst, er ist
geschossen mit der sylber buchsen. Mit der sylbern büchsen
schiessen ist geschenck geben, damit eyn bose sach gut wirt vnnd
ein gutte sach bose. Es lassen sich auch die schiessen mit der
sylbern buchsen. die geschenck nemen vnd vberhelffen. Vgl.
Egenolf 222ª Wo man mit der güldin büchsen scheusst, da hat
das Recht das schlosz verloren.

Bei Luther habe ich eine entsprechende Wendung nicht gefunden.

---

407. Er neme gellt vnd liesse holtz auff yhm hawen.

So sagt man von Jemand, der für Geld zu allem fähig ist;
'Holz auf sich hauen lassen' ist Zeichen äußerster Nachgiebigkeit und
Gefühllosigkeit. Vgl. Wa I 1522 Geld 1326 Er nähme Geld und

hielt es mit Türken und Tatern; V 1326 Geld 1565 Der nimmt
Geld vnd dienet dem Teufel; II 760 Holz 313 Er lässt Holz auf
sich hacken (hauen, scheiten); 339; 347 Weld ich doch lieber
lussen Hultz uf mer hacken; I 1403 Gedulb 53 Geduld lässt Holz
auf sich hauen. Sinnentsprechend ist

NS 67, 65   mancher der liesz sich halber schinden
        und im all viere mit seilen binden,
        das im allein ging gelt darusz
        und er vil golds hett in sim husz . . .

    NB 82 Ein esel vmb gelt schinden.

    Auch bei Luther finde ich sonst nur verwandte Wendungen;
vgl. Weim. Ausg. XVI 546, 14 und 30; dazu die Anm. von
P. Pietsch S. 652; XIX 381, 5 Geld macht Diebe; Glück macht
schelcke; Lösche 469 Geld macht schelck. Nulla civitas adeo
munita est ut non possit expugnari. Es ist nichts so fest; so
nur ein Esel mit geldt darzu kommen kan, so ists zu gewinnen;
EA 43, 224 Geld macht Schälk; De W V 413 [Juristen] nehmen
das Geld und dreschen mit der Zung den Armen beide, Sack und
Beutel; EA 49, 103 Was ist . . eine Person, der da Landesfürst
ist unter so vielen bösen Buben und Schälken, . . die da Geld
von ihm nähmen und ihn gerne hülfen verrathen; 50, 300 die
Römer nahmen Geld und liessens zu, dasz dies Jahr Hannas und
ein ander Jahr Kaiphas Hoherpriester war. EA 36, 365 Das
Herz . . will verzagen und wird so furchtsam, dasz es Holz liesz
auf sich entzwei hauen und scheitern.

---

408. Er durfft ein land verraten.

Das ist ein Zeichen niedrigster Gesinnung; vgl. Wa IV 1345
Trunk 61 Wer einen im Trunck vnd Spiel darff betrügen, darff
auch ein Statt verraten vnd seine Ältern belügen (Fischart); Gengen=
bach, die X Alter, S. 67

B. 505 Dann aigen nutz vnfertig gůt . . .
Dar zů ouch ander heimlich gelt
Das man jetz nimpt inn aller welt
Dar durch verraten wirt land lüt.

NB 28, 7 Man findt yetzundt wol nasse knaben,
Die weder müntz noch gulden haben
Und dannocht kindent ein verraten,
Dar von sy nie kein haller haten. . .

Bei Luther scheint die Ra sonst nicht vorzukommen; zur Be-
zeichnung der Hartköpfigkeit braucht er eine ähnliche Wendung
EA 15, 233 was uns vorkommt, das musz fort und sollt es ein
Land kosten.

———————

409. Wer bey den wolffen sein wil, mus mit yhn heulen.

Wa V 364 Wolf 313; 432; 444; 471; 473; 500; 503;
511; 609 bieten verschiedene Formen des auch uns geläufigen
Sprw.: Mit den Wölfen musz man heulen.

NS 68, 7 Wer wil mit jägern gon, der hetz;
Wer keiglen wil, der selb ufsetz;
Der hül, der bi den wolfen ist.

Luther legt es aus EA 36, 246 Wer unter den Wolfen ist,
spricht die Welt, der musz mit ihnen heulen. Item: Si fueris
Romae, Romano vivito more. Man musz temporisieren und
sich nach den Leuten richten. Item man saget im Papsttum: Ich
bleibe bei der Religion meiner Vorfahren. Sind die nicht zum
Teufel gegangen, so komme ich auch nicht in die Hölle; 50, 349
So dir nun Gewalt und Unrecht geschieht, sprich: das ist der Welt
Regiment. Willtu in der Welt leben, so musst du das gewarten.
Dasz du es dahin bringen wirst, dasz es anders gehe, denn es

Christo gegangen ist, das wirst du nicht erlangen. Willt du bei
den Wolfen sein, so musst du mit ihnen heulen. Vgl. auch
EA 48, 236 nicht mit ihnen heulen und in ein Horn blasen.

---

410. Gelt ist sein herr.
411. Pfennig sol mein herr nicht sein.

Dem Sinne nach gehören beide Ra zusammen. Der zweiten
hat Luther eine Erklärung zufügen wollen; sie ist aber am Rande
abgebrochen und nur etwa zu lesen: ynn dena. Das letzte Wort
weist auf denarius, Pfennig, hin; ich würde etwa verstehen: „Gegen
Pfennigküsser und schändliche Geizwänste“. Diese Ausdrücke
hat J. Jonas in der deutschen Übersetzung von Luthers Vorlesung
über den Pred. Salom. (4, 7 f.); vgl. Weim. Ausg. XX 79, doch
findet sich hier kein entsprechender lateinischer Ausdruck.

Bei Wa vgl. etwa V 1323 Geld 1481 Gelt gewinnt vnd vber=
windt; III 1270 Pfennig 131 Herr Pfennig geht voran; NS 17, 9.
Otto S. 270: Imperat aut servit collecta pecunia cuique.

Zingerle 66 Nieman der ze herren zimt
Der sin guot ze herren nimt. Freib. 56, 15.

Swer sinem guot nicht herrschen kan
der ist der phenning dienstman. Wälsch. Gast 2819.

Waldis, der verl. Sohn, läßt den Verschwender sagen

557 Und scholde dat geldt myn here syn,
Idt lege my leuer ynn den Rhyn.

Egenolf 318ᵃ Seneca aber [sagt] inn sprichwörtern: Man musz
dem gelt gebieten, nit dienen. Kanstus brauchen so ists dein knecht,
wo nicht, so ists dein herr.

In der Form der Handschrift kann ich bei Luther keine der
beiden Ra nachweisen, doch vgl. Weim. Ausg. XII 665, 15 Unde

24*

dicit ille 'aurum in quos confidunt homines', gelt ist der Men=
schen aptgott. EA 23, 137 (322) Mammon und Bauch ist ein
mächtiger Gott; 41, 184 Geld ist sein Gott, da bleibt er bei;
43, 218 'Wo dein Schatz ist da wird auch dein Herz sein'. Das
ist gleich geredt, als wir Deutschen von einem Geizwanst sagen:
Geld ist sein Herz. Das ist, wenn er nur Geld hat, das ist sein
Freud und Trost, Summa: sein Gott; 43, 220 denn es [das Laster
des Geizes] machet den Mammon und ohnmächtigen Pfennig zu
seinem Gott und Herrn, was der will, thut er; 44, 200 der sein
Datum auf Geld und Gut setzet, einen gottlosen Menschen, der
do ihm den Pfennig lässt lieber sein und hält ihn für seinen
Abgott und Herrn, ehret und feiert ihn, wie alle Geizwänste thun;
44, 202 Der Pfennig ist sein Abgott.

---

412. Das ist sein hertz.

Dem Sinne nach entspricht etwa Wa II 616 Herz 382 Daran
hängt sein Herz.

Bei Luther vgl. EA ² 19, 185 Das ist meine Meinung und
Herz; 22, 328 Das wäre sein Herz und Lust; 43, 218 als wir
Deutschen von einem Geizwanst sagen: Geld ist sein Herz;
Pf. 49, 12 Das ist ihr Herz, dasz ihre Häuser währen immerdar.

---

413. Man muste dirs furkewen.
414. Man muste dirs einstreichen.

Beide Ra gehören zusammen entsprechend dem Lateinischen,
Otto S. 247 qui omnes tenuissimas particulas atque omnia
minima mansa, ut nutrices infantibus pueris, in os inserat (Cic.
de orat. 2, 39, 162). Wa IV 1692 Vorkauen: Man musz es yhm

fürkewen wie eynem jungen kindlin. Tappius Nr. 399 Prae-
mansum in os inserere. Simplicius II 282, 7 Wann sie speiseten,
so gaben sie mir meinen Theil auch, doch auf die manier, wie
man den Kindern bey uns den Brey einstreichet.

Bei Luther nachgewiesen Dietz I 343 wie die mutter jrem
kindlin brey fur kewet; I 519 wie eine mutter jrem kinde den
brey einstreichet (EA 36, 406). Sonst vgl. EA 36, 219 Wir zwar
zu dieser Zeit lassens Gottlob an unseren Fleisz nicht mangeln.
Es hilft dennoch, was es helfen mag, solch stetiges einkäuen, ein=
bläuen und einstreichen; 41, 155 man musz uns anfangen und
anblasen, dasz wir den Herrn sollen preisen und dazu auch die
Wort fürkäuen und in den Mund streichen, wie dieser Psalm thut;
42, 31 Dem groben, harten Pofel . . dem musz man es furmalen,
blauen und kauen und auf alle Weise versuchen, ob man sie kann
erweichen; 44, 70 der Papst . . streicht und bläuet den Leuten
seinen Dreck ein; 65, 245 Item, ein Artikel ist vergessen, dasz
ein ehrbar Rat nichts thue, keine Macht habe, ihm nichts vertrauet
werde, sondern sitze da wie ein Götze und Zyfra und lasz ihm
furkauen von der Gemeinde wie eim Kinde und regiere also mit
gebundenen Händen und Füssen, und der Wage die Pferde führe,
und die Pferde den Fuhrmann zäumen und treiben. Vgl. auch
EA 49, 92 Das wollt er gerne uns eintreiben und einbläuen auf
diese letzte Predigt.

415. Wirdt sich fur leide bescheissen.

Vgl. etwa Wa IV 122 Er hat Scheiszangst; V 769 Angst 39
Er weisz sich vor Angst im Hintern keinen Rath.

Luther braucht sonst eine andere gleichbedeutende Ra EA 31, 235
Ich wollt nicht der Welt Gut nehmen, dasz mein Brief so auf=
rührisch lautet, als Herzog Georgen aufgelegter Eid; ich müsste

des Augenblicks für Leide sterben; 41, 61 dasz du für grossem
Gewissen und Craurigkeit krank wirst und für Leide sterben
möchtest.

_____

416. Ein schwerer vogel.

Vgl. Wa V 1794 Vogel 648 Sich einen schweren Vogel auf=
geladen haben (Fischer, Pfalter, 109ᵃ). — Der Ausdruck wird
Schiller=Lübben 5, 295 citiert und erklärt: Helena was en swar
voghel Parises [schwer abzuschießen, zu gewinnen]. Þe was lange
in der snoiden begheringhe teghen se etc. Eccles. f. 49ᵃ.

Bei Luther kann ich den Ausdruck nicht weiter nachweisen.

_____

417. Ochsen am berge stehen.

Wa III 1097 Ochs 342 mit der Erklärung: „Von denen die
sich durch ein Hindernis aufgehalten sehen, sich in irgend einer
Sache nicht zu helfen wissen. Nur Ochsen laffen sich bis zum
Stehenbleiben verblüffen".

Dietz I 258 vnd wirs fülen müssen im werck, wenn die ochsen
am berge stehen, das wir vns selber nicht helffen können (EA 35,
160). Sonst Weim. Ausg. XVI 19, 34 (EA 35, 37) Denn da in
dieser verfolgung der kinder von Israel die ochsen (wie man pfleget
zu sagen) am berge stehen und eitel tod und untergang dieses
Volckes fur augen ist, da wird Moses geboren; 35, 268 Es musz
zuvor alles zu Crümmern gehen und die Ochsen am Berge stehen ..
ehe denn sie erlöset werden; Seidemann, Lauterb. Tgb., S. 35
Es [Rom] hat sich warlich grosz geweret, praecipue in bello
Punico cum Carthagine. Da stundenn die ochssen am berg.

_____

418. Grosser vogel mus ein gros nest haben.

Vgl. Wa IV 1657 Vogel 258 Grosser vogel, grosz nest
(Egenolf 91ᵃ). 391 Uogel als nest; 491 Wie der Uogel, also das
Nest. Egenolf 207ᵇ Kleine vögelin, kleine nåstlin. Ein grosser
vogel mûsz ein grosz nåst haben. Grosse herren müssen vil ver-
zeren. Vil einnemens, vil auszgebens.

Luthern scheint das Sprw. vorgeschwebt zu haben EA 42, 76
also redet die hebräische Sprache, dasz sie Wohnunge oder Häuser
heisst Nester, welche die Uögel, sonderlich was grosse Uögel sind
als Habicht, Reiger, Adler pflegen hoch zu machen, dasz sie sicher
seien, ihre Jungen zu hecken, nähren und behalten. Also thun
die Reichen und grossen Herren auch.

419. Las die sporen vertrieffen.

Wa IV 731 Sporn 31. Vgl. Agricola 449 Lasz yhm die
sporen vertrieffen. Eyn Reütter, der im schnee vnd regen geritten
ist den gantzen tag, eylet gen abend in die herberge, wenn er
sich aber verspättet vnnd klopffet feindtlich an, so sagt man, thû
gemach gesell, lasz die sporen vertrieffen, das ist, verzeüch eyn
weil. . . Die ettwas begeren vnd es wirt yhnen nicht alsobald,
vnnd werden zornig daruber, zu denen sagt man, doch in yhrem ab-
wesen: lasz yhm die sporen vertrieffen, lasz yhn eyn weil warten.

Bei Luther habe ich sonst die Ra nicht gefunden.

420. Ein Dreck-, Scheis-kethe.

Es handelt sich hier offenbar, wie ich durch die Interpunktion
anzudeuten suchte, um 2 zusammengesetzte Ausbrücke. Ihr Sinn ist
wohl ein ähnlicher wie in 'luteus homo' (Otto, S. 202). Vgl. auch
Wa I 690 Dreckbartel; V 1190 Dreckapollonia. Den Namen Käthe

kann ich zwar in solchen Zusammensetzungen nirgends nachweisen, doch braucht Murner ihn von lüberlichen und nachläffigen Frauen, z. B. NB 65, 66 Lasz vógly sorgen ketterlyn; vgl. 73, 48; 81, 132. Möglicherweise spielt mit hinein der heute noch gebräuchliche Ausdruck „schnelle Catharina" = Durchfall, Simpl. I 144, 19.

Um Personen oder Sachen als verächtlich zu bezeichnen, braucht Luther ähnliche Zusammensetzungen EA 31, 176 Scheiszbann; EA 64, 324 Scheiszbischof; De W V 373 und Lösche 579 EA 64, 324 Scheiszpfaffe.

421. Feur ym arse.

Wa I 1006 Er hat Feuer 362 Er hat Feuer im Arsche: „Von einem Eilenden"; 350 Dem will ich Feuer unter den Schwanz machen: „Zur Eile antreiben; vom Wettrennen entlehnt"; I 1428 Gehen 203 Dei geit, als wenn emm der Arsch brennt: „Schnell". I 762 Ei 308 Man kann Eier in seinem Arsche braten (sieden): „In solcher Angst, Aufregung ist er".

Bei Luther vgl. den ähnlichen Ausdruck Nr. 110.

422. Speck ym nacken.

„Er hat Speck im Nacken" sagt man heute z. B. in Thüringen von einem dicken, starknackigen Menschen; hergenommen ist der Ausdruck vom fetten Schwein.

Belege kann ich aus Wa und Luther nicht beibringen.

423. Du bist der rechter klugelin, zeumest das pferd ym arse.

Vgl. Wa II 1415 Klügel 3; V 1507 Klügel 4; III 1318 Pferd 893; IV 1556 Verkehrt 1. —

Für diese Ra scheint Luther eine Vorliebe zu haben. Sie ist ihm Bezeichnung für Menschen, die alles besser wissen wollen und doch alles verkehrt anfangen. Seine Gegner müssen sich oft den ironischen Ehrentitel 'Meister Klügel' gefallen lassen. DWb 5, 1281 (vgl. 1287) findet in diesem Titel einen Nachklang aus heidnischer Zeit; es werde gethan, als gebe es nur einen Meister Klügel, der gleichsam bald hier bald da in den Menschen gefahren zu sein scheine. Vgl. z. B. EA 28, 371 Ja hie lässt sich König Heinze dünken, er sei Meister Klügel selbs; 37, 90 ein selbstgewachsener Meister Klügel; 39, 279 Meister Klügel, der schändliche, schädliche Mann, der alles besser kann und ist doch nicht der Mann. — Für die Ra selbst vgl. EA ² 20 II 562 Dasselbig sind die rechte Meister Klüglinge, . . die das Pferd im Hintern zäumen;

> 26, 305 Das heisst der rechte Meister Klügle
> Der das Rosz im Hintern zäumen kann
> Und reit rücklings seine Bahn
> Seiner Sackpfeifen Hall
> Ist der allerbeste Schall.

36, 193 Vernunft . . wills alles besser wissen und machen denn Gott . . und trifft's doch nicht, sondern zäumet das Pferd am un= rechten Ort; 39, 268 Das sind die Meister Klüglinge, die das Rosz (fur grosser Weissheit) im Hintern zäumen können, und nichts mehr können denn andere Leute urteilen und meistern, und wenn sie es in die Hand kriegen, so gehets alles zu Grunde mit ihnen. Gleichwie man spricht: Wer dem Spiel zusiehet, der kanns am besten. Denn sie meinen, wo sie die Kugel in die Hand

kriegten, wollten sie wohl zwölf Kegel treffen, da doch nur neune
auf der Leich stehen, bis sie erfahren, dasz neben der Leiche auch
ein Weg bei hin gehet; 40, 286 Solcher heilloser Leute hat der
Teufel itzt sonderlich unter den Rotten, da kein Sudeler nicht ist,
so er eine Predigt horet oder ein deutsch Kapitel lesen kann, so
macht er sich selbs zum Doctor und krönet seinen Esel, beredt
sich selbs fein, er künnte es nu alles besser denn alle, die ihn
lehren. Meister Klügel heisst man dieselbigen, die das Rosz am
Schwanz konnen zäumen; 43, 263 noch ist allenthalben derselbe
Meister Klugel, der sich so klug weisz, dasz er kann das Pferd
im Schwanz zäumen, so es doch alle Welt musz vorne im Maul
zäumen; 65, 105 die Welt will Meister Klüglin bleiben, und musz
immer das Rosz unter dem Schwanz zäumen, alles meistern und
selbs nichts können; Wrampelmeyer 645 Es geht mir wie dem
alten vnd seinem son mit dem esel. Wie ichs mache, szo taugts
nichts. . . Es kumbt ymer Meister klugling, ders pferd beim ars
zeympt. —

424. Kansts an der wigen sehen,
wenn sich das kind beschissen hat.

Vgl. Wa V 228 Wiege 30 (II 1411 Klug 109) Hei kan et
der Weige anseien, wann dat Kind kacken will; 35 Se könnt
et an de Wege seen, wenn dat Kind pissen will un Ha doen.
Aus Luther fehlen mir Belege; vgl. aber Nr. 390.

425. Du bist so klug als polter,
wolt den ars wisschen vnd brach den daumen zwey.

'Polter' scheint ein Eigenname zu sein, gebildet von poltern,
(vgl. holter di polter) und einen täppisch=eilfertigen Menschen zu
bezeichnen. Vgl. Wa III 1373 Polterer: Ein Polterer thut keine

grossen Thaten. Und ebenda: Ein Buller (Boller) hans. Oder es
hängt zusammen mit mnd. palte (polte), Lumpen (vgl. Polterkram,
Polterkammer) und ist = poltenere, Wallfahrer, Landstreicher (Schil=
ler=L. 3, 295). In Wittenberg hörte ich für einen unordentlichen
Menschen, der in der Eile seine Sachen nicht finden kann: Du hast
deine Sachen beisammen, wie Pullster (Polster) seine Bauern.
Hier könnte Polster aus Polter entstanden sein mit Anklang an
einen bekannten Eigennamen. Übrigens vgl. Agricola 93 Von eylen
kame nie kein gut. Denn Jungkfraw Porte eylete vnd nam yhr
nicht der weile, da sie stůlen gieng, das sie eynen wisch gemacht
hette, vnd ynn der eyle wil sie den hyndern mit dem finger
wüschen vnd zurbricht den daumen, vnd spricht zu yhr selbs:
Von eylen kompt doch kein gut.

---

426. Es zawet dir wie das pissen widder den wind.

Das heißt: Es geht dir nicht gut von statten. Zu 'zauen' vgl.
oben Nr. 212. Zum Sinn vgl. Wa V 251 Wind 104 Gegen den
Wind kann man nicht pusten (blasen); 132 Man musz nicht gegen
den Wind pissen; 231 Wer wider den Wind brunzt, der macht
nasse Hosen. DWb 7, 1869 die gegen den mon [Mond] gepisst
hätten (Fischart, Bienenkorb 193ᵇ); Philander (6. Gesicht) S. 451
Er schifft in dem Wind.

Bei Luther vgl. etwa EA 22,262 das wird uns gelingen wie dem
Hunde, der in die Stachel [eins Igels] beisst; De W II 674 Wider
den Strom fechten.

---

427. Schreibst, wie der weg gen Rom gehet.

Will wohl sagen: Du schreibst krumm. Vgl. Zingerle 122
Offt eins gewissen ist so lam
vnd krumbt sich wie der Weg nach Rom, Wolkenstein XXVI 390.

Vgl. Es ist so eben wie der Weg nach Rom, Simrock 8498.
Wa IV 1856 Weg 368 Wenn der Weg nach Rom gepflastert wäre,
könnte ihn jeder Hund finden.

Sonstige Nachweise für die Ra fehlen mir.

---

428. Klinget wie ein fortz ym bade.

Luther hat die Ra hier durchstrichen. Ihr Sinn ist derselbe
wie der von Nr. 430 und Wa II 1395 Klingen 17 Dat klingt as'n
Dotte Hede (eine Zotte Werg); 19 dat klingt as'n Pêr=Kötel in
de Kaputzmütze; V 1505 Klingen 34 Es klinget wie wenn Grosz=
vaters Mütze von der Ofenbank fällt.

Ich kann die Ra sonst nicht nachweisen.

---

429. Es wil hund oss malen.

Der lateinische Zusatz Luthers: 'molere quod canis edit' er=
klärt den Ausdruck 'hund oss' (Hundaß); vgl. DWb 4 ², 1919;
Schmeller, bair. Wörterbuch I 1128; Grimm, Rechtsalt. S. 352.
Das Hundefutter bestand vielfach aus Kleie oder grobem Mehl.
Die Ra will also sagen: Die Mühle giebt so schlechtes, grobes
Mehl, daß es gerade zum Hundefutter taugt.

Da mir jeder weitere Beleg für die Ra fehlt, kann ich nicht
sagen, ob sie auch in übertragenem Sinne gebraucht wird. Den
Ausdruck oß, aß finde ich sonst z. B. in der deutschen Über=
setzung der lat. Predigten über die 10 Gebote, die von Adam Petri
in Basel veranstaltet ist, Bl. IXª wie etlich wyber mit heimlichem
ding, das von jnen kumpt ein osz machen, das offt ein mensch
daruon sterben musz von vnsinniger lieb. Gemeint sind hier Liebes=
tränke oder Speisen, philtra amoris, vgl. Weim. Ausg. I 407, 12.

---

430. Klinget, als wenn man dreck mit peytzschen hewet.

Vgl. Wa II 1396 Klingen 30 's klingt als wenn man a Furz (a Dreck) mit Peitschen hiebe; II 1832 Lauten 4 dann es stehet ihnen offt an, wie dem Zaunstecken menschliche Kleyder, und lautet, als wenn man einen s. v. Kühedreck mit Ruthen hauet (Simpl. IV 385, 22).

Der Sinn ist kein andrer, als wenn Luther sonst einfach sagt: EA 15, 375 Das klinget und klappt nichts; 30, 165 Es klappet und klinget nicht.

---

431. Gewis wie ein fortz ynn der reusen.

Vgl. Wa I 1665 Gewiß 17 Das ist so gewisz wie der Furz im Schnupftuch; IV 550 Sicher 12 Das ist so sicher wie ein Dreck (holländ. een scheet) im Fischnetz; V 1260 Fest 20 Er hat es so fest wie einen Dreck im Fischnetz.

Fehlt, soviel ich sehe, sonst bei Luther.

---

432. Feucht wie ein Bade —— ym arse.

Vgl. etwa Wa III 966 Naß 23 So natt as Mist. — Hier hat Luther, wie es scheint, Bedenken getragen, den der gemeinsten Volks= sprache entnommenen Ausdruck dem Papier anzuvertrauen. Ich habe ihn auch sonst nirgends angetroffen. Die Chiffern b s t f (siehe S. 22) sind hier aufgelöst. Die durch —— in der Handschrift angedeutete Auslassung ergänzt man wohl am einfachsten durch fortz aus der darüber stehenden Ra; für die daraus sich ergebende Zu= sammensetzung hat DWb allerdings keinen Beleg.

---

433. Weis nicht, wo er daheym ist.

Vgl. Wa I 548 Daheim 33 Er ist nicht daheim, er weisz
aber sein Haus nicht; II 423 Haus 617 Er kann sein Haus nicht
wiederfinden. Unter vielen ähnlichen zur Bezeichnung überraschender
Dummheit dienenden Ra fehlt aber diese bei Wa. — Rollwagenb.
LXVII erzählt von einem guten, dummen Pfaffen, der sich Nachts
im Walde verirrt, am Morgen 'gieng er so lang, bisz er ausz
dem wald kam. Do sahe er erst, wo er daheimen wasz'.

Bei Luther einmal nachgewiesen: Dietz I 387 die rabinen selbs
vnternander offt hierin nicht wissen, wo sie daheimen sind. —
Sonst vgl. EA 44, 215 Wie ein Vater seinen Kindern thut, den
man als Narren viel musz zu gut halten, so thut er allhier mit
diesen armen Thoren, den zweien Jungern, die daher narren und
allfänzen und wissen nit, wo sie daheim sind. — Vgl. auch
65, 196 so wirds Gott alles lassen gut sein, der ihnen indesz soviel
giebt, so hilft, so segenet, so hebt, dasz sie fur grossem Glück
trunken werden und drinnen ersoffen nicht achten, wo sie daheimen
sind; 48, 238 Da weisz ich denn, wo ich daheim bin und gehe
im Licht daher und weisz, wo ich meines Glaubens gewarten soll.

---

434. Wie ein katze vmb den brey.

Wa I 1490 gehen 239 Er geht wie eine Katze um den heissen
Brei; III 1802 Sache 364 Er geht um die Sache herum, wie eine
Katze um den heissen Brei. Lat.: Caute rem tractat. II 1208
Katze 930. — Egenolf 221ᵃ Wenn der zimmerman vmb das holtz
vmbhergehet, wie ein katz vmb den heissen Brey, so fallen wenig
Spän darvon.

Dietz I 343 weist bei Luther die Ra einmal nach: Solchs
fulet der schwermergeist wol, drumb geht er vmbher wie die

katz vmb den heissen brey (EA 30, 160). Wrampelmeyer 1665
Multi multa loquuntur de spiritualibus, vnd ist doch noch keiner
gewest, qui pure Christum praedicasset. Gehen alle vmbher,
wie ein katz vmb ein heissen brey. — Weim. Ausg. VII 687, 31
(Reim von D. Murner):

> Nebenn dem brey her umher schlicht,
> Dartzu er doch will greiffen nicht.

435. Das kurtze mit yhm spielen.

Fehlt Wa. Den Sinn giebt DWb 5, 2832 keine Umstände
machen.

Bei Luther vgl. EA 26, 72 Denn da er sahe, dasz kein
Richter da war, nahm er sich selbs des Ampts an und richtet
auf viel Kammergericht. . . Als nu kein Kläger, Juristen, noch
Zeugen da waren, spielet er des kurzen und liesz ein schleunig
Recht gehen, die Mordbrenner mussten uber sich selbs Kläger,
Juristen und Zeug sein und ihr eigen Wort selbs reden; 31, 318
Er [der Teufel] ist fast kurzweilig, wenn er disputiert, denn er
spielet des Kurzen und macht nicht Langeweile, wo er den Mann
allein daheim findet; 25, 290 Denn solchs trieben sie bald nach
dem Nicäno Concilio (welchs mit ihnen des kurzen gespielet hatte
und den Glauben gestellet, wie er noch vorhanden); 65, 171 Dar=
umb spielen des Kurzen, nämlich mit Feuer, Schwert, Morden und
Blut frommer Leute; De W V 164 Ich hab euern Rath mir wohl=
gefallen lassen, dasz mein lieber Schwager N. soll des Kurzen
spielen und (damit weiter Unkost verkommen) zu Stolpen lassen
das Urteil sprechen.

Von ähnlichen mit 'spielen' zusammengesetzten Ra vgl. EA
36, 222 beteten der Heiden Götter an, bis auch endlich Gott hinter
ihnen her war und spielet das Garaus mit ihnen; 52, 427 bis

das Stundlin kam, an wilchem die Römer das Garaus mit ihnen
spielten. 36, 297 der Letzte mit dir spielen. 34, 4 Gott hat ihn
auch lieb, und als er siehet, dasz er ihn so lieb hat und recht
daran thut, denket er: harr, ich musz mit ihm spielen. 26, 291
des Ungewissen spielen; 27, 165 des Gewissen spielen und das
Ungewisse fahren lassen; 31, 59 das Ungewisse fahren lassen
und des Gewissen spielen; De W IV 533 das Gewisse spielen.
Hierzu vgl. Weim. Ausg. XI 380, 14 Ich will nur des gewissesten
geramen.

Zu der Ra GA 32, 337 dasz sie [die Nazarener] nu sollten
diesen Jesum, mit dem sie der Köten (wie man spricht) gespielet hatten, nicht allein fur den rechten Messiam halten, ist
in meinem Exemplar der Jenaer Ausgabe (1562) Bd. VIII 129ᵃ
von alter Hand am Rande bemerkt: von diesem Köten spielen hatt
mir mein vater seliger Michael Hun viel gesaget, das es in seiner
Jugent, ettwan 1500, das beste spiel mit den Köten gewesen.
DWb 5, 1885 Köte = Gelenkknochen, Würfel; die Ra bedeutet
Kinderspiele spielen.

---

436. Der peltz ist wol verkeufft.

Für die Ra fehlen mir alle weiteren Belege, wenn nicht etwa
hierher gehört DWb 12, 620

Die mag man wol fur narren tauffen
die im winter den beltz verkauffen (Fischart, Großm. Neudr. 7);

oder Waldis, verl. Sohn, 680 De brade ist all reyde vorkofft,
d. h. Du kommst mit deinem Liebesantrage zu spät.

---

437. Er schlecht yhn ynn den nacken.

DWb 7, 239 citiert im eigentlichen Sinne:

ich schlueg im mit der kunkel mein
auf seinen nack (Faſtnachtſp. 485, 31);

in übertragenem (Sp. 242): Der alte Lutheraner würde mich noch
zu oft in den Nacken schlagen (Leſſing 10, 201) = wieder zum
Vorſchein kommen. Vielleicht iſt die Ra hier zu verſtehen von
heimtückiſcher, übler Nachrede; vgl. Wa III 854 Nackenſchläge 2
Einem Nackenſchläge geben; oder iſt es der Schelm, Schalk, der
zum Vorſchein kommt? Vgl. Nr. 438. Beim Fehlen weiterer Be=
lege aus Luther und ſeinen Zeitgenoſſen iſt es ſchwer zu entſcheiden.

438. Er hat yhn hinder den ohren.

Vgl. Wa III 1131 Ohr 172 Er hat es hinter den Ohren:
„Von einem Menſchen, der ſtill und einfältig ausſieht, zu ſeiner
Zeit aber ſich ganz anders zeigt". IV 79 Schalk 9 Der Schalck
ſchläfft offt hinter den ohren; wenn er erwacht läſst er ſich erſt
ſehen. 153 (154; 155; 156) Er hat den Schalk (daumesdick)
hinter den Ohren (im Herzen; im Nacken). Tappius Nr. 447 Er
hat viel flohe hinder den ohren.

SZ Vorrede: Ich reib mich eyns ans ſchelmen beyn,
Do ich dennocht was noch kleyn
Und kurtzelichen erſt erboren,
Hatt ich den ſchalk hinder meyn oren.

NB 63, 15 Das hat er kündt in iungen ioren,
Wie eim ſchalck ſy hindern oren.

Bei Luther vgl. EA 22, 62 Sie ſchreiben . .; gerad als wäre
es ihr Ernſt und man den Schalk hinter ihren Ohren nicht merkt.

439. Hat ein scheitt ym rucken.

Wa IV 126 Scheit 6 Er hat ein Scheit im Rücken, kann sich drum nicht bücken. Anm.: „Tregt ainer den leib vffgestreckt, man sagt im steck ain scheytt im ruck, woa er goat oder reitt, Hätzlerin II 13. 850." 8 S. Gregorius Scheit stecket jhm im Rücken. Hierzu vgl. Agricola 169 Man sagt inn schertzweise von dem vnnutzen, mussigen volcke, als von schreibern, pfaffen vnd mün= chen, dasz Sanct Gregorius komme mit einem scheyte, als bald man sie inn die schule tregt, vnd schlage yhnen den rucken entzwey, daher es auch kompt, dasz dasselbige volck nicht arbeyten noch sich bucken kan. — Man sagt auch, es habe einer ein Bret im Rücken Wa V 1052 Bret 35; einen Ladestock verschluckt, Wa I 1429 gehen 226; V 1562 Lineal 3; ein Schelmenbein und faul Fleisch, Wa IV 135 Schelmenbein 2 und Anmerkung. — NS 63, 25 f. sagt vom Bettler:

Man das er sich nit wol mag bucken,
im stäckt ein schelmenbein im rucken.

SZ 4   der eysenbeyser:

Den schelmen ist der pflüg zü schwere
Und wellend sich nit dornach bucken
Eyn schelmenbeyn handt sy im rucken.

NB 25   Schelmen bein im rucken

Kumm hieher, narr, vnd lasz mich gucken!
Du hast ein schelmen bein im rucken,
Und weisz nit, wie ichs mit dir thü,
So du hast ful fleisch auch darzü.

Bei Luther finde ich sonst nicht die in der Handschrift ge= gebene Ra, sondern nur die verwandten EA 32, 238 Denn es taug nicht, dasz sie [die Juden] uns verfluchten Goim wollten lassen

im Schweisz unsers Angesichts erbeiten, und sie, die heiligen
Leute, wolltens hinter dem Ofen mit faulen Tagen, Feisten und
Pompen verzehren und drauf rühmen lästerlich, dasz sie der Chri=
sten Herren wären von unserm Schweisz, sondern man müsste
ihnen das faule Schelmenbein aus dem Rücken vertreiben; 39, 301
Der Papst, Bischofe und das ganze Papstthum sollten wohl des
Evangeliums und der Seelen warten, so haben sie den faulen
Schelmen im Rücken, müssten dafür die Welt regieren, Krieg
führen . . ; De W V 19 würde ich auch mit Aurifaber lesen von
einem entlaufenen Mönch, der nicht arbeiten wollte: 'mihi rursus
aufugit propter **Schelmenbein im Rucken**' statt 'Schelmereyen
im Nacken'. Von Trotzigen sagt Luther EA 15, 205 eiserne Rucken
haben; 36, 402 lassen ihnen nicht sagen . . als hätten sie Eisen
und Stahl im Halse, das Niemand brechen kann.

---

440. Ein weiser man thut kein kleine torheit.

Wa III 97 Leute 1267; V 127 Weise 30 ff. V 131 Weise (der)
16; 83; 95; 106; 131; 146.

Luther liebt das Sprw. augenscheinlich eben so sehr als Nr. 7.
Vgl. Weim. Ausg. I 696, 24 Die weysen tund nit klain torhait;
XX 85, 3 ff. (= 21 ff.) Sapiens non facit ein klein torrheyt, obs-
curus et privatus non est in propatulo, quando facit aliquid,
ghets wol hin; si princeps, totum regnum videt.   De W V 418
Es mügen weise vernünftige Leute sein, die also harren und ihre
Seligkeit setzen auf menschliche Satzung, aber sie erfüllen das
Sprichwort: Ein weiser Mann thut keine kleine Thorheit; VI 268
wie man spricht: ein weiser Mann thut keine kleine Thorheit.
EA 30, 6 Doch ein weiser Mann soll keine kleine Thorheit thun;
39, 248 Hie gehets warlich, dasz man sagt: Grosse Diebe lassen
kleine Diebe henken, und grosse Mörder lassen kleine Mörder

25*

töten. Denn wie man spricht: ein weiser Mann thut keine kleine
Thorheit, also kann auch ein grosser Mann keine kleine Untugend
begehen, gleichwie widerumb können sie auch kein kleine Weis=
heit und Tugent begehen, weil sie gesetzt sind in den Standt, da
sie eitel grosse Ding thun müssen, es sei gut oder böse; 39, 289
Darumb ists sehr wohl geredt: Die Gelehrten die Verkehrten.
Item: Ein weiser Mann thut keine kleine Thorheit. Und zeugen
alle Historien, auch die Heiden, dasz die Weisen und gut meinende
Leute haben Land und Leute verderbet. . . ; 44, 35 wie man
spricht: Kein geringer Mann richtet Ketzerei an, sondern grosse
Leute. Item: grosse, hohe Leute begehen grosse Thorheit und
narren grobe Werkstücke; 47, 98 Aber man pfleget zu sagen:
Es sind gleich wohl weise Leute gewesen. Antworte dem du: Ja,
weise Leute thun denn auch keine kleine Thorheit; 48, 237 Der
Herr Christus aber zeiget damit an, dasz wenn die weisen Leute
anfahen zu narren, so begehet ein weiser Mann keine kleine
Thorheit, sondern sie werden mit ihrem Toben und Wüten je länger
je sehrer unsinniger. Vgl. auch EA 44, 54 Sprichwort: Es ist ein
einfältiger guter Mann, der do keine Ketzerei anrichtet.

---

441. Es ligt an eym guten ausleger.

Wa I 193 Ausleger 1 Es liegt viel an einem guten Ausleger;
vgl. I 193 Auslegen 6 Wenn man etwas wohl auslegt, so ist
alles gut.

Bei Luther vgl. Dietz I 175 es ligt an einem guten ausleger,
spricht man (EA 26, 195). Sonst EA 41, 68 Hie liegts denn
wahrlich an einem guten Ausleger, der den Teufel mit diesem
Vers überschreien und überwinden möge; 50, 306 Solchs wäre
fein und recht geredt. Aber es liegt alles an einem rechten Deuter
und Ausleger. Also auch Kaiphas Ratschlag ist an ihm selbs ein

giftiger böser Ratschlag, aber S. Johannes giebt ihm eine gute
Deutung und Auslegung. Vgl. auch De W II 237 Es hat mich
M. Wolfgangus gebeten . ., dasz ich E G schreiben und ver=
mahnen wollt, guter Mittler und Ausleger zu sein fur meinen
gnädigsten Herrn.

442. Torheit macht erbeit.

Wa IV 1162 Thorheit 45 weist die die Ra aus Mathesius,
Sirach 36ª nach. Belege aus Luther fehlen mir.

443. Torlich wort bringen torlich werck.

Fehlt Wa; vgl. etwa V 421 Wort 556 Treulose Worte, un=
treue Thaten; 557 Übrige Wort bringen übrige Werk.

Bei Luther vgl. Wrampelmeyer 692 Torichte rede bringt torichte
werck. Quod contigit Barbitonsori Ducis Hassiae, qui dixit:
Itzt ist ein gnediger in meiner Hand, et non bonum inde retulit
praemium. — Vgl. auch EA 39, 315 Ein verkehret Herz wird
freilich auch verkehret Wort und Werk haben.

444. Geduld behellt vnschuld.

Vgl. Wa I 1401 Gedulb 13 Geduld behält das Feld; 23 Ge=
duld erhält Gottes Huld; 24 Geduld frisst den Teufel; 89 Gedult
bringt huld, vergibt alle schuld; 131 Gedult, vnschuld vnd ein
gut gewissen kan alles ausstehen, und ähnliche.

Zingerle 47 Swer hat gedultige site
dem volget ere und saelde mite. Cato 227.

Luther hat in der Handschrift erklärend hinzugefügt: quia tuta est [ich verstehe: patientia] conscientiam non laesisse. Iuxta illud 'Melius est iniuriam ferre quam inferre'. 'Patientia sine conscientia'.

Eine Anspielung auf das Sprw. findet sich vielleicht EA 27, 138 niemand warte warte von mir noch huld noch Geduld, wer meinen herrn Christum . . und den heiligen Geist zu Lugnern machen will. Im Sinne des Sprw. führt Luther zum Preise der Geduld an Weim. Ausg. XX 127, 3 Ut in proverbio: Nota mala, optima mala. Ovidius: quod male fers, assuesce et feres; S. 170, 17 Sic gloriantur Romani de suo Fabio, quod cunctando fregerit Hannibalem. Sic noster Fridericus Saxo Erfordianos tumultuantes silendo compescuit et ultus est. Sic quoque Vergilius [Aen. V 710]: Superanda omnis fortuna ferendo est.

Zu dem Spruch Melius est iniuriam ferre quam inferre vgl. Wa I 333 Besser 275; als Quelle hat man wohl anzunehmen Cic. Tusc. quaest. V Accipere praestat quam facere iniuriam.

---

445. Trewme sind lugen.
Wer yns bette scheisst, das ist die warheit.

Vgl. Wa 1293 Traum 7; 18; 19; 35; 47.

NB 74, 67 Es mant mich, wer valsch freüden macht,
     Als ob im trömpte in der nacht,
     Wie er ein schatz gefunden hett,
     Und er geschissen hat ins bett;
     So würdt im vsz der grossen freidt,
     Wann er wacht, ein stinckents leidt.

Dieser Stelle und dem Sprw. zu Grunde liegt ein bekannter Schwank, sehr komisch erzählt Rollwagenbüchlein XXXVII; in Facet.

Poggii (im Anhang zu Bebels Facetien 1555) fol. 120 und Frey,
Gartengesellschaft 77. Vgl. Spanier, Anm. zu NB 74, 68.

Luther hielt von Träumen nichts; vgl. Lösche 5 Ego nec
somnia nec signa curo. Auf das Sprw. oder die zu Grunde
liegende Geschichte spielt er an EA 30, 3 f. welcher König oder Fürst
meinet, dasz sich der Luther fur ihn demütige . . der betreugt
sich selbs weidlich und macht ihm selbs einen gülden Traum, da
er eitel Dreck finden wird, so bald er aufwacht; 35, 22 Es ist
gleich, als wenn einer im Schlaf Geld findet oder eine Stadt ge=
winnt; da deucht einem im Traum, dasz es Ernst sei, aber wenn
er aufwacht, ist nichts dahinter; 52, 276 Denn gleich, als wenn ein
Mensch im Traum liegt, so gehet er mit Bilden umb und meinet,
er habe etwas; wenn er aber auf wachet, so ist nichts da. Zu
Weim. Ausg. XX 90, 15 Quid habet inde? somnia. Quid sunt?
nihil, psalmus. Hinc natum proverbium (vgl. Zeile 33 nihil
nisi somnia sequentur, quae expergefactum frustrantur) hat die
Bearbeitung des J. Jonas (Altenb. Ausg. V 1229) so wird doch
nicht mehr draus denn ein Traum; als wenn einem träumet, er
finde einen Schatz, und wenn er auffwachet, so ist nichts da.
Zu XX 111, 10 Si quis potest persuaderi aurum et lutum idem
vgl. Altenb. Ausg. V 1238 Also sind Mammon und des Teuffels
Volck, reich, wie der Teuffel Schätze offenbaret; nach Duncken und
im Gesichte ists Goldt, an ihm selbst nichts denn Kohlen oder
Koth ꝛc.

446. Er hats am griff wie ein fiddeler.

Vgl. Wa II 136 Griff 7 Das ist der rechte Griff auf der
Lauten; 10 Er hat den Griff weg; 13 Er hat es am Griff wie
der Schuster das Wort Gottes mit der Kneifzange; 14 Er hats im
Griff: „Ist geübt darin"; 16 He hett et im Griff, as de Pracher

de Lus; V 1379 Griff 20 Der hats im Griffe, wie die Zigeuner das Stehlen; 21 I habs im Griff wie der Metzger den Stich.

Dietz II 167 erklärt Griff: „bei Luther gewöhnlich in uneigent= licher Bedeutung für geschickte Behandlung einer Sache, Kunstgriff" und giebt dafür viele Belege; für die Ra nur: nicht gewissers haben sie jr lebtag gehabt, denn solche jre eigen weissagung; sie hattens am griffe wie die fiddeler (EA 41, 34). — Außerdem vgl. EA 48, 125 sie gaben für: O kömmet nur der Kaiser ins Deutschlande, so wird er die Lutherischen Mores lehren; des waren sie auch ge= wisz; wie es der Fiedeler am Griffe hat. — Vgl. auch EA ² 17, 33 und 22, 91 den Griff treffen, und 43, 331 Sollts doch ein Blinder wohl greifen am Strauch.

---

447. Ein henne scharret mehr weg, denn 4 hanen erzu scharren.

Luther sagt Lösche 585 Der man soll erwerben, sed mulier soll ersparen. Drumb kann das weib den man woll reich machen, den der ersparte pfenning ist besser denn der erworbene. Daß es oft genug anders geht, sagt das obige von Luther sonst, so viel ich sah, nicht gebrauchte Sprw.

Vgl. indessen Wa II 801 Huhn 71 Ein Huhn kann mehr aus= einanderscharren als zehn zusammenbringen. 72 Ein Huhn kratzt mehr vom Hauf als zehn drauf; II 509 Henne 3 Alle Hennen scharren aus einander, keine zusammen; 60 Ein Hänn kan mehr zerscharren als ein Han zusammentragen; 61 Ein Henn scharrt alle mal mehr (von) dannen, dann zuhin tragen siben Hanen; 104 Es kan die Henne mehr vom Hauffen scharren, denn zehen Hanen hinzutragen.

---

448. Alte kühe zigen lecken gerne saltz.

Wa II 1665 Kuh 11; 56. — Am besten zeigt den Sinn des Sprw. Höfer [7] 1939 Alte Küh' schlecke au gern Salz, sagte das alte Weib, als sie einen jungen Burschen heiratete. Vgl. auch Tappius 536 Anus bacchatur. In eos dici solitum, qui praeter aetatem indecore lasciviunt; 357 Anus hircissat: de anu adhuc intempestiva libidine prurienti et, ut ait Plautus, catulliente.

Bei Luther fand ich sonst das Sprw. nicht gebraucht.

---

449. Ritter on muhe Kalbfleisch on geel bruhe.

Priamel ohne Prädikat; zu ergänzen etwa nach Wa II 1693 Kuhfleisch 4

Kühefleisch in gelber Brühe,
Ein Ritter ohne Mühe,
An diesen beiden ist verlohren
Der Safferan vnd die gülden Sporn.

Anm.: „Ritter ohne Mühe nannte man diejenigen Ritter, welche entstehen, wenn ein König gewählt wird oder Lehen verleiht (Graf 40)." Vgl. dazu Wa III 1697 Ritter 25 Viererley Ritter seind . . . Die fünften seind, wenn ein römischer König erwählt wird, die nennt man Ritter ohne Mühe; III 1699 Ritterschaft 6 Ritterschaft will Arbeit haben.

Das Sprw. besagt also, daß Jemand, der ohne Mühe Ritter werden, Titel und Ehren haben will, so wenig zu achten sei, als Kalbfleisch ohne gelbe Brühe.

Direkte Belege für das Sprchw. finde ich nirgends; doch spricht sich Luther öfter in dem angedeuteten Sinne aus, z. B. EA 15, 87

[Christus] ist durch Kreuz und Leiden der oberste und teuerste Ritter geworden; 25, 101 Wollen sie Ritter werden an der Unsern Blut, so sollen sie es mit Fahr und Sorgen werden, wie sichs redlichen Rittern gebührt; 29, 286 So sollt nun dieser toller Geist also wider uns gefochten haben . . und sollt beweiset haben, dasz wirs nicht drinnen hätten, so wäre er ein teurer Ritter worden; 36, 364 Auf diese Weise würden wir zu rechten Rittern geschlagen und alle Feinde verachten können; Weim. Ausg. II 124, 6 also bleiben sie faule, feltfluchtige arme ritter, die nit angefochten noch streiten wollen. — Die Ra 'zum Ritter werden wollen an Jemand, der sich nicht wehren kann', braucht Luther im spöttischen Sinn z. B. EA 37, 299; 38, 439. 'Kalbfleisch' dient im Sprw. sonst zur Bezeichnung der unerfahrnen und übermütigen Jugend vgl. Wa II 1109 Kalbfleisch. So bei Luther: Lösche 277 Ihr habt viel Kalbfleisch; und vielleicht auch Weim. Ausg. XI 380, 25 Also hatt er auch hie ym Munchkalb uber die prophetische deuttung an zeygt, was die Munche fur leutt sind. Unnd vielleicht auch, das solch unfall uber die wellt kommen werde umb der geystlichenn misse=thatt willen, die durch yhr fleyschliche lere den glauben vertilget und die wellt zu kalbfleisch gemacht haben.

Dem Sinne nach wäre dann auch ein Reimspruch hierherzu=ziehen, den Luther über Tisch sagte (Tischr. Aurifaber 1566, Bl. 613[b])

Herrschaft ohne Schutz,	Reichthumb ohne nutz,
Richter ohne Recht,	Lotther vnd Spitzknecht,
Bewme ohne Frucht,	Frawen ohne zucht,
Adel ohne Tugend,	Unuerschempte Jugend,
Hochmütige Pfaffen,	Buben, die vnnütz klaffen,
Böse eigensinnige Kind,	Leute die niemands nütze sind,
Neidische Mönche,	Geitzige Platthen.

Mag man auff Erden wohl gerathen.

450. Nymer ynn einem stall stehen.

Wa IV 769 Stall 39 Sie stehen nicht in Einem Stall; vgl. 38; 34 Die passen nicht in Einen Stall. — Egenolf 313ᵇ Nicht in einem Stall stehen: Nit in gleichem Joch ziehen; 341ᵇ Schön vnd fromb seyn steht selten in einem Stall, dann man lässt das schön, spricht man, nit fromb sein.

NB 95, 127 Myn mütter, herr, die müsz ich schlagen.
Ich gloub, das sy sey langest todt,
Der tüfel in ir hut vmbgodt.
Sie flucht vns offt schentlichen all,
Wir stondt nit glych mit ir im stall.

Vgl. NB 95, 94 [der pfaff] strafft vnser wesen
als ob er vns hett vffgelesen
in dem dreck vnd hett der schwyn
Mit vns gehiettet by dem ryn.

Bei Luther EA 15, 384 Denn die zwei kommen sonst nicht miteinander überein, stehen nicht beieinander in einem Stall, Gottes Gnade oder Geschenke geben und abverdienen; 38, 230 Denn Gottes Ehre und unser Ehre können nicht beisammen in einem Bette liegen. Also auch können Gottes Name und unser Name nicht in Einem Stall stehen miteinander. Vgl. Nr. 76.

––––––––––

451. Was die kinder sehen, das wollen sie han.

Vgl. etwa Wa II 1313 Kind 935 Wenn die Kinder essen sehen, so wollen sie auch essen; IV 513 Sehen 315 Was er sieht will er haben.

Weitere Belege fehlen mir.

––––––––––

452. Besser die iungen weinen denn die alten.

Wa I 328 Besser 76; vgl. 106; II 1271 Kind 29; 292 ff.;
682. — Agricola 636 (vgl. 651; Egenolf 249ᵃ; 336ᵃ) Es ist
besser das kindt weyne dann ich. — Darumb wenn das kindt
seinen willen will haben, so strafft es der weise vatter, ob es
schon darumb weynet, so ists besser das kind weyne in der
jugent, denn der vatter im alter. Tappius 12 Praestat uni malo
obnoxium esse quam duobus . . Es ist besser, das kind weine
dann der vatter.

Kommt, soviel ich sehe, in Luthers Schriften sonst nicht vor.

***

453. Am besten der beste kauff.

Wa II 1216 Kauf 2; vgl. 15 Der teuerste Kauf, der beste
Kauf; 18 Ein wohlfeiler Kauf ist nicht immer gut, und ein teurer
nicht immer schlecht; II 185 Gut 22 Das beste Gut ist der beste
Kauf. Guter Kauf ist billiger Kauf, DWb 5, 320. Sprich=
wörtlich. Mathesius XIII: Predigt, S. 321 Euch meine Pfarrkinder . .
vermane ich . . wöllet diesen schatz erkennen, Gott vnnd seinem
auszerlesnen werckzeug, für die Deutsche Bibel dancken . . vnnd
darneben mit . . warhafftigem ernst die auszleger hören, die euch
Gott durch richtige wahl vnd beruff zugeschickt: Am besten ist der
beste kauff. — Am gebräuchlichsten ist heute die Form Wa V 972
Beste (das) 63 Vom Besten ist der beste Kauf.

Bei Luther finde ich sonst nur das verwandte Sprw. EA 5, 23
Geschenkt Gut kommt am teuersten an; 33, 305 wie man spricht:
es wird nichts teurer gekauft, denn das man geschenkt nimmt.

454. Heis fur dem kopff.

Vgl. etwa Wa II 1524 Kopf 591 Einem den Kopf warm
machen; II 483 Heiß 14 Einem heisz machen; 15 Es geht heisz
her. P. Gengenbach, (Nombißt) S. 307

B. 561 Schuch, wie ist der kopff so heysz!

NB 85, 7 Und schlecht mir dann die flam in kopff . . .

Rollwagenb. 89 (Kurz, S. 158) jr müst ein wenig gemach
traben; wie kent jr so ein heissen kopff haben?

In der hdschr. Form finde ich die Ra nur Altenb. Ausg. V 1275
in des J. Jonas Bearbeitung des Pred. Salomo (11, 9): Junge Leute
sind heisz vorm Kopff, und sind noch vieler Dinge unerfarn, darumb können sie nicht weichen oder die grosse Bossheit und Un-
danckbarkeit der Welt tragen. Vgl. dazu Weim. Ausg. XX 190
Fervet enim iuventus adfectibus et est imperita; quae im-
peritia obstat, ne possit postea ferre vel cedere maliciae mundi
vel ingratitudini. Sonst vgl. etwa EA 15, 474 Da fället man
hin und laufen zu, als brennten uns die Köpfe; 24, 177 Wanne,
wanne, da wills heisz herausgehen; 30, 398 rauschen fürüber als
brennet ihn der Kopf, dasz ihn der Schweisz ausbricht.

---

455. Hat ein heisse stirn.

Dieser Ra entspricht Nr. 454 dem Sinne nach. EA [2] 20 II 87
Wäre der Bauer ungeduldig und kurz angebunden, wie man solcher viel findet, die da heisz sein für der Stirn und nichts leiden
können, so sollt er wohl auffahren und meinen Hans Pfriemen
gröblich abweisen. Vgl. auch EA 27, 23 wer so harte Stirn hat,
dasz er von solchem grausamen und unerträglichen Drauen Gottes
nit erschrickt selber; 41, 33 Das beste ist, dasz sie harte Stirn

haben; 50, 359 Die Jüden haben eine harte unverschampte Stirn, wie ein Demant.   Vgl. auch Jef. 48, 4 deine Stirn ist ehern; EA 28, 169 eiserne Stirn und eherne Nacken.

456. Er ist vnter den hünern gesessen.

Wa II 808 Huhn 245 giebt die Ra mit einem nicht genauer bestimmten Citat aus Mathesius, Sirach: Er ist ein Fantast vnd hat eigen drauff gemarckt, wie vnd was die Hüner essen, vnnd wenn sie pissen vnd nicht pferchen; ebenda 216 citiert Wa aus Keller, das im Sprichwort redende Schlesien u. s. w. 1722, (Mpt.): Ne, ne, der hot wul egen hoite unter a hinern geschloffen, dosz a su klug is.   Oder hot a vieleicht die Klugheit gor gefrassen?

Luther spielt auf die Ra an, um Überklugheit und Überhebung zu verspotten EA 25, 69 das mügen mir warlich scharfe Doctores heissen, die etwas höher, denn unter den Hühnern gesessen haben; 50, 327 darnach darf mans den lieben Junkern nicht sagen, dasz sie aller Buberei vollstecken, die man nur suchen und erdenken kann; sie sind viel zu rein dazu, dasz mans ihnen nicht sagen darf.   Sie sind mit ihrer Heiligkeit uns viel zu hoch gesessen.

457. Ey ist kluger denn die henne.

Wa I 751 Ei 33; 41; vgl. 37 Das Ei lehret das Hun und die Kachel den Töpfer und viele ähnliche. — Andreas Poach, Vier Predigten von der Todten Auferstehung (von Luther gehalten 1544; hg. 1563) sagt in der Einleitung (Altenb. Ausg. VIII 379ᵃ): Und ist hierin das ärgeste, das solche unzeitige Klugheit nicht unrecht, sondern recht haben wil.   In andern Regimenten hat sie die Ver= nunfft wider sich, wird auch von der Vernunfft als unrecht gestrafft und verworffen, wie die Sprichwörter bey den Griechen und Römern zeugen: 'Sus docet Minervam' und bey den Deutschen 'das Kalb lehret die Kuhe kalben' und 'das Ey lehret das Hun'.

Bei Luther EA² 20 II 563 Ei, es stehet fein, wenn das Ei will kluger sein denn die Henne; ein schöne Meisterschaft musz das sein, wo die Kinder ihren Vater und Mutter, die Narren und Thoren weise Leute regieren wollen. — Vgl. das naheverwandte Sprw. EA 31, 335 Das mag heissen: Sus Minervam. Hie lehret Ei das Huhn und Kachel den Töpfer; 39, 279 Sonst gehets wie man sagt, das Ei lehret das Huhn, und die Sau meistert Gott und Phormio rüstet Hannibal; 49, 320 Sie [die Welt] soll von mir hören und lernen, so will sie klüger sein und mir fursagen, wie ichs machen soll. Da lehret das Ei das Huhn; Wittenb. Ausg. Tom. lat. V 29 Sus docet Minervam . . et in re domestica dicitur de filiis sapienticulis: Das Ey leret das Hun. — Zu 'Sus Minervam' (Cic. Acad. post. 1, 5, 18) vgl. Otto S. 224 und Schmidt, Luthers Bekanntschaft mit den alten Klassikern S. 15. Hier wird diese Ra in Luthers Briefen noch sechsmal nachgewiesen.

Sonst vgl. noch EA 27, 84 Gleichwie der Koch gelehrter ist denn die Kohle, die er verbrennt . .; Weim. A. 16, 359 15 (Anm. S. 651) Junge Leute meinen immerdar, sie sind klüger denn andere leute . . . wollen eilff Kegel treffen und umbschiessen auff einen worff, da irer nur neune auff dem Bosseleich stehen.

___

458. Gut ding wil weil haben.

Wa I 638 Ding 866; Agricola 656. Vgl. P. Gengenbach, Zugabe (G. Forster, Ein außzug guter alter vnd newer Teütscher lieblein. Nürnberg 1539. Nr. 115) S. 384

Gut ding musz haben weil,   nit eil,
der eben spürt,   was sich gebürt;

ein yeder merck wasz bring   all ding,
so find er das,   ist zeyt vnd masz.
Was sunst sein sol,   das schick sich wol,
doch seiner zeyt,   ist not er beit,
ob schon dran leyt   nit eil
gut ding musz haben weil.

Bei Luther vgl. etwa EA 65, 186 Eile brach den Hals. Cito fit, cito perit.

---

459. Verraten vnd verkaufft.

Wa IV 1575 Verrathen 2; 5; IV 1556 Verkaufen 45; DWb 12, 621. Otto S. 363 O stulte, stulte nescis nunc venire te; me habent venalem.

Bei Luther: De W II 321 Hie werdet ihr abermal sagen, das ist wahrlich heimlich gehalten und wohl geborgen, ja, verrathen und verkauft, dasz auf mich erhetzet werde das ganze Kloster zu Nimptschen, weil sie nu hören, dasz ich der Räuber bin; IV 79 Ich kanns ja nicht lassen, ich musz auch sorgen fur das arm, elend, verlassen, veracht, verrathen und verkauft Deutschland; IV 593 Denn wenn sie gleich die frömmsten Kaiser verrathen, verkäufen .. noch sind sie nicht aufrührisch, sondern die allerheiligsten Väter; Seidemann Lauterb. Tgb. 199 Eo tendit Sathan, qui Germaniam liberam perturbare tentat. Ich hab sorg, wir seind all verrathenn vnnd verkaufft; EA 43, 231 wenn ein Edelmann einem Fürsten dient und nimpt Sold von ihm und verräth und verkäufft ihn bei einem andern und nimpt dort auch Geld und siehet, wo das Wetter hin will, wo es hin regne und dort die Sonne scheine, und also beide verräth und verkäuft. — Vgl. EA 48, 269 Denn wo ich das nicht kann von mir rühmen, dasz ich ein solcher Prediger sei, so bin ich verrathen und es wäre besser dasz ich nie geboren wäre.

460. Wens ende gut ist, so ists alles gut.

Wa I 816 Ende 67; vgl. 53 End gut, alles gut.

Zingerle 28 Ichn schilte nicht swaz iemen tuot
vnd machet er daz ende guot. Freibank 63, 20.

Ist daz ende guot, so wirt ez allez guot
an alle missewende. Amgb. 33ᵇ.

Swelh leben ein guot ende hat,
daz muoz von schulden heizen guot. Kanzler.

Bei Luther EA 64, 115 Wenns Ende gut ist, so ists alles
gut. Anfahen ist leicht. Vgl. auch EA ² 17, 216 denn es kann
kein gutes Ende nehmen, dasz man sich närrisch zur Sache stellet;
50, 103 Wo man noch ein End kann hoffen, da ist bereit halb
gewonnen. — Vgl. Nr. 259.

**461. Mancher geneusst seiner mutter
vnd nicht seines Vaters.**

Fehlt Wa; für die Auslegung vgl. Wa II 805 Mutter 45 Die
Mutter ist allezeit gewisz; 79 Eine Mutter trägt keinen Bastard;
223 Die Mutter sagt, dieser sei sein Vater; 231 Er ist seiner
Mutter wohlbekannt, denn er gedenket ihrer oft.

NS 76, 47 Ein teil sint edel von den frouen,
Des vater sasz in Ruprechtouen;
sinr mûter schilt gar mancher fürt,
Das er villicht am vater irrt.

Das Sprw. scheint bei Luther nicht vorzukommen; doch vgl.
oben Nr. 11.

---

462. Was sol narren das gellt? Sie legens ynn die kacheln vnd verbornens.

Vgl. Egenolf 304ᵃ (318ᵇ) Was sol dem narren gelt, so ers nicht brauchen kan. Die narren bringt jr eygen glück vmb. Prouer I. [B. 32]. Simplicius (Kurz) II 154, 15 „Was?" sagte er mit Salomone Proverbior. 26 [B. 8] wegen des Juli Person, „Was soll dem Narrn Ehre, Gelt und gute Tage? sie könnens doch nicht brauchen!"

Vielleicht hat Luther das Sprw. im Sinn EA 43, 238 doch will er damit nicht, dasz man nicht Geld und Gut haben und nehmen soll, oder wenn mans hat, wegwerfen solle, wie etliche Narren unter den Philosophen und tolle Heiligen unter den Christen gelehrt und gethan haben. — Wenn Narren Geld in die Kacheln oder Töpfe legen, so behandeln sie es in ihrer thörichten Art wie Äpfel und Birnen, die Klaus Narr in der Hölle in den Kacheln braten wollte; vgl. Wrampelmeyer 801.

---

463. Zween harte stein malen nicht.

Vgl. Wa IV 817 Stein 213 (214) Zwen harte steyn muelen nie (malen selten) klein. DWb 6, 1455.

Zingerle 143 Zwene gliche herte steine
malent selten kleine. Freib. 130, 24.

Nimmer sich wol zwen geleich hart stain
zu einander fügen oder malent chlain:
also zwen geleich hart sich alzeit schelten
und mit einander wol leben selten. Freib. Anm. p. 376.

Bei Luther EA 42, 267 Hart gegen hart taug nicht [Nr. 472]; zween harte steine mahlen nicht wohl; De W III 517 Tu vero perge eos vincere bonitate. Duri sunt, fateor, sed si accesserit duritia nostra, fient deteriores. Nosti proverbium: Duos duros molares nihil boni molere. — Vgl. auch Altenb. A. V, 1267ᵇ, in des J. Jonas Bearbeitung des Pred. Salomo (10, 4) Denn Nachlassen stillet offt grosz Unglück, dasz sonst zween harte Stein übel malen würden, und es mit Trotzen und herwider Trotzen zehen mal ärger wurde.

---

464. Im sacke keuffen.
465. Im sacke verkeuffen.

Wa III 1821 Sack 303; vgl. 57; 75; 97; 302; auch II 1166 Kater 20 Den Kater im Sack kaufen; II 1184 Katze 368 Man musz die Katze nicht im Sacke kaufen; IV 1555 Verkaufen 35 Er verkauft die Katze im Sack. — Zingerle 125 giebt aus älterer Litteratur 4 Beispiele; vgl. davon

> Man koufet das vil selten
> in dem sacke und ungesehen
> des man ze gewinne müge jehen. Stricker Kl. G. XI 8.

Die Ra verhalten sich zu einander wie sich betrügen lassen und betrügen; auf die Katze, die bei uns im Gebrauch der Ra eine große Rolle spielt, finde ich bei Luther keinen Hinweis.

Vgl. Weim. A. VI 56, 15 Dan wo das nit geschicht, da musz eyn statt oder arm man ym sack vorkaufft werden und durch den blinden kauff yn grund vorterben; EA 22, 218 Item, das ist auch ein feines, wenn Einer eim Andern verkäuft mit Worten im Sack die Waar, die er selbst nicht hat; 26, 299 Hie soll man ihm sagen, was Brot und Wein sei im Sacrament, und ihn nicht so im Sacke verkäufen; 31, 326 ein Laie oder ein gemeiner Christ oder wer die Winkelmesse hört ... so kann er dem Pfaffen ins Herz nicht sehen, was da für ein Glaube sei, und musz also im Sack käufen; 65, 194 denn des wird mich wohl Niemand bereden

ewiglich, dasz ein Mensch sollt mit Ernst gläuben können einem
Buch oder einer Schrift, davon er gewisz wäre, dasz ein Theil er=
logen wäre, dazu nicht wissen müsste, wilchs unterschiedlich wahr
und nicht wahr wäre und also im Sack käufen müsste oder drei
Lot Gift unter ein Lot Zucker gemischt essen oder trinken sollt.

466. Er weis wie eym schalck vmbs hertz ist.

Wa IV 80 Schalk 36 Ein schalck weysz, wie dem andern
vms hertz ist; vgl. 19 Ein Schalck denckt jmmer, andere seien auch
schelcke; 20; 24 Ein schalck kennt den andern; 35; 169 Ist er
kein schalck, so weysz er doch, wie einem schalck vmb das hertz
ist. — Egenolf 60ᵇ; 218ᵇ Es sücht keiner keinn hinderm ofen,
er sei dann vor dahinder gesessen. Schålck musz mann mit
schålcken fahen. Dann ein schalck weysz, wo es dem andern
ligt, vnnd wie eim andern schalck vmbs hertz ist, vnd künnen
sie fein ausz jn vrteylen. —

SZ Vorrede Ich weisz, was allen schelmen brist
      Und wie in vmb ir hertze ist.
   NB 63   Schelck iagen.
      Wann wir yetzund schelck iagen wellen,
      Mit schelcken sol man die lucken stellen.
      Ein schalck weisst, was dem andern brist
      Darumb hatt er bald zů gerist.

Vgl. auch NB 80, 2 ff.

Bei Luther: Weim. Ausg XV 675, 17 Ein gnediger got und
warhafftiger sunder mussen zusamen khomen, non est, cogites te
esse pium, iustum; wiltu wissen wie es eim schalck umbs
hertz ist, greiff in deinen eigen busen. — Anspielungen: EA 39,
362 Darumb musz wahrlich mein Davidlein nicht ein klein Schälklin
(wie man spricht) gewesen sein, der grosse Schälk so bald hat

mügen kennen; 43, 271 Aber es heisst: Hans nimm dich selbst
bei der Nasen, und greif in deinen eigen Bosen, willst du den
Schalk suchen.

---

467. Wenn das kindlin sein willen hat, so weinets nicht.

Wa II 1306 Kind 801 Thue dem Kind sein Willen, so greindts
nit; vgl. auch 842; 854; 898; 902; 928; 978; 979.

Scheint bei Luther sonst zu fehlen.

---

468. Nicht vnter die banck stecken.

Wa I 228 Bank 29 Einen unter die Bank stecken (schieben):
„Ihn überwältigen und verspotten"; 40 Etwas unter die Bank
stecken (werfen): „Es als etwas Verächtliches verbergen".

Diese Ra ist eine der beliebtesten bei Luther; er braucht sie
besonders gern in dem Vorwurfe gegen die römische Kirche, daß
bei ihr Gottes Wort unter der Bank gelegen habe. In Luthers
Sinn sagt denn auch das Volksbuch von Dr. Faust (Neudr. 7. 8)
S. 12 hat die h. Schrifft ein weil hinder die Thür vnnd vnter die
Banck gelegt. DWb I 1106 und Dietz I 205 geben mehrfache Nach=
weise zu dieser und den verwandten Ra.

Der Sinn der obigen Ra tritt deutlich hervor in solchen
Stellen wie EA 40, 227 Ob sie wohl die Schriften mit Füssen
getreten, unter die Bank gesteckt, veracht und verdampt
haben, noch ists blieben; 43, 72 dasz wirs Jedermann treu=
lich gesagt haben und Nichts unter die Bank gesteckt; 44, 345
die Schälke haben das unter die Bank gesteckt und geschwiegen.
Das Verächtliche scheint mehr betont zu sein in der verwandten
Ra 'unter die Bank stossen'. Vgl. Lösche 498 unsere buecher
werden unter die banck gestossen werden; EA 25, 385 (34, 80)

die heilige Schrift unter die Bank stossen; 27, 247 Drumb ists ihn fast noth, die Schrift zu lästern und zu schmähen, sie unter die Bank stossen und furgeben, sie sei ein finster Nebel; 38, 107 vermahnt man sie, so stossen sie es unter die Bank. Weniger ſtark iſt die Ra 'unter die Bank legen'; vgl. EU 36, 378; 50, 180; auch EU 15, 420 unter die Bank ſchieben. Verwandt iſt auch De W III 272 Wo es also ins Recht käme, hoffet ich, es sollte in die lange Truhen kommen; d. h. in die Truhe, wo es lange liegt und ſchließlich vergeſſen wird; gebräuchlicher iſt jetzt dafür: etwas auf die lange Bank ſchieben.

---

469. Kein blat fur das maul nemen.
470. Kein spinnweb fur dem maul wachsen.
Siehe unter Nr. 86 und Nr. 87.

---

471. Er kan seiner ohren nicht erharren.

Dieſe Ra habe ich nirgends finden können. Hat ſie vielleicht eine Beziehung zu NB 74 wo von Narren die Rede iſt, die Heiligen= bilder in Kirchen ſtiften, auf denen ſie ſelbſt und ihre verſtorbenen Freunde dargeſtellt ſind? Es heißt dort

V. 39 Ein ding das ist versumet dran,
    Das die bild nit oren han,
    Die im syn todten fründt bedüten! . .

V. 60 Wiltu aber syn ein gouch,
    So lasz dich selber malen ouch,
    Das byn narren standst zů nechst
    Und keim wysen glych nit sechst,
    Und lasz dir oren setzen an,
    So weisz man, das du bist der man,
    Der das selb hat malen lan.

Soll die Ra vielleicht sagen: Er kanns nicht erwarten, bis er die ihm gebührenden Eselsohren, oder nach NB 93, 60 'clingels oren' d. h. Narrenohren mit Schellen daran bekommen hat, daß er sich so närrisch zeigt?

472. Hart gegen hart.

Wa II 365 Hart 7; vgl. auch die folgenden Nummern und Höfer ⁷ 307; 1823 ff., wo viele komische Anwendungen dieser Ra geboten werden in der Art von Tappius 308 Hart gegen hart, sagte der Teufel, da scheysz er gegen eyn donnerwetter. Vgl. auch NB 85 Der Peters Kopf (hitzige Kopf) spricht

V. 18 Hie hebt sich erst dur contra dur.

Bei Luther EA 34, 218 Daher das Sprichwort kömmt: ein gut Wort findet eine gute Statt. Wenn aber stolz und hart gegen hart ist; da wird nichts gutes aus; 40, 77 denn er kann hart wider hart und böse wider böse sein und gilt, wer hie der Stärk= ste sei und den Andern aushebe, weil sie es nicht anders haben wollen; 42, 267 Hart gegen hart taug nicht ... Gottes Gebot ist hart, ja es musz ewiglich hart bleiben. Wer sich dawider setzt und will hart gegen hart sein, dem wirds freilich nicht wohl gehen; 43, 33 einen solchen Menschen, .. der hart gegen hart sei, dasz er sich nichts abschrecken lasse; 49, 240 Aber es heisst sie lernen hart gegen hart; DeW IV 149 imo sciam, patrem illum familias coelestem .. etiam opus habere uno et altero servo duro contra duros et aspero contra asperos veluti malo cuneo in malos nodos. — Vgl. auch EA 32, 183 wolle widerumb gegen der Jüden harten Kopf so hart sein; 43, 61 f. so harten Kopf sollen sie nicht haben, wir wollen noch härtern haben; und Nr. 463.

473. Schweren stein kan man nicht weit werffen.

Wa IV 811 Stein 68; vgl. 175 Wer einen Stein nicht kann heben, der kann ihn nicht weit werfen; 238 (250) Den (diesen) Stein kann man nicht weit werfen.

Eine Anspielung findet sich EA 42, 33 Denn der Stein ist zu grosz und schwer, dasz die Werfer darüber zu scheitern gehen.

---

474. Zween hunde beissen einen.

Wa II 878 Hund 1365; vgl. 985 Viel Hunde beissen einen. Zingerle 186 Zwene sint eines her. Iwein 6636.

Aus Luther kann ich sonst das Sprw. nicht nachweisen.

---

475. Er hat sich ynn der weisheit beschissen.

Siehe unter Nr. 391.

**476. Ein bube auffm ros,
Ein bubin auffm schlos
Ein laus ym grind
Sind drey stoltze ding.**

Wa I 495 Bube 30 (vgl. V 1073) führt aus Wimphelings Adolescentia (1505. Bl. LV) an:

Que sunt superba.

Sextupes in scabie residens nebuloque caballo,
Carpento meretrix, animalia trina superba.

In Wimphelings Überf.: Eyn bub vff eym stolzen pferd hertraben,
eyn hur vff eym hangenden wagen,

eyn lues in dem grynt:

drey hochfertyger thyer nit sint.

Wa I 465 Bube 31 Ein bub auffm Rosz,

Ein hur auffm Schlosz,

Ein lausz im grind,

Ist ein hochmütig gesind. — Henisch 544.

Simplicius (Kurz) III 65, 14: Da hielte ich mich wie das alte Sprichwort lautet:

Ein Schneider auf eim Rosz,

Ein Hur aufm Schlosz,

Ein Lausz auf dem Grind

Seynd drey stoltzer Hofgesind.

Fehlt bei Luther; doch vgl. zu 'laus ym grind' Nr. 189. — Das Vorbild für diese und ähnliche Priameln bieten Sprüche Salom. 30, 21 ff. Zu Bube auffm ros fügt die Hdschr. erklärend hinzu 'idest tyrannus'. Vgl. Pred. Sal. 10, 7. Die Stelle aus den Sprüchen führt Luther in den Tischreden an; vgl. Wrampelmeyer 409 und dazu Anm. 3.

477. Leffel auffheben, schussel zubrechen.

Siehe unter Nr. 276.

478. Ubel erger machen.

Wa IV 1385 Übel 68; 72; vgl. 57. Tappius 172, 638 Morbum morbo addere. Otto S. 137 de fumo ad flammam; 207 ne ad malum addas malum; 213 in mare fundis aquas. — Mathesius, XIII. Predigt, S. 320, 6 Der Patron wil vnd sol ich traun nicht sein, die alles tadlen vnd verwerffen vnd machen doch nichts bessers, sondern jmmer vbel erger. Philander (3. Gesicht) S. 125 Ich zwar nehme mich an, ob in ihrem betrübten zustand

ich ihnen Mittel vnd linderung verschaffen wolte; aber im werck
ist doch keines, bey deme ich nicht übel ärger machete; (5. Gesicht)
S. 303 Die Pestilentz gestuhnde, dasz sie viel Mänschen vergifftet,
die doch, wann die Medici das übel nicht ärger gemacht hätten,
nimmer gestorben wären.

Luther fügt (lateinisch) hinzu: „Beispiel: Die Ketzer vertauschen
die Übelstände in der Kirche mit größeren. Oft wollen wir ein
kleineres Übel nicht ertragen und rufen ein größeres hervor. So=
wie [in die Scylla geräth, wer da will] vermeiden die Charybbis.
Und jener mit dem Wagen."

Diese Ra ist mit der vorigen nahe verwandt, das zeigt außer
dieser Erklärung z. B. EA 31, 70 Sprichwort: Lauf aus dem Regen
und fall ins Wasser: und: Heb einen Teller auf und zubrich eine
Schussel; dasz aus Ubel ärger wird. — Sonst vgl. z. B. Lösche 439
Ich wills nit wehren, ich wills auch nit rathen, das man die Klö=
ster und Clausen zerstöret; man macht ubel erger. De W V 174
ich sorge, solcher hartgefasseter Groll wird sich nicht so bald
mugen lindern und würde übel ärger werden; V 204 so ist mit
dieser Visitation nichts bei solchen giftigen Pfarrern angewandt,
denn übel ärger gemacht. Weim. Ausg. II 110, 20 ff. Darumb
musszen wir auch ungelert Bischoff, pfaffen, munich haben, die
uns nichts geben kunden, so faren wir dan tzu und machen ubel
ärger und hassen, vorsprechen und vorachten sie; IV 651, 28 ff.
Es ist kein hulff noch radt da. Sic in urbibus etiam bene in-
stitutis, mit schonen lehren und gesetzen angericht, sein heszlicher
wordenn, dan ehr sie gebaut sein, ut Rhomae videri licet. Alszo
ist uns auch, wir machen ubel ärger. EA 22, 108 Müncherei und
Geisterei . . musz mit gutem, festen, christlichen Gewissen an=
gegriffen werden. Es wird sonst ubel ärger werden und wird am
Todbett gar ein böser Reuling kommen; 25, 232 Da wäre Mühe
und Arbeit verloren [Nr. 99] und ubel ärger gemacht; 25, 349
so behalten wir nichts und ist Ubel ärger worden; 43, 119 Wenn

er lang gewechselt hat, so findet er fur ubel ärger. Denn wechseln ist wohl leicht und bald geschehen, aber bessern ist miszlich und seltsam. — Vgl. auch EA 65, 239 Denn es das mehrer Theil solche ungeschickte Artikel sind, dasz ich wenig gutes hätte mugen schaffen oder die Sache vielleicht ganz ärger gemacht. — Dem Sinne nach verwandt ist die Ra: Er entläuft dem Regen und fällt ins Wasser, die bei Luther nicht selten ist; vgl. Weim. A. XVI 28, 32 (mit Anm.); EA 24, 270; 25, 303; 30, 134; 31, 70; 35, 49; 42, 137. Vgl. auch 35, 158 Da der Krank genas, er nie ärger was. Bekannt ist der lateinische Vers des Gualtier be Lille, Alexandreis 5, 301, den Luther angedeutet hat (vgl. Erasmus, Adagia p. 158 und Otto, S. 82 Incidis in Scyllam cupiens vitare Charybdin). Was dagegen Et ille cum curru sagen will, darüber habe ich nur die Vermuthung, Luther denke an eine Geschichte, wie sie z. B. bei Egenolf 349ᵃ erzählt wird. Ein furman begegnet S. Martin nahend vor Paris, fragt ihn des lands vnwissend, ob er noch disen abend gen Paris möcht faren? S. Martin sagt: Ja, so du gemach farest; eilestu aber fast, so kompst nit dar. Der Fürman meynt, der pfaff were voll wein, schlüg auff die rosz, vnd zerbrach ein radt. Dweil er nun in der nehsten stat ein anders holet, ward er versperrt. Auch hier wird ja übel ärger gemacht.

479. Senffte wort, harte straffe.

Vgl. Wa V 413 Wort 343 Gute Worte und strenge Strafe erhalten ein gut Regiment; 344 Gute Worte und strenge That erhalten die Ordnung im Staat.

Agricola 217 giebt dieses Wort als Ausspruch eines sehr weisen Mannes mit einer vielleicht aus Luther entlehnten Geschichte. Vgl. EA 36, 180 f. Dergestalt hatte auch Herr Antonius Teucher, Losungsherr zu Nürnberg, Kaiser Maximiliano hochlöblicher Ge=

dächtnis geantwortet, als er daselbst einmal war eingeritten und eine grosse Welt Volks zugelaufen des Kaisers Einzug zu sehen, und der Kaiser gefragt, wie man doch dies grosse Volk in Gehorsam erhalten könne, da hat Antonius Teucher als ein weiser Mann darauf gesagt: Allergnädigster Herr Kaiser, durch gute Wort und harte Strafe.

---

480. Kunst gehet nach brod.

Wa II 1715 Kunst 145; vgl. 142; 146; 233 und 143 Kunst gehet betteln. Zu dem Ausdruck 'nach Brod gehen' vgl. DWb 2, 401; Pf. 37, 25; EA ²17, 415 Darumb lasz deinen Sohn getrost studieren und sollt er auch dieweil nach Brot gehen. — Das Sprw. könnte seinen Ursprung den alten, sich immerfort wiederholenden Klagen solcher Künstler wie Organisten, Kantoren, Stadtpfeifer verdanken, daß sie um ihrer unzureichenden Besoldung willen genöthigt seien nach Brod zu gehen; vgl. Beneke, Von unehrlichen Leuten, Hamburg 1865. S. 31.

Bei Luther findet es sich in einer Glosse zu Sirach 51, 34; EA 64, 183 Kunst gehet itzt nach Brod, aber Brod wird ihr wieder nachlaufen und nicht finden. Büchmann, Gefl. Worte ¹⁷ S. 77 scheint unter Bezugnahme auf diese Stelle das Sprw. als ein erst von Luther geprägtes anzusehen. Dagegen spricht aber nicht nur die Aufnahme in diese Sammlung, sondern auch die Stelle: Neudrucke 76 (Luthers Fabeln) S. 15 (7) Diese fabel [Vom Hahn und Perlen] leret, das dis buchlin bey Baurn vnd groben leuten vnwerd ist, wie denn alle Kunst vnd weisheit bey denselbigen veracht ist, Wie man spricht: kunst gehet nach brod.

---

481. Strecken nach der decke.

Wa I 565 Decke 1; 4; 8; 9; 11 f.; 14; 19 f. — Otto S. 221
Metiri se quemque suo modulo. — Egenolf 100ª; 226ᵇ Der
sich aber nach der deck streckt, sein ding fein eng einzeucht, vnnd
alles was er zur not kann entbern, sich entschlegt, hat in disem
seinem engen gemach den besten gemach.

NB 69   Nach der deck sich strecken.

> Das nym war vnd acht der decken,
> Das du dich wiszt darnach zu strecken,
> Es stundt gar kalt in dynem husz,
> Streckstu die füsz zur decken vsz.

NB 86, 42   Ich sprach: lieb elsz, sy habents wol,

> So hondt wir weder zyns noch zol.
> Darumb so miessent wir vns strecken
> Also lang ist vnser decken,
> Das wir vns selber nit erstecken.

P. Gengenbach S. 61 (die X Alter V. 286)

> Min fraw lasz ich and kunckel schmecken
> Die füsz auch nach der deck in strecken.

Dietz I 419 weist bei Luther nur einen Anklang an diese Ra
nach, Jes. 28, 20 Denn das Bette ist so enge, dasz nichts übrig ist,
und die Decke so kurz, dasz man sich drin schmiegen musz. —
Andere Anspielungen: EA 22, 54 Wie ist den Papisten die Decke so
kurz und schmal worden? 27, 320 (= De W II 14) dasz ihn
alle Decke zu korz und schmal wird, noch demütigen sie sich nit.
34, 323 Nu musz entweder der Papst oder Christus aus dem
Herzen. Denn das Bette ist zu enge, die Decke ist zu kurz, sie
konnen beide nicht beieinander liegen.

———

482. Rewkauff, Liebkauff; quod linckauff.

Ob diese Zusammenstellung dieser drei Worte einen sprichwört=
lichen Sinn hat, ist beim Fehlen eines Beleges zweifelhaft; ver=
muthen möchte man es, weil Luther sie in diese Sammlung auf=
genommen hat. An ähnlichen Sprw. bietet DWb 8, 843 **Ehrkauf,
Reukauf** (Schottel 1132) und Otto S. 124 zu 'malo emere quam
rogare': Bittkauf, teurer Kauf (Düringsfeld).

Das Wort Reukauf erklärt DWb a. a. O. als den bei einem
Kaufkontrakt abgeschlossenen Nebenvertrag, der die Summe des Reu=
geldes im Falle eines Rückganges des Kaufes festsetzt. Bei dem Sprw.
'Ehrkauf, Reukauf' aber würde man eher denken an einen Kauf,
dessen einen gereut. Vgl. Wa V 1489 kaufen 122 **Ich kaufe
nicht so teuer, dasz mich nachher gereuen musz;** V 1682 Reue 58
**Was mit Reue zu bezahlen ist, soll man meiden und thun, was man
nicht zu bereuen braucht.** Andere Belege hierfür giebt DWb 8, 844.

Liebkauf fehlt DWb. Nach Wa III 168 Liebhaben 8 **Was
man lieb hat, kauft man teuer** und V 1558 Liebe 864 **Die Lieb
möcht' ich nicht haben, die ich musz kaufen mit grossen Gaben**
u. s. w. würde ein Kauf aus Liebhaberei oder ein Erkaufen
von Liebe als Kauf sich darstellen, vor dem das Sprw. als einem
zu bereuenden warnen will.

Linckauff fehlt ebenfalls DWb. Vom Linnen= (Leinen=)
kauf sagt das Sprw. Wa III 29 Leinwand 4 (III 195 Linnen 3)
**Fin Leinwand (Linnen) und Fruenslüde (Frolüde) mot man nicht
bi Licht köpen.** Ein englisches Sprw. (bei Wa in der Anm.) 'He
that buys lawn before he can sold it, shall repent him, before
he have sold it' stellt in anderer Beziehung den Linnenkauf hin
als einen, den man bereuen kann.

Wenn Luther aber ohne Rücksicht auf sprichwörtlichen Sinn
nur gleichklingende, ihm merkwürdig erscheinende Worte neben=
einander stellen wollte, dann muß man die Möglichkeit ins Auge

faſſen, auf die mich Prof. Dr. Pietſch hinweiſt, daß nämlich Lieb=
kauff und linckauff nur durch den Volksmund umgewandelte Neben=
formen des Wortes Leikauf (Leitkauf, Leitkauf) ſeien. Dieſes ſelbſt
iſt entſtanden aus 'litkouf', eigentlich der Kauf, zu deſſen Bekräf=
tigung geiſtiges Getränk (lit) getrunken wird, dann der Trunk ſelbſt.
Vgl. DWb 6, 693 u. 849 und Wa III 26 Leikauf trinken. Wa
führt in der Anm. einen Aufſatz des Gubener Wochenblatts vom
25. Juli 1868 an, wonach man für Leikauf ſehr allgemein vernehme
Leinkauf. Dem könnte Luthers linckauff entſprechen. Nach
DWb 6, 693 kommt der Ausdruck Leikauf in Luthers Tiſchr. 44ᵇ
vor. In ſeinen Schriften finde ich in derſelben Bedeutung nur
Gleichkauf, das er aber anders zu erklären ſucht. EA 30, 46
gleich wie man Wein trinkt zum Gleichkauf, dasz da ein billiger
und gleicher Kauf ſei, des man gedenke und feſt halten ſoll. —
Daß Luther die Worte Leikauf und Gleichkauf nicht in die Sammlung aufnahm, ſcheint mir indeſſen dafür zu ſprechen, daß es ihm
nicht auf ein bloßes Nebeneinanderſtellen ankam.

483. Biſtu da zu riſſen?

Fehlt Wa. Bei Luther EA ² 20 II 517 Ja biſtu auch da zuriſſen, ſo lappe dich der Teufel; 25, 100 Lieber Meuchler, ſeid
ihr da zuriſſen, ſo lappe euch der Teufel; 26, 207 Ja, ja, Jungfer
Päpſtlin! Biſt du da zuriſſen, ſo flicke dich der Teufel und ſeine
Mutter; 34, 204 Seid ihr da zuriſſen, liebe Papiſten, ſo flicke
euch der Teufel; Seidemann, Lauterb. Tgb. 129 Dixit Lutherus
[betreffend Jacob Schenk]: Biſtu da zuriſſen, ſo lepp dich der
teuffel. — Vgl. auch Seidemann, ebenda 113 Den die kirche hengt
zuriſner, den irgents eins betlers mantel; DeW I 319 Die Blaſe
iſt löchericht geworden und zuriſſen.

Verwandt iſt Simplicius III 340, 27 Ho, ho, antwortet der
Juriſt, iſt der Herr da zerbrochen? — Der Sinn iſt: Das ſcheint
deine ſchwache Stelle, Seite zu ſein.

484. Der teuffel reit dich.

Vgl. Wa IV 1116 Teufel 1332 Der Teufel reitet ihn; 1366 Der Teufel wird ihn reiten, und viele ähnliche. — Der Sinn der Ra ist nach DWb 8, 776: der Teufel verblendet, quält mit Anfechtungen einen Menschen. — Grimm, D. Mythologie, weist an vielen Stellen die alten mythologischen Vorstellungen nach, welche dieser Ra und dem Volksaberglauben zu Grunde liegen. Es reiten den Menschen Tod und Teufel, Hexen und Kobolde, Alben und Nachtmahre, dann auch Pest, Fieber, Unglück und Armuth. Zu einem ausgeführten Bilde verdichtet sich diese Vorstellung in der Sage von des Müllers Frau, die der Teufel in ein Pferd verwandelt hat, vor der Schmiede beschlagen läßt, und die am andern Morgen krank mit Hufeisen an den Füßen im Bette liegt (D. Myth. ⁴ 847; Nachtr. 316). Sie spiegelt sich auch wieder in bildlichen Darstellungen. Unter den Klappsitzen der Domstühle zu Magdeburg sieht man Mönche oder Nonnen, auf deren Rücken der Teufel in Gestalt eines Affen oder anderen Scheusals reitet. Auf einem Gemälde, jetzt in der Reformationshalle in Wittenberg, das dem älteren Kranach zu= geschrieben wird und Erfüllung und Übertretung der zehn Gebote darstellt, sitzt dem Übertreter der Teufel im Nacken. (Abgebildet in Schadow, Wittenbergs Denkmäler 1825. Tafel Nr. 7.) — Wie diese Vorstellungen auch von der Kirche genährt wurden, erfährt man aus Luther, vgl. EA ² 20 II 188 In vitis Patrum liest man, dasz einer zum Predigtamt gefordert, begehrt von Gott, wollt doch von ihm eitel Ehr nehmen, wenns je nit anders sein konnt. Wurde ihm gesagt, sollt etwas auf dem Nacken herabreissen. Da ergreif er ein schwarz Männlein. Ists erdicht, so ists doch gut, anzu= zeigen, dasz der Teufel solchen Ehrgeizigen gar besessen hat. Vgl. dazu aus B. Herbergers evang. Herzpostille Predigt zum Sonntag Cantate: er ist ein ausgejagter Teufel; von aussen kann er dir in der Welt auf dem Nacken sitzen. . .

Vielleicht enthält eine Anspielung auch EA 31, 64 Fahren einhin mit Stolz und Pochen auf ihre Macht, gewinnen aber auch zuletzt das Grauen im Nacken.

Die Ra ist bei Luther sehr häufig, und es genüge zur Veranschaulichung ihres Gebrauchs nur einige von den Stellen hier auszuschreiben. Lösche 562 Davidt, war er nit ein feiner Profet? Reitt in dennoch der Teufel; item Bileam; De W II 350 O wir armen Christen, die wir uns lassen äffen und noch des heiligen Geistes in ihnen gewarten, so wir so offentlich sehen den Teufel sie reiten und meistern; II 478; VI 256 wird nicht allein vom Teufel geritten, sondern der Teufel wohnt selbst in ihm. EA ² 20 II 188; ² 20 II 566; 21, 80; 24, 244; 24, 365; 25, 119; 26, 30; 31, 24; 31, 217; 32, 93 Der Teufel reitet solche Leute, dasz sie sich sollen klug und weise dünken lassen und sehen nicht, dasz es der Apfel ist, dran Adam und Eva sammt allen Nachkommen den ewigen Tod gefressen haben; 38, 415; 38, 432 Satan stehe zu ihrer Rechten, d. i. der Teufel durch seine Apostel reite sie also, dasz ob sie gerne eraus wollten und meinens fast gut, und sich stellen als wollten sie zur Rechten und gerne rechte Wahrheit wissen, so sei der Teufel da und verstelle sich in einen Engel des Lichts und hindere sie, halte sie mit solchem Schein und schönen Gedanken und Worten auf und verblende sie, dasz sie nicht mugen eraus komen; 39, 285 der Teufel reitet und führet sie; 43, 224 Dasz wir uns den Teufel nicht lassen reiten; 46, 209 Also musz Gott richten, wenn man nicht will hören oder glauben, sondern man lässet sich oft den Teufel reiten; 48, 277 Die Welt . . will des Teufels Märtyrer sein, und wird vom Teufel wohl geritten und läuft, als wäre sie toll und thöricht; 50, 25 Der Teufel hat sie gar besessen und reitet sie mit versteckter Blindheit, da ihnen nu nicht mehr zu helfen ist; 50, 102 sich hüte fur allen Lehrern, als die der Teufel reitet und führet.

Statt des Teufels stehen auch andere Subjekte, z. B. EA ² 20

II 20 Lasst euch den Fürwitz nicht reiten; 27, 280 wie dich die
hundstage reiten; 28, 31 Wenn doch die Mundsucht nur ein Stund
sie nicht ritte; 36, 291 Moses warnet die Seinen: dasz sie sich
den Mammon nicht lassen reiten und betören noch ihme dienen
und das zeitlich Gut höher lieben denn Gott; 43, 11 Der Fürwitz
sollt dich reiten; 49, 409 Darumb so ist die Welt des leidigen
Teufels Volk, des Teufels Kinder und Knechte, und unter die Sünde
gebunden, gefangen, geritten, gelaufen, dasz sie thun müssen was
er will. Weim. Ausg. XII 464, 24 aber inwendig lest sich das
hertz von nymand treyben noch reytten.

----

485. Der teuffel ist dir ynn haren.

Wa IV 1112 Teufel 1236 = V 1764 Teufel 1773 den Teufel
in den haaren sitzen haben, mit Hinweis auf Simplicius I 558
(hg. von Kurtz I 436, 1). Olivier erzählt hier von dem grünen
Jäger von Soest: aber der Teuffel hätte mit ihm fechten mögen,
den er auch, wie mir gesagt ward, in haaren sitzen hatte; er
würde mir meine Vestigkeit schön auffgethan haben. DWb 4 ², 17
erklärt: „er hatte so viel Kraft wie der Teufel". Sonst vgl. Uhland,
Volksl. (Nr. 155)

> B. 4 Das ward der jüngste bruder gewar,
> er nam das megdelein bei dem har,
> er schwang sie zu der erden:
> 'ist dir der teufel in deinem har
> zu disem jar
> dasz dir kein reuter kan werden?'

Den Sinn dieser Ra, deren Stellung in der Hdschr. auf nahe Ver=
wandtschaft mit Nr. 484 schließen läßt, versteht man aus Grimm,
D. Mythologie, Nachtr. 311f. u. 317, wo darauf aufmerksam gemacht
wird, daß man den vermeintlichen Hexen bei der Tortur am ganzen
Leibe das Haar abschor, weil in ihm der Teufel sitze, sie fest mache
und ein Geständniß hindere.

Bei der Verwandtschaft von Teufel und Narr, wie sie in jener Zeit allgemein angenommen wird, muß man hierher auch ziehen

NB 96 **Der narren Busz.**

> Das ist der narren erste busz
> Das er syn har abscheren musz;
> Das har zeigt mir an wyb vnd man
> Manchen grossen narren an . . .

B. 7 Dann ich das selb beschrieben findt,
> Das im har vil narren sindt
> Und sich darinnen vff enthalten.

Aus Luther kann ich diese Ra sonst nicht belegen.

---

486. Collerstu?

Vgl. Wa II 1464 Koller 4 Er hat den Koller: „Wirrsinn, Jähzorn". Agricola 650 Der vatter ist abermals kollern worden. Kollern wirt vom Griechischen wort Cholera kommen, das da heyst wallend vnd vber hitzig geblüt, darvon den phrenesis, apostema des gehyrns, vnd andere wansynnigkeyt von kumpt. — NS Vorrede B. 77 und wan man coleram anreigt,

> so würt die gall gar oft beweigt.

Wiederholt begegnet uns der Ausdruck in den Simplicianischen Schriften z. B. I 202, 31; 225, 28; II 280, 16.

Luther braucht das Verbum EA 32, 154 Dieser kollert so fein, dasz ich nicht weisz, ob er auf dem häupt oder auf den Ohren gehen will. 1. Sam. 21, 13 David verstellet sein geberde fur jnen und kollert unter jren henden, wo jetzt die revibierte Bibel 'tobte' hat. DWb 5, 1617 erklärt den Ausdruck dort: „thut so närrisch", findet aber 1. Sam. 21 einen Anklang an kollern = rollen, wälzen. Mit der Beziehung auf die Wuthkrankheit der Pferde: EA 39, 297 Ein Fürst und Herr . . reitet grosse, teure Hengste, die wollen des besten Futters voll sticken, . . zuletzt, wenn

27*

sie die Laun und das Kollern ankompt, den Herrn aufs Pflaster
legen, dasz Land und Leute an ihm zu laben und zu kühlen
haben; 39, 336 Nu, es gehet wie es gehen soll, ohn dasz auf
dem rechten Wege nichts bleiben will, es will entweder hotte oder
schwode hinaus, wie die kollern und tollern Gäule thun.

Am Ende der Seite unter dieser Ra stehen zwei lateinische
Zeilen, die jedoch mit ihr nicht in Verbindung zu stehen und eher
zu Nr. 484 f. zu gehören scheinen. Sie lauten: Satan laruam induit sicut homines. Deus abscondit faciem. Ihre Beziehung
zu einander und zu den bezeichneten Ra ist aber nicht ganz klar.
Ich würde sie etwa so verstehen: Gott verbirgt sein Antlitz,
vgl. 2. Mof. 33, 20, weil seinen Anblick die Menschen nicht ertragen
können. Der Teufel dagegen legt eine Larve an wie Menschen
thun, um andere zu necken, zu erschrecken oder zu betrügen. Er
zeigt also so wenig wie Gott sein wahres Angesicht, aber er hat
dabei keinen andern Zweck als die Menschen zu betrügen. Unter
dieser Larve reitet er die Menschen oder ist ihnen in den Haaren.
Von den Larven oder Verstellungskünsten des Teufels weiß Luther
sonst viel zu reden. Vgl. z. B. Uhland, Volksl. (Nr. 351) S. 921

> B. 5 sie dankten irem vater gott
>   dasz sie los solten werden
>   des teufels larven spiel und spot
>   darin durch falsche berden
>   die welt er gar betreuget.

Tischreden, Aurifaber 1566, Bl. 294ᵃ Der Teufel füret zweier=
ley Formen, Gestalten oder Larven, darin er sich verkleidet oder
vermummet . . eine Schlange . . oder ein Schaf. Er verwandelt
sich auch in einen schönen, weißen Engel (Tischreden, Franff. 1571,
Bl. 96ᵃ; EA 38, 432 siehe unter Nr. 484) oder in schreiende Kin=
der, Kilkröpfe und Wechselbälge (Weim. Ausg. I 409 ff.).

Dem allgemeinen Volksglauben entspricht es aber mehr, daß der Teufel in der gewöhnlichen Menschengestalt erscheint, wofür die Volksmärchen und Sagen zahlreiche Belege bieten. Sollte Luther hierauf haben anspielen wollen, müßte man freilich eine Ungenauigkeit des lateinischen Ausdrucks annehmen und verstehen: Der Teufel legt eine Larve an, so daß er aussieht wie die Menschen.

487. Er hat das liebe brot semmel geheissen.

Wa V 1063 Brot 569 weist die Ra nach Herberger (Herzpostille, Leipzig 1612) I 26. Vgl. dazu I 473 Brot 128 (= II 1297 Kind 605) Kindern ist fremdes Brot Semmel; 450 Eigenes Brot schmeckt gut, fremdes wie Semmel.

Bei Luther: EA 49, 350 Und gehet recht also wie die Welt thun soll. Denn wer wollt dem nicht feind sein, der das Brot Semmel und seine Mutter liebe Frau heisset. Das ist eine grosse Sunde! Aber die ist viel grösser, dasz einer so ein lästerlicher Mann ist und Jesum Christ dar unsern Herrn heissen. Das ist nicht mehr zu leiden, sondern musz mit Schwert, Strick, Feuer und Pulver gestraft und getilget werden.

Luther spricht ironisch; denn, daß man einer übrigens guten Person einen Ehrennamen giebt, der ihr nicht zukommt, ist doch keine Sünde, so wenig als wenn man das liebe Brot Semmel nennt. Man kann sich höchstens damit in den Augen anderer lächerlich machen. — Als Gottesgabe heißt das Brot 'das liebe' vgl. DWb 2, 400 und Deutsche Myth. ⁴ 934.

488. Was nicht dein ist, das las ligen.

Wa I 569 Dein 3 Es stehet geschrieben: Was nicht dein ist das lasz liegen; III 187 Liegen 26 Lasz liegen was nicht dein ist,

sonst stirbst du ehe du krank wirst; V 399 Wort 36 Das alte Wort
kann nit lügen: Was nicht dein ist, das lasz liegen. — Ähnlich
Gengenbach S. 65 (die X Alter B. 439). Der 50jährige Dieb spricht:

[Ich] Lasz ligen was ich nit kan finden.

Die Wendung wird also von biebischen Menschen gebraucht.

Bei Luther kann ich die Ra sonst nicht nachweisen; doch vgl.
man die ähnlich klingende, welche dem Sinne nach mehr mit
Nr. 489 verwandt ist EA 31, 74 Was man nicht heben kann, soll
man liegen lassen; 39, 299 f. Was du nicht heben kannst, das
lasz liegen. Quod natura negat nemo feliciter audet. . . Warte
des deinen und was dir befohlen ist. Weim. Ausg. XX 50, 21
Quod facere potes fac. Quod non potes sine. Was du nicht
kanst heben, das las ligen; XX 98, 6 Wer einen schweren stein
nicht heben kan, der lass in ligen.

---

489. Was dich nicht bornet, das lessche nicht.

Vgl. Wa I 460 brennen 8 ff.; V 1051 brennen 35 ff.; DWb
6, 1178; Agricola 254; Egenolf 159ᵇ erklärt: der fürwitz wird hie
verbotten, der da wil stets alles verfechten, es gehe ihn oder einen
andern an, alle sachen auszzurichten und niemand fordert ihn dazu.
Zingerle S. 95

Swer leschen wil und daz in niht enbrennet,
swer wecket slafenden hunt, sich selben niht erkennet
daz sol niemanne wunder han, ob es im missevellet. Colm. 148, 34.

Otto S. 295 Tua quod nihil refert, ne cures.

Bei Luther finde ich nur eine Anspielung EA 51, 35 Denn
diejenigen, die ehelich sind, die sind nu los, konnen löschen, was
sie brennet.

Berichtigungen und Nachträge.

S. 16, Z. 3 hat die Handschrift wirklich tântze [für taṅtze]

S. 22, Z. 1 lies wil statt will

S. 24, Z. 1 v. u. lies Satan statt Sātan

S. 27, Z. 4 lies Tappius Nr. 5.

S. 45, Z. 2 v. u. lies (1522) statt (1532).

S. 102, Z. 11 v. u. lies nyrn statt hyrn

S. 121, Z. 7 v. u. ziemlich häufig statt häufiger

S. 240, Z. 6 v. o. lies Gesl. W. ¹⁷ statt Gesl. W. ⁷

S. 275, Z. 18 v. o. lies dem statt dein

Nr. 6. Otto S. 271 verba sine penu et pecunia (Plaut. Capt. 472) und aus Luther Weim. Ausg. XX 90, 17 Ut Aristoteles, Plato et nostris temporibus, sunt verba, audiatur tandem, dicimus deus.

Nr. 11. EA ² 20 I 44 Man hat vorzeiten gesagt: Wer Frauen und Priester schändet, dem gehets nimmermehr wohl. Item: Mancher ist, der von Frauen ubel redet, und weisz nicht, was seine Mutter thät. Und was du von andern redest, das mag man von deiner Mutter und Schwestern auch wohl sagen. Man soll Weiber in Ehren halten, bis dasz sie sich selbst schänden.

Nr. 14. Vgl. Otto S. 72: „Vielleicht sprichwörtlich ist der Vergleich Varros bei Non. p. 86, 19 Sed ut canis sine coda."

Nr. 15. Ergänze auf S. 43 aus Luther EA 32, 181 künnt er mich mit Basiliskenaugen ansehen, so thät ers gewisz, und was er mir da wünschen würde, das künnten alle Teuffel nicht ausrichten. — S. 45. Hierzu vgl. die Anm. von Prof. Pietsch zu Weim. Ausg. XI 456, 21. —

Nr. 16. Vgl. Otto S. 61 caelum ruere, und quid si nunc caelum ruat (Ter. Heaut. 719).

Nr. 20.   Vgl. Pred. Sal. 4, 9 So ists ja besser zwei denn eins. —
Ilias X 224 ff.   σύν τε δύ' ἐρχομένω, καί τε πρὸ ὅ τοῦ ἐνόησεν,
ὅππως κέρδος ἔῃ· μοῦνος δ'εἴ πέρ τε νοήσῃ,
ἀλλά τέ οἱ βράσσων τε νόος, λεπτὴ δέ τε μῆτις.

Nr. 23.   Weim. Ausg. XVI 553, 39 Ein treuer arbeyter bedelt zwifalt.

Nr. 38.   Aurifaber, Tifchreden 1566, fol. 612 b (1571 fol. 171 b) Doctor
Martinus Luther gab auch ein Retzel auff vnd sprach, Was ist das? Es ist
einem zu enge, zweien gerecht, dreien zu weit? Antwort: Heimligkeit. Denn
wenn was heimlichs drey wissen, so wissens hundert. Ähnlich bei Seb. Franck,
Sprichw. 1541, Bl. 144 a.

Nr. 43.   Vgl. EA ² 20 II 359 Non patitur lusum fama, fides, oculi.
Ein Fusz kanns leiden, dasz er zerstossen wird; aber wohl ein Sandkornlein
kann das Aug verderben. Also kann der Glaub und Wort gar nichts leiden.

Nr. 49.   EA ² 20 II 549 Sanct Vincentius, da er auf glühenden Kohlen
lag, und umb des Herrn Christi willen gebraten ward, sagte er, es däucht
ihn, als ging er auf Rosen.   S. 571 wenn ihr auch auf feurigen Kohlen
ginget, so solls euch dünken, als ginget ihr auf Rosen.

Nr. 70.   EA ² 20 II 293 Solchs darf man nit weit suchen; denn ein
jder meint, sein Dreck stinckt [stinckt nit ift vom Herausgeber gegen die
Hdschr. gesetzt, mit Unrecht].

Nr. 71.   EA ² 20 II 287 f. Wie ein Graurocker saget, er wollt seim
Herrn dienen, und sollt er zum Teufel fahren. Das thät er auch, aber darnach sahe er, es mocht Dreck regenen, fuhr zu, ward ein Munch.

Nr. 80.   EA ² 20 II 16 f. Zum vierten, hilf die Sachen ändern, gib
dich nit auf die Plackerei und Räuberei, dasz sie die Sachen vorlegen 9, 10 Jahr;
unterdesz wird der arme Mann ausgesogen, ehe er des Rechts erwartet . . .
Doctor Magentorf [Manuscr. undeutlich] ein feiner Mann, musst horen von
eim Schinder: Gott ehrs Handwerk! — Wie so? — Ihr schindet lebendige
Leut, ich schinde tote Kuhe!

Nr. 86 und 87.   Für den sprw. Gebrauch von Spinnweb bei Luther
vgl. EA ² 20 II 248 so reissen wir hindurch wie durch ein Spinnweb;
S. 276 Was ist Land und Leut geben? Ist eitel Spinnweb.

Nr. 91.   Hierzu vgl. EA ² 20 II 5 Ja, wie schmeckt dir der Braten?

Nr. 94. Vgl. Tischreden, 1571. Jiij iiij^a Lasset den alten Hund schlaffen, das bitte ich euch, oder jr werdet zu schaffen kriegen, widerferet euch was, so habts euch.

Nr. 95. Vgl. Graf-Dietherr, Deutsche Rechtssprw. S. 59 Das Bier schmeckt gern nach dem Fasse = In der Regel folgt die Geburt der Mutter; war die Mutter unfrei, so sinds auch die Kinder.

Nr. 96. Vgl. Schmidt, Luthers Bekanntschaft mit den alten Klassikern, S. 35: „Auch Anticyra, die von Horaz mehrmals gepriesene Heimat der Nieß= wurz und darum Heilstätte aller verrückten Köpfe (v. 300 vgl. Sat. II 3, 83. 166), ist Luthern nicht unbekannt gewesen (Op. var. arg. VII 121)."

Nr. 97. Vgl. EA 40, 243 Gemein Sprichwort: Je ärger Schalk, je besser Glück. Und: die Frommen müssen viel leiden.

Nr. 102. Aurifaber, Tischreden 1566 fol. 613^b (1571 fol. 413^a) Dar= auff sagete Doctor Martinus Luther: Noch wil jederman gerne an den Höfen sein, sie wollen alle daselbst reich, gewaltig vnd gros werden, vnd manchem glückt es. Denn In magno magni capiuntur flumine pisces. Grosse Herren können einen armen Gesellen wol reich machen.

Nr. 121. Vorrede auf das Büchlin Herrn Lic. Klingebeil, Von der Priesterehe Aiij (Jen. Ausg. IV 382^b) Es will doch Art von Art nicht lassen, noch der Vogel anders singen, denn jm der Schnabel gewachsen ist.

Nr. 124. EA 32, 198 und [die Juden] gossen endlich die Glocken, dasz sie ihn töten wollten.

Nr. 127. Weim. Ausg. XVI 24, 14 Nu gehet die Erlösung an und wil sich das spiel machen, jedoch verzeucht sichs noch eine weile, bis das Moses ein grösser Man wird . . .

Nr. 131. Einen Beweis dafür, daß Affenberg wortspielend gebraucht wird, giebt Mathesius (XIII. Predigt) S. 320, 28 Das meyste theyl brauche Affenberg, vnd ahme entweder den Rabbinen oder vorigen version nach.

Nr. 136. EA ²20 I 15 Also haben sie gesagt, die Geistlichen wären rein, die Eheleute aber unrein. Noch dennoch hat der Papst den Ehestand zum Sacrament gemacht und den Stand genennet: Das heilige Sacrament der Ehe; hat aus Einem Munde zugleich kalt und warm geblasen.

Nr. 141. Vgl. EA ²20 II 20 sonst gehets an: Ei, das ist ein feiner Prediger, der bringt doch etwas Neues! predigt nit das, was Martinus und Pommer predigt! Hut dich fur solchem Ohrenkrauen.

Nr. 160. Vgl. EA ²20 II 2 Ihr wollt mir viel einbrocken, ich solls ausfressen; fresst ihrs selber aus!

Nr. 161. EA ²20 II 567 die Rottengeister stehen darumb auf, suchen im Grunde nichts anders, denn dasz sie bei dem Volk grosse Ehre haben mögen... Das taug nu fur alle Hunde nicht. Denn rechte Prediger sollen allein Gottes Wort fleissig und treulich lehren und des Ehre und Lob allein suchen.

Nr. 170. Vgl. EA ²20 II 521 Aber es heisst: hüte dich fur diesem schlafenden und schnarckenden Christo, wenn er sich stellet, als sehe und höre, oder wisse und könne er gar nichts.

Nr. 185. Vgl. Mathesius (XIII. Predigt) S. 311, 19 So sehen die widersacher, das an jren gedancken vnnd anschlegen auch vil abgehet, wie an gespanntem tuch. — Zu 'ramen' vgl. Weim. Ausg. XI 380, 14 Ich will nur des gewissesten geramen und nit anzeigen ... XVI 549, 8 Tria r sunt dei: Rômen, richten, rechten. Hierzu Pietsch's Anm. S. 653.

Nr. 202. Die Hdschr. Luthers zu EA 30, 26 Zeile 4 hat durchstrichen: O recht, das laut wohl, wo jetzt steht das ist recht.

Nr. 205 d. EA ²20 II 130 Dagegen aber kommen faule Schelmen, die wohl konnten erbeiten, wollen doch von andern ernähret werden, do soll ein Regiment uns die Stadt von solchen faulen Buben rein machen... Denn das will unser Herrgott nit haben, dasz wir unser Gut den Schelmen sollen anhängen und frommen Christen entziehen.

Nr. 206. EA ²20 II 141 veracht einer den andern nit, halt euch nit höher, sondern gedenkt, ein ander mit seinen Gaben sei so tuchtig, als ich; ich soll nit stolzieren gegen ihm, sondern mich demuthigen und ihn ehren, als der ja sowohl ein Erb des Himmelreichs ist denn ich. Denn der Stolz ist also, (EA: der stolz ist, also) daran der Teufel den Hintern wischt. S. 176 Die [die Hoffahrt] ist mancherlei, darnach die Guter sind, darauf sichs grundet und brustet. Eins ist ein Frauen- und Kinder-Hoffahrt, als wenn ein Weib schön ist, schöne Röcke hat. Diesz ist auch ein Hoffahrt, wer sich drauf brustet; aber es ist eine arme Hoffahrt do der Teufel den Hintern 2c.

Nr. 208. Vgl. EA ² 20 II 521 mitten in der grossten Fahr und Not, da es scheinet als sei es zu lange geharret und hab den Teufel zu weit lassen greifen, kann und weisz [Christus] das Spiel zu wenden.

Nr. 213. Vgl. EA ² 20 II 435 de male quaesitis vix etc.; ubel gewonnen, schändlich zerronnen.

Nr. 216. Vgl. EA 32, 213 gerade als wäre der Engel so gar ein Narr oder Kind, der nicht sieben zählen künnte, und spräche sieben, da er achtehalbe sprechen sollt.

Nr. 222. Vgl. EA ² 20 II 477 f. Sind so klug, dasz sie niemand zu Narren kann machen; wenn sie einer in einem Mörser hätte, und mit dem Stempel zuschlüge, so wiche doch die Thorheit nicht von ihnen.

Nr. 223 und 224. EA 32, 154 Zuletzt ist ein Rabbi, der martert das Wort 'komme'... Dieser kollert so fein, dasz ich nicht weisz, ob er auf dem Häupt oder auf den Ohren gehen will.

Nr. 245. EA ² 20 I 99 Wenn in Italia einer den andern betreugt, so hat derjenige, so den Schaden empfänget, noch den Spott darzu, denn es sollte einer fürsichtig sein.

Nr. 254. Vgl. EA ² 20 II 294 nimbs nicht an zum Unterscheid, dasz du wolltest sagen: Ich rieche wohl, andere stinken all. Hörstu, du stinkest auch in der Geburt und Tode, reuchst auch nicht so wohl wie du lebest...

Nr. 257. Vgl. Graf=Dietherr, Deutsche Rechtssprw. 1869 S. 277 Die auf einem Schiffe zur See sind, sind alle gleich reich.

Nr. 258. Diese Ra scheint Luther vorgeschwebt zu haben EA 30, 89; wo jetzt steht: den spottischen teuffel zu verrathen, zeigt die Handschrift durchstrichen: zu reitzen, braten, zu fr[essen?] zu malen.

Nr. 270. Weim. Ausg. XVI 536, 3 Lex talionis: Eins umbs ander, qui fecit schaden, der sol den schaden bezahlen.

Nr. 283. Vgl. EA ² 20 II 142 Junge sollen sich ziehen lassen, wenn man schon ein wenig saur unter Augen bläset.

Nr. 288. Der Sinn der Ra ist ironisch zu nehmen: Du willst mich aufziehen, quälen, wie sich aus EA 30, 47 ergibt: Wenn ich sie nu frage, ob sie aus der schrifft haben vnd beweisen mugen, das diese zwo schrifft widder nander sind. . . Und wo doch solchs geschrieben stehe, Werden sie mir antworten, Du wilt vns mit der schrifft liebhaben, Du must vns gleuben, wir sinds on schrifft gewis vnd gewisser, denn wenn es die schrifft sagt [nach der Handschrift Luthers]. — Vgl. auch EA² 20 II 359 Also haben die Knecht die Herren lieb ihres Gewinns halben, die sie aussaugen, wie die Laus den Bettler. EA 30, 27 wir wollen uns lieb haben. . . O wie lieb sollt er mich haben!

Nr. 289. Schmidt, Luthers Bekanntschaft mit den alten Classikern, S. 39 weist den Catonischen Vers bei Luther nach De W V 321: Non me doctorem, sed te deluseris ipsum.

Nr. 290. Vgl. EA² 20 II 367 Den schlahe ich ein Klippichen dagegen; und wenn ihr gleich tausend auf einem sässen, da frage ich nicht nach; so sie mich nicht wollen sehen noch hören, so sehen sie ins Teufels Namen dem Marcolfo in sein Spiegel.

Nr. 298. Der Sinn wird vielleicht besser ausgedrückt in Luthers Worten EA² 20 II 297 denn er sein Seligkeit verloren hat, kann nit beten, kompt auch in das gebet nit mit gut. Die Lesung des Herausgebers kompt auch ihm das Gebet nit zu gut ist abzulehnen; ‘mit’ enthält einen Hinweis auf das gemein Gebet.

Nr. 313. Vgl. EA² 20 II 276 Aber solchs dienet dazu, dasz der Teufel sich dargibt, dasz er wider die Wahrheit ficht und steckt die Zung heraus, und steckt ein Pflocklein vor, denn er kann nit herwider, drumb verräth er sich nur. S. 277 f. Das rede ich davon, dasz man sich nu aus des Teufels und Juden losen Glossen stärke, weil sie die Zungen so weit herfur recken, und ein Plöcklein auf die Zung gestossen.

Nr. 317. Vgl. EA² 20 II 565 f. Solcher Exempel haben wir selb viel erfahren in kurzer Zeit, dasz solche Klüglinge sich unterstanden Einigung oder Reformation anzurichten . . und solches mit kostlichem Furgeben zu Markt brachten und sagten: so und so sollens die Kaiser, die Könige, Fürsten und Herrn machen.

Nr. 326. Vom Teufel und seiner Mutter redet Luther EA² 20 II 369; von des Teufels Braut (der Vernunft) ebenda S. 475 und 481.

Nr. 327. Vgl. auch EA² 20 II 167 Grosse Leute fallen auch.

Nr. 333. Wie mir erzählt wurde, sagt man im Werrathal in der Gegend von Treffurt von einem nichtsnutzigen Menschen: Er gehört (er musz) an'n Harzgalgen. Vielleicht steckt hierin eine noch näher festzustellende Beziehung zu dieser und der vorangehenden Redensart.

Nr. 344. Zum Verständnis dient sehr gut EA ²20 II 548 Es will nicht ins Herz, Mark und Bein gehen, schmeckt und lebt nicht, tröstet und freuet uns nicht, wie es sollte.

Nr. 346. EA 35, 113 Ich habe kein Herz, Lust und Liebe zum Gesetz.

Nr. 350. EA ²20 II 144 Das ist das Argument, Summa und Inhalt, Ende vom Lied.

Nr. 351. EA ²20 II 417 haben den Kopf aufgesetzt, wollens nicht leiden, und mit den Hörnern wider diesen Herrn laufen.

Wörterverzeichnis.

Aufgenommen sind nur Wörter, die bei Luther vorkommen. Die dabei stehende Nr. ist die des Sprichworts. Ein * bei der Nr. bedeutet, daß das Wort nicht in Luthers Handschrift, sondern in einer der aus seinen Schriften angeführten Stellen vorkommt; ein n verweist auf die Nachträge. Bei mehr als dreimal vorkommenden Wörtern sind die näheren Verbindungen, in denen sie auftreten, angedeutet. Maßgebend für die Einordnung der Wörter ist die heutige Schreibung. Wörter, die heute nicht mehr gebräuchlich sind, sind in der Form des Originals angesetzt.

A.

Aal 134.
abbrechen *376.
Abend *81.
Abendrot *81.
abgehen 185.
abrennen *391.
abschneiden *376.
Absolution *76.
abtropfen 238.
abwischen 34.
Achsel *114; *136.
achten 244.
Adel *449.
adelich *79.
Affe *262.
Affenschwanz 262.
Affenspiel *127. *262.
ahnen 337.
alber 57. 58. 75.
alfenzen *255.
all — Ehren 19. — Heiligen 84. — Hunde 161. deckt's — 247. — gut 259. 460. — Kleider 287. mit — Schanden 301.
allein *220.
alt vom — Zaun 32. — Schuld 63. — gethan 65. Was die — thun 106. — Hunde 172; 236. — Narren 319. Die — 452. — Nase, Weise, Freunde die besten 319.
Alter 320.
amarus *48.
Amsel 133.
Amt *238.
ander des — Schwager 9. Wer den — jagt 47. — Leute 50. Krähe hackt der — 67. Messer das — 188. Ein — her 209. Eins ums — 270. Lieb sucht das — 304. Tret keiner den — 370.
ändern *209.
anderswo *51.
anbinden 192. 329. 375.
Anfechtung *97.
Angel *114. *149.
Angesicht 247.
Anhaben 219. 287.
anheben 158. *19.
Anheber 19.
ankleben 405.
anrichten *440.
Anschläge 185.
ansehen 263.
Anticyra n 96.
St. Antonius *186.
Antwort 28.

F.

BIN TRAVELER FORM

Cut By: Davosier Rutledge   Qty 31   Date 07/21/26

Scanned By: _____ Qty _____ Date _____

Scanned Batch ID's

Notes / Exceptions